何 炳 棣 著

徐　泓 译注

明清社会史论

The Ladder of Success in Imperial China:

Aspects of Social Mobility, 1368—1911

中 华 书 局

图书在版编目（CIP）数据

明清社会史论/何炳棣著;徐泓译注. —北京:中华书局,2019.9
（2025.4 重印）
（何炳棣著作集）
ISBN 978-7-101-14029-3

Ⅰ.明⋯　Ⅱ.①何⋯②徐⋯　Ⅲ.社会史−研究−中国−明清
时代　Ⅳ.K248.07

中国版本图书馆 CIP 数据核字（2019）第 160311 号
著作权合同登记号:图字 01-2019-5452

THE LADDER OF SUCCESS IN IMPERIAL CHINA: Aspects of Social Mobility,
1368-1911 by Ping-ti Ho, Copyright © 1962 Columbia University Press
Chinese simplified translation copyright © 2019 by Zhonghua Book Company
Published by arrangement with Columbia University Press
through Bardon-Chinese Media Agency 博达著作权代理有限公司
ALL RIGHTS RESERVED

书　　　名	明清社会史论
著　　　者	何炳棣
译 注 者	徐　泓
丛 书 名	何炳棣著作集
责任编辑	罗华彤
封面设计	刘　丽
责任印制	陈丽娜
出版发行	中华书局
	（北京市丰台区太平桥西里 38 号　100073）
	http://www.zhbc.com.cn
	E-mail:zhbc@zhbc.com.cn
印　　　刷	三河市中晟雅豪印务有限公司
版　　　次	2019 年 9 月第 1 版
	2025 年 4 月第 5 次印刷
规　　　格	开本/920×1250 毫米　1/32
	印张 15¾　插页 2　字数 550 千字
印　　　数	9001-10500 册
国际书号	ISBN 978-7-101-14029-3
定　　　价	120.00 元

明清社會史論

何炳棣自題

出版说明

何炳棣先生，著名历史学家。1917 年 4 月 6 日出生于天津。1938 年毕业于清华大学历史系。1944 年考取第六届清华中美庚款留美公费生，1945 年赴美。1946 至 1948 年，在美国哥伦比亚大学主修英国及西欧史博士课程，通过口试，1952 年获得博士学位。从哥伦比亚大学毕业后，曾先后任教于加拿大英属哥伦比亚大学（1948—1963 年）、美国芝加哥大学（1963—1987 年）、美国鄂宛加州大学（1987—1990 年）。1966 年当选台湾"中研院"院士。1975 至 1976 年任美国亚洲学会会长。1979 年获选为美国艺文及科学院院士。1997 年获选为中国社会科学院荣誉高级研究员。2012 年 6 月 7 日，在美国加州家中去世。

何炳棣先生自幼在"亲老家衰"的自我压力下，发奋读书，力争上游。博士毕业后，即致力于中国历史的研究，其关于明清人口及明清社会阶层间流动的研究专著，是这一时期的代表作。60 年代末，何先生的研究兴趣转入中国农业的起源，并进而把研究对象扩展到中国文化的起源上。《黄土与中国农业的起源》、《东方的摇篮》是这一时期的代表作。80 年代末、90 年代初，何先生在深思熟虑后,决然投入先秦思想史领域,选择"攻坚",研究中国思想史中最关键的基本课题,完成了一系列重要论文。

何炳棣先生一生治学,从不做"第二等"的题目,向来"扎硬寨,打死仗",视野宏阔,博征史料,而著述则精要严谨,下笔必有建树,且数十年坚韧不拔,孜孜不倦,故成就卓著,贡献杰出。

何炳棣先生与中华书局交往密切,晚年拟将毕生著述加以修订,交付中华书局,以"何炳棣著作集"之名,系列出版。其主要学术著作,多用英文写作与首次发表,其中部分已被译为中文,皆应收入"著作集"中;未译为中文的,待译成后再行收入。而晚年有关思想史方面的系列论文,为何先生一生学术的"画龙点睛"之作,则均以中文写成,编为《何炳棣思想制度史论》,收入"著作集"中。遗憾的是,天不假年,何炳棣先生未能完成全部修订工作,更未能亲见"何炳棣著作集"的出版。好在,学术可以长存。

中华书局编辑部
2015 年 2 月

目　录

第七章　概括与结论/323

中译本自序

我所写的第二部著作 *The Ladder of Success in Imperial China: Aspects of Social Mobility, 1368—1911*,简译为《明清社会史论》。英文原书于 1962 年由美国哥伦比亚大学出版社初版,距今已近半世纪矣。我生平治史素重选题,始自明清,上溯宋金的人口、大北魏洛阳城区;数年之后又自修多种科学工具,于 1975 年以英文完成《东方的摇篮:公元前 5000 年至 1000 年华夏技术及理念本土起源的探索》(*Cradle of the East: An Enquiry into the Indigenous Origins of Techniques and Ideas of Neolithic and Early Historic China, 5000—1000 B.C.*)一书。之后 30 年间,中国各地丰富而多彩的考古发现,帮我驳斥了西方与东南亚人类学家以及考古学家对《东方的摇篮》的恶意攻击。上世纪末,我先后自芝加哥大学、加州大学尔湾分校退休后的 20 馀年来,又另辟领域,专攻先秦思想史与制度史,对数十年前已经问世的有关明清人口以及社会阶层间流动的旧著,不免有点陌生之感了。

我感到高兴的是,台湾的明史专家徐泓教授在过去数十年间先后主持台大、香港科大、暨南、东吴等大学教研工作之馀,致力于拙著《明清社会史论》的译注工作。徐注的特色是力求详尽，例如我在原书中提到明太祖开国伊始，由于亟需人才，往往数以百计的国子监生，无需较高的功名，即可出任州县，甚至可当更高的地方或中央官吏。但是正统十四年(1449)的土木之变后，明英宗被俘，蒙古入侵京郊，明政府遂自景泰元年(1450)起，不得已颁发一系列的谕令，准许纳马纳粟即可入监读书，初限生员，傺而惠及一般庶民。此后 19 年间捐监者共 6,869 人，占全部监生 16,070 名的 42.6%，导致州县底层吏员供不应求的现象，降低了监生的社会地位。我早年治史多在美东国会、哥大、哈佛等汉学图书馆，遍览多种史料，而叙事则力求简要。上引史实仅采自简明可信的《明会要》，徐注除《明会要》外，详列《资治通鉴纲目三编》、《明史选举志》、黄瑜的《双槐岁钞》、其孙黄佐的《南雍志》、《明英宗实录》，以及近年郭培贵的《明史选举志考论》(北京：中华书局，2006)。此一脚注长达八九百字，足以教导入门者如何收集与运用史料。

译者注释详尽，无意中大大改善了英文原著中的排印次序与方式。事缘上世纪哈佛、哥伦比亚等大学出版社和许多学术期刊，为了节省经费，把正文与脚注中的所有汉字，照例挤排在书尾。即就这本《明清社会史论》而言，成千上百的中文人名、地名、年代、官名、科名、书名等等，阅读时必须往返检索，不胜其烦。徐译将全书每一脚注都与同页正文密切联系，读来令人重生亲切之感。

长达万言的译注，详列并评介过去几十年来凡涉及明清社会阶层、结构与流动的各种文字的专书与论文，对我这个原作者以及广大读者都极有参考价值。除了《中国历代土地数字考实》一书外，我从不回头深究旧著，所以 1962 年出版《明清社会史论》后，未再注意这方面的著作。在华府与台北关系恶化，两岸极度紧张的政治情势下，我虽尽最大努力，仅得 80 种具有登科者三代履历的名录，可用以分析明清两代一万四五千名进士和晚清二万五千名举人及特种贡生的家世背景。我曾几度函请宁波范氏天一阁提供明代进士登科录的缩微胶片，都无结果；不料《译者序》中提到竟有大陆学人抨击拙著弱点之一是未利用迟至 2006 年才由宁波出版社影印出版的《天一阁藏明代科举录选刊·登科录》！

至于《译者序》详列各种文字所写与拙著类似的专著，或由拙著启发的论文，其中对我早年的方法、观点、分类、量化等等，都不免有所批评或质疑。这些批评与质疑或为我前所不知，或久知而不答，或迟迟才作答，之所以如此，因我近年将精力专注于先秦思想史的攻坚。然而对于早年著作所据原始史料之丰富多彩，以及论证之平衡有力，仍具有相当信心。《明清社会史论》从三万四五千例案中所得出家世背景的分类和量化，应与明清 500 馀年社会阶层间之流动率，大体相符而不悖。《译者序》谓拙著"无论在论题的开创，运用史料与统计分析方法的精到，获致结论的坚实，仍是其他相关著作不可伦比的"。此一评价乃译者比较 1962 年以来中、日、韩类似著作后所得，是接近事实的。事实上，当英文原著出版后，即已获得高度评价，如名闻寰宇，主编《剑桥中国史》的杜希德（译者按：Denis C. Twitchett，1925—2006，自订汉名原为"杜希德"，或译作"崔瑞德"）教授，早年曾在他主编的《伦敦大学亚非学院集刊》(*Bulletin of the School of Oriental and African Studies*, *University of London*）发表书评，对拙著推介如下：

> This is a brilliant book which, together with the same author's *Studies on the Population of China*, *1368—1953*, provides the English reader with the best outline of the social and economic history of Ming and Ch'ing China available in any language…the author combines first-rate Chinese scholarship with a real understanding of modern Western historiography, a lively creative imagination, and a sharp eye for telling illustrative detail.（这是一部辉煌的著作，与同一作者所写《中国人口史论 1368—1953》，* 均为英文读者提供了在所有文字中最精要的明清社会经济史纲。此书作者之所以能达到第一流水准，由于他能兼通中国传统学问与近代西方史学之长，且具充沛的原创想像力，并能以敏锐的眼光写出动人的案例。）

徐泓的序与杜希德的书评对我早年学术著作价值的肯定，不啻是我近 20 馀年来，孜孜不倦考证先秦思想与制度的精神支柱。

这本《明清社会史论》在我所有的著作里，运用社会科学理论较多，也最为谨慎，曾引起不少学者仿效。但此书问世若干年后，蓦然回首，我对某些社科观点、方法与理论逐渐感到失望与怀疑，最主要是由于其中不少著作不能满足历史学家所坚持的必要数量和类型的坚实史料，以致理论华而不实，容易趋于空诞。因此我自

---

* 【译者按】：何先生自题《中国人口史论》，中译本改名《明初以降人口及其相关问题 1368-1953》（北京：中华书局，2017）。

退休以来 20 馀年间,"仅"求诸己,致力于考证学的更上层楼,欣然颇有所获。此日回想,这本旧著可称我个人学术路程上的一个分水岭,而今旧著以"译注"的新颜出现,于我个人固然可喜,更希望对广大的中文读者有所助益。我当然也要感谢徐泓教授不懈的努力。

我于序文撰就之后,重阅《译者序》,发现第三章第 126 页注 2 译者按语谓拙著当初不利用朱卷,是由于潘光旦和费孝通在清华大学《社会科学》第 9 卷第 1 期(1947 年 10 月)上合撰的《科举与社会流动》一文,文中引用了晚清直隶、江苏、浙江、山东诸地朱卷 917 种,而当时哥伦比亚大学仅藏有 300 多种。我几十年来不曾公开讨论朱卷的史料价值,实因雅不愿与潘仲昂师(译者按:潘光旦)、费孝通学长辩难,当初友朋之中有瞿同祖兄(2010 年 6 月在北京逝世)同意我的看法,认为朱卷即使具有种种优点,并不是研究社会阶层间流动的理想史料。朱卷大致包括两个部分:谱系和师承。谱系详于直系与近支,兼及母系各世代的姻戚,故能"追寻各家婚姻结合,推见各家生物性的关联"。师承包括朱卷作者的学术源流,详述受业、问学、授知三种有关个人的思想和成就。类此生物和社会教育并重的资料有利于潘先生对遗传与优生学的探讨。然而朱卷的内涵即使优于家谱,若不能置于朱卷作者同年的全部齿录之中来看,仍无法得出社会阶层间流动率的统计。其中至理,容后有馀力时再详论之。

何炳棣

于美国加州尔湾龟岩村

2011 年 12 月 26 日

原著第二版自序

　　我在第二版校正了许多排版和数据及史实的错误，在此感谢哥伦比亚大学的丁龙汉学荣誉讲座教授富路德（L. Carrington Goodrich, Dean Lung Professor Emeritus），因他惠予提供本书第一版的勘误表；他以自己主持"《明代名人传》编写计划"（Ming Biographical History Project）所累积的大量资料中撷取资料，来校正拙作中若干明代官员与学者的年代与生平事迹的疏误，这几乎是别人无法办到的。因拙于校对，这些版本的校订大部分要归功于富路德教授。

　　这一版最主要的修订在于统计数字，在这本书的书稿交给哥大出版社后不久，我才收到邮寄误期迟到的 1958 年版《北京图书馆善本书目》，让我非常惊喜的是：其中包括相当数量的进士登科录、会试录和乡试录的书目，而且都记载着举子先人的信息，可以填补先前我的统计数字系列中某些关键年代的空隙。这些极为珍贵的登科录、会试录和乡试录，原来是翁同龢（1830—1904）的私人收藏，他是晚清两位皇帝的老师，一般被西方人认为是光绪二十四年（1898）戊戌变法中的关键性“首相”。在最近一次到东亚的旅行中，我也偶然在中研院史语所发现 4 种稀见的明朝进士登科录；结果我就利用这些新收到的资料修正与增补表 9、表 10 与表 12，这几个表是本研究的统计经线中最值得注意的。

本书出版以来，相关的二手研究成果增加了许多，虽然不是直接触及明清中国社会流动问题，但是与本研究讨论的某些制度面相关，在此只提几件：韦庆远，《明代黄册制度》（北京：中华书局，1961）是至今研究明代黄册制度史最详尽的著作；贺凯教授的《明朝政府组织》，《哈佛亚洲研究学报》第 21 卷，1958 年 12 月（Charles O. Hucker, "Governmental Organization of the Ming Dynasty," *Harvard Journal of Asiatic Studies* Vol. XXI, December, 1958），直到我交出书稿时仍未出刊；这篇文章的许多好处中，最值得一提的是关于明朝主要和次要政府机构与职官名称的英文译名。我自己的中文著作《中国会馆史论》（台北：台湾学生书局，1965）专章论述各地商帮为提供赶考的家乡子弟食宿，在北京与各省城、府城设置的会馆。由于出版经费的昂贵，不可能对本书内容全面重加增补，尤其书目是在日本印的，最为费时。尽管整本书的原来页码有必要保留，在本书第二版，我还是对文本与统计方面做了相当大的改进。

在过去几年里，我得到的印象是：一些社会科学家比史学家与汉学家更不愿有系统地关注各种中国传记资料的不同性质问题，而这些资料却是许多现代研究传统中国社会流动的依据。造成这个现象的原因无疑地是语言文字的障碍，我可以无愧地说：在本书

第三章第一节，研究传统中国社会流动，评估所依据的各种中国传记资料，目标是要充分地引起那些不熟悉中文文献资料学者的注意。本书的社会流动比较研究的结果，认为明初精英的社会流动率，"即使近代西方社会精英的社会流动率，也可能很难超越"（原著页258，中译本页326）。认为这独一的结论很难估量的学者，就请他们读读狄伯教授（Vernon K. Dibble）和我合写，在《社会与历史比较研究学报》第3卷第3期（1961年4月）发表的《社会流动的比较研究》（一个辩论）。[1]

何炳棣

芝加哥，1967年4月

1　Vernon K. Dibble and Ping-ti Ho, "The Comparative Study of Social Mobility," *Comparative Studies of Society and History* Vol. III, No. 3, April, 1961.

原著初版自序

　　对研究明清社会与制度史的学者来说,能使用的文献不但数量大而且品质非凡。这批资料中最有系统性的是进士登科录(拥有进士功名者几乎自动成为中阶官员),它提供举子三代祖先正确的信息。这里使用的 48 种登科录等名录,共含 12,226 个案例,正好涵盖整个明清时代,始于明朝第一次进士考试的洪武四年(1371),终于科举制度废除的光绪三十年(1904)。这些资料构成这个研究统计数据的主体,另外补充清代最后几百年的 20 种举人与贡生的名簿同年齿录(拥有这些中阶科名者有资格受任为低阶官员),分析的总案例数达 23,480 个之多,再补充长江下游为主的三种生员题名录(拥有这些初阶科名者并不能受任为低阶官员),其中两种涵盖顺治元年至光绪三十年(1644—1904),另一种涵盖洪武元年(1368)以来的整个明清时期。对初阶、中阶和高阶举业造成的社会流动的统计研究,构成本研究的经线。

　　本研究的纬线主要包含评量各种形式的质性证据,诸如政府律令、方志、传记、家谱、社会小说和观察当代社会与家庭事务的著作等等。虽然大部分是不能计量的,但仍然可以阐明社会流动各面向的一般情况,如个人与家庭从一个身份地位移到另一个身份地位,几乎不存在有效的法律与社会壁垒和阻碍;社会流动存在着制度化和非制度化因素;著名的家庭和家族都会在长期发展过程中,其社会与经济地位逐渐和其他家庭、家族趋于平等;导致社会流动的某些社会概念与神话,向某些部分人民的渗透扩散等。本书研究举业造成的社会流动及一般社会流动的主要结论,取自累积的统计的与质性的事证所作的注释、评估及总结。

就如本书的副题所指出的,我的研究普遍受益于社会科学,特别是社会学;我必须明确地说:本研究的重点在社会与制度史的一些有机面向,而不是历史社会学。历史资料不论其品质多好、数量多大,都很少能如现代社会学调查所要求的那样;历史学家不能如社会学家一般,以精巧设计的问卷与田野调查的实施来找到特定的资料。此外,统计数据的分类和一些社会现象的注释,都需要仔细讨论某些面向的制度史,虽然对社会科学家来说,这种工作是费力而乏味,但对历史学家来说却十分重要。因此,本书处理社会流动的各个层面与处理制度史一样多,讨论的焦点则集中于官僚体系的社会成分。为避免读者误解,我曾认真地考虑这本书的副题是否需要改易;最后我还是决定保留这个副题,主要是因为我使用的理论框架,在最近的 15 年里,已为研究社会流动的学者所扩大和改进。

关于一个跨度长达五个半世纪庞大而复杂的社会,有些相关的论题,可以说,比研究血液循环更具挑战性和启迪性。统治阶级的社会成分和其他更一般的社会流动面向,向来就是我长期以来研究明清史计划中的优先项目,社会流动的研究工作始于1954年秋天,几乎在同时我也初步发现一个历史大谜团的破解,那就是明清时代中国人口的增长。

在筹画这个研究的过程中,我获益于结交各种学科的学者以及与他们多年来的讨论。我受惠于我在英属哥伦比亚大学的同事:图书馆长尼尔·哈罗先生(Neal Harlow),他为我取得这个研究所需要的一般资料与稀见资料;人类学与社会学学系的霍桑教授(Harry B. Howthorn)、贝萧教授(Cyril Belshaw)、尼格理教授(Kasper D. Naegele)和柏理申教授(Bernard R. Blishen),在这研究的形成阶段给予的咨询;英文系的史密斯教授(Marion B. Smith)在文字编辑上给予的帮助。我必须特别感谢瞿同祖先生,他原先在哥伦比亚大学,现在哈佛大学,他是结合社会学与汉学最有成就的学者,我们早从1945年就展开长期的讨论;感谢巴纳德学院的巴伯教授(Bernard Barber of Barnard College)与巴伯博士(Elinor Barber)为我阅读本书导论一章的初稿;感谢耶鲁大学芮玛丽教授(Mary C. Wright of Yale University)为我读整本书的草稿;感谢芝加哥大学教授,同时也是《社会与历史的比较研究》(*Comparative Studies of Society and History*)的主编索普教授(Sylvia L. Thrupp)和另一位芝加哥大学教授狄伯(Vernon K. Dibble),他们为评论我这个研究的期中报告,特别写了一篇文章,帮我澄清某些基本概念。我也应该要感谢哥伦比亚大学出版社的萧梅克小姐(Elizabeth L. Shoemaker)为这本书做的编辑工作。

　　我受惠最多的是美国国会图书馆的东方部（Division of Orientalia，Congress Library）、哥伦比亚大学东亚图书馆与哈佛大学的哈佛燕京学社汉和图书馆（Harvard-Yenching Institute Library），感谢它们的慷慨相助。感谢哈佛燕京学社汉和图书馆馆长裘开明博士，他对我不计其数的图书馆馆际借书要求有求必应。我也要感谢中央图书馆馆长蒋复璁先生和北京国家图书馆王一飞副馆长为我复制极为稀见的明朝与清朝初年的进士登科录。

　　本研究如果没有来自以下机构的赞助是无法进行的：英属哥伦比亚大学校长的研究委员会（President's Committee on Research of the University of British Columbia）的三个暑期研究奖金，和哥伦比亚大学东亚研究所慷慨赠予一整年的资深研究奖助金。1958 年 9 月到 1959 年 8 月，我在哥大担任资深研究员，此期间经常和韦慕庭教授及其他的研究所同仁来往，使我获益良多。我要特别感谢施坚雅教授（G. William Skinner）对我在技术层面的宝贵批评，他当时在哥大，现在康乃尔（Cornell）。希望以此书作为我对母校那快乐而又丰收一年的小小纪念。

何炳棣

1961 年 5 月

温哥华，英属哥伦比亚

译者序：何炳棣教授及其《明清社会史论》

何炳棣教授于 2012 年 6 月 7 日清晨 7 点 11 分在睡梦中安然去世，享寿 95 岁，史学界失去一位跨世纪的大师。[1] 何炳棣先生原来念的是英国史，[2] 后来转治中国史，他的研究领域广，包括扬州盐商、明清至民国的人口、明清会馆、明清科举与社会流动、美洲新大陆作物输入中国、北魏洛阳城、明代土地数据、清代在中国史上的重要性、黄土与中国农业文化的起源和近年研究的先秦诸子等。何先生收集史料之辛勤，运用史料之精妙，方法与史识之独创，轰动史林，惊动万教（教育界），当今华人治史罕有能出其右者。[3]

何先生不满于中国文史研究被洋人归类为"汉学"（Sinology），因为"汉学"是西方人"东方主义"（Orientalism）及其"欧洲中心论"（Eurocentrism）的产物，他们卑视汉学，不置之于西方为主流的学术

1　Sidney Ho, "Professor Ping-ti Ho（1917–2012）何炳棣 Notification & Remembrance," 07 June, 2012.

2　何先生于 1952 年以《英国的土地与国家（1873–1910）：土地改革运动与土地政策研究》（Land and State in Great Britain, 1873–1910: A Study of Land Reform Movements and Land Policies）一文获得哥伦比亚大学博士学位。

3　参见徐泓，《何炳棣教授的明清史研究》，《明代研究》，第 18 期（2012.06），页 23–47。

殿堂正殿。[1] 因此,何先生治中国史都选重要的大问题,成果都由重量级的西方大学出版社和学术期刊出版,要与西方史家进行对话。[2] 何先生的学术受到西方学界的肯定,1965 年荣获芝加哥大学聘为地位崇高的汤普逊(James Westfall Thompson)历史讲座教授,[3] 并于 1975 年当选美国亚洲研究学会(The Association for Asian Studies)首位亚裔会长。

何先生擅长于广泛运用社会科学和自然科学的成果,又能吸纳西方史学的长处。他在《东方的摇篮:公元前 5000 年至 1000 年华夏技术及理念本土起源的探索》,以文献、考古资料及古动植学证明中国古代文明源于本土,打破西方学者的世界文明源自西亚的一源说,连强力主张这种学说而撰写《西方的兴起》(*The Rise of the West*:*A History of the Human Community*:*with a Retrospective Essay*)著称的威廉·麦克尼尔(William H. McNeill)教授也为之

1　Arif Dirlik, "Chinese History and the Question of Orientalism," *History and Theory* 35:4 (Dec., 1996), pp. 96–118. 顾明栋,《汉学、汉学主义与东方主义》,《学术月刊》,第 12 期(上海,2010),页 5–13。张宽,《萨伊德的"东方主义"与西方的汉学研究》,《瞭望》,第 27 期(北京,1995),页 36–37。

2　如 Harvard University Press, University of Chicago Press, Columbia University Press 等出版社,*The American Historical Review*, *The Economic History Review*, *Comparative Studies in Society and History*, *Journal Asian Studies*, *Harvard Journal of Asiatic Studies* 等学术期刊。

3　"The chair at the University of Chicago named for the medievalist James Westfall Thompson, President of this association (AHA) in 1941, is now held by Professor Ping-ti Ho, who was born in Tientsin(天津) and is a member of Academia Sinica(中研院) in Taipei." John K. Fairbank, "Assignment for the '70's," *America Historical Association Presidential Addresses*, 1968. http://www.histo-rians.org/info/aha_history/jkfairbank.htm. (撷取时间:2012 年 6 月 18 日)

折服。[1]

何先生为人率真,不假颜色,很多人怕他。他成长于对日抗战之中,有浓厚的民族意识,虽因工作关系入美国籍,但热爱中国之心过于常人,曾质问一些华人学者:你是中国人怎么可以不爱国?从何先生的讣闻中知道他要归葬老家金华。1979年底,在波士顿麻省理工学院(MIT)讨论中美关系的会上,面对满场洋人学者,亲见何先生独排众议,大声指斥研究中国的洋人学者的反华情结。[2]其敢言直言的态度在西方学界的华人学者中极为少见,一般华人学者在洋人屋檐下总是低头,何先生决不示弱。[3]

1　威廉·麦克尼尔教授赞扬何先生的论证扎实,难以推翻。在这本书(*Cradle of the East : An Enquiry into the Indigenous Origins of Techniques and Ideas of Neolithic and Early Historic China*, 5000-1000 B.C., The Chinese University of Hong Kong and The University of Chicago Press, 1975)的前言说:"The argument seems conclusive : it is hard to imagine what kind of evidence that could upset or seriously modify the general conclusions of this work." 连批评何先生最力的祁特立(David N. Keightley)教授也在书评的结论说:即使有一二外在因素,中华文明本土自生说是难以否定的("The demonstrated existence of one or more external elements, however, would not of itself disapprove the indigenous origins of Chinese Civilization." 参见 *Harvard Journal of Asiatic Studies* 37:2〔Dec., 1977〕, pp. 381-411.)。

2　何先生说:学界传言:"研究苏俄的学者都恨苏俄,研究中国的学者都爱中国。"其实没这回事,你们这些研究中国的学者恨死中国了。不少洋人学者对何先生阐扬中国历史文化和肯定中国传统的正面价值不满,如祁特立就说何先生是大汉族沙文主义者:Ho has merely replaced the old "Western intellectual chauvinism" of which he complains with a modern worldwide version of Greater Han chauvinism. (请注意祁特立在讲西方知识沙文主义是加了引号,意即不认同有所谓的"西方知识沙文主义",但讲到大汉族沙文主义则不加引号,坐实了有大汉族沙文主义这么一回事)。参见祁特立的书评,*Harvard Journal of Asiatic Studies* 37:2(Dec., 1977), pp. 381-411。

3　何先生研究清代扬州盐商,不但论述扬州盐商为当代世界资金最雄厚的商人集团之兴衰,而且在运用史料及论题方面超越日本学者,用来估计盐商成本的《乾隆两淮盐法志》和高恒的两淮盐政档册,就是日本学者都没有用过的。50年代初,大陆史学界开展"资本主义萌芽"的讨论,论及传统中国虽有巨量商业资本存在,最终未能使"萌芽"茁壮成长的原因。虽然傅衣凌在1946年以后陆续撰写,于(转下页注)

　　1996 年,"新清史"的代表罗友枝(Evelyn Rawski)教授发表美国亚洲研究学会主席就职演讲:"Reenvisioning the Qing: The Significance of the Qing Period in Chinese History"(《再观清代:清代在中国历史上的重要性》),[1] 针对何先生 1967 年在美国亚洲研究学会发表的"The Significance of the Ch'ing Period in Chinese History"(《清代在中国历史上的重要性》)一文,[2] 批判何先生对清王朝"汉化"问题的论断。她认为清王朝能维持近 300 年的统治,主要原因不在于"汉化",在不同地区采取不同文化政策,才是清朝统治成功的关键。[3] 两年后,何先生像大炮一样地强力反击,发表"In Defense of

---

(接上页注)1955 年整理出版的《明清时代商人及商业资本》中也说:两淮盐商的主要成分是徽商,其增殖的资本不能扩大再生产,没有出路,因而走上个人的浪费,豪侈放纵。但书中对扬州盐商着墨不多,只有一页,而何先生则以全文三分之一强的篇幅深入论述。日本学者和田清和加藤繁也在 20 世纪 20、40 年代开始讨论明清会馆,认为会馆起源于明代嘉靖、隆庆间,是集中在北京的各省官吏士子按照他们的乡籍的差别而设置的憩息场所。何先生则依据《民国芜湖县志》主张会馆最初创设于明永乐迁都北京之后,当时任工部主事的芜湖人俞谟捐出他在前门外长巷三条胡同购置的房地产,设置芜湖会馆。另据周亮工《闽小纪》,明武宗正德年间,北京已有福州会馆。于是会馆创始年代,由于何先生的研究从明代后期提前到明代前期。过去西方与日本学者皆以中国行会及地缘性会馆的发达,"强化中国小群的观念,延展了大群观念的产生"及"中国社会的近代化",但何先生的研究指出:会馆的地缘组织经常接触的结果,"有助于窄狭畛域观念的融消和大群意识的产生";明清会馆制度对"中国社会逐渐近代化","实曾具有积极的推动作用"。详见徐泓,《何炳棣教授的明清史研究》,第 18 期(2012.06)。

1　全文刊载于 1996 年 11 月出刊的《亚洲研究学报》(*The Journal of Asian Studies*)第 55 卷第 4 期,页 123–155。参见张勉励译,《再观清代在中国历史上的重要性——介绍一篇西方研究清史问题的论文》,《清史研究》,第 2 期(北京,1999),页 113–117、124。

2　刊载于 *The Journal of Asian Studies* 26:2(Feb 1967),pp. 189–195;另可参陈秋坤译,《清代在中国史上的重要性》,《史绎》,第 5 期(台北,1968.6),页 60–67。

3　罗友枝和许多西方史学家一样,对汉化持负面评价,认为这是近代中国民族主义的产物。他们恐惧近代民族主义的兴起,认为它是世界动乱之源。自 20 世纪 80 年代末以来,促进近现代中国崛起主要动力的民族主义,就成为西方舆论攻(转下页注)

Sinicization: A Rebuttal of Evelyn Rawski's 'Reenvisioning the Qing'"
(《捍卫汉化:驳斥罗友枝的〈再观清代〉》)。[1] 首先,何先生说他的
论文是宏观的,论题是多面性的,罗友枝却单挑汉化这个单一主题
来讨论,模糊文章的真实意义。更甚者是罗友枝曲解何先生的论
点,何先生说:他的基本观点,明明是满族创造了一个包括满、汉、
蒙、回、藏和西南少数民族的多民族国家,罗氏无视于此,在汉化和
满族与非汉民族关系之间,构建一个错误的二分法。她无视于满
族之所以能有效地统治人口最多、政治传统和文化最悠久的中国,
就在他们成功地运用汉族传统和制度。罗友枝又主张:辽、金、元、
西夏政权统治汉人与汉地,都只任用汉族官员,他们都拒绝汉化。
其实,这四个政权最终都采用汉文化和制度,甚至以汉族五德终始
的正统论合理化其政权。征服王朝要巩固其统治,汉化是不可避
免的,这本是国际学术研究的共识,而罗友枝却全然视而不见。何
先生在文章中,以极大的篇幅,论述九千年以来,汉文化和汉化发
展的历史的各个方面,并且讨论非汉族政权如何采用汉化政策,统

(接上页注)击的对象。近十年来,西方政界、学界对中国的崛起与西方政经优势的
衰退,更是焦虑,多以人权为理由,支持藏独、疆独,抨击中共的民族政策。他们有
意无意地把中共政权与中国及汉人和汉文化,混为一谈,进而迁怒于汉人与汉文化
为主的传统中国王朝;因此,出现批判何先生"汉化论"是中国"民族主义者"史观的
论调,并不令人意外。

1　Ping-ti Ho, "In Defense of Sinicization: A Rebuttal of Evelyn Rawski's 'Reenvisioning
the Qing'," *The Journal of Asian Studies* 57:1(Feb, 1998), pp. 123–155. 张勉励译,
《捍卫汉化:驳斥伊芙琳·罗斯基之的〈再观清代〉(上)(下)》,《清史研究》,2000
年第 1 期页 113–120;第 3 期页 101–110。

治以汉族为主的中国。这真是一篇掷地有声的大文。[1]

　　广泛运用社会科学和自然科学的成果，又能吸纳西方史学的长处是何炳棣教授治史的特色。他治明清社会史即运用社会学理论，专攻这一长久以来为社会科学家重视的社会阶层化与社会流动研究课题。[2] 何先生于 1962 年出版《明清社会史论》，是第一位大量运用附有三代履历的明清进士登科录及会试、乡试同年齿录等鲜为人注意的科举史料的学者。根据这些史料，何先生作量化统计，分析向上与向下社会流动；资料的数量与涵盖面，均远远超越前人，统计分析的样本，进士达一万四五千名，举人贡生达两万多名。分析结果，以平均数而言，明代平民出身进士约占总数 50%，清代则减至 37.2%；而父祖三代有生员以上功名者，则由明代的 50%，升至清代的 62.8%，可见平民向上流动机会渐减。清代，尤其清代后期，大行捐纳制度，富与贵紧密结合，影响力量趋强，遂使平民向上流动机会大减。

　　何先生在书中不但处理向上社会流动，而且也讨论向下社会流动及其导因，阐明促进社会流动的各种制度化与非制度化通道

1　详见徐泓，《"新清史"论争：从何炳棣、罗友枝论战说起》，《首都师范大学学报（社会科学版）》，2016 年第 1 期（2016.02），页 1–13。《新华文摘》，2016 年第 10 期，页 57–62。

2　社会阶层化与社会流动是长久以来社会科学家尤其是社会学家重视的研究课题，历久不衰，最近中研院谢宇院士在《美国经济评论》上发表一篇讨论 1850 年以来英美社会流动的比较，文章中评介近年来欧美学界的社会流动研究。Yu Xie（谢宇）and Alexandra Killewald, "Intergenerational Occupational Mobility in Great Britain and the United States Since 1850: Comment," *American Economic Review* 2013, 103（5）: 2003–2020.

的存在。何先生认为明清社会几乎没有制度化的机制,阻止高地位家庭长期的向下流动,均分遗产的习俗可能是最有力的因素。除纵向垂直的上下流动外,何先生又专章讨论士农工商、军民匠灶的横向水平流动,并论及社会流动的地域差异和影响社会流动的各种因素。社会流动比较研究的结果,何先生认为明初精英的社会流动率,"即使近代西方社会精英的社会流动率,也可能很难超越"。[1]

　　近年来,何先生的论点遭到部分学者质疑。较著名的有美国的郝若贝(Robert M. Hartwell)、韩明士(Robert P. Hymes)、艾尔曼(Benjamin A. Elman),中国的沈登苗。1982 年,郝若贝的论文《中国的人口、政治与社会的转型:750—1550》("Demographic, Political and Social Transformations of China, 750—1550"),分析宋朝官员传记资料,发现宋朝政府被几个或几十个大家族所垄断,科举造成的社会流动并不大。[2] 韩明士在 1986 年发表《政治家与士大夫:两宋江西抚州的精英》(Statesmen and Gentlemen: The Elite of Fu-chou, Chiang-hsi, in Northern and Southern Sung)一书,则认为研究科举所促成之社会流动,不能仅以直系父祖三代家世为据,应该扩大"精

1　Ping-ti Ho, *The Ladder of Success in Imperial China: Aspects of Social Mobility, 1368–1911* (New York and London: Columbia University Press, 1967), p. X, "Preface to the Second Priting". 根植于新古典自由主义(neoclassical liberalism),广为接受的观点认为:社会流动量愈大,社会愈开放,对社会是好的;因为这鼓励个人依其能力而不是依据其家世取得社会地位。参见 Michael Hout, "More Universalism, Less Structural Mobility: The American Occupational Structure in the 1980s," *American Journal of Sociology* 1988, 93 (6): 1358–1400.

2　Robert M. Hartwell(郝若贝), "Demographic, Political and Social Transformations of China, 750–1550," *Harvard Journal of Asiatic Studies* 42 (1982), pp. 365–442.

英"定义的范围,将寺庙捐献者与从事地方公益事务者及其亲戚族人、学生等均列为分析的对象,于是大大缩减平民范围,把平民在科举上的成功率大为低估;他进而怀疑科举制对统治阶层与平民间的"血液循环"有促进作用。[1] 稍后,艾尔曼发表《科举制下帝制中国晚期的政治、社会与文化的再生产》("Social and Cultural Reproduction via Civil Service Examinations in Late Imperial China")与《帝制中国晚期的科举文化史》(A Cultural History of Civil Examinations in Late Imperial China),他也认为何先生估计出身平民进士之比例过高,过分低估中式家族及其婚姻对向上流动力的作用,进而论定:"近千年来,科举制度在很大程度上,不过是统治阶层的政治、社会、文化的'再生产'而已。"[2] 沈登苗则于 2006 年发表《也谈明代前期科举社会的流动率——对何炳棣研究结论的思考》,批评何著对"明代前期"的界定,及以何先生未能使用天一阁独家收藏的 31 种明代进士题名录为憾,并指出"明代前期科举流动率高,主要是元代特殊的用人政策"造成的,何先生的"结论在科

1　Robert P. Hymes(韩明士), *Statesmen and Gentlemen: The Elite of Fu-chou, Chianghsi, in Northern and Southern Sung* (London: Cambridge University Press, 1986). 曹国庆与邓虹编译其中的"Examinations, Office, and Social Mobility",以《社会变动与科举考试》为题发表在《江西社会科学》,第 6 期(南昌,1989),页 108—112。

2　Benjamin A. Elman (艾尔曼), "Social and Cultural Reproduction via Civil Service Examinations in Late Imperial China," *The Journal of Asian Studies* 50:1(Feb, 1991), pp. 7—28. Benjamin A. Elman, *A Cultural History of Civil Examinations in Late Imperial China* (Berkeley, CA: University of California Press, 2000). 艾尔曼及韩明士等人贬低科举制度对社会流动的作用,李弘祺对他们的论点展开讨论,参见李弘祺,《中国科举制度的历史意义及解释——从艾尔曼(Benjamin Elman)对明清考试制度的研究谈起》,《台大历史学报》,第 32 期(台北,2003.12),页 237—267。

举史上并不具备典型的意义"。[1] 但钱茂伟《国家、科举与社会——以明代为中心的考察》使用的 21 种(其中 5 种为天一阁独家收藏前人未使用过的)明代前期题名碑录,分析的结果,仍然支持了何先生的结论。[2] 对于韩、艾二氏的批评,何先生并未撰专文反驳,仅于自传《读史阅世六十年》简单回应称:自己的统计"完全是根据八十几种中式者的祖上三代履历,最能反映社会阶层间的上下流动",而艾氏所用的资料却"没有最能反映社会血液循环的祖上三代履历";而且根据艾氏的统计,明清出身平民的举人,占总数的 54.27%,出身平民的进士,占总数的 61.78%,反而坐实了何先生的结论。至于韩氏的评论,何先生则认为是对"精英"的定义混乱而误导的。[3]

现存的进士登科资料(包含登科录、会试录、进士同年录、进士履历便览)未为何炳棣教授使用的达 59 科,共 140 种,小但未被使用的科数是何炳棣教授使用过的将近三倍,而且分布均匀,明代每一皇帝统治时期都有,大有利于进一步研究明代举人的社会流动。泓于是执行国科会赞助《明代向上社会流动新探》研究计划(NSC101—2410—H031—038),运用现存的进士登科史料,撷取 57 科 15,528 件有效样本,重作统计分析。发现从明代初期到后期,平

---

1 沈登苗,《也谈明代前期科举社会的流动率——对何炳棣研究结论的思考》,《社会科学论坛(学术评论卷)》,第 9 期(北京,2006),页 81-93。沈登苗,《就明代进士祖上的生员身份与何炳棣再商榷——以天一阁藏明代进士登录录为中心》,《中国社会历史评论》第 12 卷(天津:天津古籍出版社,2011)。
2 钱茂伟,《国家、科举与社会——以明代为中心的考察》(北京:北京图书馆出版社,2004)。
3 何炳棣,《家族与社会流动论要》,《读史阅世六十年》附录(北京,中华书局 2014),页 23-29。

民家庭出身各科次进士占进士总人数的比率，平均从 75% 跌至
45%，而官员家庭出身的进士人数的比例，反而从 24% 提高到
53%；[1] 平民家庭出身与官员家庭出身比例的变动，约略从明中期
成化、弘治年间开始出现黄金交叉，尤其是广义的官僚群体比率大
幅上升，又似乎与明代中后期的社会发展脉络相暗合。坐实了何
炳棣教授所言"意指寒微人士要爬升社会—官僚体系的阶梯，其困
难与挫折越来越大"的论点。这个重新估算明代社会的向上流动
率的研究，进一步修正了何炳棣先生利用 22 科 6,332 件样本所统
计出的结果。何先生的结论是：以平均数而言，明代平民出身进士
约占总数 50%；而父祖三代有生员以上功名者，也约略 50%。而泓
用 57 科 15,528 件样本所统计出的结果，以平均数而言，明代平民
出身进士约占总数 56%，而父祖三代有生员以上功名者则是 44%；
这就更加确认何炳棣教授的论点：平民向上流动机会占了整体官
员的一半以上，也证实万历年间礼部的报告："绩学博一第者，强半
寒素之家。"[2] 是有根据的。因此，明朝"官场对有才能人士开放"
及"科举为寒门子弟架起了通向'天门'的阶梯"的传统说法，仍为
现今大部分学者所接受。[3]

---

[1] 徐泓，《〈明清社会史论〉译注及其后续研究：重论明代向上社会流动》，《中国社会
　历史评论》，第 17 卷上册（2016.10），页 1–19。徐泓，《明代向上社会流动再探》，
　《历史人类学学刊》，第 15 卷第 1 期（2017.04），页 53–82。

[2] 《明神宗实录》（台北：中研院史语所校印本，1966），卷 535，页 8，万历四十三年八月
　丙申条。

[3] 如郑若玲，《科举、高考与社会之关系研究》（武汉：华中师范大学出版社，2007），页
　166。吴建华，《科举制下进士的社会结构和社会流动》，《苏州大学学报》1994 年第
　1 期，页 99–103、98。

《明清社会史论》讨论明清社会流动,根据的样本数量极多,被誉为讨论科举与社会流动最全面的一部经典巨著,[1]影响中国社会史与明清史及东亚史研究甚巨。如许师倬云教授《先秦社会史论》(*Ancient China in Transition:An Analysis of Social Mobility*,722—222 *B.C.*)[2]、毛汉光教授《两晋南北朝士族政治之研究》[3]、吴金成教授《中国의科举制와그政治.社会的机能——宋·明·清时代의社会의阶层移动을中心으로》(《科举》,서울:一潮阁,1981)、吴建华教授《科举制下进士的社会结构与社会流动》及研究韩国科举与社会流动之崔永浩(Yong-ho Choe)教授的 *The Civil Examinations and the Social Structure in Early Yi Dynasty Korea*,1392—1600(《朝鲜李朝初期的科举制度与社会结构》),[4]均以此书为典范。近年来,香港科技大学李中清教授也用何先生的方法处理北京大学与苏州大学的学生资料,统计分析学生的家庭背景,讨论1949年以来中国社会流动的"无声革命"。[5] 台湾大学骆明庆教授也统计分析台大学

1 许倬云,《介绍何著〈明清社会史论〉》,《大陆杂志》,卷26第9期(台北,1963.5)。收入许倬云,《心路历程》(台北:文星书店,1964)。刘高葆,《社会流动与明清社会史研究:读〈中华帝国晋升的阶梯:社会流动方面,1368–1911年〉》,《中山大学研究生学刊(社会科学版)》,第1期(广州,1994),页68–74。

2 Cho-yun Hsu(许倬云),*Ancient China in Transition:An Analysis of Social Mobility,722–222 B.C.* (Stanford:Stanford University Press, 1962). 中文本邹水杰译,《中国古代社会史论:春秋战国时期的社会流动》(桂林:广西师大出版社,2006)。

3 毛汉光,《两晋南北朝士族政治之研究》(台北:"中国学术著作奖助委员会",1966)。

4 Yong-ho Choe(崔永浩),*The Civil Examinations and the Social Structure in Early Yi Dynasty Korea, 1392–1600*(Seoul:Korean Research Center, 1987). 这篇博士论文就是何先生指导的。见何炳棣,《读史阅世六十年》,页29。

5 李中清、梁晨、张浩,《无声的革命:北京大学、苏州大学学生社会来源研究,1949–2002》(北京:三联书店,2013)。李中清,《促进社会流动的高考制度是中国的骄傲》,《文汇报》,2013.11.11。

生资料,讨论近年来台大学生构成的社会成分变迁所反映的台湾社会流动之性别、省籍和城乡差异。[1]

　　近年来,研究科举与社会流动的史料陆续公开,已较 50 年前何先生出版《明清社会史论》为多:明代乡试录 313 种、会试录 54 种、进士登科录 54 种、进士同年序齿录 15 种及进士履历便览 17 种。整理编印的工作,也不断展开。伴随着《明代登科录汇编》[2]、《清代朱卷集成》[3]与《天一阁藏明代科举录选刊·登科录》[4]等明清科举史料的整理印行,科举的研究,再度兴盛,而有

1　骆明庆,《谁是台大学生?——性别、省籍和城乡差异》,《经济论文丛刊》,第 30 辑第 1 期(2002.03)。骆明庆,《弱势学生能脱离贫穷世袭吗?》,《新新闻》,第 1351 期(2013.01.29)。

2　1969 年,台北学生书局编印。

3　顾廷龙主编,《清代朱卷集成》(台北:成文出版社有限公司,1992)。计收有清代朱卷 8364 种。"朱卷"即科举之各类试卷弥封后,誊录人员用朱笔重新誊写的卷子。依清代成例新中式的举人、进士都将履历、科份、试卷刻印,亦称"朱卷"。朱卷为三个部分所组成:
一、履历:登载本人姓名、字型大小、排行、出生年月、籍贯、撰述、行谊,并载本族谱系,最简单的只记载为祖妣三代。详细的还上自始祖下至子女、同族尊长、兄弟侄辈以及母系、妻系无不载入。凡有科名、官阶、封典、著作亦注入名下。再录师承传授,如受业师、问业师、受知师之姓名、字型大小、科名、官阶以示学问渊源有自。这部分提供的信息,对研究社会流动最为珍贵。
二、科份页:载本科科份、中式名次、主考官姓名官阶与批语等。
三、试卷与文章:八股本身是一种集合古今骈、散文菁华的文学体裁,追求修辞技巧形式的完美,是研究八股文的第一手材料。在考官的评语中,可辨别清代取士的标准,及清代教育状况。
《清代朱卷集成》可说是集科举文献、传记档案、文学、教育资料之大成,清代文武百官履历、传记撰述、行谊尽收于此;是研究科举制度及社会阶层及社会流动的重要史料。参见刘海峰,《科举学导论》(武汉:华中师范大学出版社,2005),页 348-351。

4　现存明代科举录的 80% 收藏在天一阁里,天一阁的典藏有洪武四年至崇祯十三年进士登科录 41 种、会试录 38 种、乡试录 272 种,多为成化以后的;又有武举录 11 种、武举乡试录 8 种,均为嘉靖、隆庆、万历本;共计 370 种。其所藏 90% 以上为孤本,被列入中国大陆"国家古籍重点出版规划"。2006 年,天一阁(转下页注)

"科举学"的出现。[1] 于志嘉就利用《万历三十八年(1600)庚戌科序齿录》,分析 77 名军籍进士祖孙五代社会身份的变迁。[2] 而论述科举与社会流动的相关研究,更是在方法上、资料的运用上,都很明显地看出沿袭何教授《明清社会史论》的痕迹。2003 年,张杰的《清代科举家族》,即用统计分析法,处理《清代朱卷集成》中的家族背景资料,讨论中举者的垂直流动、应试者的水平流动,及科举与士人居住地迁移的关系。[3] 2007 年,厦门大学郑若玲出版《科举、高考与社会之关系研究》,将科举与大陆、台湾及东亚地区大学入学考试类比,讨论其与社会的关系;其第四章论述科举与社会流动的关系,也是"基于清代朱卷作者之家世",用统计方法所作的量化分析。其分析的样本虽多达 8,000 馀名科举人物,但仍较何教授的近四万名样本还有相当大的距离;其特别之处,在何教授分析科举人物的祖上三代家世,郑若玲则延伸到五世,多考察两代祖先,兼及妻系与母系情况,而且还统计分析了功名大小之间的流动。其结论虽部分有异,但主体仍与何教授的论述一致:"科举制是清

(接上页注)博物馆影印出版《天一阁藏明代科举录选刊·登科录》共 56 种;2007 年影印出版《天一阁藏明代科举录选刊·会试录》共 38 种。另外,在 2010 年,中华全国图书馆文献缩微复制中心将北京国家图书馆所藏的登科录、会试录等科举录汇集出版为《中国科举录汇编》16 大册以及《中国科举录续编》18 大册,内收南宋至清末登科录、会试录、乡试录、武举录、题名录等共 112 种。

1 刘海峰,《"科举学"——21 世纪的显学》,《厦门大学学报(哲社版)》,1998 年第 4 期。刘海峰,《科举学导论》,武汉:华中师范大学出版社,2005。

2 于志嘉,《明代军户の社会地位について—科举と任官において》,《东洋学报》71:3、4(1991)。

3 张杰,《清代科举家族》,北京:社会科学文献出版社,2003。张杰分析陕西 23 份举人履历,统计平民出身之非科举家族实现向上流动理想所需的时间。陈小锦,《科举家族的考试情结——评张杰〈清代科举家族〉》,《中国图书评论》,2006 年第 6 期。

代社会流动的重要途径。尽管获得功名的举子大多数还是出身于较高社会阶层,但一定比例的布衣借着科举得以升迁的事实,说明他们仍有一个较为公平的向上流动渠道。"[1]

近年来明清科举与社会流动的研究趋势,除研究纵向垂直的上下流动及横向的水平流动外,又注重区域研究。在相关资料的整理方面,1980年,朱保炯、谢沛霖在房兆楹、杜联喆编《增校清朝进士题名碑录附引得》[2]的基础上,编辑《明清进士题名碑录索引》,确认全国进士的籍贯,由上海古籍出版社出版。[3] 何教授《明清社会史论》最早注意这一论题,并在该书特立第六章《科举的成功与社会流动的地域差异》("Regional Differences in Socioacademic Success and Mobility")论述之。中国地大,地形复杂,各地发展不平衡,差异性极大,是治中国史者当特别放在心上的;否则便会把中央集权体制视为极有效率的,误以为所有制度实施时,是全国一致的。何教授认识这一特性,深入讨论地域的差异。1993年,何教授更发

---

1 郑若玲,《科举、高考与社会之关系研究》。何炳棣统计的结果,明清进士,出身无功名家庭者,占31.1%,出身生员家庭者,占11.6%;郑若玲统计的结果,明清进士与举人,出身无功名家庭者,占13%以上,出身于三代中至少有一个生员家庭者,占30%以上。似乎郑若玲的统计结果与何炳棣几乎相反,但郑若玲也说:"若将生员和无功名者同计为平民,则本研究的结果与何氏还是基本接近的。"

2 房兆楹、杜联喆编,《增校清朝进士题名碑录附引得》(北京:哈佛燕京引得社,1941)。

3 最近有些学者撰文订正其个别错误,如郭培贵,《〈明清进士题名碑录索引〉纠误一则》,《史学月刊》,1997年第1期。陈长文,《〈明清进士题名碑录索引〉校误》,《开封教育学院学报》,2001年第2期。马怀云,《〈明清进士题名碑录索引〉订正》,《河南大学学报》,2004年第6期。毛晓阳,《〈明清进士题名碑录索引〉进士籍贯刊误述论》,《中国文化研究》,2005年第3期。

表《明清进士与东南人文》,论述东南进士人才辈出的人文环境。[1]
同年,王振忠翻译《明清社会史论》第六章"Regional Differences in
Socioacademic Success and Mobility"为《科举和社会流动的地域差
异》,发表于《历史地理》第 11 辑。这一章的中译本方便许多中
国学者直接阅读何教授的论著,受其启发,而开展对进士地域分
布和分区的研究。为照顾边远落后地区,不致因其文化水平劣
势,而乏人参与政府,尤其唐宋以来,因北方战乱及经济重心南
移,导致南北文化水平之巨大差距;因此,明廷确立各乡试省解
额,建立会试南、北、中卷制,依地域比例,订立录取名额,使全国
各地均有人才加入政府,巩固明朝作为代表全国各地人民的统一
帝国。对于科举录取题名,靳润成、檀上宽、李济贤、林丽月、刘海
峰、王凯旋研究明代科举的区域配额与南北卷,[2]汪维真研究乡试
解额,[3]沈登苗研究进士与人才的时空分布,及进士的地域流动,[4]

1　缪世鸿编,《中国东南地区人才问题国际研讨会论文集》(杭州:浙江大学出版社,
　　1993)。
2　靳润成,《从南北榜到南北卷:试论明代科举取士制度》,《天津师范学院学报》,1982
　　年第 3 期。檀上宽,《明代科舉改革背景:南北卷の創設たあじって》,《東方學報》,
　　第 58 卷(1986)(王霜媚译,《明代南北卷的思想背景:克服地域性的理论》,《思与
　　言》,第 27 卷第 1 期〔1989〕)。李济贤,《唐宋以来战乱对北方社会的影响:明初"南
　　北榜"历史原因初探》,《史学集刊》,1991 年第 1 期。林丽月,《科场竞争与天下之
　　"公":明代科场区域配额问题的一些考察》,《台湾师范大学历史学报》,1992 年第
　　20 期。刘海峰,《科举取才中的南北地域之争》,《中国历史地理论丛》,1997 年第 1
　　期。王凯旋,《明代分卷制述论》,《合肥学院学报》,2005 年第 2 期。
3　汪维真,《明朝景泰年间乡试解额调整史实钩沉》,《史学月刊》2005 年第 10 期。
4　沈登苗,《明清全国进士与人才的时空分布及其相互关系》,《中国文化研究》1999
　　年第 4 期,冬之卷;《明清双籍进士的分布、流向与明代移民史》,《历史地理》2004
　　年第 20 期。

曹国庆研究江西科第世家，[1] 范金民与夏维中研究江南进士的数量与地域分布，分析其数量众多的原因。[2] 其他地区如安徽、浙江、福建、广东、贵州、山西、山东、四川等地均有学者研究。[3]

　　除了上述学者的研究外，近年来有关明清科举与社会流动的论著与论点，多与何教授相似，不过在资料的运用上有新进展，如对于现存登科录的调查整理及个别登科录的考证，近年来也颇有进展。1969 年，台北学生书局编印《明代登科录汇编》。2006 年，宁波出版社影印《天一阁藏明代科举录选刊·登科录》，是目前规模最大的明代科举文献汇编，给学者们在研究上很大的方便。其他与科举相关研究，近年来大量涌现，对译注工作，大有助益。[4]

　　何先生的《明清社会史论》，自 1962 年出版至今虽已半个世纪，此期间这个研究领域虽有上述的发展，但其在论题的开创，运用史料与统计分析方法的精到，获致结论的坚实，仍是其他相关著作不可伦比的。《明清社会史论》可说是一本中国史研究、社会史研究与东亚史研究及社会科学界誉为划时代之经典巨著。尤其在科举与传统中国社会阶层与社会流动研究史上，其地位迄今仍

1　曹国庆，《明代江西科第世家的崛起及其在地方上的作用——以铅山费氏为例》，《中国文化研究》1999 年第 4 期，冬之卷。

2　范金民、夏维中，《明清江南进士数量、地域分布及其特色分析》，《南京大学学报》1997 年第 2 期；《明代江南进士研究之二：人数众多的原因分析》，《历史档案》1997 年第 4 期。

3　详见郭培贵，《二十世纪以来明代科举研究述评》，《中国文化研究》2007 年第 3 期，秋之卷。

4　详见郭培贵，《前言》，《明代科举史事编年考证》（北京：科学出版社，2008），页 i–xxxi。

是屹立不动的。[1]

何教授的《明清社会史论》至今已有意大利文、日文和韩文译本问世,但仍未有中译本刊行,实为一大憾事。[2] 泓最初读到何教授的巨著,是1965年的夏天,刚考上台湾大学历史研究所硕士班,所长刘寿民(崇鋐)教授将何教授送给他的这本《明清社会史论》赐赠于泓。于是开始一页一页地读,初读英文写的中国史论著,最头痛的还不是英文,而是中国史上的人名、地名、官名与书名等专有名词,如何从英文还原为中文,尤其这些字词,在一般英文字典是查不到的,只好试着猜,猜到一个自以为是的,就高兴得不得了。当时边看边试着翻译,居然译了四章半,后来因为忙着写论文而中断。泓之治明清盐业史,完成硕士论文《清代两淮盐场的研究》[3]与博士论文《明代的盐法》,[4] 实受何先生大著《扬州盐商:十八世纪中国商业资本的研究》("The Salt Merchants of Yang-chou:A Study of Commercial Capitalism in Eighteenth-century China")与《明清社会史论》启发,是从中得知什么是盐户、灶户,什么是社会阶层

---

1 详见徐泓,《何炳棣〈明清社会史论〉在明清科举与社会流动研究史上的地位:〈明清社会史论〉译序》,《东吴历史学报》,第21期(台北,2009.6),页191–201;收入徐泓,《二十世纪中国的明史研究》(台北:台湾大学出版中心,2011),页247–260。承蒙何先生惠允,又获国科会赞助(97—2420—H—031—029—MY2),于2011年完成这本书的中文译注稿。

2 意大利文译本有 Aldo Martignetti, (Trad. di). *La Cina:il sistema sociale*,*1368-1911* (Torino:Unione tipografico-editrice torinese, 1974).日文译本有寺田隆信・千种真一訳,《科挙と近世中国社会 立身出世の階梯》(东京:平凡社,1993年)。韩文译本有曹永禄译《科擧制度의社会史的研究》(서울:东国大出版部,1987年)。

3 徐泓,《清代两淮盐场的研究》(台北:嘉新文化基金会,1972)。

4 徐泓,《明代的盐法》(台北:台湾大学历史学研究所博士论文,1973)。

与社会流动,明清盐业与盐商在中国史上有多重要,因而投入明清尤其是两淮盐业的生产与运销的研究。取得学位以后,有幸留在台湾大学历史学系任教,由于教学工作忙碌,也就搁下翻译《明清社会史论》的工作。时值70年代前期,正是保卫钓鱼台运动的高潮,许多留美学人学生不满台湾当局的对日态度软弱,而投身运动;遭当局或吊销护照,或视为拒绝往来户,何教授便是后者。当时当局对外虽软弱,但对岛内却很强硬,台湾在威权统治下,校园气氛甚为严峻,尤其身为学术教育界龙头的台湾大学,更是陷于"白色恐怖"中;先有哲学系事件,两次整肃之后,几乎完全改组。继而传说矛头指向历史系,于是风声鹤唳,人人自危。何教授既然已列为台湾的拒绝往来户,当然不宜再谈他的著作。直至80年代后期,解除戒严,何教授也恢复每两年回来参加中研院院士会议的权利。[1] 泓乃重拾旧译稿,以完成这一对泓学术生涯有重要关键作用的工作。无奈当时承担学术行政,正负责台湾大学历史学系与研究所;1991年卸下重担后,荣幸地被香港科技大学学术副校长钱致榕教授与校长吴家玮教授找了去创办人文学部;1993年底回台以后不久,又为袁颂西校长找了去创办暨南国际大学的历史学系与研究所,并担任教务长,尤其九二一大地震后,代理校长承担校园复建及延聘新校长等善后工作;沉重的学术行政工作,阻挡了大部分研究工作。直到2002年自暨大退休,转任东吴大学历史学系的教职,教学工作单纯,遂能重拾研究写作工作。东吴大学历史学

---

1 赵善轩,《何炳棣与中研院断交考》,《香港社会科学学报》,第51期(2018)。

系是刘寿民老师创办的,泓拥有的何教授《明清社会史论》,原是何先生送呈他读清华大学历史系时的业师和系主任刘寿民老师的,后来刘老师赐赠予泓,真是机缘凑巧。于是重拾旧译稿,矢志完成此未竟之业。不久,又蒙何教授约见,鼓励泓继续翻译,并惠允协助解决翻译中遇到的困难,随后又获国科会赞助此翻译计划,工作于是再度展开。

《明清社会史论》于1962年出版后,何教授又获得北京国家图书馆藏翁同龢收集的清代进士履历便览、会试录与会试齿录、举人乡试录、贡生同年齿录及在台北中研院史语所见到的4种明代进士登科录等新资料,1967年第二版即据以修订,重新估算表9、表10、表12之数据,并修改其文字;因此,1967年第二版与1962年初版中本章的内容有所不同。本译文即以1967年第二版为底本。

这次翻译时,一一查对何教授引用之原始文献,还原于译文之中,若有出入则以"译注"形式说明。由于这本书出版已50年,此期间有不少相关文献与研究论著出版,与何教授对话,对于不同的意见及补强或修正的文献资料,也以"译注"形式说明。由于何教授征引之资料,有许多不见于台湾的图书馆,也一一向何教授请教。有了何炳棣教授的协助,这个《明清社会史论》译注本不同于其他文字译本,而为较好的译本,也是较理想的中文版本。[1] 原书表格数字,除明显计算错误而以【译者按】形式补充说明者,误差值在±0.5以内者,悉依原书编排,不加更动。

1　如寺田隆信之日译本就有不少错译之处,如将顺治十二年(1655)进士 Ch'ang Yun-hsiu〔苌孕秀〕误译为"张云骧"。

　　长达万言的"译者注"是这本书的特色，何先生说："对我这个原作者以及广大读者都极有参考价值。"编排上也大大改善了英文原著中的排印次序与方式，将全书每一注脚都与同页正文密切联系，何先生说："读来令人重生亲切之感。"这个《明清社会史论》译注本，得到何先生的赞许，应该是比英文原版更为理想的版本。

　　何先生过世之前一直关心这本书的出版，他在《〈明清社会史论〉中译本自序》上说道：

　　　　徐泓的序与杜希德的书评对我早年学术著作价值的肯定，不啻是我近 20 馀年来，孜孜不倦考证先秦思想与制度的精神支柱。

　　　　这本《明清社会史论》在我所有的著作里，运用社会科学理论较多，也最为谨慎，曾引起不少学者仿效。但此书问世若干年后，蓦然回首，我对某些社科观点、方法与理论逐渐感到失望与怀疑，最主要是由于其中不少著作不能满足历史学家所坚持的必要数量和类型的坚实史料，以致理论华而不实，容易趋于空诞。因此我自退休以来 20 馀年间，"仅"求诸己，致力于考证学的更上层楼，欣然颇有所获。此日回想，这本旧著可称我个人学术路程上的一个分水岭，而今旧著以"译注"的新颜出现，于我个人固然可喜，更希望对广大的中文读者有所助益。

　　书稿完成后，由于哥伦比亚大学出版社中文译本版权授权问题的拖延，非常遗憾，何先生生前只看到稿本，没看到台北联经出版公司出版的平装本《明清社会史论》。《明清社会史论》中文译注本首先于 2013 年 12 月出版,很受读者关注,第一印很快抢购一空,不到一年就已三印。尤其大陆读者因购买不易,希望能在大陆出版简体字版。何教授生前就属意由中华书局出版全集,李静女史深得何先生信任,积极联络出版事宜。简体字本来应该很快地问世,无奈由于译注工作曾获国科会资助,因此版权授权牵涉敏感的两岸关系,而拖延至今才获解决,编印精美雅致的精装简体字本《明清社会史论》之问世,可堪告慰何先生在天之灵。

译注本《明清社会史论》的出版,首先当然要感谢何炳棣先生的赐序和校读初稿,刘寿民老师的赠书,业师夏卓如(德仪)老师的指导。感谢国科会在译注工作最后阶段的赞助,列入《人文及社会科学经典译注计划》(97—2420—H—031—029—MY2)。感谢几位匿名审稿先生仔细校读,提出修改意见。感谢常建华教授把第三章译注稿收入《中国社会史经典精读》,并撰写《导读》。[1] 感谢张继莹、曾美芳、许馨燕、刘婷玉和江丰兆等诸位学棣在译注过程中,协助查对史料,讨论和校对译稿。江丰兆学棣与清华大学的朋友,组织译注本《明清社会史论》读书会,不但仔细校出许多错别字,而且还指出原书误植之处。[2] 感谢联经出版公司发行人兼总编辑林

---

[1] 常建华,《中国社会史经典精读》(北京:高等教育出版社,2014),页 348-383。

[2] 如第五章第一节《科举与官学》引用表 9 讨论出身于三代没有功名家庭的进士在"康熙三十一年(1692)与四十二年(1703)分别为 168 及 166,似乎是现存进士录中数额最小的",其实按原书表 9,"康熙三十一年(1692)"为"康熙二十一年(1682)"之误,康熙二十一年(1682)与四十二年(1703)的 A 类出身进士人数,应该是"12 及 10",而不是原书的"168 及 166"。

载爵兄的关心和支持，帮忙联系版权事宜。尤其要感谢李静女史锲而不舍地争取和安排简体字本《明清社会史论》的出版。感谢罗华彤先生的仔细校对和认真编辑，让本书能完善地呈现给读者。最后要感谢内人王芝芝教授 50 年来的关心与全力支持，不但使泓无后顾之忧，并且不时讨论斟酌译注文字。由于大家的帮助与支持，何炳棣先生的这本旷世巨著《明清社会史论》的中文译注本才得以问世。

徐泓

2018 年 8 月 1 日于

台北市景美仙迹岩下二闲居

前　言

　　本书系哥伦比亚大学认识近代东亚社会科学学术著作系列的
第一本,作者何炳棣先生是英属哥伦比亚大学教授,他的这部大
作,大部分为 1958 年至 1959 年在哥伦比亚大学东亚研究所完成,
并运用了哥伦比亚大学东亚图书馆典藏丰富的明清时期图书
文献。

　　过去 20 年以来,我看到对中国社会与经济史兴趣的日益增
长,在此只提何教授两种最近出版具有开拓性的著作:《扬州盐商:
十八世纪商业资本的研究》(《哈佛亚洲研究学报》第 17 卷,1954
年 6 月)与《中国人口史论 1368—1953》(剑桥,麻州:哈佛大学出
版社,1959),*使他成为开拓现代的中国史研究领域的一位领导
人物。

---

　*　【译注】Ping-ti Ho, " The Salt Merchants of Yang-chou: A Study of Commercial
　　Capitalism in Eighteenth-century China," *Harvard Journal of Asiatic Studies* XVII(No.
　　1-2, June, 1954). 中译文参见巫仁恕译,《扬州盐商:十八世纪中国商业资本的研
　　究》,《中国社会经济史研究》,1999 年第 2 期,页 59-76;Ping-ti Ho, *Studies on the
　　Population of China, 1368-1953*, Cambridge, Massachusetts: Harvard University
　　Press, 1959. 中译本参见葛剑雄译,《明初以降人口及其相关问题 1368-1953》,北
　　京:中华书局,2017。

长久以来，历史学家和社会科学家关注中国社会流动的性质与程度，因为解答这些问题可使我们对中国社会性质有深入的了解。这些问题有很强的政治性寓意，过去 20 年已经有相当多的论争。我们可以大胆地断言：何教授的明清社会流动的研究是至今最详尽的，它涵盖的时间跨度超过 500 年，有系统地探究的中国文献之多远超过研究这一论题的其他学者。

何教授关注社会现实，他相信中国法制文本常常不能反映真实的社会情况，因此还参究所讨论时期各种形式的当代文献；其中他所运用哥大特藏的家谱、墓志和纪念文集，就是很少为人运用的文献。

虽然这部著作集中讨论社会流动，但对制度史的贡献也不小。在何教授发掘的许多社会现实论题之中，还包括明代的家庭身份户籍制度、明清科举制度的一些少为人知的面向、社学与私立书院的运作，及资助前途看好举子应考旅费的地方金库的起源。这些讨论与研究系根据地方志及其他地方文献，而这些资料是全国性文献无法提供的。对制度及其落实时产生的区域差异之详细的背景知识，是注释数字资料的先决条件。

何教授能聚集为期 500 年的大量统计数字资料，可能会震惊研究欧洲史的学者，因为类似质量与数量的资料，在 19 世纪以前的任何欧洲社会，可能都不存在。

韦慕庭（C. Martin Wilbur）

东亚研究所所长

1962 年 1 月

第一章
社会意识形态与社会分层化

社会意识形态往往反映出其一部分形成期当时的社会现实情况。由于中国的主要哲学学派,都是封建时代晚期的产物。因此,构成各学派思想主要部分的社会意识形态,多多少少都带点封建的理想,并为封建的环境所形塑。晚期封建社会动态多方面的变迁,促使社会产生了各种广泛而亟待解决的难题;各学派以不同的态度处理这个崩解中的封建社会秩序,提出自己的理论和方案,其多样性正如同难题本身一样。其中一个极端是儒家,归本于极理想化的古代圣王,热衷于维护与加强这个由来已久的封建制度。另一个极端是法家,致力于废弃现行的秩序,代之以一个统一的国家与威权的社会。我们现今的这个研究课题范围内,不可能全面评述各古代主要学派的社会意识内容,但必须先讨论一个大家都承认的"基本反论"(Basic Antithesis)。

第一节 基本反论

简而言之,这个反论包含两个基本对立的论述:一个是本于封建社会的历史经验而发展出来的封建制度基本概念,认为社会需有阶级之分,构成社会的各个阶级,其权利与义务必须是不平等的。另一个则是超越封建界限,认为阶级社会固有的不公正情形,即使不能完全消除,也要实质上加以减轻,否则阶级社会不能无限期地存续下去。在下面可以看到,各种古代的社会意识形态最终的融合,及调和这基本反论的企图,深深地影响着过去两千多年来中国社会的性格与结构。

古希腊在政治与社会的演进史上,曾经历过民主统治的城邦阶段,古代中国则不然,其景况为封建的遗产所羁绊。因此,在封建和后封建时代的中国,几乎完全没有古希腊与近代西方意味的那种平等观。儒家社会意识形态的出发点,是以包括人类在内的万物,生来就不平等。[1] 孔子(周灵王二十一年至周敬王四十一年,前551—前479)及其学说之主要拥护者,均相信人类在智力、能力与德性上有很大的差异。人类天生的阶层,恰好与当时的封建社会阶层相契合。他们强调君子与小人根本上的差异,君子是喻于义的,小人却是喻于利的。他们认为必须由君子统治小人,如此则君子与小人在社会功能、权利、义务及生活方式上种种的差异,就可正当化。

墨子(约周敬王四十一年至周安王二十一年,前479—前381)是一位出身寒微的哲学家,他攻击儒家的看法与贵族的世袭特权,但也同意阶级社会的存在是必要的。他说:

---

1 《孟子注疏》,卷5下,页3a;亦见 James Legge(理雅各), tr., *The Chinese Classics*, Vol.2, *The Works of Mencius*, p. 132.

　　王公大人，蚤朝晏退，听狱治政，此其分事也。士君子竭
股肱之力，亶其思虑之智，内治官府，外收敛关市山林泽梁之
利，以实仓廪府库，此其分事也。农夫蚤出暮入，耕稼树艺，多
聚菽粟，此其分事也。妇人夙兴夜寐，纺织维纴，多治麻丝葛
绪綑布縿，此其分事也。[1]

墨子构想的理想国家与社会中，身份低下的人民，必须绝对服从身
份高的人之命令。[2]

　　另外有一派思想，从公元前 7 世纪齐国名政治家管仲（约周平
王四十四年至周襄王七年，前 727—前 645）起逐渐形成，他们设计
出一个周密的社会与社会阶级理论。要归类这一派的作者并不容
易；因为他们对于封建社会的态度虽近于儒家，但却依靠政治控制
谋略，是法家的先驱。他们的观念最后集人成了《管子》中，虽然这
本书传说是管仲所作，但可能要到公元前 3 世纪才会成书。无疑
地，其中有某些章节语句与《齐语》只在字面上稍有不同。因此，也
反映着管仲时代的社会意识形态。[3] 他们也主张社会应有严格的
阶级分别，可以下列所引的语句证明：

1　孙诒让，《墨子间诂》，页 164–165，《非乐上第三十二》。trans. by Mei Yi-pao（梅贻
　　宝），*The Ethical and Political Works of Motse*，p.179.
2　墨子的社会与政治思想，参见 Feng Yu-lan（冯友兰），*A History of Chinese Philosophy*，
　　Vol.1，Ch.5，esp. pp.100–103.
3　关于这学派的政治思想和版本问题，具权威性的摘述，参见萧公权，《中国政治思想
　　史》，第 1 卷第 6 章。

> 朝廷不肃，贵贱不明，长幼不分，度量不审，衣服无等，上下凌节，而求百姓之尊主政令，不可得也。[1]

书中接着又立下缜密的禁止侈靡浪费的法律，规定各社会阶级的权利、义务与生活方式。[2] 管仲设计的理想社会，是"士农工商四民者，国之石民也，不可使杂处"，士农工商必须隔离分居，而且他们的身份必须世袭。[3]

随着时代的前进，到了公元前四、三世纪时，法家的思想家与政治家对社会所采取的看法，已大不同于《管子》。法家的工作是要废除横隔在统治者与平民间的各种中间阶级，并对世袭的封建贵族予以永久性的一击。他们的目的在于建立统一的国家，所有的权力集中在专制君王之手；虽然他们为古代中国政治与社会理论带来重要的新因素，即君主统治下的子民，在权利与义务上一律平等，却使统治阶级与被统治阶级间的鸿沟更为加深。那些长久以来建立在中间阶级与下层封建阶级的保障一旦被清除之后，这些中间阶级与下层封建阶级的成员，就降为专制统治者的工具，只是协助其统治而已。公元前 4 世纪最成功的法家政治家商鞅（周安王七年至周显王三十一年，前 395—前 338）曾说："农、商、官三

1　这段引文的英译，取自 L. A. Maverick, ed., *Economic Dialogues in Ancient China, Selections from the Kuan-tzu*, p.39.【译者按】：此段文字出于《管子·权修第三》。

2　同前书，页 46、51。

3　《管子》，卷 8，页 5b-6b，《小匡第二十》。我们说这一社会概念可能是管仲自己的，理由是这一长段文字，只有少许差异，也出现于《国语·齐语》（《四部丛刊》版），卷 6，页 3a-5a。

者,国之常食官也;农辟地,商致物,官治民。"[1]公元前 3 世纪后期法家的集大成者韩非(约周赧王三十四年至秦王政十四年,前281—前 233)也曾说:社会上应该"贵贱不相逾,愚智提衡而立,治之至也"。[2]

很清楚地,不论是拥护封建秩序的儒家理想主义者,或《管子》一书中所代表的政治权术家,或攻击某些封建的特权而想拯救大众的墨家,或加速封建制度死亡的法家,都没有舍弃不平等社会的观念。虽然各家各派对于社会中层各阶级的态度明显不同,但是他们都同意统治与被统治阶级间有极深的鸿沟。甚至连促成绝对专制国家与社会的法家,虽然坚持主张平民在法律上平等,理论上抛弃了贵族的古代高贵的社会地位与特权,却更极端化统治者与被统治者间的距离,正当化了制度上两者之间的不平等。唯一完全放弃阶级社会观念的学派只有道家,对道家的学者来说,在形上学上,万物都是平等的,只要人类、动物、植物、矿物均能依其本性而生活,所谓高低、是非、大小、强弱的问题,均不存在。[3] 但由于他们这种近于无政府主义的反社会态度,使他们在传统中国社会思想上并未留下长久的影响。直到 1840 年代,中国的门户被西方打开以后,中国人才第一次接触到近代西方的社会与

1　《商子》,卷 5,页 4a-4b。J.J.L. Duyvendak(戴闻达), tr., *The Book of Lord Shang*, a *Classic of the Chinese School of Law*, p.306. 【译者按】:语出《商君书·弱民第二十》。

2　《韩非子》,卷 2,页 2b; trans. by W.K. Liao(廖文魁), *The Complete Works of Han Fei-tzu, a Classic of Chinese Legalism*, p.41. 【译者按】:语出《韩非子·有度第六》。

3　Feng Yu-lan, *A History of Chinese Philosophy*, Vol. 1, Chs 8 and 10; Vol. 2, Ch.6.

政治平等观念。[1]

虽然各学派对整个社会的观念不同，但在企图解决社会意识形态的这一共通反论时，他们提出的理论与建议却极为相似。他们都了解，除非能有效地纠正封建制度中不公正的弊病，否则无法挽救这衰败已久的封建秩序。孔子发现人在智力、能力与德性上的天然阶级，与基于世袭的封建阶级是不必然相当的。解决这个冲突的方法有二：第一，人不论高层与低层，均须注意正名的原则，换句话说，就是每一种身份均有名与实，名实必须相副。因此，君王除了握有君王的身份与特权外，还必须尽君王这个身份该负的一切义务，其他各社会阶级也是一样。如果做不到，则君王就失去做君王的资格，有如独夫。这种理论推至极致，便是孟子所正当化的人民反抗暴君权利。但我们从孔子时代所发生的事件来看，这种完全依于道德制裁的理论，大体上是无效的。

长远来看，比较有效的方法是孔子对理想化阶级社会所提出的第二个主张，也就是按照个人的才能、贤德、功勋来选择统治人才。因为他相信政治与社会的衰乱都是从社会或国家的上层阶级开始，"君子之德风，小人之德草，草上之风必偃"，若君子（孔子的定义是指道德高尚之人）在位，则和平、秩序、正义存乎人间。关于

1　必须注意的，是中世纪中国佛教思想家也持平等说，但这是形而上学的平等，而不是社会的和政治的平等。参见丁福保，《佛学大词典》，页 854–856。同样地，道家哲学者关心的是纯粹形而上学意味的"绝对的自由"（absolute freedom），传统中国缺乏近代西洋的自由概念，参见 E. G. Pulleyblank（蒲立本），"The Origins and Nature of Chattel Slavery in China," *Journal of Economic and Social History of the Orient* Vol.1, No. 2（April, 1958），p.209.

"君子"一词,虽然孔子也用来指身份高的人,但他又于这种传统用法之外提出新的意义,指学问与德性高超的人,而且由他的言论中可看出他是倾向于这种新的用法。[1] 事实上,若分析孔子的整个思想系统,显然他认为贤德者在位是好政府的基础。

问题是如何在人群中,把道德、知识高的贤德之人与平庸之人分辨开来,选出贤德的人。孔子认为人的智力与能力生而不平等,但在封建制度下,大部分的人,包括许多天赋高的人,没有受教育的机会。因此,孔子提出"有教无类"的不朽主张,不论出身高低均应给予平等的受教育机会。只有如此,优秀的人才能选出,才能辨别出来。[2] 孟子(周烈王五年至周赧王二十六年,前371—前289),这位孔子学说的最佳注释者,以未被证实的古代传说为据,主张国家有义务设立各种程度的学校,来教育人民。[3] 在孔子那个时代,教育还是世袭封建贵族的专利,于是他致力于实现"有教无类"的主张,不论门徒的社会出身,均给予平等的学问与道德上的教导,可谓社会与学术解放之先声。因此,孔子及其门徒虽极欲延续封建制度之生命,却反为一切基于个人的才能而不是世袭身份的新社会秩序开路。他们一面拥护阶级社会,一面经由教育带来社会平等,推倒其天生的不公正,这就是为什么儒家社会意识能超越封建的界限,在封建制度崩溃后尚能长存的原因。

1　有关"君子"概念杰出的研究,见雷海宗,《春秋时代政治与社会》,《社会科学》,第4卷第1号(1947年10月)。有关"君子"一词的语源权威性的讨论,见于萧公权,《中国政治思想史》,第2章第5节。

2　《论语注疏》,卷15,页6a。

3　Legge, *The Works of Mencius*, p.118.

就在孔子死后的两个半世纪，中国进行了深远的政治、社会和经济的变迁，封建制度的瓦解迫在眉睫，如果要挽救部分的旧秩序，就需要一种较彻底的改革理论。墨子由于身处的时代不同和出身的寒微，其提出的理论基础，虽不如孔子精细，但却更激进而无保留：

> 古者，圣王之为政，列德而尚贤。虽在农与工肆之人，有能则举之，高予之爵，重予之禄，任之以事，断予之令。曰爵位不高，则民弗敬；蓄禄不厚，则民不信；政令不断，则民不畏。举之者授之贤者，非为贤赐也，欲其事之成。故当是时，以德就列，以官服事，量功而分禄；故官无常贵，民无终贱。[1]

因此，统治与被统治阶级间清晰的界线，取决于个人的成就与德性，完全地正当化了阶级社会的继续存在。

在孔子的时代，各国间维持均势，武士精神与对阶级社会的尊重仍然存续。公元前四、三世纪，则是个战国七雄割喉式斗争的时代，马基雅维利主义（Machiavellianism）正兴，社会流动加速。布衣出身的才智之士，位至卿相，和成为著名政治家的例子极多。社会地位，主要应由个人的才智来决定的观念，早已深入人心，例如商君就主张"利禄官爵，抟出于兵"，官职不论高低皆不能自动承袭。除了加强军事战力外，法家又承认增加农业生产的功勋，因为只有农

1　Mei, *The Ethical and Potilical Works of Motse*, pp.32-33. 【译者按】：语出《墨子·尚贤上第八》。

战会使国家富强。[1]

这个变迁剧烈的时代,也使儒家的风格发生显著的改变,荀子这位公元前 3 世纪的首要儒家思想家,更进一步说:"虽王公士大夫之子孙,不能属于礼义,则归之庶人;虽庶人之子孙也,积文学,正身行,能属于礼义,则归之卿相士大夫。"[2] 这就是他所认为的"王者之政"的基础。

在中国上古的哲学家中,荀子(约周赧王二年至秦王政九年,前 313—前 238)对社会现象有较深的洞察力,他为解决上面所提到的各派共通的基本反论,明确地提出内涵更丰富的理论:

> 乐意者其是邪?夫贵为天子,富有天下,是人情之所同欲也。然则从人之欲,则势不能容,物不能赡也。故先王案为之制礼义以分之,使有贵贱之等,长幼之差,知贤愚、能不能之分;皆使人载其事,而各得其宜。然后使谷禄多少厚薄之称,是夫群居和一之道也。故仁人在上,则农以力尽田,贾以察尽财,百工以巧尽械器,士大夫以上至于公侯,莫不以仁厚知能尽官职,夫是之谓"至平"。故或禄天下而不自以为多,或监门御旅、抱关击柝而不自以为寡,故曰:"斩而齐,枉而顺,不同而

---

1 Duyvendak,*The Book of Lord Shang*,p.48.【译者按】:语出《商君书·赏刑第十七》。
2 Homer H.Dubs(德效骞),tr.,*The Works of Hsuntze*,p.121.【译者按】:语出《荀子·王制第九》。

一。"夫是之谓人伦。[1]

因此,至迟到公元前 3 世纪,各家各派不管彼此间有多长久的互相攻击,但在社会意识上确实都找到一个共同的准则,那就是经由尚贤的原则,解决了他们共通的反论,唯一剩下的理论难题,简要地说,只是各派如何对"贤"下定义,以及各种不同的"贤"之定义最终如何地统合。

在主要的各家中,只有法家对"贤"下了清楚的定义,他们以为"农、战"才是贤。儒家与墨子之徒则对"贤"的定义下得较为模糊,但由他们主要的学说中仍能找出其主要的特质。儒家以为贤或德主要包括学识、行政能力与仁、义、正直、良心等道德。墨子之徒则以为贤或德应包括兼爱、非攻、节用及具有救民于匮乏和悲惨生活之中的宗教信念与使命。虽然墨家勇于攻击儒家,说他们不情愿实行兼爱,而且为上层阶级奢华的生活辩护,只重文化的价值而忽略了实用的价值。但由于儒家学说颇富弹性,因此,两家对于"贤"的观念,只是程度上的不同,并非种类上的差异。儒家的爱虽有等

---

1 这段引文的英译录自 Dubs, tr., *The Works of Hsuntze*, pp.65-66,唯一不同之处,是"至平"一词的英译,德效骞将这个《荀子》思想的关键词译为"大平均、大平和"(Great Equableness)。在 J.K. Fairbank(费正清)编的 *Chinese Thought and Institutions*(Chicago, 1957)一书,收录 T.T. Ch'ü(瞿同祖)的论文"Chinese Class Structure and its Ideology",他在该书的页 237,将"至平"译为"终极平等"(ultimate equality)。此处不采用瞿同祖的英译。从《荀子》章句全文,及我们对古代中国主要社会意识的检讨,可知古代中国思想家并无社会平等的观念,他们充其量也不过是希望为一个非平等主义的社会带来最大限度的"公平"(equity)。这段引文的文本引自《荀子》(《四部丛刊》版),卷 2,页 22a-22b(【译者按】:系《荀子·荣辱第四》)。

级,但这个爱由自身向外推及整个社会的理论,实际上已与墨家兼爱的中心思想相去不远。因为儒家的仁心是人与人间的爱,仁人是要把仁爱由近亲推及远人。儒家虽未公开地提倡俭朴的生活信条,但至少也倡道统治阶级应过合理的节俭生活,他们也相当了解衣食充足与财产安全,对于维持社会秩序与培养荣誉心之重要。儒墨之根本差异,只在儒家的人文主义者能欣赏文化的价值,而墨家却有极深的近乎宗教信仰的狂热、极端的节俭与反文化的偏见;也就因为墨家这种不妥协的态度,终于使他们在中国成为大一统帝国之后渐渐消失。

有一段时间,法家似乎胜过任何其他学派,但彻底实行法家以建立中国史上第一个统一帝国的秦朝,却很短命。国祚长久的汉帝国,在公元前206年建立后,各家思想渐趋融合,特别是儒家与法家。虽然治理统一的帝国,须靠法律,而不是靠儒家高超的道德原则,但法家严厉的部分,也须以儒家来软化和庵护。也就因为儒家的主张合于常识、常情、常理、人文主义、普遍性、能随着时空调整,也能吸收其他学派有用的学说,使他们能渐渐胜过所有的竞争对手。而且由于他们赞成阶级社会的理论,与帝国政府配合得很好,终于在汉武帝(建元元年至后元二年,前140—前87)强化专制统治的时期,儒家获得其独尊的地位。又因为强大的中央集权政府,只承认有限的世袭特权,汉代君主采用一些特别的方式来进用统治阶级的成员,于是部分地解决了上古时代各家社会思想共通的反论:一方面承认社会是有阶级的,不同阶级的成员有不同的权利义务,另一方面又要消除阶级社会的不公。

上古各家对贤的观念之统合，可由汉朝选官标准之多样化得到证明，特别是地方官是由察举制甄选。武帝元光元年（前134）以后，郡国必须定期荐举人才为政府所用，有时京官也须荐举人才充任较低的京官。受荐举的人才主要分为四类：（1）"孝悌力田"，以孝顺、友爱兄弟、勤勉和精于农事著称之士。（2）"孝廉"，以孝顺与廉洁著称之士。（3）"秀才"或"茂才"，才能非凡之士。（4）"贤良方正"和"贤良文学"，品格高洁的忠谏之士与具文学才能之士。此外，还有些不定期进用政府官员的次要方式，包括对古籍有特殊造诣的"明经"，及通晓兵法、天文及灾异之士。王莽当政的短暂期间（始建国元年至更始二年，前9—24），曾召数千"贤才"至京，其中有通晓天文、历算、乐律、文字训诂者，亦有史家、预言家、本草学家与博物学家。[1]

这种融合各家而成的"贤"的观念，此后仍然保持如此宽广的范围，例如公元3世纪中期的刘邵《人物志》中，列举12种政府需要的人才，及其应具有的3种基本资质：德（德性）、法（通晓法律）与术（熟练政治统御与行政之方法与技术），是一部有系统地评论人才的著作。[2] 这就是儒家与法家观念之完美的结合。一位晚明的学者（【译者按】：即沈德符）指出，在唐高宗显庆二年至文宗太和二年（657—828）间，唐帝国政府至少用了60种以上的贤才德目来选

---

1 劳榦，《汉代察举制度考》，《中央研究院历史语言研究所集刊》，第17本（1948年），页79-131。
2 刘邵，《人物志》（《四部备要》版），全书各处，特别是卷3，页6a-10b。景初年间（237-239），刘邵在篡汉的曹魏朝廷任官，奉旨制定官吏人才考课登用规则。参照吕思勉，《秦汉史》，页659。

官,以补竞争激烈的科举取士制度之不足。虽然这些贤才德目的
注释相当隐喻,但都广泛地与德性、文学训练、行政能力和军事知
识相关联。也由于唐代对贤才观念的广泛,政府甚至会在必要时
举用精于乐律、有哲学倾向的隐士和那些志愿从容就义的烈士。[1]

　　但随着时代的前进,贤才的观念却越来越窄狭,到了明清时
期,有大部分时间,贤才的观念竟紧缩到只剩经书的知识、僵化的
行政理论和文学的学识。这个贤才观念长期变迁的原因相当复
杂,但值得做一简要的分析。

　　第一,汉代及其后的察举制,理论上,是以广阔的贤才观念为
基础,却常不能发挥其重要的社会与政治的功能。汉代经由察举
进入政府服务的人,其中大半是现任的低级官员,或官员的后代,
及读书人家的子弟。近代有一项详尽的察举制度研究显示,经察
举这个途径进入政府做官的人,从他们留下的传记看,只有极少数
是布衣或非读书人家庭出身的。[2]　从公元 2 世纪末起,中央政府权
威渐失,地方上豪族的影响力大增,察举制越来越被滥用,后来成
为只是豪族延续自己权势的有力工具而已。

　　由于察举制发生的流弊与作为社会流动的途径之失败,使这
个制度在后汉帝国于公元 220 年亡国以后,便不再继续实行,而由
九品中正官人法代替。九品中正官人法之下,在每一州郡置一新

1　沈德符,《万历野获编补遗》(万历三十五年〔1607〕序,同治九年〔1870〕翻刻),卷 2,
　　页 47b—51a。
2　赵翼,《廿二史札记》,页 27。(【译者按】:系卷二《贤良方正茂材直言多举现任
　　官》)劳榦,《汉代察举制度考》提示大量所有现存的荐举人物传记为例证。

官名曰中正(字义为"不偏"、"公正"),其职权在品第与核实本地人才,分为九品,以供选用。[1] 这个制度本为纠正汉代察举制之流弊,但很快地被滥用,以至于官品普遍皆依候选人的家庭地位而定。

晋愍帝建兴四年(316),华北陷入胡人手中,国家在政治上四分五裂,虽然有些胡人集团对北方豪族做致命性的斗争,但这些不愿南迁筑坞自保的豪族并不好对付;所以,五胡中最成功的,例如氐人所建的前秦(前秦高祖皇始元年至末主延初元年,351—394)与鲜卑拓跋氏所建的北魏帝国(北魏道武帝登国元年至孝静帝天平元年,386—534),都了解到争取中国地方豪族支持的重要。于是在北魏的种族与政治妥协之基本政策之下,北方的豪族与鲜卑的贵族合作,出任内政高官,以延续家族的生命。[2] 在南方的汉人王朝(东晋元帝建武元年至隋文帝开皇九年,317—589),则依靠当地南方豪族及五胡乱华后由北方南迁的世家大族支持;因此,社会阶层的秩序,特别是上层社会变得更僵化。[3] 在这将近 3 个世纪期间,不论南北,政治领域均由世家大族所控制,虽然仍有出身寒微的人因其雄心大志与贤能成为高级官员。[4] 但一般来说,高阶官位仍然是世家大族世袭的。

1　杨筠如,《九品中正与六朝门阀》,全书各处。

2　唐长孺,《魏晋南北朝史论丛》,第六篇论文(【译者按】:系《晋代北境各族"变乱"的性质及五胡政权在中国的统治》,《魏晋南北朝史论丛》,页 127–192)。

3　王伊同,《五朝门第》,全书各处。

4　赵翼,《廿二史札记》,页 106–107,《南朝多以寒人掌机要》;页 157–158,《江左世族无功臣》。王伊同,《五朝门第》,第 4 章第 3 节。唐长孺,《魏晋南北朝史论丛续编》,页 93–123,《南朝寒人的兴起》;页 128–131,《南北朝后期科举制度的萌芽》。

第二，开皇九年（589），隋室统一中国，紧接着的是唐朝（唐高祖武德元年至昭宣帝天祐四年，618—907），有必要建立一些选官的客观标准，以及具竞争性的文官考试制度。[1] 初唐时代考试分为"秀才"（才能不凡之士）、"明经"（饱学经书之士）、"明法"（法律事务熟练之士）、"明书"（书法高明之士）、"明算"（算术精通之士）和"进士"（文意为"高级学者"，西方学者常视之为"文学博士"）等六科，除了最后的进士一科外，皆可以上溯汉代，只是以前是察举，现在改用考试登进而已。这些考试反映的贤才观念并不狭隘，而且仍经常大规模地荐举各种贤才。[2]

然而经过反复试验、不断摸索，这个宽泛的贤才观念逐渐缩小到只剩进士一科。进士科创立于隋大业年间（605—618），一直延续到清光绪三十年（1904）。这个变迁的原因有好几个：第一，唐初所立的秀才科，标准定得很高，只有少数高才博学杰出者才可应试，贞观年间（627—649），有推举而不中第者坐其州长，山是秀才科遂绝。[3] 而明算、明书与明法三科，又因为太专门而不能作为主要登进途径。因此，在唐立国后百馀年中，明经与进士就成为两种

---

[1] 由于篇幅的限制，不能充分地讨论考试制度等长久复杂的历史。我们可以说的，是汉代对某些范畴推荐人士，有要举办笔记或口头考试。在政治分裂期（【译者按：魏晋南北朝）的后半，也对少数受荐举人物进行考试。隋及唐初的考试制度，不过是以前那种为特定目的实施的考试之延续、扩张与合理化而已。汉代考试实例，参见 Homer H. Dubs（德效骞），tr.，*History of the Former Han Dynasty*，Ⅱ，p.20.后汉及南北朝时期断断续续零星举办的考试，参见杜佑，《通典》，卷 13、14，及马端临，《文献通考》，卷 28。隋、唐科举制度先行情事，信息丰富而简洁研究，见唐长孺，《魏晋南北朝史论丛续编》，页 124–131，《南北朝后期科举制度的萌芽》。

[2] 岑仲勉，《隋唐史》（上海，1957），页 183–184。【译者按】：出版信息有误，应是岑仲勉，《隋唐史》（北京：高等教育出版社，1957）。

[3] 杜佑，《通典》，页 83。

最重要的科名。明经考试有三,首先要由下列经书:记录礼仪的《礼记》、记春秋各国历史的《左传》、论说孝顺的《孝经》、孔子语录的《论语》与解释字意的辞书的《尔雅》中各选一段,背诵帖文十条,由考官给士子几个字作为起头,在这十条帖文中,应考士子若能背诵五条以上,才算及格;第二场考试是口试经问大义十条,答对六条以上才算及格;第三场考试是明白地作答指定的时务策三道,题目都是与时事或行政方面相关的。进士科与明经科主要的区别,在不必考记诵帖经,但要多考两道时务策,而且把口试经问大义改作诗赋。

岑仲勉教授曾对作为学术资格考试的明经科,为何不久之后便不受一般人的尊敬及进士科独尊的原因,做出很好的解释。[1] 简要地说,明经科注重机械式的记诵,而进士科则重创作;记诵是比较容易的,只要努力就可以达到,而文学创作(指诗赋)却要富想像力,不是光靠努力就可以达成。因此,一般人均把明经科比作鹦鹉学舌。而且明经科口试经问大义,缺乏客观标准,易于舞弊蒙骗。又由于进士科每年平均录取不过30名,这个数额较后代少得多;[2]所以得之不易,人皆贵之,乃有"五十少进士,三十老明经"之谚语。[3] 就因为进士科之贵,使那些可由其他方式入仕途的贵族子弟也要参与考试,与平民相竞争。举一个极端的例子,晚唐的一位皇帝(【译者按】:即宣宗)甚至自题其姓名于宫中殿柱上曰:"乡贡进士

1　岑仲勉,《隋唐史》,页181–190。

2　唐代科举各种科目每年额数的详细资料,参见马端临,《文献通考》,卷29。

3　王定保,《唐摭言》,页4。

李道龙"。[1] 虽然一般文体已渐改为散文,但唐政府的公文仍需使用高度严格而洗练的骈体文。因为没有一科需要像进士科那么要求超高练达的文学技巧,久而久之,进士科出身升迁至政府中枢高官的机会,显然较为优越;因此,初唐所有的科目中,只有进士科能得到社会威望,而且一直延续下去。

第三,表面上唐代及其以后的进士科,似乎与早期的贤才观念相乖违,但经进一步的研究得知,其间的差异比一般想像要小得多:首先,唐宋时代曾列出一些贤能项目荐举贤才出仕,但不过是一种装饰品点缀点缀而已,并非有其真正的目的;因此,由这一途径入仕的人并不多。唯一的例外是明代(太祖洪武元年至思宗崇祯十七年,1368—1644)最初的 70 多年,由于政府对官员的需求极大,荐举制才在选官方式中超越科举制而占重要地位。可是一旦官僚组织达到饱和状况,明朝政府便几乎只依靠科举制定期地补充官员。[2] 不论科举制的范围多么有限,但它总比荐举制客观,而且少受党派势力的影响。自从进士科成为主要出仕之途以来,曾有一系列的辩论,比较考试制与其他选官方法的优点,其中最精致的讨论出现在 11 世纪的后半叶。虽然有些著名的宋初政治家主张大事修订进士科,甚至主张最终要废除进士科,但最终并未带来永久性的改变。在教育理论与选官方法争论中,以大诗人苏轼(宋仁宗景祐三年至徽宗建中靖国元年,1036—1101)的见解最为平

1　陈寅恪,《唐代政治史略论稿》,页 63。
2　参见本书第 5 章第 6 节《战争与社会动乱》。

实。他以严格的功利观点立论,认为自政事言之,则无论诗、赋或策论(多基于陈腐的古人意见),均为无用,与行政效率无关;但在中国文化传统中,进士科仍然是最好的方法。他指出,虽然进士科与实际行政需要相去甚远,但自唐至宋,以诗赋起家的成功官员与出色的政治家不可胜数;因此,仍是个相当适宜的取士方法。[1] 虽然 11 世纪末关于教育方法的争论已然明晰,但是直到 19 世纪中叶,遭到西方挑战而暴露这种教育方法缺点之前,其间并未出现任何更新的见解。原则上,进士科需要的知识范围并不狭隘,与儒家所提倡之通才教育理想相当接近。而且即使有人能将老生常谈式的古代理想与原则,加以模仿改造成新的,并因此侥幸地通过考试,但准备考试所需的通才教育,常能使应考士子养成施行善政切要的资质、健全的判断力与常识;在一个行政问题比较简单,不需大量专门知识的时代,这已经足够了。

总之,虽然唐代及其以后的科举制度所反映的贤才观念,已较古代察举制更为窄狭,但在客观性上已大有进展;因此,岑教授明确指出,进士科之所以能长存于中国,并非由于某些唐代君主的奇想,而是经验主义的结果。[2]

自从唐代竞争性的科举制永久地制度化之后,古代那种统治

1　11 世纪后半叶,有教育理论及官吏登用方法之答辩概要,参见方豪,《宋史》,卷 1,页 66-70。

2　根据陈寅恪教授精彩的学说,进士考试,主要是武后要打破初唐关陇贵族集团的政治独占,有意采取的政策之结果。这个学说近年为其他学者有力地修正,见 E. G. Pulleyblank, *The Background of the Rebellion of An Lu-shan*, Vol. I,特别是岑仲勉,《隋唐史》,页 181-190。

阶级成员应由个人贤否来决定的观念，已稳定地建立。唯一的例外是 10 世纪末至 13 世纪，由外来的契丹人与女真人在华北创建的辽朝、金朝，蒙古人建的元朝（世祖中统元年至顺帝至正二十八年，1260—1368），但甚至在这些外族人的统治之下，科举考试仍存，只是不定期地举行而已。

让我们回顾一下，虽然各家均了解在权利不平等的社会中，社会公平的重要，但只有儒家根本地碰触到问题的核心，因为孔子的门徒不只关注建立基于贤才来决定个人社会地位的观念，而且还为寒微之士创造公正的机缘结构。就像孔子及其学说的注释者所了解的，缺乏教育机会往往使具有天赋智力的穷人无法完全地证明他们的价值，儒家相信社会公平的真实形式是教育平等；若无教育平等，则一个各阶级间权利、义务与功能不平等的社会，终究不能被认为是正当的。

因此在汉武帝独尊儒术时，便在京城设立太学，作为儒家落实其真正精神之初步；但除了少数由"模范"官员所设立的郡学与地方学校外，汉代的教育仍然离广大的群众相当远。这种情势大致持续到 11 世纪的宋代，[1] 才有更多的学校在大的路或府州城设立起来。私人书院也在此时出现，只是数量上比明清时代要少得多。明代初期，由于皇帝屡次告诫，儒家的理想更进一步地实现，除了未开化的地区外，全国各府州县都设有官学，乡村中的社学也在地方社区的努力下设立起来。加上印刷术不断改良，及私立

1　《文献通考》，卷 40、41。

书院如雨后春笋般地设立，更增加了教育的机会。[1] 虽然在中国历史上，儒家教育机会均等的理想，从未完全实现过，但明清时代却比前代更接近理想。随着时间的前进，上古时代各家思想所触及的基本的社会反论，虽离完全解决尚远，但总算得到较有效的处置。

第二节 社会分层化

共同的社会经验使先秦各主要学派的思想，在社会分层化的理论上获致相似的原则，尤以儒家说明得最为适切。自儒家从公元前 2 世纪晚期建立正统地位以来，儒家的社会分层化理论，便成为以后两千多年的指导原则，其中又以孟子的阐述最为清晰有力，他说："或劳心，或劳力。劳心者治人，劳力者治于人，治于人者食人，治人者食于人，天下之通义也。"[2] 这种基于劳心与劳力而建立的统治者与被统治者间鲜明界线的见解，先秦各主要学派，如墨家、管子书中所代表的政治策略派与法家也都同意。

统治阶层地位之高贵，可由许多象征性的荣誉显现出来，虽然其细节各朝代不同，但大体上总是把官员与平民区别开来。明清时代，这些象征甚至延伸到官员日常生活的每一面，从服装的式样、宅邸、马车、轿子及行路时跟随的侍卫仆人的人数，到葬礼和坟墓的枝微末节之处，凡是世袭贵族与官僚组织中人，均依其品位有

---

1 将在本书第 262—266 页详细地论述。【译者按】：译本在第 5 章第 5 节中。
2 《孟子注疏》，卷 5 下，页 1b—2a；Legge, *The Works of Mencius*, pp.125—126.

一定的规定。此外,官员圈子里的每一分子都享有部分的法律特权,他们可免徭役,而一般平民除非有功名,否则均有服役的义务。理论上,他们依官场的礼法而生活,不受普通刑法的审讯,不受体罚,甚至犯了法,若无皇帝的特别敕令,也不得任意拘捕。虽然有许多明清的官员被囚禁狱中或处以死刑,但审判之先,总要举行一个重要的典礼,剥夺他们的官品;于是在理论上,他们的地位已降为平民,这样才能进行审判。[1]

在统治官员层之下,全国人民大致习惯地分为四民,即四种主要的职能:士、农、工、商。这种粗略的分类至少可以上溯至封建时代末期,在《管子》与《国语》(春秋各国的年鉴)二书均有系统的说明。[2] 但这种职能分类过于宽泛,不能作为社会阶层的分类原则。

在平民之下,明清时代还有为数不多的"失去社会地位(declassed)"或"堕落的(degraded)"贱民集团,包括有山陕的"乐户"(跳舞、唱歌及宴席上的演艺人员)、江苏与安徽的"丐户"(乞丐)、浙江的"堕民"(怠惰之民)、广东的"蜑户"(水上人家)与安徽南部的"世仆"、"伴档"(世袭仆人)。除了这些地区性的贱民之外,还有一些分布于全国各地的奴婢、妓女、戏子、耍把戏娱人的艺人及某些类的皂隶。[3] 他们没有普通平民应有的权利,法律上还禁

1　关于传统中国法律的地位不平等的优良研究,参见瞿同祖,《中国法律与中国社会》,第3章第4节。

2　《管子》,卷8,页5b-6b。

3　《清朝文献通考》,页5026-5027。

止他们和平民通婚。[1] 他们约占全国人口的 1%,雍正(1723-
1735)时几次敕令解放他们。[2] 贱民在法律上的完全解放,可由他
们后代所享的权利得到证明;从他们解放时起算,经过三代便可以
参加科举;最严重的歧视法律从此取消,他们参与社会流动上升的
主要途径,也因此而开放。这个事实,可由许多贱民的后代充分利
用社会的解放机会,在未满法定的三代过渡期,就已捐得监生资
格,得到证明。[3]

于是,社会秩序的理想就以法律上身份地位之配列来表示。
关于孟子的社会分层化理论之实际应用,必须注意四个基本的考
虑:第一,"一个阶级,如果性格上是稳定的,在变迁缓慢的状况下,
常使人误以为其成员资格也一样地稳定"。[4] 这个理论对统治的官
僚阶级与平民间之分界来说,特别正确,不论在哪一个时代,两者
间的鸿沟似乎是深得可怕;但尤其在科举制度成为定制之后,统治
的官僚阶级的社会成分经常变动。在下面几个章节可以看到,官
僚阶级与平民在法律上地位之分别,仅是条分界线而已;这条界线
并不能对社会流动构成有效的障碍,有能力有大志的人仍然可以
跨越。

1 这是因为中国传统的"良"、"贱"概念,与欧洲传统的"自由"、"非自由"的概念甚为
不同。参见 Pulleyblank, "The Origins and Nature of Chattel Slavery in China," *Journal
of Economic and Social History of the Orient* I(part 2, April, 1958), pp.207-209.
2 《清朝文献通考》,页 5026-5027。
3 《学政全书》(嘉庆十七年〔1812〕版),卷 18。
4 Sylvia I., Thrupp, "Hierarchy, Illusion and Social Mobility: A Comment on Ping-ti Ho,
'Aspects of Social Mobility in China, 1368-1911'," *Comparative Studies in Society and
History* Vol. II, No. 1(October, 1959), pp.126-128.

第二，虽然法律规定了四民的前后次序，士为其首，次为农、工、商，但中国史上有哪一个时代曾严格地遵守，还是很值得怀疑。由于决定社会身份地位的主要因素：教育、劳力与财富的相对重要性过于复杂，有必要在下一节做有系统的讨论。

第三，虽然法律文书提示我们，传统中国社会主要由两个明确互相对立的阶级组成，即统治与被统治阶级；但事实上往往是多元阶级的社会（multi-class society）。统治阶级成员的社会成分并非一致，这将在下一段讨论。所谓四民之分，虽反映部分晚期封建的理想，但对后封建时代的中国社会（Post-feudal Chinese Society）阶层来说，几乎完全无用，例如后封建中国，"农"字虽表示农民或农场主，实际上，它包括了所有跟农业有关的人，如大、中、小地主，自耕农，及有一小块土地但不够维持家庭必须再租地的半自耕农与佃农、雇工。同样地，工与商也分成各种不同的身份群，从小手工工匠到资本工业家，从小商人与零售商到商业大亨。因此，平民必须依其职业、财富、收入、教育、生活方式与接近社会威望与权力之程度，来决定他们的社会阶层。由于缺乏基于多样而有系统的历史资料，想将平民的社会阶层做更细的划分有其困难；但很明显的，传统的中国常是个多元阶级的社会。

有关平民阶层中的上层，资料比较丰富。初阶科名者（秀才）所拥有不同于平民的特权地位，在后面会仔细讨论。明清的小说中，对一位有很多财产的人，不论他是否受过良好的教育，常尊称为"员外"；或大抵依经济地位为基础，称一个家庭为大户或小户。这表示平民自己就有阶级意识，社会的区分已不再依据法定的四种功能体系(四民)。自明景帝景泰二年(1451)起,政府为了财政上的需要,被迫颁赠荣勋给捐钱谷来助国家赈灾及筹措军饷的平民,凡军民捐谷数百石以赈荒佐官者,旌表为"义民",并赐给下级官员的冠带,俱免杂泛差役;虽然这些人实际上仍然是平民,但在一般平民心目中渐视之为"义官"。[1] 同样地,高年老人也常受旌表,最初以之为"寿民",后来也渐成为"寿官",而在一年举行两次的乡饮酒礼,地方官可聘请年高、德操清廉高洁、有财富或教养之人,为主要或次要宾客(宾、介)。[2] 因此,在人数庞大的平民之中,有许多来自各种功能体系的精英(elite)被区分出来;传统中国社会阶层中,从未只有统治与被统治者两个极化的阶层。

第四,虽然事实上,官员必定是劳心的,但并非所有劳心者都属于统治官僚阶级。受教育而入仕途者与受了教育而不能入仕途者间的界线,并不亚于劳心者与劳力者间的鸿沟。近代学者在分辨入仕与未入仕两类受教育者的努力并不成功,因为他们解释传统中国的社会阶层体系与"绅士"(Gentry)阶级定义,相当混乱。本研究主要着重于朝向官员阶层的流动,因此须对官员阶层的组成及入仕与未入仕两类受过教育之精英的身份,做有系统的分析。

1　其身份依然是平民,由一些明代地方志进士名册可得到很好的证明。例如,参见《太原府志》,卷20,页75a 及《瑞州府志》,卷20,页38b-39a。周文进的祖父在《正德十六年进士登科录》(1521年进士名册)正式记载为"旌表义民"。但65年后,徐兆魁在《万历十四年丙戌会试录》(1586年进士名册)记载其祖父为"义民官"。其后,17世纪有名的小说《金瓶梅》,其主人公西门庆的友人,捐献谷物给朝廷,从此改其基本称呼,由"民"改为"官"。

2　在每半年举行仪式性的宴会召开时,名誉"宾客"并不必要是有功名的这一事实,在各种明清时代进士名册中可找到相当多事例。但如果"宾客"是有功名的,则没有例外地一律会提及自己的功名。

　　从各种政治权力特权的观点来看,世袭的贵族是站在社会顶端的。他们包括皇室家族成员,及皇帝依其功勋,恩赐封赏的异姓功臣家族。明代的皇室有八级,只有第一、二等亲王之嫡长子得以袭爵,其馀的儿子则受封较低的爵位,自第三等以下的皇族,即使是长子也不能承袭父爵,只能降级袭封。正常的情形下,不出几代,大部分皇室的后代都降为最低阶的贵族,每年禄米不过 200石,其中部分俸禄还以日益贬值的纸币支给。此外,皇族又常因犯罪或恶行,永远降为庶民。据明代著名官员、史家与诗人王世贞(嘉靖五年至万历十八年,1526—1590)的估计,16 世纪的八九十年代,皇族的人数达 4 万以上,其中大部分已成社会的寄生虫。[1] 虽然第一、二等为数不多的王公,依然富而有权,甚至经常迫害人民,但大多数的皇族所遇到的困难却亟需解决。由于官员和皇室宗人不断地请求,终于在万历二十三年(1595),准许宗室儒服入试,然而制度虽屡定,却未能执行。直至天启二年(1622),始开宗科,产生第一名宗室出身的进士。[2]

　　异姓贵族的遭遇也不见得更好,由于明初诸帝对待世袭贵族的猜疑与残酷,使明初受封的六公二十八侯,到 15 世纪末,仅存一位公爵仍旧保留原来的爵号。弘治六年(1493),才由于孝宗皇帝

1　王世贞,《弇州史料》续集,卷 37,页 6a-6b。关于明代皇族重要资料,是皇甫冲,《皇明藩府政令》(明末稿本)。章潢,《图书编》(天启元年-五年〔1621-1625〕版),卷80,含皇族爵位渐进的递降图表(【译者按】:《皇明宗藩图》、《皇明同姓初封王表》)。张萱,《西园闻见录》,卷 46,47,含有关明代这个主题有价值的议论。
2　《明会要》(上海,1956 年翻刻。〔【译者按】:《明会要》原系清光绪十三年刻本,此处版本不应是翻刻本,而是中华书局 1956 年出版的新校标点本〕),页 877。

的恩赐,令吏部访求太庙配享功臣追封为王者,结果其子孙恢复爵位者有 6 人,命其袭指挥使,奉先人之祀。[1]

清代的贵族爵位则分为十二等,其降级袭封之制与明代相似,贵族之子若降至最低之第十二等,则世次已尽,不复承袭,只有少数例外的贵族获得世袭罔替之权。乾隆三十九年(1774),始定制保障亲王后代最高的四等爵位(贝勒、贝子、镇国公、辅国公),最多只须降到七、八、九、十等而止,不再递降(即贝勒降至不入八分镇国公,贝子降至不入八分辅国公,镇国公降至一等镇国将军,辅国公降至一等辅国将军而止)。[2]

但归根到底,上述这个政策,并不能阻止宗室经济与社会地位的下滑。由于宗室不断繁殖,政府必须提供大部分宗室任官的机会;雍正二年(1724),特别为宗室开设宗学,每月发给膏火银津贴生活。乾隆九年(1744),又特准宗学学生成绩优秀者直接参加会试。宗室子弟选择较易的翻译考试(因为清代文件均满汉文并用,因此需要翻译人才),或正规的科举考试,即使他们参加科举考试,题目也较一般人容易。这一条社会流动的途径,却因为乾隆皇帝(元年至六十年,1736—1795)怕宗室子弟被官宦生涯所吸引,导致丧失尚武传统而关闭;于是乾隆十七年(1752)令宗室子弟不必借科举入仕。继承乾隆的嘉庆皇帝(元年至二十五年,1796—1820)了解用这种不积极的办法来保持满洲传统的政策是无效的,于是

1　王世贞,《弇州史料》正集,卷 19、20,全卷各处。明代非皇族贵族历史概要,见《弇州史料》续集,卷 38,页 1a–1b。【译者按】:本书原来误作 1492 年。

2　《宗人府则例》(嘉庆十七年〔1812〕版),卷 4、5。

在嘉庆四年（1799），再度准许宗室参加科举。由于乾隆初年宗室
子弟中举太容易，得不到社会的尊敬；因此，改为宗室先参加乡试。
嘉庆六年（1801）的直隶省乡试，优先录取的比例为九名取中一名，
且科目较汉人容易，只以复试防止舞弊。后来因为满洲人已久受
中国文化的影响，遂于嘉庆二十四年（1819）废止翻译官的考选；[1]
此后宗室之中只有少数人可由科举入仕做官。

　　宗室也能经宗人府出任"笔帖式"或吏员而进入政府，这是个
较容易进入的仕途；因为大部分笔帖式的位子均可由捐买获得。
笔帖式可升任监察御史或六科给事中，但这条仕途相当窄狭而且
拥挤，嘉庆四年（1799）定例，六部必须为宗室保留少数主事、参事
与金事等职位的员缺。[2]　从这些职位可再迁为省级以下的地方官。
大致上，清廷对待宗室比明朝好得多，而清朝宗室像明朝宗室那样
彻头彻尾地堕落和罪恶猖獗的案例也比较少。清代宗室入仕机会
虽增加，却赶不上人口增加的速度，而宗室作为寄生虫的本质也未
改变，这一情形到了清朝统治的最后一百年更为明显。

　　清代异姓贵族多由军功得封，分为九等。前五等封爵又各分
三等，公、侯、伯、子与正一品官相当，男则相当于正二品；其他四等
世职（轻车都尉、都尉、云骑尉、恩骑尉）则与正三品、正四品、正五

---

[1]　此段落文字根据《宗人府则例》（嘉庆十七年版）卷 11 各处，与《宗人府则例》（道光
二十年〔1840〕版）卷 10 各处，及王家相，《清秘述闻续》（光绪十五年〔1889〕版）
附录。

[2]　《宗人府则例》（道光二十年版），卷 12，页 14a。【译者按】：讨论清代八旗科举的著
作不少，如陈文石，《清代的笔帖式》，《食货月刊》，复刊第 4 卷第 3 期（1974）。该文
说明笔帖式的出身，除何先生说的捐纳之外，还有任子、议叙、考试。

品、正七品相当。[1] 所有异姓贵族除最低的第九等外,均得世袭一定的世代,从一等公承袭二十六次到第八等云骑尉承袭一次,依次递减。此外,孔子及少数其他的圣贤后代亦得封爵,但这些世袭贵族所受到的尊敬还不如高级官员多,礼部曾有法令规定:"八旗武职,自副都统以上,准立官卷。其参领及世职二品等官,并侯、伯、子爵,郡主额驸,非一二品有职掌可比,俱不准入官卷。"因此,他们的子弟在乡试时,享受不到高级官员子弟的特别保障名额。[2] 总之,明清时代的世袭贵族与传统的欧洲贵族并不相等,只能视为一种仅具有名誉与收入的闲职阶级。

官僚体系本身可分为三阶层。上层包括一至三品的大官,有推荐属官与荫子之权。荫子制在第四章会详细讨论,在正常的情形下,只限于一代,最多不会超过两三代。上层官员包括大学士、协办大学士(清代的丞相),六部尚书与左右侍郎,都察院都御史、左右都御史、左右副都御史,及其他中央政府的高官,各省的总督、巡抚、布政使、按察使。但同样品级的武官,通常在权力与地位上均不及文官,在明代尤其如此。[3]

官僚体系的中层,则包括所有四品至七品的官员,从中央各寺

1 《大清会典事例》(嘉庆二十三年〔1818〕版),卷118各处。【译者按】:清朝异姓贵族前五等封爵,后四等世职,原书将前五等封爵误为前七等(upper seven),译文径予改正。
2 《礼部则例》(道光二十四年〔1844〕版),卷93,页4a。【译者按】:清代八旗与宗室科举的研究,参见赖惠敏,《天潢贵胄:清皇族的阶层结构与经济生活》(台北:中研院近史所,2009)与《清代皇权与世家》(北京:北京大学出版社,2010)。
3 例如,身兼政治家、将军与宰相的杨一清,于嘉靖五年(1526)证实,高级武官常受省级与地方官吏侮辱和威胁。参见徐学谟,《世庙识馀录》,卷3,页12b-13a。

之少卿和寺丞、各监的监正和监副、御史、各部主事,到地方长官的道员、知府和知州(【译者按】:应包含正五品的府同知、正六品的府通判与从六品的州同、从七品的州判)、知县。他们与上层官僚的区别在于无保荐属官与荫子之权。但他们仍是担负相当责任的重要官员,例如七品的知县的职权,就包括地方上一切财政与司法行政,并负责维持法律与治安,甚至还要监督地方教育;因此,知县被称作"父母官"。

官僚体系的下层,则包括所有八至九品的官员,如府州县知事的佐贰官(【译者按】:即府同知、州同与县丞,然府同知为正五品,州同为从六品,不应列入;只有县丞为正八品可列入),府县知事的副手(【译者按】:如通判、州判、县主簿)及其属官(【译者按】:如府经历司经历、知事及照磨所照磨),掌管州县治安的官员(【译者按】:巡检司巡检),掌理狱政的官员(【译者按】:如府司狱司司狱、州的吏目、县的典史等,但县典史为不入流官)。一些不入流的官员与吏员,也可由年资或通过特别的考试,升为低品级的官员。吏员为明代登进仕途的三个"正式"渠道之一。[1] 八、九品官通称为"佐杂",其文意为"辅佐与繁杂"。府州县学的正副校长(【译者按】:府教授、训导、州学正、训导、县教谕、训导,但府教授为正七品,应列入中层官员)虽是八、九品官,但被视为"清官",惟因薪水低,不能像佐杂那样有半合法或非法的财源收入,多少抵消了其"清官"地位的优势。19 世纪,清廷因迫于财政困难而大卖官职、官品与官衔时,佐杂与吏员是主要的项目。因此,到了近代,官

1　大学者顾炎武在他的《日知录集释》(卷 17,页 39a)中,极适切地指出这一论点。

员与吏员群体间的界线渐趋模糊。

由以上极其简略的叙述可知,官员阶层并非成员单纯的群体,尤其下级官员的家境多居于中等。

官员阶层,广义地说应包括退休与候补官员及某些拥有功名、有任官资格的士人,把退休的官员(【译者按】:明代称为"乡官")也列入官员阶层,是正确的,因为他们虽然已离开职务,却未失去官员所拥有的权利与特殊地位。例如 16 世纪时,上海附近的松江地区有个惯例,所有致仕退休官员仍由地方政府供给皂隶与轿夫,就像未致仕之前一样。[1] 只要做过官,便可过着官员式的生活,而且社会上也承认他们是官,这更反映了官员与平民间严格而持久不变的区隔。所以,我们有充分资料证明,明清时代,一个贪婪的退休官员及其家庭在地方上仍能作威作福,横行乡里,侵占平民财产,而不怕地方政府当局的干预。

第三级或最高级的科举考试高阶科名,是通过会试和殿试的"进士",他们自动地成为中层官员的一分子。甚至到清末,官僚组织由于捐官制度,使候补官员增多,人员过剩,但进士在做官任职上仍居最高优势,俗称为"老虎班",意即"虎级"。因此,进士可说是初入仕途最好也最受尊重的资格,是其他资格无法比得上的。

第二级或中级的科举考试中阶科名,是省级考试(乡试)及格的"举人",即授予下级官员任用资格。明初考不上进士的举人,很快会派任府州县学的教授或训导。但许多会试下第的举人,宁可

1　何良俊,《四友斋丛说》,页 318。【译者按】:系《正俗》条。

举监进入国子监就读，也不愿就职。这是因为国子监生有较好的读书环境，来年重考会试成功的机会较大。[1] 16 世纪中叶，官僚体系的中下层人员已经过剩，但吏部仍尽力为举人留下一定比例的空缺。明末以降，每十二年举办一次考试，拣选若干名举人派任知县、教授、训导或其他相当的职位。事实上，"举人"一词，意即"已有成就之人"或"已被举用之人"，也就是在学术与官职上，均已有成，地位已确立之人；是否立刻获得官职，并不重要。

在明清社会分层化中，举人这个身份占决定性的地位，这一情形可由以下所引社会小说与传记中见到。其中一例是华亭县（今天上海市的一部分）的张士毅（1506—1561），因经济需要被迫弃儒从商，以维持家计与支持用功的大哥念书。张士毅致富后，聘请了一位当地著名的读书人教他的两个儿子，两个儿子后来都考取生员，但这初阶科名无法实质改变其家庭主观社会地位。直到嘉靖三十七年（1558），次子中了举人，他和夫人才大喜说："乃今可出我于贾哉！（现在我们总算能脱离商人阶级！）"[2] 由此可见其地位之突升，显然不在经济而在社会，因为在经济上他早已是富人，其子考中举人，比先前考中生员或后来考中进士任高官，对其家庭向上社会流动更具关键性的意义。

"贡生"也是决定社会地位的关键性功名，与举人同为具任官资格者与平民间的分界线。"贡生"一词，文意为"出贡的学生"，也

1　郭鎜，《皇明太学志》，卷1，页 70b—73a。
2　王圻，《王侍御类稿》，卷 11，页 27—30，《诰赠大中大夫广东布政司右参政近松张公暨配诰封陆太淑人行状》。

就是从拥有初阶科名的生员中，选入国子监读书深造，或选授下级官职。最初按年资拣选，后来也依成绩选拔。贡生与生员有根本上的不同，生员是"肄业生"，定期受省提学官考试；由于他们尚在"肄业"，因此没有任官的机会。贡生则不同，他们是"毕业生"，所以不必定期应试，而且有资格出任较低的小官。

贡生的人数从未及生员人数的零头。正统六年（1441）以后，贡生额数为定例，府学一年贡一人，州学三年贡二人，县学二年贡一人，这种援例选拔的贡生，称之为"岁贡生"，意为"每年出贡的学生"。隆庆三年（1568）后，又因皇恩而额外增立贡生员额，以示皇帝恩宠；每当国家有庆典，则将地方正规岁贡名额加倍，这些额外增加的员额，称为"恩贡生"，意为"因皇恩而出贡的学生"。[1]

岁贡生的年岁多近中年，且不必具备特别才能。明代有两种特别选拔贡生的方法：第一，由于贡生任官机会的减缩，明代中叶起，常派学政选拔贡生，文艺优秀者即时放为内外官。到 16 世纪终了之前，这种拔贡的方法开始制度化，每十二年举行一次，选中者称为"拔贡生"，通常派任为七、八品官。第二种特别选拔的形态是为生员而设，自明初开始，不定期考选学行兼优、年富力强与屡试优等之生员充贡生，是为"选贡"，意为"特别选拔的贡生"；崇祯元年（1628），改称为优贡生，意为"才能特别优秀的贡生"。其后，

1　我们关于贡生整体性的说明，是依据《大明会典》（万历十五年〔1587〕版）卷 77。但缺乏重大专门的事项相关的信息。例如，恩贡生开始划定的正确时间，《大明会典》就未提到，倒是几部品质比较优良的地方志有说明，特别是《杭州府志》卷 109。【译者按】：恩贡者，除国家有庆典外，"或登极诏书，亦以当贡者充之"。

优贡生之选拔仍不定期地举行,直到乾隆二十九年(1764),才定为三年选一次,但在同治二年(1863)以前,优贡生仍无经特别考试立即获得官职的机会。这种三年一选的优贡生的总人数不多,全国不过选出六七十人而已。据当代人的观察,由于优贡生考选是基于文艺之优劣,相当严格;因此,在所有形态的贡生中,优贡生作为一个群体,从中产生名人的百分比最高。[1]

第五种贡生是"副榜"或称"副贡生",凡乡试不第,然文艺优者,由考官推荐列为副榜。这种贡生在明代出现得很晚,直到天启年间(元年至七年,1621—1627)才制度化,每五名举人取一名副榜,副榜于是得到贡生的身份,因此又称为副贡生。[2] 清政府也承袭明代的这个制度。

这五种贡生皆被视为具有任下级官员的"正统"资格(正途),他们是"正规"的贡生。因此,贡生的法律地位当然容易为社会所公认。第一,虽然依据明初的惯行,只有进士和举人才有权在居所树立旗竿,悬挂红色丝绢旗子,旗上以金字书写所获得的功名。可是到了明代晚期,所有各种形态的贡生皆高竿大旗,作为标识其特殊身份之象征,全国处处皆然,沿以为例。[3] 第二,从明初开始,举人与贡生常一起参加即时选官的考试,于是二者间身份的差异,随

---

1 拔贡生、优贡生开始的日期的确定,是依据种种地方志,特别是《绍兴府志》(乾隆五十七年〔1792〕版)卷34。对优贡生的文学学识之评论,参照陈康祺,《郎潜纪闻》,卷14,页5a-5b。清代贡生制度,《大清会典事例》(光绪二十五年〔1899〕版)卷385作了有系统的记述。

2 《杭州府志》(1923年版),卷109。

3 王世贞,《弇州史料》续集,卷39,页21a-21b。沈德符,《万历野获编》,页427。

着时间而失去了意义。清代的举人与贡生间的分别更为模糊,他们通过特殊的考试之后,都会编印列有祖先三代简明资料的名簿;提供祖先的资料,表示他们的身份已在制度与社会上被承认。也由于这种"已被确认"(established)的身份,使他们有权利也有义务光宗耀祖。第三,所有的地方志中均列有正途出身的贡生表,与进士、举人并列,表示他们已被视为是较高阶科名的持有者,也是广义的官僚组织成员。

我们不确定明代什么时候开始贩卖贡生头衔,因为在明代的文献中,捐贡并不像捐监那样有清楚的记载。见闻广博的晚明学者沈德符(万历六年至崇祯十五年,1578—1642),曾以三件事为证:第一,16世纪末,至少"廪生"(即年资深而享公费待遇的生员)可以合法地捐得贡生的身份。第二,由于有贡生的身份便可进入仕途,又享受其他的学术与社会权利,因此,许多未达廪生年资的普通生员,造假身份冒廪捐纳贡生头衔。第三,这种非正途出身的贡生,也可以树旗竿于家中,以显示他们与生员及没有功名的平民的差别。[1] 沈德符记载有一定的可信度,因为清朝最初期的一些进士,就在进士题名录中列载其祖先是廪贡生,即捐得贡生衔的廪生。[2] 清朝为平定三藩,自康熙十四年(1675)起,开捐纳职衔事例,廪生及其他二类年资较浅的生员(【译者按】:增生、附生),均得以

---

[1] 沈德符,《万历野获编》,页427。

[2] 数例中举一例,《顺治十二年乙未科进士三代履历》(1655年进士名册),收载衾孕秀的事例,其曾祖父是廪贡生。以平均的25年为一世代,衾孕秀曾祖父应生活在16世纪最后25年间,当时的廪生捐买贡生衔是相当可能的(【译者按】:寺田隆信误译Ch'ang Yun-hsiu为"张云骧")。

200 两银捐得贡生衔。[1]

　　由于这些非正途出身的贡生身份是由捐纳得来,使某位当代学者(【译者按】:指张仲礼)认为他们的身份比五种正途出身的贡生低,他发现正途与非正途贡生身份地位差别甚大,于是把正途贡生列为"上层绅士",非正途贡生则为"下层绅士"。[2] 我们暂且不论"上层绅士"与"下层绅士"二名词是否妥当,但对非正途贡生真正的法律与社会地位,是值得再做详细研究的。

　　那位作者给予非正途贡生低下的地位,唯一理由是他们的身份源自捐纳。但我们还可以补充说明,正途与非正途贡生的法律地位,是有理论上的区别:正途贡生因具有"毕业生"的身份,所以不受提学官的监督,非正途贡生却须受提学官与地方当局的共同监督。其间的差别非常明显,例如乾隆二十二年(1757)虽有法令规定非正途贡生须受提学官与地方官双重的监督,但法令中也坦白承认,至今很少提学官知道到哪里去核对非正途贡生的名单。[3]显然在实际上,廪贡生被认为是"毕业生",因此,他们的名单已不在提学官的登记之列。同治二年(1863)更有一法令,进一步地澄清非正途贡生的法律地位,它说:

　　　　嗣后捐纳贡监,仍遵乾隆年间定制,责成州县官约束稽

1　叶廷琯,《瓯波渔话》,卷 3,页 3b-4b。

2　Chang Chung-li(张仲礼), *The Chinese Gentry, Studies in Their Roles in Nineteenth-Century Chinese Society*, pp. 132-134.【译者按】:中译本参见李荣昌译,《中国绅士——关于其在 19 世纪中国社会中作用的研究》(上海:上海社会科学院出版社,1991)。

3　《学政全书》(乾隆五十八年〔1793〕版),卷 26,页 7b-9a。

察,还有与生员同案滋事者,会同教官办理……其馀事件,教官不得干预。[1]

其中全然没提到提学官,显然是非正途贡生在理论上也久不受其管理;只有发生行为不检之事时,廪贡生才被认为应受州县官与教官约束;实际上,他们所具有贡生的"毕业生"身份与法律权利,从未受到这些不很严谨的法令所影响。

事实上,在十八九世纪出版的各种《缙绅全书》(记录官员人名通讯录)中,列有为数不少出身非正途贡生的下级官员,他们有些还做到中阶和高阶官员。自明末起,非正途贡生已经可以在自家住宅前自置旗匾,由此可知,他们的社会地位与正途贡生没有丝毫不同。直到同治六年(1867),因为捐纳数量大到无法控制,才开始有不很严格的法令,禁止自置旗匾。[2] 但在一个朝廷威望与中央权力急遽衰落的时代,我们没有理由相信这条新法令能有效地执行,尤其当大部分的地方官也由捐纳入仕,自然对非正途贡生会产生物伤其类的同情。[3] 非正途的贡生是合法而有任官资格者的这种共通的想法,确实是根深柢固的。即使在举业表现非比寻常的江苏南部常熟县,当地的士大夫也都认为捐纳的贡生是任官入仕"正规"的资格。[4] 总之,认为非正途贡生在身份地位上不如正途贡生

1　《大清会典事例》(光绪二十五年〔1899〕版),卷385。这一版本无页码。
2　同前注。【译者按】:本书误作1863年。
3　参见本书表2、表3。
4　《国朝虞阳科名录》(最后一版刊行于光绪三十年〔1904〕以后),《序文》,页1b。

的看法是欠考虑的。

另外一大类初阶科名持有者称为"监生"，也就是国子监的学生。明初，数以百计的监生任官，有时单凭监生资格就能任高官，而不需再有更高的功名。因此，明初国子监是一条比进士更为重要的延揽政府官员途径，特别是当进士的名额不多的时候。即使不立刻任官，监生也能享受全国最好的图书与教学设备；在永乐四年至万历二年（1406—1574）的 44 次科举考试中，共取了 12,272 名进士，其中 6,453 名出身国子监，占全部的 52.6%。弘治十二年（1499）与正德三年（1508），国子监生囊括进士第一甲前三名，独占会试的最高荣誉。[1] 无怪乎，当时许多会试下第的举人，宁愿入监读书，也不愿直接接受委任一个下级官职。无庸置疑，明代的监生被视为官员储备者。总之，荐举、进士与监生、吏员被视为明代登进仕途主要的三个正规渠道。[2]

监生的身份在明代有重要的变迁，正统十四年（1449），土木之变，蒙古人入寇北京地区及英宗被俘是个明显的界标，它迫使政府卖官鬻爵。景泰二年（1451）起，一系列的谕令准许纳粟纳马入监，最初只许生员捐监，后来没有功名的庶民也可以捐监。[3] 虽此类捐

1　郭鎜，《皇明太学志》，卷 12 各处。

2　顾炎武，《日知录集释》，卷 17，页 39a。【译者按】：《通经为吏》条。

3　《明会要》（1887 年翻刻版），卷 25，页 8b。【译者按】：《明会要》引《资治通鉴纲目三编》作"例监。景泰四年（1453）四月己酉，令生员纳粟为国子生"。但《明史·选举志一》（中华书局新点校本）则谓："例监始于景泰元年（1450），以边事孔棘，令天下纳粟纳马者入监读书。"二说皆与本书所记景泰二年（1451）不同。黄瑜在成书于弘治八年的《双槐岁钞》卷九云："景泰改元，诏以边圉孔棘，生员纳粟纳马者，许入监读书。"其孙黄佐《南雍志》（序于嘉靖二十三年〔1544〕，民国二十三年〔1934〕江苏省立国学图书馆影印原本）卷 3，页 22a，《事纪三》亦云："（景泰元年）（转下页注）

监因北方边防逐渐巩固而中止，但每遇边警、灾荒或大兴土木时，往往再度援例而行，到 15 世纪的最后 25 年，监生已卖出数万名。[1] 由于捐纳监生有权出任下级官员，下层官僚组织开始出现供给过剩的现象。弘治元年（1488），明代最正直的吏部尚书之一的王恕（1416—1508）证实：监生候选，平均要等 20 年以上，才得补一实缺。[2] 到 16 世纪初，捐监的数额已能有效控制，这种下层官僚组织供给过剩的情形才稍微缓和。在嘉靖二十四年至万历九年（1545—1581）实施捐监的十九年中，监生总数为 16,070 人，捐监的监生（【译者按】：正式名称为"例监"）为 6,869 人，占全部的42.6%。[3] 值得

（接上页注）夏六月丙午，诏以边圉孔棘，生员纳粟纳马者，许入监读书。"《南雍志》为南京国子监校史，所记监生相关事情，理应较为可信。则开纳粟入监之例应始于景泰元年。但景泰元年夏六月并无丙午日，则《南雍志》记载，似乎不可全信。且《资治通鉴纲目三编》景泰四年（1453）之说，亦有所本，来自《明英宗实录》，卷 228，页 11a，景泰四年（1453）四月己酉条："……武臮……等奏：'临清县学生员伍铭等愿纳米八百石，乞入监读书。今山东等处正缺粮储，乞允其请，以济权宜。'从之。并诏各布政司及直隶府州县学生员，能出米八百石于临清、东昌、徐州三处赈济，愿入监读书者听。"则纳粟入监之例，据景泰四年秋七月开封府儒学教授黄銮说：自古以来，从"未闻"也；"今以纳粟贡士，臣恐书之史册，将取后世作俑之讥也"（《明英宗实录》，卷 231，景泰四年秋七月庚辰条）。则事发当时人的记录，捐纳监生之例系为赈灾而开，始"作俑"者是在景泰四年而非景泰元年。景泰初，为筹军饷，的确向生员采取奖励政策，但对纳马、纳粟生员，只给冠带，"不准送监"（《明英宗实录》，卷 191，景泰元年夏四月己卯条）。因此，据《明英宗实录》记载，纳粟入监不会早于景泰四年，且不为救济边防军费而是为赈灾；尤其开纳马入监之例，亦不在景泰四年，而是在天顺五年，由副总兵都督冯宗等奏请"立则例"，"生员（纳马）七匹，即补国子监生"（《明英宗实录》，卷 332，天顺五年冬十月壬申条）。总之，景泰元年之说，虽出于弘治年间，离景泰初不远，但总不如《明英宗实录》所载当时之诏敕与大臣讨论此事之奏疏来得接近真实；因此，生员纳粟入监之例始于景泰四年，纳马入监之例始于天顺五年，而非纳粟、纳马入监均始于景泰元年。至于本书原来作 1451 年开纳粟纳马入监，恐系笔误。相关考证，详见郭培贵，《明史选举志考论》（北京：中华书局，2006），页 79—85。

1　张萱，《西园闻见录》，卷 31，页 1a—2a。

2　王恕，《王端毅公奏议》，卷 7，页 17a—18a。【译者按】：本书原来作"十五六年"。

3　郭鎜，《皇明太学志》，卷 12 各处。

注意的是这个数字绝不会是全部,因为相当多数的人在捐监之后留在家中,并没进监读书。虽然明代捐监的数目远比清代少,但对监生的地位及任官机会的影响深远。16 世纪末期,例监生被地方官员欺负和侮辱的事并不少见,有时,他们的社会地位和平民并没什么差别。[1] 但我们必须记得,终明之世,在法律与制度上监生仍有资格任官。因此,监生作为一个群体,仍须视为官员储备者。

1644 年清朝政府创建以后,监生地位发生剧烈改变。新王朝的国子监名存实亡,入学学生总数很少超过 300 人,这比起明代全盛期学生人数动辄上万的情况有颇大差距。[2] 但捐纳监生的人数持续地增加,在道光朝(1821—1850)的 30 年间,除直隶省外,全国捐纳监生共 315,825 人,政府因此捐得银 33,886,630 两。嘉庆四年至二十五年(1799—1820)的 21 年间,捐纳监生的人数至少和道光年间一样多,因为即使不计入直隶与山西两省,政府仍获得捐监银两 40,724,169 两。[3] 如果说清代任何人只要拿得出百多两银子,便可买得监生衔与穿戴儒生衣冠,也不算夸张。在安徽南部著名的商人地区徽州府的方志中,几乎全部都是因捐钱做慈善事业而列有传记的商人,而其列传的前言中均称他们为监生。[4]

细读清代各种法令后,我们发现只有极少数捐纳监生实际在

1　沈德符,《万历野获编》,卷 15,页 35a–35b。

2　《国子监则例》,卷 8,页 1a。

3　汤象龙,《道光朝捐监之统计》,《社会科学杂志》,第 2 卷第 4 号(1931 年 12 月)。

4　《徽州府志》,卷 12,第 4、5 节。

北京国子监就读,他们可以参加直隶乡试。如果直隶乡试考试失败,还可以参加拣选等级低的吏员或抄写员的考试。一般来说,监生必须进一步捐个官衔,才能进入仕途。相较于明代监生大部分时间受到的法律地位与权利之优待,清代监生法律地位与权利是退化的;因此,将清代监生排除于有任官资格者之外,似乎是合理的。但从另一方面看,在平民之中,由于他们可免劳役,又不必受提学官的例行考试,捐纳监生又自成一个特权集团;理论上,他们具备"毕业生"资格,而对富人来说,捐监生是进一步捐得官缺的必要条件。

接着讨论人数最多的生员,张仲礼称生员与监生为"低层绅士"。生员的法律与社会地位,同时也需要做一系统性的分析。无疑地,在明清社会中即使是最低的功名依然具有意义,但我们若不了解整个制度和社会内涵,在剖析传统中国社会及其关键性的阶级时,简单称生员为"绅士",不免会产生基本观念的错误。

必须重申的是如前述孟子的社会分层化原则是很概括的;事实上,并不是所有劳心的人都一定属于统治阶级。远在孟子之先,《管子》这本书就把这一基本事实说得很清楚,他说:"士、农、工、商,国之石民也。"把士(读书人)与农、工、商并列为四种主要的庶民群体。各种上古儒家的经书,也明白地解释封建时代晚期,有分为三等在官府中服务的士,也有与农、工、商并列为庶民阶级的士,这种士叫"士民",意为"学者、庶民"。[1] 在官府服务的士与"士民"

---

[1]　瞿同祖,《中国封建社会》,页 193–196。

的差别,在两千多年的中国社会中一直存在着。的确,士与士民两类士人之间的差别,基本上并不比劳心者与劳力者之间小。例如,著名的经济政治家桑弘羊(汉景帝五年至昭帝元凤元年,前152—前80),在始元六年(前81)的盐铁辩论中,就不止一次嘲笑这些不具官职的士民。特立独行的思想家王充(汉光武帝建武三年至和帝永元十二年,27—100?)也指出:“世俗常高文吏,贱下儒生。”[1]

明清时代的生员无疑可视为士民,但由于他们拥有最低的功名,所以,他们在法律与社会方面被认为是平民中的领导集团。同时,这个功名也给他们打上一个上流社会的烙印,这可由他们的称谓得到证明,一般人尊重生员,称呼他们为“相公”(意为“先生”),与举人的俗称为“老爷”(意为“阁下”)不同。[2] 就和那些功名高的举人、进士一样,生员也优免徭役。在捐监制未创之前,生员是追求更高等功名和地位不可或缺的资格。因此,明清的生员与清代的监生,在平民之中是特权阶级,也是一个重要的社会“过渡性”群体。

在另一方面,生员没有直接做官机会的这一基本事实,使得他们和贡生或更高等功名者区隔开来。虽然生员是个大家希望得到的初阶科名,却从没有重要到有理由要编一本同学录,方志也完全

1　桓宽,《盐铁论》,卷5,页16a–16b。王充,《论衡》,卷12。Alfred Forke(佛尔克),tr., *Lun-heng*(论衡),II, pp.56–66.

2　吴敬梓,《儒林外史》。例如,范进是生员时,人称他“相公”,他中举之后身份变了,称呼改为“老爷”。参见徐珂编,《清稗类钞》,册16,页11。无论如何,19世纪末,称呼的意味与范围大幅扩张。【译者按】:《清稗类钞·称谓类》中《大老爷老爷》条云:“光绪末,老爷更多,偏僻之地,乡人且称生监为老爷,即非生监,而家居平日着长衣者,亦皆称之为老爷矣。”)

忽视他们,因为他们是"肄业生",又是"未举"的身份。虽然到了清朝晚期,有些地方同情生员长期用功却得不到报酬的辛苦,又怕他们的姓名完全被忘掉,因此,开始编印生员名簿。但因为他们是士民,还没有光宗耀祖的正当理由,所以同学录中并不记载生员祖宗的资料。

由于生员在法律与社会的意义上是"未举"的身份,如果家庭不富裕,就得随时随地努力工作才能维持贫寒生活。他们大部分在村塾中教书,或当家教,通常薪资仅够维持温饱,这种工作通称为"笔耕"或"砚田",意即"以笔耕作或以砚为耕作之田"。明清时代此种例子,比比皆是,将在本书的附录中举例说明。

一个生员有时甚至还要做各色各样有损学者身份的工作,来维持家庭。例如在著名的社会小说《儒林外史》中,匡超人多年来便以磨豆腐来养活体弱多病的父亲,后来考取生员进了学,收了邻居保正所送的贺礼二十多吊钱,就不再磨豆腐,但仍开个小杂货店过活;他的朋友景兰江虽也是个生员与诗人,却开个头巾店维持生计。南京有个马姓生员,贩牛为业,素不齿于乡里,受人轻视与屈辱,使他在咸丰三年(1853)南京城陷于太平军之际,欲以杀敌立功而遇害,做了烈士。[1] 有些贫苦而无用的生员,常和衙役及强横的乡村文盲勾结,成为社会小说里共同受人诅咒的人物。

实际上,由于生活压力太大,明清的生员与清代的监生经常从事有损学者身份的工作。乾隆五十八年(1793)版与嘉庆十七年

1　叶廷琯,《瓯波渔话》,卷2,页19b。

(1812)版的《学政全书》，均载有一系列的法令，禁止生员从事庄书（管账伙计）、圩长、塘长（掌管地方水利的职员）、埠头、牙行、牙埠（捐客）、衙门皂役等工作。[1] 这些法令似乎没有什么效力，因为大多数的生员与监生宁可踏实过活，也不在意这个"较纯洁"，却令人不自在的身份。湖北巡抚胡林翼曾于咸丰五年（1855）向朝廷请求，正式让生员从事牙行的职业，却遭朝廷拒绝。[2] 大多数清代的生员与监生，无法享受国家给予他们的社会与法律地位。各种传记丛刊经常出现生员与监生放弃他们的专长去做小生意，足证在主观的评价中他们的地位也不再崇高。[3]

当我们了解了生员的法律地位与社会实际的状况之后，这一个以生员为"低级士绅"的看法，就很难再被接受。如果还有怀疑的话，伟大的社会讽刺文学家吴敬梓（康熙四十年至乾隆十九年，1701—1754）的小说，可为当代学者一扫谜团。他所描述的是一位非常富裕且拥有官衔的盐商，其母方老太太举行入祀节孝祠仪式，在游行的行列中，跟在方老太太神主亭子后，有两班客人：一班是地方上"乡绅"，也就是那些退休或现任的官员、进士、举人、贡生、监生，"穿着纱帽、圆领，恭恭敬敬跟着走"；而另一班"秀才"，也就是生员，则"穿着襕衫、头巾，慌慌张张，在后边赶着走"。[4] 这是难得一见关于乡绅与非乡绅及其社会地位之差别的细致而精确的描述。

1　《学政全书》（乾隆五十八年版），卷34，及嘉庆十七年版，卷43各处。
2　《大清会典事例》（光绪二十五年版），卷385。
3　例证极为丰富，只有一小部分在第2章提示。
4　《儒林外史》，第47回。【译者按】：本书原作"方老太太精心计画的出殡行列"，非《儒林外史》原书所说的入节孝祠游行行列。

　　吴敬梓对"绅士"的定义，除了字面上有些出入，几乎与我们完全相似；我们都把官员与有任官资格者列为士绅，不同的是他把监生也列为士绅，而我们则以为监生只有在明代可列在有任官资格者之列。其实，我们与吴敬梓间并不是真有这种差异，因为吴氏讽刺的"儒林"是假借明代为背景，作为一位出身著名士绅家庭的吴敬梓，常常在其中故意炫耀自己对明代历史与制度的熟悉。[1] 在为明代的"绅士"下定义时，吴敬梓的描述并没有错，完全可以明代习俗来支持他的说法。例如著名的政治家和理学家王阳明（1472—1529），在嘉靖七年（1528），也就是他死前不久，曾令广西人民按社会地位的高低捐谷粮救济灾荒，乡官、举人、监生之家，每家三石，生员每家二石，平民大小人户每家一石。[2]

　　虽然我们不能确定吴敬梓是否为符合小说里的明代背景，而扭曲这个有关监生的例子，但清初蒲松龄（崇祯十三年至康熙五十四年，1640—1715）的另一部小说《醒世姻缘》，或可解决我们的疑惑。《醒世姻缘》也以明代为背景，但可以肯定的是蒲松龄忠实地描写自己所处时代的社会。书中的主角狄希陈，这位怕老婆的富家子，虽然早年曾捐得一个监生衔，可是为了过着乡绅们悠闲而有社会保障的生活，他必须再捐一个更高的官衔。[3] 因此，我们可以

1　例如，在第 2 回，吴敬梓清晰地强调，明代的习惯，生员互称"老友"，没有生员科名的地方学生（【译者按】：童生），不管实际年龄多大，都自称"小友"（【译者按】：原来的文本是：明朝士大夫称儒学生员叫作"朋友"，称童生是"小友"。比如童生进了学，不怕十几岁，也称为"老友"；若是不进学，就到八十岁，也还称"小友"）。

2　王守仁，《阳明全书》，卷 30，页 30b。

3　《醒世姻缘》，卷 79 至卷 83。《醒世姻缘》原作者署名为"西周生"。

清楚得知,清初的监生已经不被人认为是地方上精英群中的一分子。由以上可知,社会小说描述的地方精英阶层中乡绅阶级的构成,与我们定义为官员及有任官资格者阶级,是相吻合的。

张仲礼把监生与生员列入 19 世纪中国"绅士"的行列,只有对"绅士"这个广泛而宽松的名词,做严格的字面上的解释时,才能成立。"绅"这个字,是缙绅、乡绅、乡官、乡宦等这些确立已久词语的简称,意指官员,包括所有现任、退休、候补官员。"士"或"缙"则指学者,或更严格一点指未出仕的学者。绍兴是浙江省境内一个文风鼎盛、举业斐然的地区,乾隆五十七年(1792)版的《绍兴府志》卷十三,将地方人士分为四大类:"绅户"、"缙户"、"民户"和"灶户"。"缙户"即获有初阶科名的人户,虽清楚地有别于"绅户",然亦列于普通的民户与灶户之上。由此反映出"绅"与"缙"或"士"的社会地位之不同。"缙"或"士"拥有非仕宦的功名,显然是一个社会过渡群体,他们是平民中最接近权力、威信渠道的一群。所以许多传统的作家常把"绅"、"缙"、"士"三者不加区别地混为一谈。现代研究者找到这些名词背后的完整制度与社会含义,并给予较精准的定义。有趣的是他们发现传统的史家把绅与士摆在一起称之为"绅士"时,通常意指"绅"而不是"士",地方"绅士"在设立学校或扩充校产时,常居领导地位;因此,他们的姓名与头衔常留下来,这些是很值得分析研究的。

令人惊讶的共同特征是甚至连绅士这样一个宽松定义的名词,也不包括监生或生员在内,而监生或生员却是构成张仲礼的"下层绅士"之大宗。

由于"绅士"（Gentry）一词，近年来在中国研究中非常受人注目，因此，有必要对这一名词本身做简要的讨论。众所周知，"绅士"一词是典型的英国名词，它自都铎王朝（Tudor）时代以来，即已获致相当具体的社会、经济与政治含义。在 16、17、18 世纪，英国的绅士拥有庞大的地产，控制与支配郡的行政，18 世纪末以降，在政治上，大都支持保守党的前身托利党（Tory）。一些敏锐的当代法国观察家，观察到英国的绅士阶层是独特而无与伦比的，在法国与欧洲大陆都找不到类似的族群，他们以带有贵族气息的称号"小贵族（Nobiles Minores）"来称呼英国绅士。[1] 在一定的限度内，我们当然可以借用一个外国名词，但当被借用的名词所产生的环境，和原来的社会经济政治脉络，离我们太远时，我们就有强烈的理由完全拒绝这个名词。由于英国绅士身份最重要的决定因素，是地产与一些其他形式的财富，借用这样一个属名来称呼中国的官员与有任官资格者的阶级，是危险的。因为在明清的大部分时期，决定身份地位的要素，只有少部分是财富，大部分是科举功名。尤其，许多中国下层官僚体系中的官员与有任官资格者阶级，实际上是生活环境相当简陋的人，和"小贵族"大相径庭；因此，很难将这些中国的官员及有任官资格者阶级与英国绅士相提并论，他们只能当成特定的明清社会脉络中的关键阶级。

1　R. H. Tawney, "The Rise of the Gentry, 1588–1640," *Economic History Review* 1st series, or（No. 1, 1941）; also David Mathew, *The Social Structure of Caroline England*, Ch. 4, "The Stratification of the Gentry".【译者按】: Nobiles Minores 是英国贵族的最低层级。

表1　绅士成员取样表

年份	地区	总数	绅士之名衔
同治六年 （1867）	上饶 （江西）	8	1.候补，正四品 4.进士 3.举人
光绪二年 （1876）	乐亭 （直隶）	5	1.举人，正五品京官 1.举人，候补，正五品京官 1.举人，候补，从七品县官，五品衔 1.廪贡生，候补，从五品，四品衔 1.廪贡生，候补，从五品
光绪二十二年 （1896）	新化 （湖南）	16	1.四品衔 1.京官，正六品 2.知县，从七品 4.教授，正八品 1.州学教谕，从八品 4.举人 3.贡生

史料出处：《乐亭遵道书院志》（光绪二年，1876）；《信江书院志》（同治六年，1867）；《新化学田志》（光绪二十二年，1896）。

在此先总结一下广义的官僚阶级成员：明代的官僚阶级，包括现任、退休、候补官员及有资格任官者，吏员，进士、举人及正途与非正途贡生、监生。清代的官僚阶级成员与明代相同，唯一的不同是监生被排除在外。在整个明清时期，生员被当作平民中主要的社会过渡性群体。由于没有任何一种可以与平民区隔的官僚阶级定义能免于武断，因此我们在上面提出了多方面的事证，并从法律与社会阶层两方面来反复论证、解说，以显示我们对官僚阶级与平民间所划的界线，基本上是妥当的。

第三节　教育与财富同为决定社会地位之主要因素

明清政府在法律上界定官僚体系各阶层的地位,明显地与其社会地位相符,但在我们研究平民阶层时,也发现各个主要平民群体间的法律与社会地位,有一定程度的差异。传统中国政府既尊儒也"重农",所以在法律规定上有其强烈的偏见。不难理解,儒家政府把士民的地位置于其他庶民之上,因为士民是庶民中唯一劳心的群体。作为重农主义国家,农民是财富的主要生产者,国家,特别是统治阶级的生存,就依存于农民的劳动之上。因此,农民虽然是劳力的,却比较能免受不平等的法律之害,常有权参加科举考试。《管子》这本书服膺的社会概念与孔子便相去不远,主张庶民应"世守其业",严格地执行世袭的社会职业与社会地位,但也欢迎具"秀才之能"的农民子弟可上升为士,最终进入封建官僚之列。[1]另一方面,工与商在传统中国社会中,被视为财富的次要生产者与中间人,因此在法律上给予不公平的待遇。他们受到差别待遇及反奢靡法律的制约,禁止过于奢华的生活,其中较严重的是国家拒绝给予他们进入官僚阶级的权利;直到宋朝末年,法律还禁止工商之子弟参加科举。传统中国社会以工商为四民之末,轻视工商,歧视工商,这样的态度一直持续到近代。

但深入研究历史社会现象,却显示一个与法律文本不同的图

---

[1]　《管子》,卷8,页5b-6b。《国语》,卷6,页5a。【译者按】:前者为《管子·小匡第二十》,后者为《国语·齐语·管仲对桓公以霸术》。

像。西汉政府虽然采"重农抑末"的政策,令商人不得衣丝,乘马,操兵器,又规定商人算赋加倍,子弟不得为官;但这些大资本商人、放高利贷者与工业家却"衣必文采,食必粱肉","因其富厚,交通王侯","千里游教,冠盖相望,乘坚策肥,履丝曳缟",其社会地位等同王侯。[1] 其势力令人畏惧,对小民与平民是一大威胁,而被当代人称为"素封",即"没有秩禄爵邑的贵族"。唐代的许多富商与大资本家成功地规避商人不得奢靡的禁令,过着只有上流社会才能过的生活方式。[2] 虽然宋代法律禁止工商子弟参加科举,可是有许多落第士子与官吏公开经商,而工商子弟设法通过科举考试走入仕途的,也不在少数。[3] 元代许多色目商人(来自中亚及中亚以外的非蒙古与非中国人)的势力更大,控制了国内外贸易,甚至政府的财政。[4] 明清时代,更取消最严重的歧视工商的禁令,这可以视为政府对势力日益强大的工商迟来的认可。

接着讨论另一明清社会分层化的基本难题,那就是教育(或更具体的措辞:任官的机会)与财富是决定社会地位因素的相对重要性。由于官方的法令与文书主要处理法律的社会分层化,因此微

1　《史记》,卷 129 各处。Burton Watson(华兹生), tr., *Records of the Grand Historian of China* Ⅱ, pp.476-499. 又《史记》这一著名的篇章(【译者按】:《食货志》)的英译,参见 Nancy Lee Swann(孙念礼), *Food and Money in Ancient China*.

2　《唐会要》,卷 31,页 15a-15b。

3　黄宗羲,《宋元学案》,卷 1,页 20a-20b,记载一个非常富裕的广州商人的浪荡子,结局考上进士。同时参见全汉昇,《北宋汴梁的输出入贸易》,《中央研究院历史语言研究所集刊》,第 8 本第 2 分(1939);《宋代官吏之私营商业》,《中央研究院历史语言研究所集刊》,第 7 本第 2 分(1936);宋晞,《宋代富商入仕的途径》,《大陆杂志》,第 4 卷第 11 期(1952)。

4　蒙思明,《元代社会阶级制度》。

妙的社会现况，只能从社会小说与私人的文学作品中去找寻。以下所举几个事例也许过于极端，不能作为一般社会实情的反映，但是这些极端的事例，还是可以帮我们强化理论的观察，认识到官职及可望得到的官职与财富，在决定社会地位的主要因素中相对的重要性。与反映社会类型的一些统计资料相对照后，我们就可以做出较平衡的估量。

我们很幸运地有《儒林外史》，这一部最能透露内情、最写实的小说，也是研究明清社会重要社会阶级不可少的著作。小说中许多令人大开眼界的片断之一，是关于一位贫苦的南方学者范进，这个穷童生，多年靠着他的岳父胡屠户为生，当他考上秀才，进了学之后，胡屠父对他说："你如今既中了相公，凡事要立个体统来……若是家门口这些做田的，扒粪的，不过是平头百姓，你若同他拱手作揖，平起平坐，这就是坏了学校规矩，连我脸上都无光了。"这下子社会地位可算提高了一些，但家庭经济可以说毫无改善，连参加乡试的盘费都没有，等他出了考场，家里已是饿了两三天。一直要到中举人的消息传来，才大有改善，所以当他听说中了第七名"亚元"时，竟欢喜得疯了，报录的建议胡屠户打他一个嘴巴就会好了，胡屠户却说："虽然是我女婿，如今却做了老爷，就是天上的星宿（文曲星），天上的星宿是打不得的。我听得斋公们说：'打了天上的星宿，阎王就要拿去打一百铁棍，发在十八层地狱，永不得翻身。'我却是不敢做这样的事。"在他的心目中，女婿已是天上的文曲星了。这下全然改变了他们的经济与社会地位。地方上一位也是举人出身和做过一任知县的张乡绅，马上亲自登门拜访，并送给他贺仪五十两与一所大房子。自此以后，地方上的小老百姓也来奉承他，有送田产的，有送店房的，还有那些破落户，两口子来投身为仆图荫庇的，不到两三个月，家中奴仆丫鬟都有了，钱米更不消说了。[1]

在另一部社会小说《醒世姻缘》里也有一个细节不同的片段，这是个关于晁思孝突然改变命运的故事。他也当了多年的生员，是个财产有限的人，乡试屡考不中，后来因资历而成为贡生，使他能参加低级政府官员的特考，得了个知县。消息传来，地方上穷人也有愿为其仆人的，也有愿送土地给他，放债者愿无息贷款，晁家骤然间成为当地最富与最有权势的人家。[2] 上述一位南方、一位北方小说家分别独立写出的两个故事片断，可以看出教育的重要，通常更高的科名（举人）会导致个人的经济和社会地位的骤然提升。

明清社会中，财富本身并不是权力的根源，这一论点可在此进一步阐明。至少从明代中叶起，安徽南部山区的徽州府商人成为全国最富有的商业集团之一，许多富商巨子以家财上百万两银子自豪。万历二十年（1592）进士谢肇淛，是一位广博的旅行家与不凡的观察家，他的那本包含天、地、人、物、事五类记载的著名笔记《五杂俎》，曾经是江户时代日本人了解晚明中国最受欢迎的指南。他在书中提到，徽州的一位百万富商汪宗姬的事例，因为他有钱，总是鲜车怒马，带了大批随从姬妾出游，有一次，路遇一地方

1　吴敬梓，《儒林外史》，第 3 回。
2　蒲松龄，《醒世姻缘》，第 1 回。

官,未及时让道,以至于长期诉讼导致破产。[1] 我们不能肯定汪氏是否曾捐过功名或官位,但显然财富的力量本身是敌不过官府权力的。

甚至有官衔的富商家庭,在特殊环境下,面对官府也是无能为力。徽州富商吴氏的事例更能令人大开眼界,这家人在16世纪初正德年间,以盐商起家,一直很富有,到16世纪末与17世纪初之际的万历后期,又常捐巨款从事地方慈善事业,包括建书院,刊刻16部经书,免费提供给需要的学生。由于对学者的赞助,长期以来,吴家已被接纳为地方精英的一分子。通常的情况下,这已能给吴家有效的社会保护。而且吴家又非常实际地捐了30万两银给国库,家中有6人取得七品京官衔。以吴家新获得的正式官员身份,配合其财富,因此使他们毫无困难地占有黄山的木材,孰料天启六年(1626),因一个背叛的仆人告到一个贪婪而有权力的宦官那里,夸大吴家霸占公共山地的说法。于是,不但吴氏所有在徽州地区的家产被政府没收,而且他在天津、河南、扬州与杭州各地的盐业与当铺的各种投资,都遭调查,最终都被政府没收。[2]

这些事例并不限于徽州地区,也不限于晚明。18世纪前半期的雍正、乾隆年间,《儒林外史》有另一个生动地描述扬州大盐

---

1 谢肇淛,《五杂俎》,卷4,页25b,《地部二》。【译者按】:《五杂俎》原文是:"鲜车怒马,不避监司前驱,监司捕之,立捐数万金。不十年间,萧然矣。"则富商汪宗姬是被捕后捐出数万两银子,以致不到10年家产萧然,并非本书原来所说的长期诉讼(prolong litigation)导致破产。
2 《徽州府志》,卷12,页4a;《明熹宗实录》(江苏省国学图书馆直接影印版),卷68,页8b-9a;卷75,页2b。

商万雪斋的例子。扬州位近大运河与长江交会处，是个文化中心
和奢华消费城市。即使以扬州的消费标准而论，万氏招待著名文
士的方式，也被认为是奢侈浪费的。他的七姨太有些文学天分，
热心社交，就组织了个诗会。尽管万雪斋有精英的身份，他还是
成为贪婪成性的地方官下手的对象。经过与宠爱的七太太深思
熟虑之后，万雪斋决定从他正迅速缩水的家产中拿出一万两银
子，去买一个边远的贵州省知府实缺，因为在法律许可范围内买
得一个立刻可以上任的高官，万雪斋才能逃脱他与其姨太太认为
正逼近的死亡危机。[1] 吴敬梓在评论万雪斋的事例时，引用了一
句包含当代基本社会事实的通行中国俗语："穷不与富斗，富莫与
官争。"

　　李贽较为人知的是笔名李卓吾(嘉靖六年至万历三十年，1527—
1602)。他做过地方官，也是思想界的离经叛道者，曾做过大略的观
察："商贾亦何可鄙之有？挟数万之赀，经风涛之险，受辱于关吏，忍
诟于市易，辛勤万状，所挟者众，所得者末。然必交结于卿大夫之门，
然后可以收其利而远其害。"[2] 这也是明清时代商人常为官员立碑
以表达谢意的原因，因为只有受到那些有同情心官员及时的保护，

1　吴敬梓，《儒林外史》，第 47 回。【译者按】：此段记事在现行各本中均不载，唯在齐
　　省堂本增加的 4 回中的第 46 回《假风骚万家开广厦　真血食雨父显灵魂》与第 47 回
　　《吃官司盐商破产　欺苗民边镇兴师》有之。又七太太，本书原来作五姨太，译文依
　　《儒林外史》原文改。
2　引自李绍文，《皇明世说新语》，卷 7。【译者按】：本书原来误作卷 2，据中科院图书
　　馆藏明万历刻本影印收入《续修四库全书》本(台南：庄严，1995)，页 31b。

商人才得以免受地方政府的吏员及其手下的威胁与榨取。[1]

19世纪末的社会小说《官场现形记》在序文中说到明清社会权力的根源：

> 官之位,高矣! 官之名,贵矣! 官之权,大矣! 官之威,重矣! 一五尺童子皆能知之。古之人:士、农、工、商分为"四民";各事其事,各业其业;上无所扰,亦下无所争。其后选举之法兴,则登进之途杂;士废其读,农废其耕,工废其技,商废其业,皆注意于"官"之一字;盖官者,有士农工商之利,而无士农工商之劳者也……若官者,辅天子则不足,压百姓则有馀。[2]

以上的实例与观察无疑地包含了相当多的社会实况,然而这不应扭曲我们对事情的真正了解。其一,这些被官员勒索而终致破产的商人案例,虽有启发性,却是例外而非常态。其二,财富是社会地位的决定因素之一,虽然理论上其重要性还不及高阶功名与官职,但财富真实的力量随时间的前进而稳定成长。在景泰二年(1451)以前,财富最多不过能帮助人得到较好的教育机会,便利于最终达成高等功名或官位而已。直到当时选官之法,完全由正途的科举或特别的保荐,或由国子监监生、吏员和胥吏升迁。但由于正统十四年(1449)土木之变,蒙古瓦剌入侵,严重威胁到首都北

1　王圻,《王侍御类稿》,卷8,页33a-33b。【译者按】:如"二三商贾德(郡)侯(绳斋许公)"而为他立"去思碑"。
2　《官场现形记》,序文。

京,迫使明政府不得不开捐纳官位、官衔与国子监生之例,为富人的社会流动开启重要的新渠道迈开了一大步。长久看来,贩售官位、官衔及国子监生资格,对社会流动的影响,远比法国旧政府(Ancien Régime)实行的波莱特制度(Institution of la Paulette),在促进中产阶级(bourgeoisie)上升为贵族的影响要大得多。[1]

从当代的士人与官员部分的统计资料与证词,我们得知明代卖官位、官衔与监生资格是在一定范围内进行的。崇祯十七年(1644)早春,北京陷落之后,一个明朝的亲王(福王)在南京即位,继续抗清。他的主要筹饷方法就是大规模地卖官鬻爵。[2] 这个流亡政权的卖官行为,随着顺治二年(1645)清军攻下南京而终止。但这个卖官政策对清初的政策有不可忽略的影响。清朝政府在1660和1670年代(顺治朝及康熙朝前期),需钱孔亟,首先是为供应南方强大的三藩,然后是供应平定三藩之需。的确,在康熙十七年至二十一年(1678—1682),清朝政府不但大规模地卖官,而且几乎是史无前例地、全国性地进行生员资格贩卖。[3] 虽然到康熙二十二年(1683),台湾归附,全国平定之后,生员资格贩卖政策永远不再继续实行,但每逢军事出征、重大天灾及兴建公共工程时,仍常以捐官来解决财政需求。[4]

1　Elinor G. Barber, *The Bourgeoisie in 18th-Century France.*【译者按】:波莱特制度(Institution of la Paulette)是指1604年法王亨利四世采行的一种特别税制,凡拥有行政或司法职位的官员就有将官位传袭子孙的权利,但每年要交付合于职位价值的六十分之一的税金给皇室。这一税制由财政大臣波莱特(Charles Paulet)倡议,因此命名为波莱特制度。

2　杨士聪,《玉堂荟记》,卷3。

3　叶廷琯,《瓯波渔话》,卷3,页3b-4b;《国朝虞阳科名录》。

4　许大龄,《清代捐纳制度》,全书各处。

我们无法确知清代前半期捐官的数量，但难能可贵的一件嘉庆三年(1798)名单透露了那年捐官的数字：京官1,437，省级与地方官3,095，这还不包括许多从九品以下及不入九品之流的下级官员。其中最大宗的是县丞1,258，其次是笔帖式547，他们是京官捐买之最大宗。其中甚至还有10岁以下男童的捐官案例，因为捐了官之后不是马上可以上任，得等一段时间，早捐就可早任官。[1] 虽然这不是常例，不会每年都捐这么多官，但嘉庆三年这年捐官的总数4,532，已超过中央政府品官总数至少三分之一。这个数字，再加上嘉庆四年至道光三十年(1799—1850)捐监人数，显示至少在清代中期的大部分时间，金钱直接转换成高社会地位，远比明代容易得多。

官员中捐官的比例有多少，可由分析两种官员初任官职资格的系统性资料得知。第一种，是各种版本的《爵秩全览》，也就是官员品级与俸禄的手册，在北美能找到的最早版本是18世纪五六十年代与70年代中期(乾隆中期)，最大宗的是19世纪(嘉庆至光绪)。其中一个样本显示，经过百多年，中央政府官员中正途(高阶科名与荫叙)与非正途(如捐纳等)出身的比例，只有相当小的变动。这是因为习惯上，某些中央政府官职员额，分别保留给正途与非正途出身的人。例如，高官与学官，照例是保留给高阶科名出身的人，某种官职，特别是"笔帖式"，也就是满人书记，是保留和供满、蒙、汉军八旗捐纳的。六部与其他几个中央机关的三个等级的笔帖式，也按一定比例分配。随着捐纳的笔帖式人数逐渐增加，一

1　《满汉文武官生名次录》(嘉庆三年〔1798〕)。

种叫作额外主事的额外资浅书记人数也相对增加,这个额外主事的位子通常是拨给新科进士的。为平衡起见,通常中央政府官员中,正途出身的人数,比非正途出身的人数,在幅度上要稍多一点。

正途与非正途出身官员比例之变迁,可由分析地方官员初任官职资格的资料,更好地呈现出来。由于要对那些不计其数的"佐杂",也就是最低的两个品级(八品与九品)地方官做完整分析非常费时;至少在 19 世纪的清末,这些八、九品的官员,其职位大部分是捐纳来的。因此,我们分析官员的出身,只限于地方行政的中坚,即四品至七品的地方官阶级。我们选择了可以代表 18 世纪后半、19 世纪前半与后太平天国时期的官吏人名录《爵秩全览》,以见证捐官急速增长的趋势。

表 2　地方官员初任资格之白分比分布

年份	官员总数[a]	正途	恩荫	捐纳	杂途[b]
乾隆二十九年(1764)	2,071	72.5	1.1	22.4	4.0
道光二十年(1840)	1,949	65.7	1.0	29.3	4.0
同治十年(1871)	1,790	43.8	0.8	51.2	4.2
光绪二十一年(1895)	1,975	47.9	1.2	49.4	1.5

史料出处:乾隆二十九年(1764)、道光二十年(1840)、同治十年(1871)与光绪二十一年(1895)版《爵秩全览》。
a、"官员总数"是指对其基本任官资格做过说明的官员之总数。
b、"杂途"是包括吏员升任官员者及省级高层官员以军功或其他功勋保举者。

乾隆二十九年(1764),清帝国正值和平、繁荣与行政秩序井然的巅峰,这一年的《爵秩全览》中登录的地方官员,超过 70%是贡生以上正途出身的。道光二十年（1840），当国家仍处于和平之时，非正途出身的官员增加的百分比并不太大。但是咸丰元年至同治三年（1851—1864）的太平天国之乱，迫使清廷卖官，其规模之大，是以前做梦都梦不到的。乱事平定后，非正途出身官员的百分比一直都超过正途出身者。

上述数据的信息并不完整，《爵秩全览》并未指明那些最初以正途出身官员是否再度捐纳，或甚至在初任官员时就以捐纳作为其加速进入仕途或晋升的手段。第二类的数据是《同官录》，也就是各省官员的人名录，比较令人满意。由于《同官录》未包含大量的"佐杂"，因此我们只能分析七品以上省级与地方官员的出身背景。

表3 省级及地方官员初任资格之百分比分布（A+C+D+E=100；B+C+E=F）

年份	省份	官员总数	正途		捐纳（全部的）	非捐纳的杂途	结合捐纳杂途	捐纳（专有与混合）
			A	B[a]	C	D[b]	E	F
道光二十七年（1847）	河南	289	68.9	4.9	28.6	1.2	1.3	34.8
咸丰九年（1859）	山东	305	38.7	1.6	55.1	2.0	4.2	60.9
同治十年（1871）	安徽	150	32.0	9.4	46.6	13.4	8.0	64.0
光绪六年（1880）	江苏	425	20.4	9.4	65.4	10.0	4.2	79.0
光绪十二年（1886）	浙江	294	38.7	10.2	42.2	8.9	10.2	62.6
光绪十九年（1893）	河南	160	43.1	15.6	51.9	1.9	3.1	70.6
光绪二十年（1894）	陕西	294	44.2	4.9	45.0	6.5	2.3	52.2

史料出处：《中州同官录》道光二十七年及光绪十九年版；《山东同官录》咸丰九年版；《皖江同官录》同治十年版；《江苏同官录》光绪六年版；《浙江同官录》光绪十二年版；《关中同官录》光绪二十年版。

　　a、B栏的百分比数据，主要的任官资格是高的功名，但出任职官或升官是靠捐纳促成的。

　　b、为避免过细的分类，此处也包含通过恩荫而任官的少数官员。

　　光绪十二年（1886）版的《浙江同官录》相当完整，包括佐杂及府州县学的教授、教谕等，特别具启发性。府州县学的教官作为一个群体，有别于任官常规的例子，是格外孤单而可悲。道光三十年（1850）以后，决定官员身份的因素中，金钱远比学术来得重要。90名教官中，60名出身正途，26名捐纳，4名保举。但60名出身正途的教官之中，又有26名进一步以捐纳取得官职。在排除大量以捐纳取得从九品官位及不入流的吏员之后，剩下的272名佐杂中有238名取得官位唯一的方式是捐纳。

　　系统性的统计资料之外，个人的传记证明，大部分情况下，在捐纳官位之前，需要物质帮助才能得到好的教育，高的功名，最终达到官员的身份地位。这一事实，或可以一些出身贫寒而奋斗不懈的学者来说明。例如沈垚（嘉庆三年至道光二十年，1798—1840）是道光十四年（1834）的"优贡生"，也是一位历史地理学家，曾做如下的一般性观察：

　　　　［自宋以后］未仕者又必先有农桑之业，方得给朝夕，以专事进取；于是……非父兄先事业于前，子弟即无由读书以致身通显。

沈垚从他与一些天资好却遭挫折的朋友们的经验得到一个结论："当今钱神为贵,儒术道消。"[1] 尽管这一印象想来是夸大而单方面的看法,也很可能只适用于清代后期,但能帮助现代学子了解,一般认为明清时代全国竞争性的考试体制下,只靠个人的才能就能决定个人社会价值与地位的看法,是多么地夸张。

总之,从我们所举的实例与全体的统计,可清楚地知道,在明清时代的中国,钱财本身不是权力的根本来源,它必须转化成官员身份,才能让人充分感到钱财的力量。从明朝创建到蒙古入侵的正统十四年(1449),财富只能间接地帮助获得一个较高的功名与一个官职。景泰二年(1451)以后,不时出现的卖官,对富人开启一条社会流动的新渠道,使钱财在决定社会地位上,成为重要性不断增强之因素。但直到太平天国叛乱的咸丰元年(1851),国家一直把科举制度,作为首要的社会流动渠道,捐纳作为次要渠道。太平天国之乱爆发后,国家开始失去其管理控制能力,钱财的重要性才超过高等功名,成为社会地位的决定性因素。

比较明清中国与西方早期近代及近代的社会分层化,我们发现其间只是程度不同,而非性质的相异。劳力者与劳心者的界线,儒家中国可能比西方来得清晰;但这样的界线,在所有的前近代与近代的文明社会差不多都存在。即使在现代的北美,虽然对劳力者的偏见已是最少的,但社会分层化体制的根本区别,仍在白领与

---

1 沈垚,《落帆楼文集》,卷24,页11b–13b;卷10,页15b–20b。【译者按】:前者篇名为《费席山先生七十双寿序》,后者篇名为《与季石斋》。"当今钱神为贵,儒术道消。"语出该书卷10,页19a–b。

蓝领职业之间。儒家传统与价值,可能会对富人在得以进入统治精英时造成较大的压力,但同样的驱策与社会弱势情结,也在大多数前近代与近代社会的新富(nouveaux riches)身上可以得见。教育,或更准确地说大学学位,在最"物质主义化"的北美社会分层化,愈来愈重要。甚至传统中国对各阶级生活方式详细的法律规定并非独一无二,中古与后封建时代的欧洲也有同样的情况。[1] 明清社会特别之处,在于除了这五个半世纪时期的最后 60 年之外,官僚制度与国家权力具有压倒性的力量,一直是管控社会流动的主要渠道,这多少符合当时确立已久的儒家传统的指导原则。

1　许多最近的研究成果,总结于 Bernard Barber 的 *Social Stratification: A Comparative Analysis of Structure and Process*.我从这本书中撷取其对西方社会的概括,以与传统的中国社会作必要的比较。

第二章
社会身份制度的流动性

社会流动并不限于纵向的,在任何高度分化的社会中,都可以在价值上大体平等的职业角色中,找到一定数量正在进行的社会流动。为增进我们对纵向社会流动的了解,量度阶级系统中向上或向下的社会地位间的流动是必要的,一位近代社会学家说:"横向流动是分析纵向流动的基准。"[1]

专门研究一个像明清这样的历史社会的横向流动,在技术上有许多重大的困难。有一些横向流动,在大致上含纵向流动性质的职业间进行,但记录这种社会流动的资料,是不可量化的;而另一些形态的社会流动的资料,却是可以数量化的。它记录那些开始是纵向流动,最终结果却在社会地位上有得有失的社会流动;要区分这两种资料往往是不可能的。由于我们处理的大量历史资料并不适合于科学化的多标准分析,所以很难精确地评量开始具社会横向流动性质的职业间的流动,是否也意含一定程度的社会地

---

1 Robert M. Marsh, *Mandarin and Executive : Elite Mobility in Chinese and American Societies*(《儒吏:中国领导阶层之流动》).

位的向上或向下流动。例如,研究中国社会史的学者往往会遇到显示士与商间流动的案例,有许多穷书生弃儒从商,也有不少商人累积一定的财富之后弃商从儒。理论上,在传统中国社会,法律及社会地位上,穷书生必定比富商高;实际上,还是要看穷书生自己,他才是本身利益的最佳裁判,他要考虑的是包括转换职业可能带来的社会地位的得失。现代的学者只能推估弃儒从商可能拖累社会地位,但我们并无可靠的方法估算经济地位的实质改善,是否在理论上能补偿其社会地位的损失。既然无法知道这位穷书生主观的"苦乐权衡"(felicific calculus),* 所以我们也无法确知其职业流动,是否只有横向的流动,或是还同时包含纵向流动。

我们不只是研究横向流动,在这一章我们要讨论的社会流动面向是范围相当广泛的社会地位系统的流动性。其中包括:(1)中国社会并无有效的法理上的障碍,来阻碍个人或家庭的社会地位流动;(2)取用的统计数据,虽直接与纵向社会流动相干,但也涉及起家的职业与横向的社会流动;(3)反映于当代的文学、谱牒与传记中的社会地位系统的流动性;(4)儒家社会意识形态的穿透性。希望在这一章,由于较宽松地处理社会流动,加上本书附录的详细说明,将为其后各章解释统计资料,提供有意义的来龙去脉。

---

* 【译注1】:边沁(Jeremy Bentham)认为"苦乐权衡论"(felicific calculus)是一种可以测量快乐和痛苦单位的程式,是证实一个行为正确与否的技术,以此预测人的行为,计算出该行为所造成的后果。felicific calculus 一般译为"幸福计算",此处采用何炳棣的中译,见于《读史阅世六十年》(桂林:广西师范大学出版社,2005),页227。

第一节　法理上缺乏对社会流动的有效阻碍

随着公元前 3 世纪后半期封建制度的消失,阶级与身份地位不再世袭,不过有两种例外:(1)每个王朝均有些世袭的同姓或异姓贵族,通常数目并不大,顶多不过形成一个小小的挂名头衔的有闲世袭阶级,这是我们不必担心的。(2)在中国历史的某些时期,由于政府需要劳工服役,将一小部分平民注册为世袭的特殊身份,而至少在理论上,这一部分世袭特殊身份的个人是不能改变他们的身份的。本节旨在追溯明代这种特殊地位群体的历史,来解释为什么这一制度并不能真正阻碍社会流动。

明初的世袭特殊身份户籍登记制度,沿袭自元朝。在蒙古特别的高压统治下,庶民的户籍登记为民户(平民、百姓)、儒户(读书教学为业者)、医户(医生)、阴阳户(占星),或依法律规定,将那些承担政府需要的各种劳役的人民,编为军户(军人)、屯户(屯田军)、匠户(工匠)、盐户或灶户(煮盐为业者)、矿户(冶炼金银矿物为业者)、站户(邮传为业者)等,其中不少还再细分。[1] 由于未对元代史料做多方搜检,我们不能确定元朝政府是否成功地严格维持这一特殊劳役身份制度,但有若干证据显示身份地位的改变并非不普遍。研究元代身份变迁最好的史料之一,是元统元年

---

[1]　蒙思明,《元代社会阶级制度》,《燕京学报》专号,第 16 号(1938),页 149–206。【译者按】:阴阳户也管计时、报时。

（1333）进士登科录,这是现存此类史料唯一的一件。[1] 在其中我们发现,例如汉人状元李齐的户籍,其先祖原为匠户,但祖父与父已做官。其他还有一些汉人进士的先祖应该也具特殊劳役身份,其父祖辈有一至三代是做官的;而蒙古籍的进士,实际上其家庭全来自蒙古军户。

明初,元代的这种世袭的家庭身份户籍制度,基本上仍然维持下来。洪武二年（1369）与三年（1370）的法令,规定诸色人户的户籍须依原来的户籍或被强制佥定的职业户籍编纳,并规定非法改

---

1 《元统元年进士登科录》,全书各处。【译者按】:现存元代进士录除《元统元年进士登科录》外,尚有《辛卯（至正十一年）会试题名记》,但内容仅有进士姓名和甲第名次,无进士出身家庭资料,对研究社会流动用处不大。《元统元年进士登科录》通行本为民国初年徐乃昌影雕元刻本,断烂脱落之处甚多。萧启庆教授曾做校注,加以补正,后又据北京图书馆藏钱大昕抄本,再加补正,是最完善版本。据萧教授研究,元统元年录取进士百名,是元代科举最盛的一科,蒙古、色目、汉人、南人各取 25 人。出身仕宦家庭与非仕宦家庭的比例,蒙古进士为 58.33% 比 41.67%,色目进士为 68% 比 32%,汉人进士为 72% 比 28%,南人进士为 58.33% 比 41.67%。蒙古、色目进士多出身中、上级官员之家,汉人进士以出身元朝下级官吏及教职家庭为主,南人进士虽大都出身平民之家,但大都原系南宋官宦世家。至于进士出身之户籍资料,《元统元年进士登科录》记载并不完全,缺载达 44%,分析现存资料,蒙古进士全部出身军户;色目进士 75% 出身军户;汉人进士亦一半以上出身军户,占 52%,民户与儒户各占 15%,匠户占 5%,但出身军户者亦有不少系仕宦与书香之家;南人进士则多出身儒户,约占 59%,其次出身民户,占 41%。则汉人与南人进士,尤其南人进士,多为官宦书香之家,出身全无仕宦及学术背景家庭者甚少。主要原因是元朝统治中国,采取保持原有社会阶级制度政策,南宋上层社会官员家庭虽失去政治地位,但其经济实力与社会地位改变不大,他们多列入儒户,是在科举考试中居有利地位。宋、明进士出身非官宦家庭者约在 50%,元代则约占 35%,尤其囿于种族配额,对汉人、南人不利,竞争剧烈之下,仕宦书香世家自然占优势。详见萧启庆,《元代科举与菁英流动:以元统元年进士为中心》,《内北国而外中国:蒙元史研究》（北京:中华书局,2007）,上册,页 185-215;萧启庆,《元代的族群文化与科举》（台北:联经出版公司,2008）,页 117-145,第五章《元代蒙古色目进士背景的分析》及页 147-176,第六章《元朝科举与江南士大夫之延续》。

变其身份的罚则。[1]　绝大部分的平民主要被编定为民户,它包括从
事农业、商业、贸易及其他特殊劳役户以外的人户。

　　若严格执行这些不准非法变更户籍的规定,可能真会构成对
社会地位流动的阻碍,则明代社会就会趋近于古代齐国政治家管
子的理想设计,即职业世袭,依职业划分的群体永久隔离居住。实
际上,明初政府只致力于维持最低限度的特殊劳役员额,以应国家
需要。明朝政府从没想要永久冻结社会,开国的明太祖及其后人
也知道一定数量的身份流动对于社会的稳固是必要的。即使法律
所关注的特殊劳役世袭的规定要严格地执行,但是人民的身份群
体中,人数最多的职业户"民户",由于包含的职业项目极多,因此,
多数平民仍可能改变职业与其伴随而来的社会地位。

　　关于军、匠、灶三种主要的特殊劳役身份的史料倒是相当丰
富。首先简要地论述"匠户"地位变迁的历史。明初匠户分二大
类:(1)轮班匠:各省的工匠,每隔一至五年,必须轮班到京师报到,
工作若干时日;(2)住坐人匠:工匠及其家人必须永久居于京师地
区,以便应政府工程需要而随时征用。这两类匠户均须注册受工
部管辖。洪武二十六年(1393),轮班匠定额,凡二十三万二百八十

1　《明史》,卷77;《明太祖实录》,卷54。【译者按】:《明史》,卷77,《食货志一·户
　口》仅曰:"凡户三等:曰民,曰军,曰匠。……毕以其业著籍,人户以籍为断。"《明太
　祖实录》卷54中有关户籍之记载,仅有洪武三年七月庚戌一条,其言曰:"命户部榜
　谕天下军民,凡有未占籍而不应役者,定期许自首。"两份资料并无上述正文所云之
　记载。据《皇明制书》卷1《大明令·户令》:"洪武元年。凡军、民、医、匠、阴阳诸色
　户计,各以原报抄籍为定,不得妄行变乱,违者治罪,仍从原籍。"则此段文字之出处
　宜改为《皇明制书》卷1《大明令·户令》。

九人,其后很少改变。住坐人匠由政府支薪,员额在一万二千至一万五千之间。永乐十九年(1421),迁都北京,住坐匠户大都随之移驻北京地区。[1]

由于明初政府关注的是维持匠户员额而非增加人数,后来的相关法令给予工匠家庭中编纳为匠户的成年男丁人数,有相当的回旋馀地,例如宣德元年(1426)的法令,就规定工匠的家户有二丁、三丁者,只要留一丁做工匠;四丁、五丁者,留两丁;六丁以上,留三丁,其馀皆放回,残疾老幼及赤贫者,也都放回。这一法令无疑地使许多匠户家庭成员得以改换职业与身份地位。

轮班匠通常依据工艺的种类及其居住地离京师路程的远近,隔三、四、五年轮一班到京城服役。其住京的时间,通常以每一年不超过一个月为原则。因此,轮班匠每三至五年,在京师工作时间也不过三至五个月,即使加上旅途所费的时间,大部分匠人仍有充裕时间依自己喜欢的方式谋生糊口。这种相当宽松的轮番替补制度与合理的工作日程表,使相当数量匠户的职业与身份有流动的可能。

再者,随着时间流逝,所有新加入的工匠在技术上不再能与老一辈一样纯熟,而且自15世纪初以降,工匠逃役,甚至匠户逃籍的事越来越普遍。明代经济的稳定发展,使政府有意试行工匠劳役

1　本书论述匠户的这几段资料,除非另行注明,皆依据《大明会典》卷 188-191。【译者按】:据《大明会典》,卷 188,页 1a,匠户非全受工部管辖,而是"轮班者隶工部,住坐者隶内府内官监"。宣德五年,曾令南京及浙江等处工匠,起至北京附籍大兴、宛平二县。

折征银钱的制度。成化二十一年(1485)开始,颁行一系列的法令,规定偏远南方各省及一些北方省份,匠役可以依意愿折征银钱。迨嘉靖四十一年(1562),明朝与日本、葡萄牙贸易已经有数十年的顺差,大量白银流入,使中国白银存量大增,从此全国开始强制实行匠役折征制度。[1] 于是,百分之八十的班匠,虽然纯粹因财政理由,仍须注册为匠户身份,法律上不准脱籍,事实上,已经从世袭匠户身份解放出来。

南北京住坐人匠与匠户的相关史料相当缺乏,但由明代的法令可以看出,他们经常逃亡,技术水准与工作效益日渐衰落。[2] 由于政府必须负担匠户生活费,而刻意将人数维持在低标准。他们可怜的情况,可由一本讲南京造船的住坐人匠历史的志书得知。到16世纪中叶,这些匠人已与他们15世纪初的祖先大不相同,当年南京龙江造船厂的工匠,能为著名宦官出身的舰队司令郑和七下西洋所率领的海上远征军,建造大型壮实的远洋舰艇,到达东南

1　梁方仲,《明代国际贸易与银的输出入》,《中国社会经济史集刊》,第6卷第2期(1939)。【译者按】:有关北京的住坐匠户的重要法令,见《大明会典》卷189,页11b载:宣德五年,令南京及浙江等处工匠,起至北者,附籍大兴、宛平二县,仍于工部食粮。有关北京的轮班匠户的重要法令,则有《大明会典》卷189,页5a-10a载:宣德元年(1426),诏凡工匠,户有二丁、三丁者,留一丁;四丁、五丁者,留二丁;六丁以上,留三丁,馀皆放回,俟后更代。单丁,量年久近,次第放回,残疾老幼及无本等工程者,皆放回。成化二十一年(1485)奏准,轮班工匠,有愿出银价者,每名每月,南匠出银九钱,免赴京,所司类赍勘合赴部批工;北匠出银六钱,到部随即批放,不愿者仍旧当班。嘉靖四十一年(1562),题准行各司府,自本年春季为始,将该年班匠,通行征价类解,不许私自投部投当。

2　重要而分散的事证可参看《大明会典》卷190—201。一篇卓越的近人研究,见陈诗启,《明代工匠制度》,《中国资本主义萌芽问题讨论集》(北京:生活·读书·新知三联书店,1957),上册,页436—466。【译者按】:该文原载《历史研究》,1955年6月,页61—88。

亚、印度洋和东非沿岸。可是到 16 世纪的嘉靖年间,这些工匠已
"多不谙祖业",而且"知艺者百无一二"。当年,政府为补贴工匠生
活,曾分土地给他们的祖先,由于工匠赤贫化,因而有典卖田产之
举;这些田产多为邻近有力的地主所兼并,这些工匠反而成为这些
地主的佃农。[1] 无怪乎,嘉靖十三年(1534),曾有一条法令规定,
京师地区大兴、宛平二县住坐匠户人家的男丁,除现在做工服役的
正匠外,其馀男丁只要经通查入工部名册,每名每年出办工食银三
钱,以备中央政府诸衙门"公务取匠雇觅之用",部分豁免了住坐匠
役。虽然明朝住坐匠户的详细历史还有待进一步研究,但从清兵
入关次年(顺治二年,1645),清朝政府就"除豁直省匠籍,免征京班
匠价",可知在一定程度上明代住坐人匠的身份制度早已废弃了。[2]

但值得注意的是明代匠籍人户中产生过不少名人,如出身江
苏南部苏州府长洲县匠户人家的吴宽,在成化八年(1472)会试、廷
试均考第一,位至礼部尚书。吴宽以文行有声于诸生之间,其行履
高洁,不为激矫,而自守以正,甚为时人所崇敬。当其为生员之时,
贿赂县衙门胥吏,免其纺织匠的劳役,其家庭史给我们一个比较早
期职业与身份流动的好例子。当他年轻时候,吴家已拥有几百亩

---

1 《龙江船厂志》(原序于嘉靖三十二年〔1553〕),卷 3 与卷 6。【译者按】:语出卷 3,
   页 10a,《官司志》与卷 4,页 5a,《建置志》。关于有力地主夺贫匠土地之事,《龙江船
   厂志》卷 5《敛财志》云:龙江船厂匠户率多贫弱,无恒产;因此,让工匠佃耕船厂多
   馀空地。由于这些船厂官地的租金有如灶地一样,较一般民田为低,船厂在"召佃
   之时,每为有力者夺去";于是南京工部督造主事李某呈请:今后对船厂"未开垦之
   地","查审各匠丁力多寡,量分承佃,不许豪家如前霸占"(页 4a-4b)。
2 《清朝文献通考》,卷 21,页 5044。【译者按】:《清世祖实录》,卷 16,顺治二年五
   月:"免山东章邱、济阳二县京班匠价,并令各省俱除匠籍为民。"

田,支持他能专注念书以至于成就功名的,不是工匠的收入,而是农业的收入。[1] 更值得注意的是清代最成功的家族之一,安徽南部桐城的张氏,当隆庆二年(1568)产生第一位进士张淳的时候,张氏家族仍属匠籍,由于成化二十一年(1485)以后,折征银两逐渐代替劳役,张家才有机会取得相当多的田产,从张淳的祖父开始让子弟念书。[2]

特殊劳役身份中,以军籍最为重要。明初注册为军户的差不多有 200 万户,270 万男丁,全国平均差不多每六户中就有一户有服军役的义务。明朝于洪武元年(1368)创建之后,仍须维持庞大的军力,以扫平群雄及防御北边的蒙古和其他部族。由于国防的重要性,严格世袭的军籍法令,比其他特殊劳役身份,规定得更为严格细密。基于军事行政的目的,全国分为若干卫(驻军指挥部),理论上,一个卫军丁大率 5,600 人;卫下分辖 5 个所(驻防部队),一个所军丁 1,120 人。这些卫所建置于京师地区、北方边境与广大的内地。京师地区为军政重心,明初诸帝以 80 万军驻其地,其中 38 万属于京营,其他为各省轮流调来的班军。[3]

最初,服役的军人都分得到田地,平时作为国家的佃户,屯田生

1　焦竑,《国朝献征录》,卷 18(【译者按】:王鏊《资善大夫礼部尚书兼翰林院学士掌詹事府事赠太子太保谥文定吴公宽神道碑》)。祝允明,《野记》,页 105,特别提到吴宽"未达时,家应织人役",是世袭纺织工匠。【译者按】:《国朝献征录》卷 18 与《野记》并无吴宽靠几百亩田收入念书的记载,而是吴宽在"吴中有田数百亩,每岁租入,视亲戚故旧之贫者分给之"。

2　《桐城张氏宗谱》,卷 26;《隆庆二年进士登科录》三甲第 152 名。

3　要对军籍身份变迁做简要的研究,最方便的资料是记载很完善的《明史》卷 89—92。【译者按】:即《兵志》。近代研究明代军制最好的是吴晗,《明代的军兵》,《中国社会经济史集刊》,第 5 卷第 2 期(1937)。

产粮食。但驻扎重兵的北方边塞,并不能自给自足,不足的粮食,政府运用一种精心设计的制度来补充,* 由商人运粮至边塞,粮入仓后,给商人盐引,换取沿海地区生产的盐。许多富裕的商人为节省开销与运输的劳费,于是在北方边区实行商屯的办法,招募当地的贫民为佃户垦田,以所生产粮食供应军方。因此,理论上明初的军队体系,在财政上几乎是自足的,而军人的身份是世袭而不可剥夺的。

但这一自给自足的军队不久便难以维持,主要原因是:(1)占役,自 15 世纪起,将军和其他军官常为私利剥削军士,役使军士为其仆人、佃户或劳工,这些军士只得到应得工资的一部分,甚至有全数被占夺的情形。尤其京师地区的京营,自成化年间(元年至二十三年,1465—1487)以后,全在宦官控制之下,这可能是最糟糕的情况。自弘治十三年(1500)以后,大规模修筑宫室的工程,日益增多,遂使京师军士的地位降至与强迫劳役的非技术工人差不多。(2)军官主要获利于榨取军士,瓜分侵占其部分军饷与配给,遂使一般士兵不得不找各种菲薄外快,以维持生活。(3)军官常利用到军丁原籍地区勾取递补军丁的过程自肥,** 贿赂敲诈公行,例如成化十三年(1477),在江苏补充六万六千军丁,就有二三十万无辜非军籍百姓成为强求勒索的牺牲品。

但政府面临最重要的难题,应该是军籍内的人民普遍地想尽一切的办法改变身份。这是很容易理解的,因为他们的生活困苦凄凉,

---

* 【译注 2】:即开中法。
** 【译注 3】:明代军制,卫所军丁死亡或逃亡缺伍,必须到该军丁原籍的军户勾取递补军丁。

与其他平民相比，可说完全缺乏个人自由，尤其还常常遭到上级的压迫与剥削。而且明初又以各种发配谪为军者扩充军伍，使军籍的社会地位蒙辱。[1] 不论当初法令规定的地位如何，到 15 世纪前半期，军籍人民已成为最受压迫的社会团体，连平民都看不起他们。明代史家深知："役之苦者，莫甚于军，则乐逃者亦莫甚于军。"[2]

由于以上这些问题及其他公之于世的情事严重，以致逃籍的状况比比皆是，达到非常严重的地步。早在宣德三年（1428），军队逃籍的规模已大到政府必须下令全国性地清理逃军户籍。[3] 正统三年（1438）、成化十五年（1479）及景泰年间（1450—1456），一再重申禁令，禁止军籍人户偷偷改变身份。[4] 这些法令当然无效，到正德十五年（1520）前后，京营由原来号称的 38 万降至 14 万以下，其中体格适合服军役的只有 2 万人。事实上，虽然政府每隔一段较长的时间便会特别下令调查逃籍，但将军与军官并不认真处理逃籍，因为只要广泛逃籍的情况没被发现，他们就可以继续吃空缺，占夺逃军的军饷与补给。

1　王毓铨，《明代的军户》，《历史研究》，1959 年第 8 期。要注意的是这篇论文的论据太依靠法律文书，因此其结论与吴晗针对历史现实的论文《明代的军兵》大异其趣。事实上，前汉帝国崩溃后的两千年间，大部分的时期，普遍的征兵制度并未恢复，军人经常印上社会污名的烙印。汉代以后的中国不能解决军队问题，全面讨论这个问题的，是雷海宗写的一篇具高度启发性的论文《无兵的文化》，收入雷氏的历史论文集《中国文化与中国的兵》。

2　一位 16 世纪士人论军籍的文章，引自《（万历）江宁县志》，卷 3，页 38b-39b。【译者按】：本书原作 28b-29b，误，今依《（万历）江宁县志》原书改正。

3　《续文献通考》，卷 13，页 2893。

4　赵官，《后湖志》（户部手册，初编于正德八年〔1513〕，增订于天启元年），卷 4，页 9a-10b；亦见于《大明会典》（弘治十五年〔1502〕编），卷 20，页 15a-15b。【译者按】：《后湖志》系辑录明代赋役黄册库史事的文献汇编，因黄册库坐落在后湖（玄武湖）而得名。编者赵官为南京户科给事中兼管后湖黄册库事务。

逃籍的情况,无论在内地各省或边区的驻军,都一样难以控制。16世纪中叶,全国沿海遭受中国无赖向导的倭寇之侵扰,当时调查沿海驻军的结果,才发现逃军规模是如此之大,实际军队人数占法定应有员额的比例:辽东只有32%,山东57%,浙江22%,福建44%,广东23%。[1]

在整个16世纪后半,高级官员上了一系列的奏疏,严厉地督促政府彻底检查军事组织及其征调制度。有人建议将兵役折算代金,但政府缺乏积极主动,又因兹事体大,北方边防与海防均至关重要,遂阻止了法制上军籍的废除。这些奏疏证实了军籍制度几乎整体崩溃。万历(1573—1619)后期,京营各军行伍已溃不成军,军事训练与军纪全已不存,军士依靠着负贩与做小工过活,而且还要拿部分挣来过活的钱孝敬上级。部队检阅时,军士与观众呼舞博笑,大家都知道军队只是儿戏而已。地方各省正规的世袭军队,至少到16世纪中叶,也仅存过去盛世的影子,虚有其表。为应付全国和地方危机,正规军的任务日益由临时募集的佣兵所代替。[2]顺治二年(1645),清廷废除军籍,这不过是对这既存已久的事实,

1 陈懋恒,《明代倭寇考略》,《燕京学报》,专号之6(1934),页34-36。
2 梁方仲,《明代的民兵》,《中国社会经济史集刊》,第5卷第2期(1937年);亦见黎光明,《嘉靖御倭江浙主客军考》,《燕京学报》,专号之4(1933)。【译者按】:嘉靖二十九年九月辛卯朔,以吏部侍郎摄兵部,因言京营弊病以议兴革:"臣以为军伍之不足,弊不在逃亡而在占役;训练之不精,其罪不在军士而在将领。今之提督、武臣,即十二团营之总帅,坐营等官,即各营之主帅,而号领、把总之类,又古偏裨之官,其间多属世胄纨绔,不闲军旅。平时则役占营军,以空名支饷;临操则四集市人,呼舞博笑而已,军安得足且精乎? 夫军之不足不精已非一日,先年,尚书王琼、毛伯温、刘天和辈尝有意整饬之矣。然将领恶其害己,率从中阻挠,阴坏正议;而军士又习骄惰,厌纪律,辄亡匿涣散,或倡流言;清理未半,事复中止,凋敝至极,遂启戎心。"(《明世宗实录》,卷365,页2-3)

迟来的承认罢了。

由于法律及其所要维持的永久世袭军队制度,在实际执行时产生的巨大差距,终明之世,军籍人户改变其职业与身份地位流动,并不足为奇。因此,就如匠户一样,军籍并不构成社会流动的障碍。顺便一提,早在洪武四年(1371)明朝举行的第一次科举考试,就有出身军籍的进士产生。正统四年(1439),军籍出身的举子还有登进士一甲的,明代军户产生过许多著名的政治家和官员。例如年仅 18 岁在天顺八年(1464)殿试高中第四名的李东阳,* 就是住在京师附近驻军的后代。他后来成为 15 世纪后半最有权力的大学士,死后谥号"文正",是明代文官中获得这个最令人称羡谥号的第一人。[1]

第三种特殊劳役身份群体由内地和沿海的制盐者组成。明代称产盐人户的名词各色各样,但以盐户或灶户最通行。盐为人类生活所必需,而盐税收入又仅次于田赋,为国家财政重要的支柱之一,所以,在明朝创建两年后,政府便开始籍民为灶户。元朝衰亡之际,大规模的战争与反乱,使许多原来制盐的人户放弃其指定的

---

*　【译注 4】:本书说:军籍出身的举子还有在 1438 年登进士一甲的。但 1438 年为正统三年,这一年非科举之年,殿试应该是己未科的正统四年(1439),例如本章提到的施槃就是正统四年己未科的状元(进士一甲一名)。本书作正统三年,误,今改正为正统四年(1439)。又李东阳登进士之年,本书原作 1468,即成化四年,但成化四年非科举之年。据传记资料,李东阳在 18 岁登天顺八年甲申科进士二甲一名,天顺八年是 1464 年,非 1468 年,今改正。李东阳官至礼部尚书兼文渊阁大学士,正德初加少傅兼太子太傅。《明史》称:"弘治时,宰相李东阳主文柄,天下翕然宗之。"

[1]　焦竑,《国朝献征录》,卷 14。【译者按】:杨一清《特进光禄大夫左柱国少师兼太子太师吏部尚书华盖殿大学士赠太师谥文正李公东阳墓志铭》。李东阳祖籍湖广茶陵,其先人"洪武初,以戍籍隶燕山左护卫,后改金吾左卫"。其谥"文正",杨一清云:"国朝文臣谥文正者自公始。"

职业和煮盐的徭役。在洪武三年(1370)以后,一些沿海民户或内陆盐池附近的民户被迫入籍盐户,有时罪犯也会被指定从事同类的徭役。[1]

最初,政府配给盐户耕地*与草荡地作为维持生活及供应生产煮盐燃料之用,生产盐的额数原有定额,系依每户人家的经济能力与人力而定。随着时间推移,后来贫薄盐户的财产渐为殷实盐户所吞并,许多小生产人因此沦为赤贫,无助的盐户只好求助于地方豪族保护,或断然逃籍。嘉靖八年(1529),有位巡盐御史证实,管辖淮南、淮北盐场的两淮都转运使司属下,至少有一半以上的盐户逃籍。大学士兼吏部尚书许赞(卒于嘉靖二十七年,1548)也说:"贫者流亡,而富者又复买脱,大非原额。"[2]虽政府不断订定详细的法规,对脱籍、逃籍及暗中改变身份者予以严惩,强制金补缺额,但灶户身份世袭制度已不能维持。到 16 世纪,明朝政府不得不对盐的生产采取放任政策。此后,只有那些能靠制盐发财的富灶,和那些走不了而留在盐场的贫灶,或做盐的生产者,或做富灶

1　对明代盐户广为引用的研究论文是何维凝《明代之盐户》,《中国社会经济史集刊》,第 7 卷第 2 期(1946),文章根据的史料是不易获得的。【译者按】:朱元璋于丙午年(1366),即建国前两年,已以两淮都转运盐使司的设立为起点,重建灶户制度(《明太祖实录》,卷 19,页 2,丙午年二月己巳条)。金充灶户者不只是原来的灶户,还包括民户、罪犯及战败的群雄支持者,如张士诚的支持者就被"摈之滨海,世服熬波之役",明成祖靖难攻破沧州之后,也"徙其民于长芦(盐场)",世服灶役(《康熙两淮盐法志》,卷 15,页 3;《雍正长芦盐法志》,卷 3,页 1)。参见徐泓,《明代前期的食盐生产组织》,《台湾大学文史哲学报》,第 24 期(1975),页 161—193。

*　【译注 5】:称为"灶地"、"灶田"或"赡盐田"。

2　《两淮盐法志》(乾隆十三年编纂),卷 17,页 5a—7a,引用明代盐政文件。【译者按】:说两淮盐场煎盐"灶丁逃亡大半"的巡盐御史是朱廷立,详见朱廷立《盐政志》(明嘉靖刻本)卷 7,页 58;《朱廷立盐法疏》(嘉靖八年)。许赞的话见于弘治十七年所上奏疏,系《两淮盐法志》转引自《皇明经世文编》一书。

的雇工。于是这行之已久强迫世袭金补盐户之法，实际上已经废除了。[1]

　　明朝其他特殊劳役世袭身份，都在清军入关后的顺治二年（1645）废除，盐户却在改朝换代之后，仍维持其特殊劳役的身份，而且理论上其身份还是世袭的。清政府虽屡次想重新分给盐户灶地与草荡，但这种打算均未能成功，以经济原则观点来看，清朝仍采取晚明的放任政策。实际上，正在兴起的资本主义力量继续破坏有计划的盐户世袭社会。以两淮为例，至 18 世纪中叶，盐户原来拥有的灶地、草荡与盐田大部分已成富裕场商的财产，许多盐户已成支薪雇工人，完全依靠作为资本家的场商为生。[2] 这一过程持续到道光十一年（1831），当盐的生产正式开始依供求律而自由消长，才使这一历史悠久的盐籍或灶籍成为如同小说一样的虚构之物。

　　在此以传记资料所反映的渐进变迁加以说明。如明初浙江沿海的定海县人乐枋，虽然其父祖皆为博学的读书人，仍被迫入籍盐

1　何维凝，《明代之盐户》，页 143。

2　Ping-ti Ho, "The Salt Merchants of Yang-chou：A study of Commercial Capitalism in Eighteenth-century China," *Harvard Journal of Asatic Studies* XVII（No. 1–2，June，1954），esp. pp. 132–135.【译者按】：何教授的这篇论文的中译本见巫仁恕译，《扬州盐商：十八世纪中国商业资本的研究》，《中国社会经济史研究》，1999 年第 2 期，页 59–76。有关明清盐户的社会阶层分化与盐业生产形态的变迁，请参阅徐泓，《明代后期盐业生产组织与生产形态的变迁》，《沈刚伯先生八秩荣庆论文集》（台北：联经出版公司，1976），页 389–432 及徐泓，《清代两淮盐场的研究》（台北：嘉新文化基金会，1972）。明代中期至清代的盐专卖制，到盐场收买灶户生产的盐之盐商称为"场商"或"垣商"。后来场商不但收盐，而且介入生产，成为拥有盐场，自置产盐工具手段的经营者。详见徐泓，《清代两淮的场商》，《史原》，创刊号（1970），页 13–45。

户。由于法律上著籍为盐户，乐枡不可避免地要服辛苦的制盐劳役，直至洪武二十三年（1390）去世为止。[1] 著名阳明理学的左派领袖人物理学家王艮（1483—1541），其四代祖在江苏泰州分司安丰场任盐场的百夫长，盐户家中所有男子（包括未成年的）依明律均得著籍为盐丁。但他曾随父亲到山东经商，虽因家贫而常中断学业，但他常把经书藏在袖中，随时取出来读，一有可能找到开明的学者就向他们请教。由于他热忱的性格与才气，在正德六年（1511）与王阳明（1472—1528）会面时，留给阳明先生极深刻的印象，遂开展两人的师徒关系。[2] 王艮后来成为一位充满活力的思想家，这虽不是我们在这里要关注的，[3] 但有意思的是政府当局并未禁止他与他的后代放弃盐丁的身份。

由于要严格维持世袭身份相当困难，而且盐户中有许多富裕起来，他们要参加科举考试，成功机率较大，明代的盐籍和灶籍中至少产生 388 位进士。在清代自由放任的政策下，盐籍家庭继续产生许多拥有高功名与高官位的士人，有时甚至穷盐丁也能成为名士。出身苏北沿海的著名学者凌廷堪（乾隆二十二年至嘉庆十

1　焦竑，《国朝献征录》，卷 113，页 10a-10b。【译者按】：乌斯道，《乐枡传》："家以亭户籍官，枡承其役弗替。"
2　焦竑，《国朝献征录》，卷 114，页 48a。〔【译者按】：赵贞吉《泰州王心斋艮墓志铭》："先生泰州安丰场人……四代祖仲仁为百夫长……（艮）出代亲役。"〕黄宗羲，《明儒学案》，卷 32，页 6a-8a。（【译者按】：《处士王心斋艮》："七岁受书乡塾，贫不能竟学。从父商于山东，常衔《孝经》、《论语》、《大学》袖中，逢人质难，久而信口谈解，如或之。"）
3　对王阳明学说的社会与思想影响较有系统的讨论，参见本书第五章《社学与私立书院》一节。

四年,1757—1809)乾隆五十五年(1790)考上进士,就是一个好
例子。[1]

由以上对明代三个主要特殊劳役身份的历史的审视,我们很
清楚地知道所有世袭身份制度随着时间的流逝最后都破坏了。而
全国大部分的人民又都属于广泛的"民"籍身份,其职业与身份的
流动从未受政府干涉。由于清朝除盐籍和灶籍之外,废除所有特
殊劳役身份,因此,可以说在明清五个半世纪中,法理上对于职业
流动的阻碍,只是表面现象而不是事实。

我们也要记住,即使在严格维持身份世袭制度的明代初期,
朝廷与官员对待特殊劳役身份的才智之士的态度是宽松而同情
的,王艮的案例就是一个指标。其他一些较早和较极端的例子,
更是如此。举一个早期的例子,卢忠为省府官员,因博学而被推
荐出任教职,宣宗皇帝(元年至十年〔1426—1435〕在位)召见,吏
部官员提醒宣宗,卢忠出身军籍,必须在军中服役。在理论上,法
令规定得很严格,出身军户的人,除非官至兵部尚书,不得脱籍。
但宣宗说:"与其戎武得人,何如学校得师?"于是任命卢忠为安
徽南部太平府的府学训导。[2] 宣宗不理会法令规定,于宣德六年
(1431),特别破例给予一些军籍士人推荐举官的机会。[3] 干练而

1　李桓,《国朝耆献类征》,卷258,页18a-19a;钱泳,《履园丛话》,卷6,页9a-9b。【译
　　者按】:凌廷堪,海州板浦场人,其父系海上灶户,也许是因为家贫,"年十馀岁,未尝
　　上学"。
2　冯应京,《皇明经世实用编》,卷12,页4a-4b。
3　徐学聚,《国朝典汇》,卷40,页9b。【译者按】:宣宗说:"古人立贤无方,耕钓之中,
　　有王佐才,其可以军丁弃之?"

富同情心的大学士杨士奇(元顺帝至元二十五年至明英宗正统九年,1365—1444)出身贫苦家庭,幼年丧父,大力促请皇帝对出身寒微的庶民采宽大态度,鼓励其上进。由于他在位很久,因此起了很大的作用,甚至使被处以极刑遭斩首的政治犯家族之子孙也得以仕进。[1]

最显明的例子要算 15 世纪中叶的周蕙,他戍守甘肃兰州为军士时,听当地大儒段容思讲儒家经典《大学》首章,奋然感动,始知读书问学,经常利用不出任务的空闲时间努力读书,终于成为地方上知名的学者。一位侯爵将军[*]派人去聘请周蕙做家庭教师,周蕙固辞,他的理由是:总兵是我的长官,我是军士,长官召唤不敢不往;若使我去教他的孩子,则我是老师,哪有学生召老师的道理?于是,侯爵将军亲送二子到周蕙家受教。从此吸引远近各地子弟,其中有出身名门大家的,也有出身寒微,甚至是贱民。在出身社会地位寒微低贱的学生之中,有郑安、郑宁兄弟,他们是王府的世袭乐师,其读书热忱赢得亲王的特许,除其世袭乐籍身份。出身乐籍的人是贱民,通常与普通平民阶级隔离生活。[2]

这些事件并非例外,在 15 世纪初,至少有三位江苏南部苏州地区出身寒微的青年,由于地方官的好心同情,而豁免服特殊劳役。他们是吴惠,以行人的职官身份出使过中南半岛的占城国;刘珏与吴凯最后均出任刑部主事,刘珏原来被佥充地方政府的掾吏,

---

1　《明史》,卷 148。
*　【译注 6】:即陕西总兵恭顺侯吴瑾。
2　黄宗羲,《明儒学案》,卷 7,页 12a。【译者按】:郑氏兄弟系肃王府乐人。

是一个被人看不起的身份。[1]　如果其他地方的人也能像苏州一样，热衷于把这些虽成功地爬上社会阶梯却未能享大名的人物，写入地方志的列传，这类的案例还会有更多。

但只呈现图像的一面，是不公平的。不可避免的，也有一些地方官员拒绝让出身寒微的人改变其身份。如陆深（成化十三年至嘉靖二十三年，1477—1544），弘治十八年（1505）进士二甲第一，历任许多教育官职，包括国子司业、祭酒。[2]　他就曾违背山西晋王的愿望，不让晋王府乐工之子列入地方学校名册读书，陆深说："宁可学校少一人，不可以一人污学校。"但这个拒绝改变身份的决定，是由于法令与习惯上，乐工被视为身家道德不清白的人，这样的案例并不能普遍地适用于其他特殊劳役群体改变身份的情况。陆深的上海同乡何良俊（正德元年至万历元年，1506—1573），这位曾任下级官员的学者就说：陆深的不知变通，"亦近代所仅见者也"。这话是有道理的。[3]

总结以上对社会流动缺乏有效法律障碍的讨论，我们要指出，

1　刘凤，《续吴先贤赞》，卷3，页9b—11a、14b—15a、15b—16a。【译者按】：本书所举的三人为吴惠、刘珏、吴凯，其传记资料分别在9b—11a、14b—15a、15b—16a。本书所载出处误为7a—8b、11a—12a、12a—12b，今依《续吴先贤赞》原文改。又"刘珏"本书原作"玨"，亦依《续吴先贤赞》原书改。按"玨"同"珏"，读音均为jué，本书音译为yu，误，宜改正。《续吴先贤赞》载吴惠"其父祗籍，里中不胜。惠年十七代往役，令杨隆奇之，使从博士弟子学，遂以进士论。上为行人使占城"。称刘珏"长洲人。况守时辟为掾。辞，愿就博士弟子学。况嘉焉，俾诵业，遂得仕，守主刑曹事"。称吴凯"昆山人。幼失父，养母以孝闻。尝以役征。邑有贤令芮翀，凯自陈欲学，令立免之，遣从博士游。始仕主事刑部"。
2　《明史》，卷286。
3　何良俊，《四友斋丛说》，页148。

不论法令上对世袭特殊劳役身份制度的维持是如何严格,明初君臣一般缺乏彻底执行的决心;相反地,他们同情出身低微而有上进心的才干之士;对于贤才的观念,他们的态度是不寻常地富弹性与宽松。[1] 他们也了解到要维持政治与社会的稳定,需要有相当数量的社会流动,可能是明朝逐渐废除严格定义的世袭身份制度几种最重要的因素之一。事实上,就在明代初期,当身份流动的法律障碍看来最难以逾越时,统治阶级却对贫寒之士展现十分同情的态度。16 世纪大部分的时间里,统治阶级成员大都维持着这种对身份流动的同情态度,这又要归功于王阳明学说的全国性影响,这个学说蕴涵着人类本性平等的信念。[2]

第二节　明代特殊身份进士的统计

明代缺乏对社会流动有效的法理障碍,以阻止个人与家庭地位从一个身份到另一身份的自由流动,这一点,从进士人数中,理应世袭的特殊劳役身份进士所占比例,可以得到最好的证明。

但必须指出的是实际上进士题名录上特殊身份进士的数量,远超过下面表 4 所显现的数字。例如,至少有五六种军士的类别,包括南京锦衣卫闲住带俸官及其寡妇人家在表 4 中均列在军籍和官籍,官籍字面的意义是官方身份,这就会误导我们对它的理

1　将在第 5 章《战争与社会动乱》一节做详细的讨论。
2　参见第 5 章《社学与私立书院》一节。

表4　特殊身份进士，洪武三年至崇祯十六年（1371—1643）

身份	洪武三年至正统十年（1371—1445）	正统十三年至成化二十年（1448—1484）	成化二十三年至嘉靖二年（1487—1522）	嘉靖五年至四十一年（1526—1562）	嘉靖四十四年至万历三十二年（1565—1604）	万历三十五年至崇祯十六年（1607—1643）	总计
儒（学者）	79	34	18	15	7	7	160
军（士兵）	250	1,010	1,339	1,149	1,185	676	5,609
官（军官）	18	165	222	197	204	99	905
盐或灶（盐生产者）	7	51	82	79	94	75	388
匠（工匠）	29	161	198	211	189	66	854
站（邮务）	3	3	9	6	0	1	22
牧所（养马）	0	0	0	4	2	2	8
太医（医官）	0	10	8	8	4	2	32
医（民间医师）	3	17	18	7	4	2	51
钦天监（天文官）	0	2	3	0	0	0	5
阴阳（民间占星师）	0	0	1	0	0	0	1
富户（富人家庭）	5	15	4	3	1	0	28

续表

身份	洪武三年至正统十年 (1371—1445)	正统十三年至成化二十年 (1448—1484)	成化二十三年至嘉靖二年 (1487—1523)	嘉靖五年至四十一年 (1526—1562)	嘉靖四十四年至万历三十二年 (1565—1604)	万历三十五年至崇祯十六年 (1607—1643)	总计
光禄寺厨（官家厨师）	0	1	0	4	1	0	6
捕户（猎人）	0	0	0	1	0	0	1
商（盐商）	0	0	0	0	0	1	1
宗室（皇室族人）	0	0	0	0	0	4	4
总计（特殊身份）	394	1,469	1,902	1,684	1,691	935	8,075
本时期进士总数	1,465	3,588	4,311	3,999	4,674	4,567	22,604*

资料出处：李周望《国朝历科题名碑录初集》（康熙六十年编，1721；乾隆十一年增补，1746，第一部分收录明代历科题名碑录。其中永乐十六年（1418），十六年（1421），宣德二年（1427），缺家庭地位的资料，这三年的进士未列入统计，建文二年（1400）题名碑录亦没有家庭地位的资料，以《建文二年试登科录》中的资料补充。

【译者按】：原书原作 22,577 计算有误，应该是 22,604。

* 译者按：原书原作 22,604*

解。实际上,明代的"官"籍,作为表示身份地位的名词,只用于军官及其家庭。[1] 有几种工匠,包括纺织及其他征入军中做工匠、制盐、船夫、驿卒、马夫,在表 4 中都混在一起。富户的身份,设置于明太祖与成祖(1403—1424)之时,全国有数万户富裕家庭被佥充为富户,其中尤其以浙江北部、江苏南部的富家为主,最初他们被迫迁居于南京附近,后来又迁于北京的宛平县和大兴县。其中许多富户不堪财税与徭役重担而破产,随着时间流逝,最后富户的身份已名不副实。万历二十三年(1595)以前,宗室不得参加科举,直到天启二年(1622)才开宗科产生第一位进士,其原因在明代文献中没有说明,可能是对贫困的皇族子弟讨生活和做官权利的认可,万历二十三年的新政策可能只是一广泛的原则。[*]

　　盐商一直未特别立户籍,直到万历二十八年(1600)始为浙江

1　"官籍"最精准的定义,参见《(隆庆)仪征县志》,卷 6,页 1a-1b。【译者按】:明人尹耕,《塞语》(台北:艺文印书馆,1966),页 30,《官、军户》:"官、军户者,古无是称也。盖自后世始,武阶之家,嫡嗣职,孳受庇,于是称官户。兵役之家,一补伍,馀供装,于是称军户。"官户大都是由军户立功晋升,可世袭武职,享有免徭役的特权,可说是世袭武官集团。详见廖英舜,《明代官籍进士研究》(台北:东吴大学历史学系硕士论文,2010),钱茂伟,《国家、科举与社会——以明代为中心的考察》(北京:北京图书馆出版社,2004)及沈登苗,《明代双籍进士的分布、流向与明代移民史》,《历史地理》,第 20 辑(2004 年 10 月)。

*　【译注 7】:万历二十二年正月,礼部复郑世子载堉条奏,准宗室子弟奉国中尉以下入学及应科举考试(《明神宗实录》,卷 269,页 5,万历二十二年正月甲辰条)。三十四年八月,又开放奉国中尉以上的将军、镇国、辅国中尉均得与一般生员一体应试,但以科举出仕者不得任京官(《明神宗实录》卷 424,页 1-2,万历三十四年八月丁酉条)。其制度屡定,却未能实行,直至天启二年,朱慎鉴以三甲第六十名为明代登进士者第一人。明代不许宗室应科举的原因,如署礼部侍郎李廷机所说:"封爵、科目原属两途。"是两个不同的出身。从制度上讲,的确如此,但真正原因,恐怕还是防间宗室干政,是明朝"藩禁严密"的一环。

盐商立商籍。[1] "商籍"字面上的意思是"商人身份",但这个身份一直未授予一般商人,不像明代其他特殊身份带有徭役性质,理论上是皇帝赐予最富有与资源最丰富的盐商群体的恩惠。盐商的家庭成员可以用为他们保留的商籍特别名额,参加前生员(童生)与生员考试,这虽非一向如此,但常是启动社会流动的途径。[2] 万历二十八年以后商籍学额在江苏、山东、直隶、山西、陕西、甘肃及宁夏、广东等地设立,但有些产盐省份如辽东(清代的奉天)、福建、云南则从未设立商籍,重要的产盐省份四川,也直到咸丰八年(1858)才有商籍学生员额。[3]

由于商籍产生较晚,整个明代只产生一个进士。但我们有必要记住,在万历二十八年以前,盐商家中实际上已产生数百名正式

---

1 《(嘉庆)两浙盐法志》,卷24,页2a。【译者按】:最早设商籍是万历十三年(1585)的两淮,不是两浙。元代,河东盐场专为盐商设立"运学",其受注册学生称为"运籍",运籍学生允许在所属运司应试。明初运学一度废除,至正统初年,河东恢复"运学"、"运籍"。但其他盐场如两淮、长芦等并不为盐商子弟设学,盐商子弟可附籍应试,取得专门额例。当时这种附籍虽未称商籍,但却是为商人设专籍的先导。万历十三年(1585),两淮正式设立"商籍"。不过此"商籍"中"且有西(山陕)商",而无"同省地近"的徽商,徽商仍只可附籍应考。两淮设"商籍"后,在两浙引起极大反响。万历二十八年(1600),在徽人吴宪、汪文演的倡议下,两浙盐商及其子弟极力争取,得到巡盐御史、徽商之同乡叶永盛的特别关照和支持,也设立起"商籍"。同时又得到朝廷的承认并加以重视。朝廷有令,"在浙行盐商人子弟,凡岁科,提学使者按临取士,照杭州府、仁和、钱塘三学之数,另占籍贯,立额存例"。"商籍"的设定,使两淮、两浙的盐商及其子弟,不必再为上进、科举而徒劳奔波,同时又确保了国家对盐税的征课,甚至增额,真所谓"庶商籍广而世无迁业,赋有常经也"。详见许敏,《明代商人户籍问题初探》,《中国史研究》,1998年第3期。

2 《吏部则例》(乾隆四十九年〔1784〕编),卷77。《科场条例》,卷36。

3 《(光绪)四川盐法志》,卷25,页9b-12a。

列于民籍之下的进士。* 幸而一些清代专论盐务的盐书,表列出在明代未设商籍之前出身盐商家庭的进士名单,但清代盐书所记出身盐商家庭的明代进士数目一定是不全的,因为弘治五年(1492)以前盐的运销组织及其性质,与明末和清代大大不同。15 世纪末以前,名义上并无专职的盐商。要运销盐的商人须运粮到长城沿边,以交换盐引("引"是盐运销中的一个标准重量单位),作为从沿海主要盐场取得盐的凭证。从事实本身看,这种商人通常称为边商而不是盐商。[1] 弘治五年以后,商人不再运粮到边区,只需纳银便可在沿海地区取得盐。以银纳课以后,又花费半个世纪以上的时间,才重新组织盐的运销与盐政。[2] 因这一段时间这些复杂

---

* 【译注 8】:明代只产生一个商籍进士,《万历二十五年进士登科录》:"郑茂华,贯直隶扬州府江都县,商籍,福建兴化府莆田人,扬州府学生。"虽然仅见一例,但这证明"商籍"在全国科举考试中确实成立,并且"商籍"占有者,不仅有山陕、徽州商人,还有其他商帮中人。然而盐法志中明记占"商籍"者或商人之子弟,却大都仍沿用原籍,如万历丙戌科(万历十四年,1586)进士李杜名下仍记,"贯山西大同县,民籍。万历丁未科(万历三十五年,1607)";秦一鹏:"贯陕西西安府三原,军籍";焦源清:"贯陕西西安府三原县,军籍。又如徽商子弟吴中明填报的是"军籍",吴应明为"民籍"。清代在延续明代旧有户籍的基础上,基本上是盐商及其子弟应考科举的户籍类别。顺治十一年(1654),除在两淮、两浙继续保留明代已设的"商籍"外,并在山东、山西、陕西等原有"运学"的盐区确立儒童学额,开设"商籍"。其后,也在其他盐区如广东、长芦、四川等区设立"商籍"。由于商籍录取率较高,大量不合条件的考生纷纷冒考商籍。详见刘希伟,《清代科举考试中的"商籍"考论》,《清史研究》,2010 年第 3 期。

[1] 王崇武,《明代的商屯制度》,《禹贡半月刊》,第 5 卷第 12 期(1936 年 8 月)。【译者按】:商人运到边区粮仓换得的不是盐引而是仓钞,取得仓钞后,商人要到盐场所属的盐运使衙门换取盐引,持盐引到盐场关取盐斤,运到指定的地区贩售,贩运销售时须凭盐引为证。详见徐泓,《明代前期的食盐运销制度》,《台湾大学文史哲学报》,第 23 期(1974),页 221–266。

[2] 藤井宏,《明代塩商の一考察》,《史學雜誌》,第 45 编 5–7 号(1943)。【译者按】:《明代塩商の一考察》的出处,本书原作 No.5–6。又这一纳银换盐制度,因为直接到盐运使衙门纳银,通称"运司纳银制"。从此,商人,尤其是徽州商人、(转下页注)

的变迁,1500 年以前,由边商家庭中产生的进士数目是不全的;甚至就依据这些不完全的数字,也可看出这些相对少数的盐商家庭成员,参加科举考试成功的比例之大,这有助于修正表 4 误导的印象。

由表 4 可知,整个明代有家庭身份资料的 22,604 名进士中,* 出身于登记为儒户者只有 160 人,占总数的 0.71%。** 其他有 7,915 名士子出身于包括从军官、医官、富户到驻军、盐工及工匠等特殊劳役户。若加上那些出身盐商家庭进士的不完全数字,出身特殊劳役户的进士总数,则增至 8,104 名,占总数的 35.9%。其他剩下的 64.1%,则来自登记在所谓"民"籍类下的家庭。理论上,这"民"籍包括全国大部分人户,是从事农业、贸易、商业及其他非专门的行业群体。政府文官也列于民籍,因为明朝的惯例文官必须保有原来著籍的家庭身份,民籍出身的官员,仍然属于民籍。万历三十五年至崇祯十六年(1607—1643)特殊身份举子突然大减,主要原因是这些特殊劳役身份早已失去其身份的原意,而融入"民籍"类。根据我们所知道的,明朝要维持世袭身份越来越困难。某些特殊劳役身份融入一般平民身份的趋势,似乎开始得相当早。[1] 的确,

---

(接上页注)山陕商人群集扬州等盐运使司衙门所在地,从事盐业,遂成为专职盐商。详见徐泓,《明代中期食盐运销制度的变迁》,《台大历史学系学报》,第 2 期 (1975),页 139-164。又收入陈国栋、罗彤华主编,《台湾学者中国史研究论丛·经济脉动》(北京:中国大百科全书出版社,2005),页 260-290。

* 【译注 9】:原作 22,577,计算错误,今用改正之数字。

** 【译注 10】:原作 7.1%,计算错误,大陆简体本用改正之百分比。

1 这是 15 世纪初期著名的官员周忱的印象,引自《明史》,卷 77,页 3a;及《续文献通考》,卷 13,页 2896。【译者按】:人民逃籍之事,尤其特殊劳役户,明代初期就相当普遍而严重,据不完全统计,单是匠籍人户,早在宣德元年(1426)就有逃匠 5,000 人,正统十年(1445)增至万人,景泰元年(1450)更增至 3.48 万多人。(转下页注)

我们可以怀疑制度史中是否真有断裂。明代后期家庭身份著籍制度逐渐废弃,导致这个制度在清初几乎完全废除。

依据这些数据,我们可以相当有把握地说,明代的职业流动最终导致大量的身份流动。也几乎可以肯定:多多少少意味着平行流动,又牵涉向上流动的职业流动,在表4显现的虽不算太大,但其实际数量应该要大得多。很遗憾的,清朝政府不继续实行明朝的家庭身份注籍惯例,因此,不可能做明清的比较研究。但无论如何,清代几已取消所有残存的法律障碍,解放职业与身份流动,这个早在明代已经明确的趋势,是不可能逆转的。若验证当代人的观察记录和传记资料,这趋势就会更明确。

当代观察者对印象深刻的社会现象,不会用统计数字来呈现。明代及清初的评论家,留下大量对制度与社会事务的论证,显示明代最初半世纪中,有各种寒微社会阶层出身而未有科举功名的人被派任官职。[1] 的确,15世纪前半以后,这种非寻常的做法就已停止,但这对树立"立贤无方"的原则帮助很大,选拔人才的原则,不

(接上页注)其他特殊劳役户如军户、灶户也有类似情况,政府屡有全国性清查行动。但宣德年间周忱所云,并非特殊劳役户的逃籍,而是民籍中的农民逃籍。当时苏松农民有不少窜入匠户或军户以逃避粮差,尚未见匠户或军户为逃避劳役而窜入民户的记载。《明史》及《续文献通考》所载周忱的报告,系摘自周文襄公《双崖文集》(《四库未收书辑刊》,第6辑第30册,页4-9)《与行在户部诸公书》(收入《皇明经世文编》,卷22)。

[1] 褚人获,《坚瓠广集》,卷5,页9b,《明初异擢》。许多这种人的传记可参见《明史》。【译者按】:本书原作《坚瓠集》,卷5,页9b。误,今依原书将《坚瓠集》补正为《坚瓠广集》,卷5,页9b,《明初异擢》。褚人获(獲),本书原作"褚人穫",亦改正。

是死板而不容改变的。[1]

表5 明代出身盐商家庭的进士举人

盐区	时期[a]	进士数目	时期[a]	举人数目
两淮	洪武四年至崇祯十六年 （1371—1643）	106[b]	洪武四年至崇祯十五年 （1371—1642）	133[b]
两浙	隆庆二年至崇祯十六年 （1568—1643）	12	嘉靖三十七年至崇祯十五年 （1558—1642）	23
长芦	正德十六年至崇祯十三年 （1521—1640）	13	正统六年至崇祯十四年 （1441—1641）	17
山东	弘治六年至崇祯十六年 （1493—1643）	13	洪武二年至崇祯十五年 （1369—1642）	19
河东	明	45	明	146
总计		189		338

史料出处:《两淮盐法志》卷47;《两浙盐法志》卷24;《长芦盐法志》卷13;《山东盐法志》卷13;《河东盐法志》卷8。

a、这些时期的起讫年代依盐法志所述及进士举人者为准。

b、家庭身份为灶户的举子不列入,其乡贯为盐场的举子也不列入,因为他们也可能出自生产盐的家庭。

另一个帮助这些"杂流"身份的人进入上升的社会阶梯,至今仍不为人注意的制度性因素,是明初法律规定,保留五个举人名额给南、北直隶省份的这些特殊身份者。对于"杂流"身份没有确切的定义,显然"杂流"身份意味着各种各样的身份,即使在法律上不

---

1 徐学聚,《国朝典汇》,卷40,页9b。褚人获,《坚瓠馀集》,卷4,页1b—2a。【译者按】:褚人获《杂流登第》云:"明高皇初设制科,九流杂职暨僧道亦得预宾兴,多登第。"

会站不住脚，至少在当代人认为是"不清白"的。[1]　这些杂流身份，包括地方与中央政府不入流的衙吏如书吏、译字官、听选、书算、承差、都吏、令史等，有时还包括宦官之子。我们有理由相信，这些省份的"杂流"身份保留名额，是最低额而不是最高额。因为，景泰四年(1453)北直隶250名举人名额中，"杂流"身份中式者就占了25人。[2]　明朝身份制度的流动性，可以一件特别的事实为典型例子，那就是正统十三年(1448)殿试一甲三人，其中只有一人为儒生，其他二人，一人曾做过(神乐观)道士的徒弟，一人曾经居住在庙(大兴隆寺)里为僧人门徒。[3]

第三节　社会文学所见身份制度的流动性

像这种缺乏对身份流动有效的法律障碍，及身份制度普遍的流动性，反映于社会文学、族谱与传记之中。例如长江下游著名的学者与散文作家归有光(正德元年至隆庆五年，1506—1571)观察到："古者，四民异业，至于后世，而士与农商常相混！"[4] 嘉靖二十六年(1547)进士汪道昆(嘉靖四年至万历二十一年，1525—1593)，

1　孙承泽，《春明梦馀录》，卷41，页10a-11a。
2　查继佐，《罪惟录》，卷18，页13a。褚人获，《坚瓠馀集》，卷4，页1a-1b。【译者按】：本书原作"《坚瓠集》"，今依原书改正为《坚瓠馀集》。该书卷4《景泰癸酉榜》云："景泰四年癸酉科，顺天乡试中式二百五十名，杂流中式之多，几及四十人。"则景泰四年顺天乡试，以"杂流"身份中式者非25人，而是"几及四十人"。
3　黄瑜，《双槐岁钞》，卷5，页13b-14a；亦见于张宏道、张凝道，《皇明三元考》，卷4，页17b。【译者按】：正统十三年戊辰进士登科录载：是科杂流中式者尚有舒廷谟及汪甫，两人为燕山卫小旗，李泰为太监李永昌养子。
4　《震川先生集》，卷13，页2a-2b。【译者按】：《白庵程翁八十寿序》。

这位喜欢卖弄学问的散文家与商人的子弟,就对其家乡徽州人如何保证社会成功的策略,作了生动的描述:

> 新都,三贾一儒,要之,文献国也。夫贾为厚利,儒为名高。夫人毕事儒,不效,则弛儒而张贾,既则身飨其利矣。及为子孙计,宁弛贾而张儒。一弛一张,迭相为用;不万钟,则千驷,犹之转毂相巡,岂其单厚然乎哉?[1]

正如我们看到的,这种现实的社会策略并不局限于贸易发达的徽州府或明清时代,它反映自唐以来,竞争性的科举考试的永久性制度化,已深深地改变社会现实。总的说来,这个论述是基于三点基本事实:(1)至少从宋以后,当科举成为社会流动最重要的途径,科名与官位也就成为大部分平民家庭追求的目标;(2)从平民身份转进至统治阶级的成员,通常是渐进的,而在这过程中一般家庭都必须面对经济的现实;(3)尽管表面上儒家社会把读书人的地位看得很高,但社会上,对同时或间歇地受过基本教育的非读书人所从事生产性职业,并无深植人心的偏见。一般家庭在社会身份转进的开始阶段,通常认为妥善的生活比远大的志气抱负来得重要。

就以论述家庭事务风靡于 12 世纪后半至 13 世纪初的著名作家袁采为例,他一方面建议要鼓励有天分的家庭成员,学习进士课

1 　《太函集》,卷 52,页 10b-15a,《海阳处士金仲翁配戴氏合葬墓志铭》。

业,取科第,致富贵;另一方面,他也强调对比较没天分不能为儒的成员,教给他们维持生计的技术。他主张凡可以养生而不至于辱没祖先的职业,如巫、医、僧、道、农圃、商贾、伎术都是可为而值得尊重的。[1] 瞿祐(元顺帝至正元年至明宣宗宣德二年,1341—1427)所编的最普及的家庭指南《居家必备》,也支持宋代的一般看法说道:"如才高者,命之习举业,取科第;才卑者,命之以经营生理。"[2]

这种社会写实主义的看法,在许多明清家谱、族谱的族训家规或禁约和其他论治家的书中常可见及。有些家庭喜欢同时致力于读书和农耕(回报的收益率较低,但稳定性相当大),[3] 许多其他的家规族谱虽无特别的偏好,但都坚持家庭成员在达成较高的社会目标前,须诚实谋生。但还有一些,像支派分布于江苏、江西、河南、福建、湖北、湖南和广东的大家族皖北何氏就诚恳地公开说:"读书之与治生,有时而两济,亦有时而两妨。"何氏族训指出如果天资不高,读书不能深入,或经济能力不足以支持长久读书,则一方面读书,一方面从事农耕或商贾,并没有什么不对。[4]

现代学者若细读社会文学,就可以从其中许多事例知道,到达仕途最低资格的过程中,一个平民得劳心与劳力并进。从明清时代许多士大夫的例子可知,在他们努力于转换社会身份的初期,均同时从

1　《袁氏世范》,卷2,页23b-24a。

2　《居家必备》,卷2,页4a。【译者按】:本书将卷数误为卷4,今依原书改正。又此句似出于宋人倪思《经锄堂杂志》,非出自瞿祐。

3　《胡氏宗谱》(光绪六年〔1880〕编),《家规》;亦见《湖州荻溪章氏家乘》(光绪二十年〔1894〕编),《家规》。致力于农耕及投资地产的格言,有系统地揭示于军机大臣张英(1638-1708)著名的文章《恒产琐言》(《笃素堂文集》,卷14)。

4　《庐江郡何氏大同宗谱》(民国十年〔1921〕编),《宗训》。

事农耕与读经。其中浙江中部的义乌人龚一清(嘉靖十七年至万历二十二年,1538—1594),年轻时就"裸股肱、荷畚钟,治农事毕,则夹策读书不辍",终于万历二年(1574)中进士。[1] 嘉靖二十六年(1547),今河北中西部的保定府容城县进士杨继盛(正德十一年至嘉靖三十四年,1516—1555),是自耕农之子。他 7 岁丧母,庶母每天叫他去放牛,路经里塾,见里中儿童读书,心好之。于是恳求其兄帮他跟父亲说情,让他得以从塾师学,但仍然得继续放牛。一直到 18 岁,考上秀才之前,还曾代其兄服地方政府践更徭役。后来他住到当地佛寺中读书,自励刻苦,常读书至夜分。虽屡试不中,但不气馁,终于考中进士。杨继盛勇敢地弹劾权相严嵩(成化十六年至隆庆元年,1480—1567),他于嘉靖三十四年(1555)壮烈牺牲,成为明代最著名的烈士。[2]

由于大多数中国人靠农田为生,许多官员来自农家,耕读被认为是并行的,而且有时耕读还是可以互相转换的事业。明代第一位大理学家吴与弼(洪武二十四年至成化五年,1391—1469),江西抚州崇仁人,其父为国子司业,当其青年之时,为真正读书而弃举子业,不愿考科举,居乡"躬耕食力"。虽然在他全盛期弟子从游者甚众,但他仍"雨中被蓑笠,负耒耜,与诸生并耕,谈乾坤及坎离艮震兑巽,于所耕之耒耜可见"。[3] 刘大夏(正统元年至正德十一年,

---

1　《金华献征录》(雍正十年〔1732〕编),卷 9,页 19b。【译者按】:龚一清传记名句的出处,本书原作 18b-19a,查对《金华献征录》原文,应是 19b-22a,引用文字在 19b。今依原书改正。
2　杨继盛,《杨忠愍公集》,卷 4,王世贞撰《杨忠愍公行状》。【译者按】:应为卷末,页 6a-19b。
3　黄宗羲,《明儒学案》,卷 1。

1436—1516），这位著名的兵部尚书，教子不要忘记出身寒微，他最看重的家规是要子弟读书兼力农，常督耕子弟于雨中。[1] 章懋（正统二年至嘉靖元年，1437—1522），著名国子监祭酒，官至南京礼部尚书，坚持要诸子皆亲农事。[2] 最极端的例子是闽南海边泉州之单辅（嘉靖十七年至万历二十年，1538—1592），在担任合浦县知县 6 年后，于万历十四年（1586）左右退休，由于他家原来就穷，加上为官高洁廉正，使他未因做官而累积财富，糊口无资，竟为人佃种。[3] 即使这些例子在明代不能算是典型，但明代不清廉的官员的确比清代少，他们印证了大家共同的看法，"耕读"是要并行的。我在浙江省中部金华县老家的祭祖厅堂，也和其他千万人家一样称为"耕读堂"。

在社会地位转变的初阶，不乏工读同时并行的例证。徽州府修宁县吴中良白天打铁，晚上念书，夏季夜里常为蚊虫所扰，于是把脚浸于水桶中，以专心用功。在万历二十　年（1593）考上举人后，进入政府工作，出任湖南的一个州官，人称"打铁举人"。[4] 又苏州修鞋工匠钱近仁，以其微薄的积蓄买书自学，由于他的天赋与毅力，而能博通经史百家之说，旁及释典、道藏。苏州士人闻之，对

1　李绍文，《皇明世说新语》，卷 1，页 4a。【译者按】：本书页数误为 4b，今依原书改正。原文为："刘忠宣教子读书兼力农，常督耕雨中。曰：'习勤恶劳，习逸成惰。吾困之，将以益之也。'"

2　黄宗羲，《明儒学案》，卷 45，页 4b-5a。【译者按】：章懋于弘治中，起为南京国子监祭酒。

3　何乔远，《闽书》，卷 90，页 6b。【译者按】：本书原作单辅于 1560 年代致仕，然单辅是万历八年（1580）出任合浦县令，任满 6 年，致仕回乡；则本书所云 1560 年代致仕，应该是 1580 年代之误，今译文径依《闽书》改正。

4　《（道光）徽州府志》，卷 12，页 4 与页 47b。【译者按】：《（道光）徽州府志》原文系引自《（康熙）徽州府志》："吴中良字荣岩，城西人。父病割股以进，母病妻许氏割股疗之。家故贫，中良昼打铁夜读书，夏多蚊蚋，以两足纳巨瓮中。领万历己酉乡荐，人号为'打铁举人'。任武冈知州。"

此非比寻常的补履学者，最初或不信，颇为怀疑，反复问难后为其坚实学养所折服，而为一好学之士聘至其家，受其学，士夫夫称钱氏为"补履先生"。[1] 明末清初长江下游的纺织工人，有许多变为富人而爬上社会阶梯，如：张瀚（正德五年至万历二十一年，1510—1593），嘉靖十四年（1535）进士，隆庆四年（1570）出任吏部尚书，便为浙江省会杭州纺织匠的孙子，其家饶财即起自一机一杼。[2]

更低职业的家庭，也多有鼓励子弟上进者。例如商辂（永乐十二年至成化二十二年，1414—1486），以乡试、会试、廷试三试皆名列第一，终明之世，辂一人而已。成化十三年（1477）他以首辅致仕，其祖父即为一穷猎户与樵夫。[3] 浙江省城附郭县之一的钱塘徐氏家庭，也是一个值得注意的案例，第一代祖先徐潮（顺治四年至康熙五十四年，1647—1715），康熙十二年进士（1673），其后官至吏部尚书。他是一个渔民，出生于渔船中，适值钱塘涨大潮，故名曰潮。[4] 其子徐本（康熙二十二年至乾隆十二年，1683—1747），康熙五十七年（1718）进士，乾隆元年至九年（1736—1744）任东阁大学

1　吴德旋，《初月楼闻见录》，卷2，页2b-3a。【译者按】：本书将"吴德旋"误为"吴德璇"。《初月楼闻见录》原文如下："钱补履先生，昆山人，名近仁。补履贱业也，吴人以先生学博深高，尊之，故相与称之为'补履先生'也……吴中素以博洽负时名者，闻先生读书多，初或不信，与辩论，辄服。"

2　张瀚，《松窗梦语》，卷4，页27a及卷6，页11a-11b。

3　杨仪，《明良记》，页13。

4　阮葵生，《茶馀客话》，卷2，页5b。徐潮的父亲已初步完成社会地位变迁，他后来获得生员资格。徐潮祖先的记载，见《康熙十二年癸丑科会试进士三代履历便览》，第116名。【译者按】：《茶馀客话》，卷2，《徐潮》云："徐文敬公潮，先世业渔。生公之日，江潮大上，一小舟为风漂没，徐翁急救之，得无恙。傫舟者为邻省孝廉入都赴试者，翁延至其家，致鸡黍之敬。次日洗儿，请孝廉命名，以江潮之异，遂名曰潮。"则徐潮并非生于渔舟之中，而是其父于大潮中救一漂没小舟，次日生子，由获救之举人命名为潮。

士。此后，家中又出了两位巡抚、一位东阁学士，及许多高官举子，使徐氏成为这个举业成就非凡省份中最杰出的家族。[1]

　　到目前为止，在各种不同的社会转型期间，身份可互换性最多的统计证据，都落在商贾身上。这样的处境是可以理解的，伟大的汉代史学家司马迁早就指出："用贫求富，农不如工，工不如商。"商人获利远多于农工。虽然这种说法不尽然能说明中国史上各个朝代的情况，但我们确实知道，明清时代，最大的财富通常是靠商业与国际贸易发展出来的。对于明清资本积累的过程与方法，虽然至今尚未出现有系统的研究；但有充分证据显示，大财富的形成，其初始资本并不需要太雄厚。有些商人的确原来就富有，或一开始就与官员结盟，才能取得一些获利多，并为政府控制的贸易与工业，如盐、茶、木材、酒、矿冶及进出口行业。可是也有一些商人是以卑微方式起家，或做小贩、零售商人、小区域间的贸易商，或做商店学徒、簿记，逐渐靠着个人性格与能力的长处，而成为大的合伙人。[2]

　　相对来说，有关富商家庭的史料是比较丰富的，其社会流动形

1　徐氏家族较著名的成员，见李桓，《国朝耆献类征》，卷57，页31a；卷19，页1a；卷57，页42a；卷57，页44b。《清画家诗史》，卷11，页23a。徐珂编，《清稗类钞》，卷16，《门阀类》。

2　对明清商人及商业资本，至今最广泛的研究，是傅衣凌，《明清时代商人及商业资本》，这本书研究各重要地区如徽州、洞庭、闽南沿海与山西的商帮，同时也研究明代与清初的铜进口商。对徽州商人最扎实的研究是藤井宏，《新安商人の研究》，《東洋學報》，第36卷1-4号（1953）。梁嘉彬，《广东十三行考》则一直是研究19世纪广州富有的公行商人典型之作。对于商业与资本积累的研究，可在《中国资本主义萌芽问题讨论集》找到一大批有用但有时是零散的信息，这本书中的论文品质并不整齐，差距甚大。何炳棣，《扬州的盐商》则研究18世纪最成功的商业巨子，敢于分析扬州盐商不能发展为成熟的资本主义体系和永续地资本积累的因素。

态,是对天资高的成员,鼓励他们读书,通常会举业有成,获得高功名与官位,其他大部分的家庭成员则成为藏书家、美术鉴赏家,或学者、文人的赞助者。除此以外,有的沉迷于奢侈消费与纵情酒色,挥霍家产。其社会流动的一般方向,是朝向"精英"发展,在这样的家庭中,商人成分越来越不显著。[1] 至于小商人和寒微的商贾,由于现在能找到的史料太零散,很难据以综合概括出其发展的规律。然而仍有足够的史料显示明至清初人口成长尚未大到足以对生活水准产生不利影响。当时白银持续流入,不断刺激工商业及区域间日用品交换的发展,小资本而具有相当商业技巧的商人改进其社经地位的机会甚大。

当代社会小说中关于这些小人物成功的故事很多,有些虽不免夸大,但关于忠仆阿寄的故事可以是一个可靠的例证。阿寄是浙江中西部多丘陵的严州府淳安县徐家的老仆,徐家父亲死后,三兄弟仍同居共财,合力耕田,老三死后,老三媳妇颜氏与五个子女,顿成孤儿寡妇,而为徐家其他房所欺压。在析产别居时,老大得一马,老二得一牛,老三的寡妇分得老仆阿寄。大家以为阿寄年岁已老,做不动活,是赔钱货。没想到阿寄竟是经商高手,颜氏将簪钗衣饰变卖得到的 12 两银子,交给阿寄去投资经商。阿寄到山区买漆,运到缺漆价昂的地方去卖,一年内获利 3 倍;其后 20 年间,单凭区域间的贸易,便赚得好几万两银子。颜氏的 3 个女儿都嫁予邻近富户,一应婚嫁礼物,均准备充分。两个儿子也有考究的婚礼。

1　何炳棣,《扬州盐商》,第 3 节。

阿寄又请个先生教这两位小官人读书，并为他们纳了监生。由于阿寄的忠心与经营得当，使这位寡妇颜氏在淳安这相对贫穷的地区成为当地富户之一。[1]

相同地，许多小商人因有机运就可能在短期内致富，得到比苦干的自耕农或工匠更多的钱财与悠闲安逸的生活，而且他们因职业的需要，一般都有相当的文字底子，所以如果有上进心，也比农民与工匠更有可能去求学。众多案例中较有名的如：武进人陈济（元顺帝至正二十三年至明永乐二十二年，1363—1424），为商人之子，尝以父命到杭州贩货，以其获利之半买书，买不起的书便于闲暇时借来手抄，经十馀年的苦读，遂能尽通经史百家言，成祖诏修著名的百科全书《永乐大典》时，召为都总裁，虽然他只是布衣，连秀才的功名都没有。[2]

著名的扬州学者与目录学家汪中（乾隆十年至五十九年，1745—1794），7岁而孤，得了家贫，十几岁就去做学徒，成年以后，助书贾鬻书于市，有充分机会，遍读经史百家。乾隆三十四年

1　杭州人田汝成，这位嘉靖五年（1526）进士，曾为阿寄立传，收入《说郛》卷165。阿寄的故事的主要细节，见于明代小说《今古奇观》卷25与《醒世恒言》卷35，其内容与田汝成的《阿寄传》相合。【译者按】：本书原来的叙事是："阿寄是浙江中西部多丘陵的严州府淳安县徐家的老仆，这家人的财产由两个成年兄弟所分，其中之一是阿寄的主人。阿寄的主人死后，主母颜氏与五个子女，顿成孤儿寡妇，而为徐家其他房所欺压。"与田汝成的《阿寄传》及《今古奇观》卷25与《醒世恒言》卷35的《徐老仆义愤成家》有所出入。徐氏三兄弟，原来"合锅吃饭，并力耕田"，老三死后便分家，"将田产家私""拣不好的"留给三房的寡妇，分牛马时，把老仆当作一股分给三房。其实是欺负三房，因为"阿寄夫妻年纪已老"，"渐渐做不动了"，活着"吃死饭"，"死了又要赔两口棺木"。没想到阿寄却是经营高手，"偏要争口气，挣个事业起来"。今译文径依田汝成的《阿寄传》及《今古奇观》卷25与《醒世恒言》卷35的《徐老仆义愤成家》改写。

2　《明史》，卷152，页4a–5a。

(1769),在地方上考秀才考了第一名,由于他的勤勉刻苦与文学天分,让他赢得许多学者与官员的尊敬。他于乾隆四十二年(1777)拔贡后,由于过分紧张焦虑而未再中举,但他的许多著作,尤其《述学》一书中的论述经、子及文字训诂的文章,得到很高评价,深为当代学者所推许,因此《清史稿》特为他立传。[1] 又有江宁(今南京市)汪士铎(嘉庆七年至光绪十五年,1802—1889),幼年因家贫而先后在估衣店与饼店做学徒,有暇便读儒家的基本经典四书和练习书法,其勤勉与毅力甚得外祖父的疼爱,不时资助他读书。道光元年至咸丰八年间(1821—1858),汪士铎靠当家庭教席为生,而与许多士子官宦相识,于是有机会阅读一些私人藏书。道光二十年(1840)中举人后,并未改变他原来的生活方式,仍继续研究舆地与编写府志,其学术成就终得到朝廷的注意,于光绪十一年(1885)召为国子监助教。[2] 值得一提的是汪中与汪士铎的祖籍均为徽州府,他们的家庭世代在儒士与商贾间交替转换。

　　关于儒商间之交替互换,最好的记录是道光七年(1827)刊印的《徽州府志》之中占有多卷篇幅的《人物志》,它简要地记载那些在地方上办慈善事业、孝友、救济贫困族人著称的事迹,其中大部分传记在开头都说他们拥有监生的头衔,这表示他们是迫于经济困难而辍学从商,监生是多年之后才捐纳来的身份。[3] 身份制度的

1　A.W. Hummel, *Eminent Chinese of the Ch'ing Period*, II, pp.814-815.【译者按】:汪中的传记,见于《清史稿》,卷481,《列传》268,《儒林二》。

2　Hummel, *Eminent Chinese of the Ch'ing Period*, II, pp.834-835.

3　《(道光)徽州府志》,卷12。

流动性也在山西商人身上显示出来,山西商人与徽州的新安商人在明清同列为全国最主要的商帮。在扬州创业的山西盐商温纯(嘉靖十八年至万历三十五年,1539—1607),嘉靖四十四年(1565)登进士,其后官至吏部尚书。温纯在他的文集里详细叙述许多山西家庭的历史,说他们原先要不是一边读书一边从事农商,就是在从事农业、放债或纺织及以盐业致富后步上仕途。[1] 关于贫穷儒生弃学从商的过程,或反过来,商人弃商从儒的过程,在一本清代中叶的著作详尽地揭示出来,这本书还特别致力于描述那些无名的平民,经多年的事业波折后,仍然不能成功地爬升社会阶梯的困苦。[2]

　　通常,身份意识不但在平民之间,甚至在平民与精英之间也是模糊的,举几个例子就可以充分说明这个事实。例如清初文风鼎盛的浙江嘉兴地区,原为一名小米商后来成为知名诗人的周筼(天启三年至康熙二十六年,1623—1687),年老时以诗描述其生平,说道:

　　　　似士不游庠,似农曾读书。似工不操作,似商谢奔趋。

　　　　立言颇突兀,应事还粗糙。饥冻不少顾,吟诗作欢娱。

1　温纯,《温恭毅公文集》,卷10,页5a—7a;卷10,页27a—29b;卷10,页35a—36b;卷11,页4b—6a;卷11,页10b—12b;卷11,页12b—14a;卷11,页14b—16a;卷11,页16a—17b。亦参见傅衣凌,《明清时代商人及商业资本》,页161—175。【译者按】:《温恭懿公文集》,本书作《温恭懿公文集》,今据原书改正。《温恭毅公文集》中所举的例子,在卷10有:《明处士马公暨配硕人景氏墓志铭》(此家族原从事农商)、《明奉直大夫山东青州府同知蟠山李君墓志铭》(以商贾起家)及《明寿官胡公墓志铭》(从事商贾典当,以生息为业);在卷11有:《明文学冯季子墓志铭》(原为农业之家)、《明员伯子墓志铭》(原为商贾,以业盐起家)及《明寿官峨东王君墓志铭》(商贾起家)。

2　吴德旋,《初月楼闻见录》,全书各处。

像他这种出身的人,也会被接纳为地方社会精英。[1] 在 17 至 18 世纪的扬州,就有许多出身寒微的人,如米粮零售小贩、小酿酒商、香蜡小制造者、农夫等,把自己与地方精英分子联系在一起。[2] 晚清湖南大学者王闿运(道光十三年至民国五年,1833—1916)的学生中,就有一个僧侣、一个制竹篮的工匠、一个铁匠、一个木匠与一个放牛的牛郎。而更能呈现这一现象的是后来成为遐迩闻名的大画家的木匠齐白石(1863—1957),在他早年奋斗的日子里,就曾被当地两个著名家族资助的诗会所接纳。[3]

另外一个值得观察的有趣社会现象,就是明清时代许多官员及其家庭也从事商业,虽然洪武二十七年(1394)的法令禁止公、伯、侯及文武四品以上官员之家的家属与奴仆行商中盐,侵夺民利,[4] 但是御史大夫李庆仍于永乐五年(1407)上疏言:"时勋贵武臣多令子弟家人行商中盐,为官民害。"[5] 随后政府不断重申禁令,显示这条法令难以执行,不准高官及其家人经营商业和贩运盐的

1　郑方坤,《本朝名家诗钞小传》,卷 1,31a-32b。【译者按】:本书原作 13b-14a,然据《本朝名家诗钞小传》原书,其出处页数应为 31a-32b,《采山堂诗钞小传》。

2　李斗,《扬州画舫录》(北京,1960 年版),页 91-92,184。【译者按】:卷 4 与卷 8,出版者为中华书局。

3　参见附录,案例 27。

4　《盐政志》(嘉靖八年〔1529〕刻本),卷 5,页 11b。

5　《明史》,卷 150,页 2b-3a。【译者按】:《明太宗实录》,卷 109,页 1a,永乐八年十月乙未条载:"行在都察院左副都御史李庆言:公侯都督往往令家人子弟商中盐,凌轹运司及各场官吏,倍数多支。朝廷申明旧制,四品以上官员之家不许与民争利,已令罢支。"则李庆的奏疏非上于永乐五年,而为八年(1410)。又李庆在这篇奏疏还建议对违反的公侯都督"付于法""鞫治",但永乐帝却说:"姑勿治,令户部榜谕禁止。"可见洪武二十七年的禁令,到永乐年间并不严格执行,犯的公侯官员并未受到严惩,所谓"榜谕禁止",似乎只是虚应故事而已。

禁令似乎已为社会趋势的力量所抵消。[1] 其实洪武二十七年的这条法令，有更深远的意涵，它意味着明律并不禁止公侯及四品以下的官员经商。苏州士子黄省曾（1490—1540）在他那本关注长江下游家乡社会风气的笔记中证实：许多官员家庭经营鼓铸、囤房、债典及百货之肆，积累的财富有时超过百万两银。他也观察到在京师市郊就有许多官员开当铺、钱庄、盐酤店铺。[2] 松江（上海）学者何良俊在万历七年（1579）出版的笔记中，就以自己家乡松江府地区也发生同样现象而感到惊奇。[3]

　　清初政府对这种官员及其家庭经商的行为，一般是默许的，最出名的例子是权势甚大的满人明珠（天聪九年至康熙四十七年，1635—1708），康熙十六年至二十七年（1677—1688）的武英殿大学士，他宠信的朝鲜仆人安尚义就是直隶的大盐商，由于主人的政治势力，使他几乎垄断了长芦盐务。[*] 安尚义的儿子安岐继承家业，以赞助学人及鉴赏艺术知名全国。明珠又有一名汉人经营代理人张霖，他以捐官进入仕途，官至掌理省府财政的福建与云南布政使。张霖的两个儿子张坦与张壎也都在天津做盐商，均于康熙三十二年（1693）中举人，同样都官至中书舍人。他们能诗能文，留下许多

1　《盐政志》，卷5，页13a—14a。

2　黄省曾，《吴风录》，页5a—5b。

3　何良俊，《四友斋丛说摘抄》（《丛书集成》本），卷5，页353—355。

*　【译注11】：安尚义是安尚人的化名。参见关文斌《文明初曙：近代天津盐商与社会》（天津：天津人民出版社，1999）第5章，尤其是页127的注52与页128的注55。

卷诗文集。[1] 明珠及门下并非当时唯一从事盐业的官员，但他们在著名的康熙四十九年（1710）盐引引地案的审判中显得特别突出。这个案子是其他的长芦盐商控告安氏家族垄断盐业而引起的，但很快便结案，因为如果追得太紧，会牵连到太多前任的直隶官员。[2]

的确，我们可以说清代官员与富商间的分别，除了元代以外，比中国历史上任何时代都来得模糊。那些最能赚大钱的行业，如盐业与进出口业，通常是由能够承诺预先支付税款的商人所承包。这些商人得接受经常被管辖盐业的巡盐御史和欧洲人称为 Hoppo（户部）的粤海关监督等官员压榨，作为垄断事业的代价；[*] 而那些掌握高获利职位的官员，又多为满人、蒙人、汉军旗人和内

1　《长芦盐法志》（嘉庆十年〔1805〕刻本），卷 17，页 12b。【译者按】：本书在页 351 把"张坦"误为"张垣"，因而音译为 Chang Huan，宜改为 Chang Tan；又本书在页 351 也把"张壎"误为"张徇"，亦改正。相关资料见《（嘉庆）长芦盐法志》，卷 17，页 19b。

2　Hummel, *Eminent Chinese of the Ch'ing Period*, I, pp.11-13.【译者按】：内容见于安岐（An Ch'i）传中。当时从事长芦盐业的家族，除安氏以外，还有张霖为首的张氏家族，查天行、查为仁父子的查氏家族。长芦的其他盐商指控安氏侵占他们的引地，处理这个案件的直隶巡抚赵宏燮认为安氏确实有罪，但只要罚款就好了，不必追查；因为这个案子牵连太多官员，是这些官员贷款给安氏，并且让安氏经营长芦盐业，不受任何监控的。详见《康熙朝汉文朱批奏折汇编》第 2 册，页 714-718，康熙四十八年十二月十六日，直隶巡抚赵宏燮奏折《为奏请圣裁事切臣查孟桓揭首安尚仁并子安岐假捏引名克商与张霖同伙暗分盐引将陈州陆属隐匿不报一案》及第 2 册，页 818-821，康熙四十九年四月初五日，直隶巡抚赵宏燮奏折《为奏明事切臣查商人孟桓首揭安尚仁并子安岐假捏引名克商与张霖同伙暗分盐引将陈州陆属隐匿不报一案》。

*　【译注 12】：Hoppo 系闽南语"户部"音译，以"粤海关监督"之正式全名为"钦命督理广东省沿海等处贸易税务户部分司"，外国商人简称为"户部"。一般人不懂中西交通初期，名词多以闽粤方言发音，遂误以 Hoppo 系普通话发音的"河泊（所）"。详见陈国栋，《清代前期粤海关监督的派遣》，《史原》，第 10 期（1980），页 139-168。

务府的包衣。他们在压榨商人之后，自己也得被捞一笔，当他们任期届满时，得献出一笔钱给其所属单位的金库。因此，在精巧的榨取钱财与财富分享的网络中，这些富商是政府极宝贵的经纪人。

而这些富商对政府的价值，又因他们几乎持续不断的捐输给中央政府财库而提高。例如，乾隆三年至嘉庆九年（1738—1804）之间，两淮盐商共捐银 36,370,963 两，这还不包括花在乾隆帝南巡的 467 万两及不计其数给盐务官员的小额献金。虽然在乾隆三十八年至道光十二年（1773—1832）间，广东十三公行有记录的捐输只有 395 万两，但大家都知道单单伍氏一家三代至少就拿出千万两银子，捐给政府和非政府单位。盐商与公行商人捐输的对价报酬，是取得官衔与官阶，最高可以到布政使（从二品）。乾隆皇帝六次南巡，不但住在一些盐商的别墅与园林内，而且还私下关注不少盐商的家庭事务。[1] 凡此皆与明朝第一位皇帝太祖与第三位皇帝成祖对江南富室采取的高压政策大相径庭，这反映了清朝政府对富商的态度有基本的差异。

将财富转变成在科举仕途的成功，富商家庭则能得到社会尊

---

[1] 两淮盐商与广东行商财富的大小，它们对各类机关的钱财捐输，及乾隆皇帝与盐商的关系，都在何炳棣，《扬州盐商》一文中有所论述。【译者按】：《清史稿·食货四·盐法》云："淮、浙、芦、东各商所捐，自数十万、百万以至八百万，通计不下三千万。"但根据《光绪两淮盐法志》《清盐法志·两淮》及中国第一历史档案馆藏《录副奏折·盐税》所做不完全的统计，乾隆三年至嘉庆二十四年（1738—1819）的 81 年间，两淮盐商的报效捐输就不止 3,000 万，总计捐输 45 次、银 47,506,000 馀万两、米 35 万馀石，平均每年捐 586,000 馀两，约为盐课的 9.76%，接近十分之一，其他的皇室庆典报效、乾隆帝六次南巡两淮盐商建造行宫园林及招待费用尚不在内。

敬,数据显示,清朝创建到 18 世纪之交,全国主要的盐区商人群体产生的高阶功名人数如表 6 所示。

幸好论述清朝盐务的政书中提到盐商的人数,还有一篇现代研究盐商的专文,能够粗略地显示出盐商家庭在竞争剧烈的科举考试中享有的相对优势。两淮盐运使司下注册有案的盐商,从清初到嘉庆五年(1800)间,不论哪一特定时段,大概不会超过 250 人或 230 家。[1] 两浙盐务当局虽自称部分极富有的商人个别运销的盐,占全盐区盐额的 7% 至 8%,但其盐商总数不会超过两淮。[2] 很幸运地在现存资料中,山东盐运使司有完整的嘉庆十年(1805)盐商名单,总数有 133 家。[3] 我们知道乾隆四十七年(1782)河东盐运使司有 57 家运商、425 家坐商。[4] 坐商是实际在盐场独资制盐的商人,他们的资本虽大,但比起两淮资本家式的场商,其资本仍是有限的。甚至河东的运商,通常也是财富有限的。[5] 长芦盐商的人数,在史书上未见提及,但长芦盐运使司管辖区域相对较小,而且 17 世纪后期少数盐商几乎完全成功地把其他人排挤出去;如此看

1 何炳棣,《扬州盐商》,第 1 节。

2 同前注。

3 《山东盐法志》(嘉庆十三年〔1808〕),卷 9,页 5a-5b。【译者按】:《山东盐法志》卷 9,页 5a-5b,并无嘉庆十年(1805)山东盐商 129 人名单之记载。但在卷 9,页 8a-10b,载山东盐商 133 人的名单,其中引商 101 名、票商 32 名,今据改正。

4 《河东盐法备览》(嘉庆十一年〔1806〕刻本),卷 5 与卷 6。【译者按】:《河东盐法备览》,卷 5,页 3a-9b,载坐商 425 人的名单,但未言这份名单的时间。卷 6,页 10a-23a,载乾隆四十七年(1782)河东运商 57 人名单。则本书原来记载坐商 379 名,恐怕有误,今据以改正。而这些盐商人数所属的年份,本书原来记为乾隆五十四年(1789),但《河东盐法备览》并无乾隆五十四年之记载,书中所记坐商人数所属年份不明,但明载运商人数所属年份为乾隆四十七年。因此,将乾隆五十四年改为四十七年。

5 《河东盐法志》(雍正五年〔1727〕刻本),卷 3。

来,长芦盐商总数,可能远少于两淮。

表6 清代盐商家庭科甲出身人数表

盐区	时期	进士	时期	举人
两淮	顺治三年至嘉庆七年 （1646—1802）	139	顺治二年至嘉庆八年 （1645—1803）	208
两浙	顺治六年至嘉庆六年 （1649—1801）	143	顺治三年至嘉庆五年 （1646—1800）	346
山东	顺治三年至嘉庆十年 （1646—1805）	47	顺治二年至嘉庆九年 （1645—1804）	145
长芦	顺治三年至嘉庆七年 （1646—1802）	64	顺治五年至嘉庆九年 （1648—1804）	232
河东	顺治三年至乾隆三十六年 （1646—1771）	33	顺治二年至乾隆五十三年 （1645—1788）	71
总计		426		1,002*

史料出处:《两淮盐法志》(嘉庆十一年〔1806〕刻本)卷48;《两浙盐法志》(嘉庆六年〔1801〕刻本)卷24;《山东盐法志》(嘉庆十三年〔1808〕刻本)卷19;《长芦盐法志》(嘉庆十年〔1805〕刻本)卷17;《河东盐法备览》(嘉庆十一年〔1806〕刻本)卷10。

*【译者按】:原书作822,计算错误,今改为1,002。

虽然从事盐业的权利通常是世袭的,还是必须将盐商的兴废计算在内,有些盐商只延续两三代便被别人替代,有些则延续得久一些。清朝创建以来,到嘉庆五年(1800)之间的一个半世纪中,这5个盐区累计的盐商不大可能超过2,000家。而在同一时期全国一共产生整整15,000名进士,于是我们发现全国最富的两淮与两浙盐商,累计起来不过1,000家,就产生了282位进士,占全国的1.88%。这必须与同时期全国最低的户口数字来比较,清初至少有

2,000万户,嘉庆五年(1800)至少有5,000万户。[1] 这5个盐区的盐商在科举方面惊人的成功,可以更容易地从下列比较来掌握。虽然在有清一代267年中,有十几个高文化、高都市化及人口稠密的府,产生了400名以上的进士,[2]但这5个盐务区却更胜一筹,居然能在156年中产生426名进士。

若以质量论,盐商家庭在科举仕途上的成功,予人印象更深。浙江盐商群体产生了军机大臣汪由敦(康熙三十一年至乾隆二十三年,1692—1758)、潘世恩(乾隆三十五年至咸丰四年,1770—1854);[3]两淮则产生权倾一时的大学士曹振镛(乾隆二十年至道光十五年,1755—1835);山东则有大学士高弘图(万历十一年至弘光元年,1583—1645)、李之芳(明天启二年至清康熙三十三年,1622—1694)。另外,盐商家庭还栽培出数十个三品及三品以上的高官。[4]

财富与科举成功的相互关系也可由徽州地区的统计数据见到,徽州府这个多山的府,管辖六个县,明代的人口比50万稍多一

---

1 嘉庆十七年(1812),14省的每户人数平均值是5.33,清初全国人口总数大概大大地低于1亿5千万,到了嘉庆十七年,全国人口飙升到3亿。见何炳棣,《明初以降人口及其相关问题1368-1953》,第4章与第11章。

2 详见下面的第6章。

3 虽然一般都以为潘世恩是苏州人,但他的父亲潘奕基则最初注册为杭州商籍生员。参见潘世恩,《思补老人自订年谱》,页1a-1b。潘氏家族住在苏州的其他著名成员,也都原是浙江商籍生员。参见《两浙盐法志》,卷24。【译者按】:《思补老人自订年谱》,本书原作《思补老人手订年谱》,今依原书改正。本文出处,本书原作页1a,遗漏页1b,今依原书补正。

4 《两浙盐法志》,卷24;《两淮盐法志》(嘉庆十一年〔1806〕刻本),卷48;《山东盐法志》(雍正三年〔1725〕刻本),卷13。【译者按】:曹振镛的生卒年,原书误为1775-1835,今改正。

些,19 世纪初,可能已增长到 150 万,如果本地出生的孩子没有长期定居外地的话,这个人口数字应该会再多些。在顺治三年与道光六年(1646—1826)之间,徽州地区共产生 519 名进士和 1058 名举人,其中包括一些不住在当地的士子。可以肯定的是徽州的进士产量比其他相当地区的多了好多倍。更显著的,是在这一期间,徽州本地或徽州人的后代就产生了 29 名一甲进士,占同期全国一甲进士总数 225 人的 13%。[1] 贫穷而有天分的学者沈垚,从大量的事实总结出来:古者士之子恒为士,然宋元明以来,天下之士多出于商。[2]

在这种情况下,自清初起富商家庭掌握的社会声望越来越大,有些栽培出官员的盐商家庭,就自称为"官商"。虽然,雍正二年(1724)明令禁止这样的称谓,但其目的只是防止这些有特殊声望的商人逃避缴纳部分的税金。[3] 无论如何,现实社会上,官员与商人的差别越来越模糊。众所周知的,18 及 19 世纪,广州十三行的行商就被洋人及国人称他们为 Kua(广东话对"官"字的讹误发音)。同样众所周知的,晚清在募款活动中,官或绅

1　《徽州府志》(道光七年〔1827〕刻本),卷9,第二与第三部分。
2　沈垚,《落帆楼文集》,卷24,页 11b-13a。
3　《两淮盐法志》(嘉庆十一年〔1806〕刻本),卷25,页 2b-3a。【译者按】:所谓税金是指"应出正项公费"。原文是:"商籍行盐者,子孙官于朝,遂自立为'官商';凡应出正项公费,或减半,或竟有不出者,宜革去官商之名。查官自为官,商自为商,何得借官商之名引课归入名下,希图免出公费,从中取利。既如所奏,嗣后务令照引一体出费,将官商之名禁革。又称:地方绅士不在官商名目,每年坐地分派,曰别敬,又曰常规,先经革除,近又私立名色,将散商盐引抵充,按年瓜分。查别敬、常规名色久已禁革,今即除去官商之名,是现在行盐之家居官者,尚不能称为'官商',则并不行盐而将散商引归名下,希图取利者,亦可不禁而自革矣。"

（现任官员、退休官员和显要的地方领袖）已越来越与商连在一起了。

第四节　社会为儒家意识形态所渗透

　　一个特定的社会中，普遍存在的社会意识形态渗透到各社会阶层的程度，是研究社会流动最基本，也最难量度的。当研究的对象是过去的历史社会，由于不能采用问卷取样的调查方法，其难度就更高了。就如其他现代或历史的社会一样，明清社会有代表其意识形态的格言、箴言、谚语与神话，不论其中是否含有一定程度的事实，如果少了这些，大部分人民将缺乏上进必须有的激励。从某种意义上说，这类普遍存在并渗透到各阶层的社会意识形态，对社会的大量流动是必要的。

　　正如同在第一章中讨论到的，儒家的社会意识形态，在合理化了社会不平等的同时，又主张社会地位应以个人贤愚来决定。这个意识形态的二元论，要到唐代竞争激烈的科举考试制度成为永久制度后，特别是明初在全国设立县级、府级与省级学校，并建立起码的全国性奖学金制度后，才得到较好的解决。科举考试制度对社会流动产生的效果，在唐代中期以后越来越显著。在过去的一千年中，逐渐出现一系列基于儒家社会意识形态的谚语与神话，反映出一个重要的新社会现象：科举的成功，及随之而来在官僚体系中的地位，不再依靠家庭地位。我们需要提到一些这样的谚语："书中自有黄金屋，书中自有'颜如玉'（汉代以来视为美艳妇女的抽象典型）。"*"将相宁有种乎？"**"人遗子，金满篓，我教子，惟一经。"*** 这一类名句，与阿尔杰（Horatio Alger）书中的美国神话意涵相同，**** 只是彼此的目标不同，中国人为求科举仕途的成功，美国人为求物质的成功，因此，二者不能严格地等同看待。

从传记资料，我们得以了解儒家社会意识是怎样深入明清民间社会底层的，在前一节简要而具说明性的资料与本书附录中许多更详细案例显示确是如此。著名的明代烈士杨继盛，是一位北方农家子，当他为家放牛时，渴望读书。铁匠吴中良后来考中举人，做了地方官。杨继盛与吴中良的成功例子，并不罕见。明清的传记的确记载了许多相似案例。例如伟大的社会小说《儒林外史》第一回的主角，浙江著名的学者与画家王冕（至元二十七年至至正十九年，1290—1359），朱元璋起兵之初曾征召王冕担任谘议参军的公职，《儒林外史》描述王冕的童年生活，几乎和杨继盛完全一样。[1] 勇敢的御史杨爵（弘治六年至嘉靖二十八年，1493—1549），原是陕西的贫农，登嘉靖八年（1529）进士。陆树深为上海近邻的小农，举嘉靖二十年（1541）会试第一。崇祯元年（1628）进士刘之

---

* 【译注13】：语出宋真宗《励学篇》（见〔清〕郑志鸿，《常语寻源》，收入蒋致远编，《中国方言谚语全集》〔台北：宗青图书公司，1985〕，第 21 册）："富家不用买良田，书中自有千钟粟。安居不用架高楼，书中自有黄金屋。娶妻莫恨无良媒，书中自有颜如玉。出门莫恨无人随，书中车马多如簇。男儿欲遂平生志，五经勤向窗前读。"

** 【译注14】：语出《史记》，卷48，《陈涉世家》。

*** 【译注15】：语出南宋学者王应麟（1203-1296）的《三字经》，源于邹鲁谚语："遗子黄金满籯，不如一经。"（《汉书》，卷73，《韦贤传》）

**** 【译注16】：阿尔杰（Horatio Alger, Jr., 1832-1899）是 19 世纪美国作家，作品上百，其主题都是出身贫困，经过刻苦奋斗而发家致富（from rags to riches）的，影响当时人心至巨。

1 朱国桢，《皇明开国臣传》，卷10，页 1a-2b。

纶(卒于崇祯三年,1630),原为四川贫农,常常要砍柴薪,拿到市场贩卖,以补足家用。他读书立志做圣人,在座右铭刻"必为圣人"自励。这一切都反映出唐以后儒家意识形态在农村贫民中无所不在的影响力。[1] 著名的水师提督彭玉麟(嘉庆二十一年至光绪十六年,1816—1890),他的父亲虽是一个没有土地的佃农,也知道穷人要显著改变社会地位,就必须要研读儒家经典。[2]

儒家社会意识形态同时也透入社会底层的城市工匠与商人之中,例如苏州人屠潮就以自己做银矿工人的积蓄,供其弟专心读书,希望最终能改变其家庭的社会地位。[3] 史经也是苏州人,他家世袭织匠,并以做小贩支持家庭,同时利用馀暇用功读书,终于成化十六年(1480)考中举人,做了地方官。[4] 施槃,正统四年(1439)殿试居首;王行,明初名学者,出仕做官;姜昂是 15 世纪末福建参政;王觉莲,乾隆四年(1739)进士,官至太子左庶子。这些人都是小商人之子,童年时求其父母准许他们弃商从儒。[5] 尤其出身全国最落后的贵州省的王觉莲,其父母欲其继家业为商贾,但他在 5 岁

1　《明史》,卷 209,页 5a–7a;卷 216,页 10b–11b;卷 261,页 5a–6a。【译者按】:杨爵年二十始读书,燃薪代烛,耕陇上,则挟册以诵,终登进士。陆树深少力田暇即读书,举嘉靖二十年(1541)会试第一。刘之纶除与父兄一同耕田外,还要伐薪樵卖市中,归而学书,铭其座曰"必为圣人",里中由是号之刘圣人。

2　参见附录,案例 19。

3　《(崇祯)吴县志》,卷 43,页 18a–18b。

4　《(崇祯)吴县志》,卷 44,页 41b–42a。

5　《(正德)姑苏志》,卷 52,页 34b–35a;《明史》,卷 285,页 12b–13a;《(正德)姑苏志》,卷 52,页 49a;李宗昉,《黔记》(《丛书集成》本),卷 1,页 3a。【译者按】:据《(正德)姑苏志》姜昂于成化中登进士,初任枣强县令,后历任御史、河南知府、宁波知府,最后官至福建参政。"福建参政姜昂",日文译本误为:"福建省总督代理江昉"。施槃为正统四年己未科一甲一名进士,本书原作"正统三年",误,今改正。

小小年纪便敢于违反父母意愿，自请读书。他的案例特别适合当作观察儒家社会意识形态深入民间程度之指标。当一位富裕的商人之子资质不好，有时会选一好学的邻居孩子做未来的女婿，给予资助与经常的鼓励。[1] 甚至那些解放了的贱民，也热切地服膺儒家尚贤思想，在 18 世纪后半和 19 世纪初，当身家不清白的贱民须经祖孙三代的过渡期才能漂白的法令尚未废除之前，他们也运用一切方法，以取得初阶的秀才功名。

儒家社会意识形态的影响不止及于男性，明清传记中有许多例子是讲寡母坚守普遍存在的社会信念，严格督促孤子念书。她们自己可能识字不多，是半文盲，甚至一字不识，但她们能纺纱织布，历尽长期的贫苦与艰难，仍尽力使儿子能专意念书。我们只需要提几个特出的例子，如全国知名的三位陕西学者之一的李柏（明崇祯三年至清康熙三十九年，1630—1700），年轻时为明朝灭亡而悲伤，在清朝外族统治之下，决心不争取任何科名，不入仕途，但是他的寡母仍强迫他参加科举考试。[2] 李道南的母亲是一位贫困盐商家的寡妇，她临终时握着李道南的手说："还是读书。"李道南于是以母亲这句遗训命名其书斋为"还是读书堂"，终于在乾隆三十六年（1771）登进士。[3] 另一例是咸丰九年（1859）的进士严辰（道

1　徐咸，《西园杂记》（《丛书集成》本），上册，页 86。

2　吴怀清，《关中三李先生年谱》（民国十七年〔1928〕版），卷 5。【译者按】：《关中三李先生年谱》（卷 5，页 5a）云："顺治十年癸巳二十四岁，先生既屡避童试，至是田心耕学使案临，或教母氏命之试，不敢违，遂补博士弟子员。"

3　Ping-ti Ho, "The Salt Merchant of Yang-chou," p.162.【译者按】：本书原记李道南于乾隆二十四年（1759）中进士，但该年未举行殿试，江庆柏《清朝进士题名录》（北京：中华书局，2007）据竖立在北京孔庙的进士题名碑所记，李道南是乾（转下页注）

光二年至光绪十九年,1822—1893),他的祖母在临终弥留之际突然张眼对严辰的父母说:"读书最好。"[1]

　　这一类例子明白地指出:这种社会意识形态显然已渗透到社会阶层的下层。当然如果不检视这图像的另一面,这样的论断恐怕会有夸大武断的危险。从这些成功者的记载中,我们得到的印象是并非所有家庭分子都愿意为追求科举考试成功而长期从事禁欲的学术工作。例如隆庆年间(1570 年代初)吏部尚书张瀚(正德五年至万历二十一年,1510—1593),原来是织匠之子,他就证实其父与二哥从不经营家业或用功读书,他们比较喜欢过安逸的生活。[2] 可以说,一些知名的明清家族中是有这样的,[3] 某些富裕的家庭成员经常沉迷于"犬马声色"之中。[4] 更多的例子将在第四章

（接上页注）隆三十六年(1771)为皇太后八旬万寿所开恩科的赐同进士出身第三甲三十九名,因此据以改正。又本书所引原文来自《两淮盐法志》(嘉庆十一年〔1806〕刻本),卷 46,页 19a-b。其母"临终执道南手曰:'还是读书。'道南泣受命,因以是语名其堂。"

1　严辰,《桐溪达叟自订年谱》,页 5a。

2　张瀚,《松窗梦语》(《武林先哲遗书》本),卷 6,页 13b-14a;又见于他的《奚囊蠹馀》(《武林先哲遗书》本),卷 16,页 5a-7a。【译者按】:《松窗梦语》云:"余后做官,先人不事经营,家业渐落,吾母以为忧,先人曰:'富贵不可兼得,儿既为郎,吾两人皆受恩封,一家骤致三贵人,既贫不乏食,何忧之有?'"《奚囊蠹馀》记载其父故事云:"身处富贵之中而乐朴素,与闾里人游,虽猥贱至忘尔汝,闾里人共喜无骄气,亲就亦忘其形。"又记其兄故事云:"幼与余共学业举子,不相入,去为商。又不屑勤铢两、计赢缩,归自念曰:'营营自苦,效埒断丈夫乎?'于是躬构居室,内外整严。有隙地即树艺草木,灌花洗竹以为娱。客至,布棋局、命尊俎、雅歌、投壶,终日不倦。或起兴,深酌,举觞高啸。客非其任不力,强取自醻之,尽醉乃已。二三十年之间,极游燕之乐,恣湖山之观。偕昆朋之好,抒幽旷之襟。丝竹之声,不乏于耳;芬芳之色,不绝于目;甘鲜之味,不靳于口。移寒易暑,不知老至。名何必列儒林,家何必多货殖。悠悠乐事,亦已偏矣。"

3　参见本书第 4 章第 5 节《财富的减少》。

4　Ping-ti Ho, "The Salt Merchant of Yang-chou," pp.159-168.

《向下流动》中提出。我们无法确知在一定的时间之中,哪些部分的人民(由于经济或其他原因),不受儒家社会意识的影响;因为大部分人民没有留下传记资料,但如果因此就认定他们拒绝接受这一普遍存在的社会意识形态,显然是不公平的。

在衡量问题的两面之后,仍可以说儒家社会意识形态已广泛而深入地进入社会各阶层。有三个理由似乎可以支持这个印象:第一,传统中国社会,至少是明清社会,其价值与目标体系较现代工业社会更为单一而少阶级特殊化。复杂的现代社会可由企业、工业、专业、艺术、戏剧,甚至运动达成较高的社会目标;在明清社会,则只能经由科举考试的成功才能达到唯一的终极目标。《儒林外史》中最有趣的角色马纯上就是这个单一价值观的最好例证。这个靠选编科举考试范本、八股时文为生的文士,在对一个缺乏事业企图心的杰出官员子孙的谈话中,毫无掩饰地展现其现实主义风格。他说:

> "举业"二字,是从古及今人人必要做的。就如孔子生在春秋时候,那时用"言扬行举"做官,故孔子只讲得个"言寡尤,行寡悔,禄在其中",这便是孔子的举业……到本朝用文章取士,这是极好的法则。就是夫子在而今,也要念文章、做举业,断不讲那"言寡尤,行寡悔"的话。何也? 就日日讲究"言寡尤,行寡悔",那个给你官做? 孔子的道也就不行了。[1]

马纯上对一个要奉养病弱双亲的贫困学者匡超人说:

---

[1]　吴敬梓,《儒林外史》,第13回。

你如今回去，奉事父母，总以文章举业为主。人生世上，除了这事，就没有第二件可以出头。不要说算命拆字是下等，就是教馆、作幕，都不是个了局。只是有本事进了学，中了举人、进士，即刻就荣宗耀祖。[1]

可见这一价值观念，已弥漫整个明清社会。虽然穷人中只有那些最具不凡智识与决断力者，才能受益于这种价值。

第二，这个单一的价值观完全呈现在各种不同的社会象征中，它不失为对贫寒与较贫寒人士一强有力的心理挑战。任何人都可以看到统治者与被统治者在权力、义务与生活形态上的巨大差异。此外，在明代建文、永乐（1400）以后不久，各地兴起一种社会风气，为登举人与进士的在地子弟立牌坊，以彰显其成就，并激励地方子弟上进，使当地一直维持或增进科举与社会的成功。15世纪后半的景泰、弘治年间以降，各地为在地子弟任高官者建立精心雕琢牌坊的情况越来越多。[2] 随着时间的推移，后来甚至连贡生也立旗竿来显耀其举业。清代有些地方还僭越地建立社区祠庙，供奉当地过去中举者的牌位。若这些已入祠庙举子的子孙再中举，就加竖新旗竿，以进一步荣耀他们的祖先并激励在世的人。[3] 的确，

---

1 吴敬梓，《儒林外史》，第15回。

2 陆容，《菽园杂记摘抄》（《纪录汇编》本），卷6，页3a-3b。

3 《（光绪）四会县志》第2编上，页90b-91a。【译者按】：本书引用县志对"宾兴崇祀祠"的记载，原文是："祠内子孙有登科甲者，即其地竖旗竿。"但特别为中举者立祠，恐是误会"宾兴崇祀祠"中为216人立牌位的记载。依据同卷页92a的记载，在宾兴崇祀祠中供奉的牌位，是捐钱建祠的216人，非"登科甲者"。

对大多数人来说,明清中国这些精巧复杂的社会象征,往往激起嫉妒、羞辱、骄傲、困窘的情绪。科举成功产生的心理作用,是社会向上流动的主导因素。具体的例子,将会在本书的附录中呈现。

第三,儒家社会意识形态散布的途径很多,宗族与家庭制度是其中之一。自宋代宗族制度兴起以来,就有许多史家论述宗族与家庭事务告诉我们,许多显赫家族因其后代的无能沉沦,终至完全被人遗忘;而一般平民家庭出身的勤勉青年,却常能崭露头角。受到这种事实的感动,许多的史家强调教育与坚持毅力的重要,认为这才是走向社会成功的主要方法。明清宗族的族训中,通常都有这样一条典型的中国道德训诫:财富与荣誉非恒常,唯有依靠用功读书与立定大志方能成大事。明代初年,全国普遍设立学校与奖学金制度,弘治年间(1500)以后,私人书院的兴起更进一步帮助儒家社会意识的普及。事实上,这个单一价值体系之所以能延续,不只是经由这些制度化的途径,同时也靠父母、亲戚和乡里父老,甚至是乡村说书人的话语传播而达成。

第三章
向上流动：进入仕途

　　传统中国社会把进入统治官僚体系，当作社会向上流动的最后目标。无庸置疑的，进入仕途可能是明清社会流动最重要的一个方面。依现代研究者的观点，这一方面的研究最有收获，因为这一类的史料，是现有可以掌握的史料中，无论质或量都是最好的，可以让我们据以做有意义的量化与统计分析。把这些史料放在其历史的、制度的与社会的脉络中，来做恰当的分类与解释，这些统计数据就可以解答研究传统中国社会与制度史的基本问题：明清政府是否基于合理而广泛的基础来增补统治阶级成员，并且可以对"中国旧体制最后两个朝代的官场向有才能人士开放"这个传统说法，检验它是否有根据。估定这些统计数字，并与我这项研究所累积的事证相联系，就如同在本书结论的那一章所做的一样，对我们解释明清社会的基本特征与性质是很有帮助的。

第一节　史料的简要评述

　　中国史料中有关传记部分很是丰富，大部头的二十六史就由大量的列传组成,在这些官修及个人私修的朝代历史之外,明清时期的人物传记有百种以上私修丛书,其中最著名、部头最大的是焦竑(嘉靖十九年至泰昌元年,1540—1620)在万历四十四年(1616)刊行的《国朝献征录》与李桓(道光七年至光绪十七年,1827-1891)在光绪六年(1880)刊行的《国朝耆献类征》,再者就是现有方志版本中都有的列传专篇。[1] 但在研究社会流动上,这些材料的用途却有其限制及问题,其原因有二:(1)常常缺乏据以作为社会身份地位分类所需的完整传记文集;(2)对传记传主选择标准常存偏见。

以这些传记来研究社会流动,其史料的缺陷是很明白的。正史列传常常完全忽略传主个人的家庭背景,除非他的祖先是中高阶的官员,或是有特殊天分与成就的名人,这些传记才会记载其家世背景。虽然私家修撰的名人传记丛书中,经常会记录传主的生平与任官经历,但这些非官方的传记向来是带着赞颂的性质。一篇内容详细的墓志铭之作者,或者本来就是死者的故人旧识,对传主生平有相当的认识;或者作者依据的资料是死者亲友提供。一位名人生平某些方面和背景,总是有帮他写传记的朋友、受雇写传记的作者,或这些名人的后代,有意地隐匿或夸大。墓志铭这类带

1　1949 年以来,发现了超过千种从前不为人知的中国方志,使已知的方志总数达7,000 种以上。见朱士嘉,《中国地方志综录》。【译者按】:1958 年,朱士嘉,《中国地方志综录》(上海:商务印书馆)出版之后,近年来陆续有新发现的地方志,据1985 年中国科学院北京天文台主编《中国地方志联合目录》(北京:中华书局)的统计,已有 8,264 种;1989 年的统计,又增至 8,700 多种(详见史文,《我国现存方志的收藏与分布》,《上海志鉴》,1989 年第 6 期)。最近北京籍古轩图书数位技术有限公司制作《中国数字方志库》,收录 1949 年以前出版的方志,更增至"近万种"。详见《中国数字方志库》(首页)http://www.wenjinguan.com/及台北中研院《中国大陆各省地方志书目查询系统》http://webgis.sinica.edu.tw/place/。

着歌功颂德性质的记载，在处理传主的先祖及其社会流动的早期过程时，很难与事实一致或较为明确。而方志的传记材料，通常又太粗略，用作研究社会流动别具风险。

表7　方志家庭背景资料正确性的取样核对

人名	主要成就	家庭背景	
		张仲礼所用的史料	其他史料
陶澍	嘉庆七年（1802）进士；总督	无资料[a]	其家甚富，后中落，父亲为生员[b]
郑秉恬	道光二年（1822）榜眼	无资料[c]	曾祖父为生员[d]
陆建瀛	道光二年（1822）进士；总督	无资料[e]	曾祖为生员，祖父为监生
汪鸣相	道光十三年（1833）状元	无资料[c]	曾祖为生员[f]
魏源	道光二十四年（1844）进士；著名史地士人	无资料[a]	家极富，后中落；其父为低阶官员[g]

a、《湖南通志》（光绪十三年〔1887〕版）。
b、陶澍，《陶文毅公全集》（道光十九年〔1839〕后不久刊行），卷47，全卷叙述其家史。
c、《江西通志》（光绪七年〔1881〕版）。
d、《道光壬午同年齿录》（道光二年〔1822〕进士名录）。
e、《沔阳州志》（光绪二十年〔1894〕版）。
f、《道光癸巳科会试同年齿录》（道光十三年〔1833〕进士名录）。
g、《邵阳魏府君事略》（魏源之子〔【译者按】：魏耆〕增修撰著）。

统计研究的价值，视其运用资料的品质而定。由于张仲礼的《中国绅士》研究社会流动的数据全来自方志，他研究这个课题又远比前人广泛，似乎有必要在此简要地评价他所运用的资料。大规模地查对张仲礼的数据，需要大量时间与劳力，因为方志所载的个人传记，只有少数可以在正史传记丛书或其他类更好的史料中找到，其中可以拿来与我们的进士祖先资料相核对的也不多。在此仅能就我手边找得到较著名人士的祖先资料做抽样核对。由于张仲礼以"生员"作为"士绅"身份的指标,因此他由方志中收集"士绅"的社会流动资料之有效性,是相当令人怀疑的。[1]

上表这类传记材料的最基本弱点,在于收录人物的标准,很少是具体而清晰的,几乎无例外地是主观的。尽管如此,也从未前后一致地依其自订标准收录,更谈不上全面彻底地依标准而行。举一个明代的好例证,过庭训《国朝京省份郡人物考》是一大部头的传记集子,将人物依府来分类,共 115 卷,天启年间(1621—1627)刊行。过庭训当过南直隶(包括今江苏与安徽)提学,因此偏重南直隶,书中光是收录南直隶一省人物的部分就有 31 卷,而其他科举考试成绩优越的省份相对而言就不成比例了,浙江只有 15 卷,江西 13 卷,福建更少,只有 6 卷;而北方各省的人物一共只有很少的几卷,三个西南方省份则是一省一卷,对于举业成就非凡,而且社会流动最大的地区,闽南沿海的泉州府,竟未有任何一位名人被收入传记中。书中人物传记最长的超过 10 万字,最简短的却不过几行或几十字。例如江苏南部的苏州府,本是一个立传成风的地方,甚至寒微之人也立传,[2] 所以竟有 201 位名人入传,其邻近的松江府与常州府,虽在科举方面极为成功,然入传的名人松江只有 73 人,常州也只有 86 人。[3]

1　Chang, Chung-li(张仲礼),*The Chinese Gentry*(《中国绅士——关于其在 19 世纪中国社会中作用的研究》),Part IV.

2　何良俊,《四友斋丛说》,页 124。

3　过庭训,《国朝京省份郡人物考》,全书各处。

表 8 清代分省名人数量

省份	A 组		B 组		C 组	
	百分比	名次	百分比	名次	百分比	名次
江苏	23.53	1	21.24	1	10.93	1
浙江	14.92	3	17.30	2	10.43	2
直隶	4.98	5	6.54	4	10.13	3
山东	5.18	4	6.21	5	8.45	4
江西	3.24	10	5.64	7	7.08	5
河南	4.59	7	3.36	10	6.33	6
山西	3.59	8	2.75	13.5	5.34	7
福建	3.44	9	5.59	8	5.23	8
旗人	—		—		4.86	9
湖北	1.84	15	2.89	12	4.53	10
安徽	4.75	6	6.92	3	4.44	11
陕西	2.29	14	2.98	11	4.22	12
广东	2.34	12	4.74	9	3.78	13
四川	3.01	11	2.75	13.5	2.86	14
湖南	15.93	2	6.16	6	2.71	15
云南	1.59	17	1.18	16	2.59	16
贵州	0.93	18	0.99	17	2.24	17
广西	0.42	19	0.74	18	2.13	18
甘肃	1.61	16	1.94	15	0.95	19
满洲	2.30	13	—		0.68	20
总计	99.48*		99.93		99.96	

史料出处:A 组的资料来自李桓《国朝耆献类征》。B 组的资料来自《清史列传》;A、B 两组资料均在朱君毅《中国历代人物之地理分布》中已做成表。C 组则采用张耀翔《清代进士之地理的分布》,《心理》第 4 卷第 1 期(民国十五年〔1926〕三月),必须注意的,张氏的进士数字有所遗漏,不太精确。比较精确的数字及其省份排名,参见表 28。

*【译者按】:全部加起来为 100.48。

再举一个清代传记集子为例,卷数繁多的李桓《国朝耆献类征》,除去数百名清朝宗室与满蒙八旗外,共收录 5,986 位汉族名人,编者为满足其钟爱乡土的地域主义,而歪曲入传人的成就标准。李桓的家乡是湖南,虽然在太平军前后,湖南产生很多将军与省府官员,但产生进士数量在全国的排名很低,而进士却是决定是否可算是名人的重要因素。就由于李桓的主观标准,将收录的湖南名人人数列为全国第二多,高于文风甚高的浙江省。用这样一部清代最大的传记集子作为统计的依据,其危险可由下表大略知之。这个表是把李桓《国朝耆献类征》与其他传记集子相比较,这些传记集子虽性质与李桓《国朝耆献类征》类似,但偏见较少,论述清代进士较客观而详尽。

A 组与 B 组的传记集子的选录,是基于主观的多种成就,其标准多重,没有代表性的抽样。C 组把所有清代的进士全包括在内,其标准是单一的。因此,作为社会学的研究,无疑地,C 组是最有价值的。因为进士的仕宦生涯,几乎无一例外地从一开始就进入官僚体系的中层,是国家精英的一分子,名字刻在国子监前竖立的题名碑上;不用说,在祖籍当地人看来,他就是名人。只有 C 组的传记集子是有代表性的抽样,量度入传人成就,是基于一致的客观标准。虽然 C 组对"成就"的定义比 A、B 两组较为窄狭,但在儒家社会的当代人士眼光中,举业的成功与社会显达的关系,必然是相当密切的。

A、B、C 三组的一些差异是可以解释的,如甘肃与东北(满洲)产生的进士人数最少,但比例上他们在军中任高级将领的人较多,其名人数量的排名,在 A 组与 B 组的名次,自然就比 C 组要高。湖南、安徽两省在太平军前后产生最多的将领与省府级官员,其名人数量的排名,在 A、B 两组之中就比在 C 组高得多。但在清代 267 年的最后 60 年中,这两省尽管有许多军事将领具有显达的成就,但他们在 A、B 两组中排名之高,还是令人高度怀疑。由比例上看,A、B、C 三组的一些差异甚至是更加严重的,例如江苏产生的"名人"(进士)人数比浙江与直隶稍多一点;但在 A 组中,江苏产生的"名人"(进士)人数却是浙江的 1.57 倍,是直隶的 4.92 倍;在 B 组中,是浙江的1.22倍,直隶的 3.25 倍。更明显荒谬的是湖南的进士人数仅及浙江 25.7%,而其名人人数的排名却胜过浙江。把个人传记的品质置之不论,我们必须认识到使用这些传记资料做材料会造成严重的统计失实。[1]

　　比上述各种形态传记丛书品质更好的是科考及第举子的考试手册。明清,特别是清代,进士、举人、拔贡生与优贡生将他们考试

1　魏复古(Karl A. Wittfogel)的相关著作有:(1)《中国社会新论》(*New Light on Chinese Society: An Investigation of China's Socio-Economic Structure*, New York: Institute of Pacific Relations, 1938)、(2)《辽朝的公职与中国科举制度》("Public Office in The Liao Dynasty and the Chinese Examination System," *Harvard Journal of Asiatic Studies* Vol. 10, No. 1〔Cambridge: Harvard-Yenching Institute, 1947.6〕, pp.13–40)、(3)《东方专制主义——对于集权力量的比较研究》(*Oriental Despotism: A Comparative Study of Total Power*, New Haven: Yale University Press, 1957)、(4)与冯家昇合著《辽代社会史》(Karl A. Wittfogel and Feng Chia-Sheng, *History of Chinese Society: Liao, 907–1125*, Philadelphia: American Philosophical Society, 1949),其中所提供的传统中国社会的社会流动资料,及其对社会流动与社会基本性格所做的一些概括性的归纳,我们可能要怀疑其价值。不用说,区域性的契丹辽朝,其汉化程度比较浅,是中国长远历史中最不具代表性的。【译者按】:《东方专制主义——对于集权力量的比较研究》中译本为徐式谷等译,由北京中国社会科学出版社于 1989 年出版。《辽代社会史》的总序已由苏国良、江志宏译为《中国辽代社会史(907–1125)总述》,收入郑钦仁、李明仁编译,《征服王朝论文集》(台北:稻乡,2002),页 1–69。

考卷上写的八股时文及诗文重印,分送给他们视为靠山与座师的考官,也分送给某些他们想要巴结的官员,以及亲戚、朋友与熟人,成为一种全国的惯例。这同时也是他们接受本地乡亲馈赠贺仪、贺礼的场合。一般来说,乡亲们此时已将其视为新的功名确立之人。由于进士手册一般会用朱砂印泥盖印,因此称为"朱卷";举人、贡生手册则用墨汁盖印,而称之为"墨卷"。随着时间推移,后来这两种卷子在形式上的差别,不再为人注意,均通称"朱卷"。[1]研究举子的祖宗是很有价值的,因为这可提供精准的信息,来考察他们家庭的祖宗三代中是否产生过科举高第的举子或官员。可惜的是现存的朱卷并不多,而且其涵盖的时间年代与地理分布,极为不均衡,削减了以之作为研究社会流动资料的价值。[2]

1　商衍鎏,《清代科举考试述录》,第2章。

2　基于朱卷所做的一项出色研究是潘光旦与费孝通,《科举与社会流动》,清华大学《社会科学》,第4卷第1期(1947年10月)。这项研究依据917种朱卷,其中大部分是19世纪后期直隶、江苏、浙江与山东的朱卷。哥伦比亚大学东亚图书馆典藏的朱卷300多种,由于上述的原因,在做我们这个研究时,虽参考了朱卷,但最终还是不以之作为研究的依据。【译者按】:近年搜集到的朱卷数目已远超过潘、费二位初做研究及何先生撰著本书时在美国所能找到的。顾廷龙主编,《清代朱卷集成》(台北:成文出版社有限公司,1992),计收有清代朱卷8,364种。"朱卷"即科举之各类试卷弥封后,誊录人员用朱笔重新誊写的卷子。依清代成例新中式的举人、进士都将履历、科份、试卷刻印,亦称"朱卷"。朱卷为三个部分所组成:一、履历:登载本人姓名、字号、排行、出生年月、籍贯、撰述、行谊,并载本族谱系,最简单的只记载祖妣三代。详细的还上自始祖下至子女、同族尊长、兄弟侄辈以及母系、妻系无不载入。凡有科名、官阶、封典、著作亦注入名下。再录师承传授,如受业师、问业师、受知师之姓名、字号、科名、官阶以示学问渊源有自。这部分提供的信息,对研究社会流动最为珍贵。二、科份页:载本科科份、中式名次、主考官姓名官阶与批语等。三、试卷与文章:八股本身是一种骈散文菁华的文学体裁,追求修辞技巧形式的完美,是研究八股文的第一手材料。在考官的评语中,可辨别清代取士的标准,及清代教育状况。则《清代朱卷集成》可说是集科举文献、传记档案、文学、教育资料之大成,清代文武百官履历、传记撰述、行谊尽收于此,是研究科举制度、社会阶层(转下页注)

我们研究明代社会之组成及官僚体系与仕途之进入,主要的史料是 70 多种举人、进士及两类贡生(拔贡与优贡)的名册。进士名册现在能找到的有二类:第一类为《会试录》,就是会试中式举子的榜单,仅载进士的姓名及其他各种非传记性的信息,这对我们的研究目的用处并不大。*

本研究完全依据第二类的进士名册,这种名册精准地提供及第举子的家庭与祖先背景资料。这种名册的名称在明清时代改过好几次,现存所有《进士登科录》的进士名册中,除了其中三种外,均登载正式获得进士及第举子家庭背景的可资利用信息。在"进士登科录"这几个字前,总是注记举行会试与殿试的那一个年份之干支。《进士登科录》与《会试录》具体的差异,在于通过会试的举子,虽然因为殿试不采取淘汰制,人人都可以通过,已是"实际上的进士"(*de facto chin-shih*),但他们在"法理上的进士"(*de jure chin-shih*)身份,还是要等考过殿试之后,才能授了,考过殿试才算是正式登科,可以准确地称为"进士"。只有到这时候才会编印正式的进士名册,依规定登录其姓名、生日、乡贯、年龄、履历、配偶、子女及祖宗三代,祖宗三代若曾做过官或中过举也要注记。由于登科

(接上页注)及社会流动的重要史料(参见刘海峰,《科举学导论》〔武汉:华中师范大学出版社,2005〕,页 348—351)。因此,最近张杰即用《清代朱卷集成》统计分析其中的家族背景资料,讨论中举者的垂直社会流动、应试者的水平社会流动,以及科举与士人居住地迁移的关系,于 2003 年出版《清代科举家族》(北京:社会科学文献出版社),参见陈小锦,《科举家族的考试情结——评张杰〈清代科举家族〉》,《中国图书评论》,2006 年第 6 期。

* 【译注 1】:现存于台湾、大陆与美国的明代进士会试录,重复不计,共有 30 种。详见陈长文,《明代进士登科录的流通与庋藏》,《文献》季刊,2008 年第 2 期,页 150—158。

录是要上呈皇帝的,其编排非常正式,名册依最后的殿试名次排列,以一甲的状元、榜眼、探花为首,接着是二甲、三甲进士。*

以文本的结构而言,登科录是相当好的。编印时,除了极少数因大病或家庭大变故没能等殿试放榜就回乡外,所有登科的举子都会在京城。特别在这样庄重的场域,《进士登科录》中登录信息之准确度是很高的。唯一可能有的偏差是年龄,有时某些举子可能会谎报,因为年龄有时是政府授予举子第一个官职时考虑的次要因素。但甚至这种小小的谎报,也具有高度风险,很少有人敢于如此,因为年龄是很好查的,只要拿来和举子早年在生员或举人考试时所填的履历表核对就可知晓。

由于登科录主要是帝国政府人事资历的资料,随着时间流逝,举子们后来比较喜欢自己编印另一种名册,供他们私下流通之用。这种新式的名册,现存最早的是嘉靖三十二年(1553)的《嘉靖癸丑科

---

* 【译注 2】:登科录为明代官方文书,每科殿试毕,礼部即编登科录,进呈御览之后,颁给在朝官员及该科进士。明代进士登科录中的"进士家状"部分,对研究社会流动最有价值,内容载:(姓名)籍贯某藩省、某府、某州县(军、民、官、儒、盐、灶、匠等),或某处人。某藩省、府、州、县学生或附学生、增广生、监生、儒士、官吏等。治(易、书、诗、春秋、礼记)经,字某,行几,年多少,某月某日生。曾祖(或某官,封赠某官),祖某(同上),父某(同上),(嫡、生、继)母某氏,或封赠夫人、淑人、恭人、宜人、安人、孺人共 6 种。以曾祖、祖、父母存亡情况,分重庆下(祖父俱在)、具庆下(父母俱存)、严侍下(父存母故)、慈侍下(父故母存)、永感下(父母俱故)5 种,兄、弟某(或某官封赠某官或学生监生),娶、继、聘某氏,某处乡试第几名,会试第几名。现存于台湾、大陆与美国的明代进士登科录,重复不计,共有 24 种。详见陈长文所著三篇论文:《明代进士登科录的流通与庋藏》,《文献》季刊,2008 年第 2 期,页 150-158;《明代进士登科录的版式、结构及体例》《西南交通大学学报(社会科学版)》,第 8 卷 5 期(2007),页 107-110;《明代进士登科录的文献价值及其局限性》,《甘肃社会科学》,2006 年第 6 期,页 110-115。

进士同年便览录》。*由于习惯上同学关系被认为几乎是亲属关系的延伸，一般而言，同学间是必须互相支援互相帮助的。这种名册和后来编印的类似名册，都强调其"友爱"的特色。名册中的同学排名，不据其殿试的名次，而是依年龄长幼；同学以"兄弟"互称，这种特别的亲属关系延伸，是为世交，其友谊常延及下一个世代。这种延伸的亲属关系之需求及随之而来的许多效益，使举子们日益觉得编印非正式的进士名册是值得的。现存明代最后的进上名册（万历三十八年〔1610〕庚戌科）及所有清初的进士名册，或称《进士履历便览》，或称《进士三代履历便览》（为私下参考用的，含祖宗三代资料的进士履历）。**虽然《进士登科录》的名称较短，但其内容与《进士三代履历便览》完全相同，都登载祖宗的履历。嘉庆五年（1800）以后，进士录总是私下编印，名之为《会试同年齿录》（依

---

* 【译注3】：进士履历便览，在广义上也属于同年录，但又区别于一般的同年录。最重要的是它偏重于记载进士入仕后的为官履历。其体例，始列总考、同考姓氏爵里，继分省份府列诸进士三代、年齿、习经及科甲名次、部院观政及此后仕宦履历。清道光年间，邵懿辰从杭州弼教坊沈雨薄书肆获得明末清初共28科进士履历便览，上起万历二十六年（1598）戊戌科，下讫康熙二十一年（1682）壬戌科，中脱万历丙辰、己未、天启壬戌三科。他曾著有《明季国初进士履历跋尾》一卷，认为"盖与同年齿录及绅录相为表里"，且在雍正乾隆之间始废不刻。据本书《征引书目》云，这本现存最早的同年便览是《嘉靖癸巳科进士同年便览录》（1553；NC，台北"中央图书馆"），但嘉靖癸巳年为十二年，是公元1533年，并非1553年，经查《"国立中央图书馆"善本书目录》，《嘉靖癸巳科进士同年便览录》应为《嘉靖癸丑科进士同年便览录》，癸丑年为嘉靖三十二年，公元1553年。本处据以校改。

** 【译注4】：现存于台湾、大陆与美国的明代进士履历便览，重复不计，共有11种，最后一种是《崇祯十三年庚戌科进士三代履历》，现存最后的官方编印之登科录则为藏于台北中研院史语所的《万历三十八年进士登科录》。但陈长文似乎未见过台北学生书局编印"中央图书馆"藏登科录的《明代登科录汇编》，不知现存最早的同年便览录版本是嘉靖三十二年癸丑科的，仍认为最早的版本是《嘉靖四十四年乙丑科进士履历便览》。详见陈长文，《明代进士登科录的流通与庋藏》。

年齿为序排列的会试及第举子名册）。*

编印进士名册制度的次第变迁，对现代的研究者，造成一个版本上的难题。众所皆知，《登科录》是编于会试与殿试之间，编辑与刊行于殿试发榜不久之后，《同年齿录》则常编印于原来应考那一科的多年之后，有一两个案例，其名册甚至是该科考试举行后超过20年才刊印。刊印之年离科考之年越远，则越容易发生同年考上进士的同学可能已经去世，或失去联系。因此，被一个或更多主编名册的同学给遗漏了。所以清代后期的名册，一些举子的家庭背景栏出现空白的状况，是相当常见的。

由于版本上的缺陷，这些缺乏举子父辈祖宗姓名的案例就必须从我们制作的表中剔除，即使举子的祖宗姓名资料是完整的，也要特别费心查明他们是否真没中过举或未做过官。在这些进士名册中常有些线索可供查对出举子祖宗的背景，例如道光二年（1822）的同年齿录拖到道光十三年（1833）才刊行，经过11年的空档，同年齿录的编者终于能书写同年们在道光十三年时所拥有的正确官职与官品。其中有些同年举子在最初似乎是出身寒微，但

---

* 【译注5】：明初，新科进士未有同年私会及编刊同年录之事。明代中期以后，每科考试过后，除官方刊刻各种试录、进士登科录外，登第的进士、举人往往自行编刊该科同年录。依文科、武科的不同，有文科同年录和武举同年录。依考试级别，有贡士同年录、乡试同年录和进士同年录三类。依同年录的体例，可分为二类：一类是严格按"齿"即年龄大小依出生先后排列该科进士名单，称齿录、序齿录、同年录、同年齿录、同年序齿录、同年世讲录等。另一类是兼顾"方"、"齿"，即先分地区，再就同一地区内按照年齿排列，名称多为：方齿录、同年便览录等。明代最早是在弘治九年（1496）开始编刊进士同年录，现存最早的明代进士同年录是《正德十二年（1517）丁丑同年增注会试录》，现藏北京国家图书馆。参见陈长文，《简评明代进士同年录》，《延安大学学报（社会科学版）》，第29卷第4期（2007），页87-93。

11年后刊印的齿录却刊载他家人曾拥有的官职,这些举子的资料我们也排除在外,因为这些祖宗的任官是死后追赠的。道光十三年任职官的举子中,只有那些来自没有科名或官职家庭出身的,才在我们这个研究中被当作是出身平民家庭的。

若要编集全国举人的名册,则更加困难,因为数目太多,每三年总在千人以上,而且遍及全国各省。有一两本19世纪的全国举人名册,由于某些省份名册脱漏举子的相关信息太多,也完全从我制作的表上剔除。这些名册上的进士与举人,只要家庭背景栏是空白的,他们是否出身寒微家庭的身份便无法确定;为了做统计,我们没有选择的馀地,只好将这些版本有问题的案例,都排除在外,不列入表中计算。幸好大部分现存的明代与清初的进士名册版本质量都很好,而其累积的进士人数,也超过明清全时期的所有案例一半以上。因有版本缺憾而取消的案例,若以百分比来显示,其误差幅度并不太严重。[1]

清代后期名册的版本缺憾之外,现存史料一般来说,可能还有两个其他理论上的缺陷,但仔细检查的结果,似乎对我们的资料品

---

[1]　就版本而言,现存可用的明代进士名册,品质甚高。据李周望《国朝历科题名碑录初集》,洪武四年至万历三十八年(1371–1610)17科,及第进士总数4,963名。在我们这17种明代进士名册中,有祖宗信息的人数达4,790名,也就是李周望所收进士总数之96.1%。如果将洪武四年、万历三十八年这两种残缺的题名碑录排除,剩馀15种题名碑录的版本,是百分之百完整。除掉清代第一个王朝顺治时期(1644–1661),我们的清代进士名册中总有些及第举子没有祖宗信息,但在31科进士名册中,有效的案例为7,436件,达到这31科进士总数8,739名的85.1%;这31科进士总数数额取自杜联喆与房兆楹《增校清朝进士题名碑录》。总共48种明清进士名册中,有效的案例总数为12,226件,近乎这48科明清及第进士累积总额13,702名的90%;这个进士总数数额也是依据杜联喆与房兆楹。

质,不会影响太大。第一个理论上的缺憾,虽然我们的名册提供至今能找到的举子直系祖宗最准确的资料,但直到清代后期的名册才载有举子旁系近亲的特殊资料。幸好由于明清政府对官员的直系祖宗,不论活着的或死去的,[1]其封赠的法规极为细致和精确,因此,对于举子的旁系亲属是否曾做过官,几乎总是可能分辨出来的。以下两个例子可以充分显示这个举子真正的祖宗身份是如何判定的。

案例一

举子姓名:罗文俊。

科名:进士,道光二年(1822)恩科殿试第一甲三名。

最初官职:翰林院编修,正七品。

祖宗与家庭记录:

曾祖父:无官衔,亦无功名。

祖父:翰林院编修(死后追赠)。

父:与祖父相同。

两位叔伯:无官,无功名。

三位兄弟:亦无官无功名。

史料出处:《道光壬午同年齿录》(道光二年〔1822〕进士名册,道光十三年〔1833〕刊行)。

---

1 封赠荣衔的精确度,赢得大史家赵翼的赞赏,其意见参阅《陔馀丛考》,卷27,页4b-5a。

上面这个案例取用的道光二年同年齿录,是典型的清代后期进士名册,它是刊行于许多年之后。假若这份齿录就在科考当年编印出刊,则举子直系父祖受追赠的官衔,就不会刊载。因为依据明清的常规,官员得做满第一任官职,才有权向帝国政府申请追封其祖父与父亲,授予相当于这位官员当时实际上拥有的官衔。这个简明的家庭及其祖宗的记录,显示罗文俊所有的祖宗与旁系亲属从未拥有科名或官位。因此,这位举子的出身应置于平民家庭之列。

案例二

举子姓名:李桢宁*。

户籍:民(平民)。

科名:进士,万历三十八年(1610)三甲。

祖宗记录。

曾祖父:兵部尚书(追赠)。

祖父:与曾祖父相同。

父:无官,无科名。

两位兄弟:军官。

史料出处:《万历三十八年庚戌科序齿录》(1610年进士名册)。

在此,我们可以知道李桢宁的直系亲属没有一人实际做过官,

---

* 【译注6】:《明史》,卷179,页7467,作李祯宁;潘荣胜《明清进士录》,页635,作李桢宁,本书原作"李桢芑",今依《明清进士录》改。

其曾祖与祖父之所以死后得到追赠，并非这位举子最近科第中式的结果，否则其父必也会得到同等的封赠。其曾祖与祖父之所以得到封赠，肯定是来自其叔伯中有一人曾任官至兵部尚书一任以上。因此，他可以让父祖得到封赠的荣耀（【译者按】：应该是万历三十六年至三十九年〔1608—1611〕的兵部尚书李化龙）。这个简明的家庭与祖宗的记录显示：这位举子的直系亲属中，没有一人拥有实际的官职与功名，但他有一位显赫的叔伯，由于当代进士名册的体例所限，并没有提及。但名册中提及的很引人注目的旁系亲属之重要信息，使我们要推测这意味着李桢宁之科举成功与他的两位兄弟能任下级军官，均可能是受其显赫的叔伯之帮助。虽然他们家的直系亲属都是没有功名的平民，但其出身必须置于高官位家庭之列。

由此可见，明代与清初的进士名册缺乏旁系亲戚的信息，并不算是什么严重的缺陷，因为，决定举子祖宗真正的社会地位所需的资料，通常是可以推断出来的。必须一提的是许多清代后期的进士名册提供他们祖宗大量的信息，包括亲近的旁系亲属，有时还包括远房亲戚，几乎像一部族谱的简本。

关于明代与清初的进士名册中缺乏远房亲戚信息的情况，我们该注意的是虽然中国许多地方存在着宗族，但一般家庭或至少是"大家庭"才算是同居共财的单位，由夫妻及其子女，有时包括丈夫的父母在内的亲属组成。[1] 由地方志可知，中国大部分地方，习惯上已婚的兄弟是分家而不住在一起，年老的父母只跟一个已婚的儿

---

[1]　第5章在宗族制度一节会进一步讨论家庭与宗族。

子,通常是长子住在一起。因此,绝大部分的家庭,并不一定会是大家庭。这可由全国每个家庭平均人口数得到最好的证明,洪武二十六年(1393)是 5.68 口,嘉庆十七年(1812)全国 14 省的平均数是 5.33 口。[1] 虽然理学家教导大家,亲属间要互相帮助,使得现代学者有理由假设:一个有志气上进的青年,可从其成功的叔伯或叔公、伯公或年长的堂兄弟那边,得到金钱或其他形式的帮助,但如果说他在科举上的成功,要归功于远房亲戚的帮助或影响,那就很令人怀疑。

我们运用的资料第二个理论上的缺陷是缺乏举子家庭经济地位的信息。这一缺陷从明朝创建至景泰元年(1368—1450)的相关资料,最为明显,因为在这一期间,社会政治流动的主要两个渠道是科举和高官保举。但由于正统十四年(1499)土木之变,蒙古人大举入寇北京地区,皇帝被俘,财政困难,政府被迫出卖较低官衔、官职与国子监生的名位。就如同我们在第一章所说的,明代后期与整个清代,经济平均水平为中等以上的人,如果买不到史高的官品或官衔,至少总会捐纳个监生头衔。虽然事实上,明代后半期,捐纳监生曾几度暂停,但在国家危机与灾荒发生时,政府还是大规模贩卖较低官衔与官品。因此,在我们研究的这五个半世纪中,我们的资料还是真实地提示了举子家庭的经济地位的信息。

公平地说,用来做社会学研究的历史资料,很少是理想的。事实上,即使是近代和现代精英群体的社会出身的相关研究,根据的资料

1　Ping-ti Ho, *Studies on the Population of China*, *1368–1953*, pp. 10, 56.

也只有提供精英分子父亲的职业，并不能将所有成员准确地分类。[1]
以所包含的世代、明确和隐含的信息、按时间顺序排列的论述及数量
而论，明清进士资料能媲美任何其他历史社会相类似的资料。

　　表9的48科进士名册是我所知现存于中国与北美的全部。除
了收录于一部近代丛书中最早的《洪武四年（1371）进士登科录》
外，另外有16科明代进士登科录珍藏于台北"中央图书馆"和北京
中国国家图书馆的善本室：前者典藏9科，其中两科美国国会图书
馆也有收藏；后者典藏7科，美国国会图书馆均藏有微卷。到目前

1　参见著名的研究美国企业精英研究者，西摩.马丁.李普塞（Seymour M. Lipset）与赖
　　因哈德.本迪克斯（Reinhard Bendix）合著的《工业社会的社会流动》（*Social Mobility
　　in Industrial Society*）页122，表4.2。美国高级文官考试，参见本迪克斯，《高级文官
　　在美国社会：高级联邦行政官员的社会根源、事业与权位之研究》（*Higher Civil
　　Servants in American Society：A Study of the Social Origins，the Careers，and the
　　PowerPosition of Higher Federal Administrators*），页26，表5。英国高级文官，参见柯素
　　（R. K. Kelsall），《英国高级文官的社会根源：现在与过去》，《第二届世界社会学大
　　会论文集》（"The Social Origin of Higher Civil Servants in Great Britain，Now and in the
　　Past，" *Transactions of the Second Congress of Sociology*）及其《英国高级文官：1871迄
　　今》（*Higher Civil Servants in Britain：from 1870 to the Present Day*），页153，表25。法
　　国高级文官，参见波托摩（Thomas B. Bottomore），《法国高级文官的社会流动》，《国
　　际社会手册》，第13期（1952年9月）（"La Mobilité Sociale dans la Haute
　　Administration Française，" *Cahiers Internationaux Sociologie* XIII〔September，1952〕）。
　　至于英国剑桥大学学生，则参见詹金斯夫人与琼斯（Mrs. Hester Jenkins and D.
　　Caradog Jones）合著的《十八九世纪剑桥大学校友的社会阶级》，《英国社会学报》，
　　第1卷第2期（1950年6月）（"Social Class of Cambridge University Alumni of the 18th
　　and 19th Centuries，" *British Journal of Sociology* Vol. I，No.2，June，1950）。除精英分
　　子父亲的职业之信息外，有时其岳父的相关资料也可取得，参见波特（John Porter），
　　《加拿大经济精英与社会结构》，《加拿大经济学与政治学学报》，第23卷第3期
　　（1957年8月）（"The Economic Elite and the Social Structure in Canada，" *Canadian
　　Journal of Economics and Political Science* XXIII，No.3，〔August，1957〕）及其《加拿大
　　高级公务员与官僚精英》，《加拿大经济学与政治学学报》，第24卷第4期（1958年
　　11月）（"Higher Public Servants and Bureaucratic Elite in Canada，" *Canadian Journal
　　of Economics and Political Science* XXIV，No.4〔November，1958〕）。

为止,最罕见的进士登科录是清代初期的 9 科进士三代履历,其中
有 8 科典藏于北京中国国家图书馆,1 科典藏于台北"中央图书
馆"。不知为什么,雍正(1723—1735)、乾隆(1736—1795)、嘉庆
(1796—1820)时期的进士名册完全不存于今。由于现今最重要的
汉学图书馆规定,只有 1644 年明清改朝换代以前刊印的书籍才会
被列为善本,因此,尽管这些重要的汉学图书馆给我的回应是否定
的,我还是不能证明这三朝的进士名册是肯定不存在的。道光
(1821—1850)以后的 20 科进士名册或同年齿录,是在美国国会图
书馆及哥伦比亚大学和哈佛大学图书馆找到的,另外承蒙房兆楹
先生盛意提供两科。可以说,在现今的国际环境下,即使想竭尽所
能为这个研究搜寻现存的统计资料,也还无法做到。[1]

---

[1]　在搜寻载有祖宗信息的善本进士名册时,我用下列书目作为主要的指引:(1)《国立
　　北平图书馆善本书目》、(2)《国立北平图书馆善本书目乙编》、(3)《中国印本书籍
　　展览目录》、(4)《"国立中央图书馆"善本书目》、(5)《国会图书馆藏中国善本书
　　录》。最前面两本书目中提到的善本进士名册,美国国会图书馆均藏有微卷。我曾
　　请北京中国国家图书馆复制刊载在书目(1)的某些善本明代与清初名册,但未要求
　　其中之一的《建文二年(1400)进士登科录》,这是因为我被书名误导,认为与建文二
　　年那一科殿试及第举子的名册《建文二年殿试登科录》(美国国会图书馆藏有微卷)
　　是同一本书,而《建文二年殿试登科录》中应载有进士祖宗的信息;结果当收到《建
　　文二年殿试登科录》微卷复本时,才知道我的推测是错的,这时已来不及把它列在
　　向北京要求的书单内。因此,很可能由于我的疏忽,使现存的建文二年进士名册内
　　的资料未运用于这个研究。另外还有一本列在书目(2)康熙十四年(1675)的进士
　　名册,虽在请印的书单中,却未复制;它是否还存在北京,有待证实。虽然另外查找
　　了十几种中国和日本的善本书目,只有一种北美图书馆不藏的善本在京都人文科
　　学研究所找到,这不是进士名册而是同治元年(1862)荫生的名册。于是,这本名册
　　填补了我们对 19 世纪累积荫生数目的空白。【译者按】:当年信息流通不透明,何
　　先生以为雍正(1723-1735)、乾隆(1736-1795)、嘉庆(1796-1820)时期的进士名册
　　不存于今,今大陆藏书信息开放,据江庆柏编著《清朝进士题名录》(北京:中华书
　　局,2007)下册,《参考文献》页 1953-1955 所载,藏于中国国家图书馆与地方图书
　　馆的进士登科录、会试录、会试同年齿录等进士名册,计有雍正 1 种、乾隆 12 种、
　　嘉庆 17 种。

我们能用的 4,790 个明代进士案例，略少于明代进士总数的
20%；清代的 7,436 个案例，接近清代进士总数的 28%。以数量而
言，这些进士名册是有意义的。总数 12,226 名进士案例，对明清各
时期，除 18 世纪外，都具有相当代表性的；因为 18 世纪能找到的进
士名册，只有康熙四十二年（1703）的《癸未科三代进士履历》。为
补救 18 世纪统计资料的缺陷，我们能做的，也只有在康熙四十二
年的名册之上，补以全国性的拔贡生名册与三个省的举人名册。

研究行省这一中间层级的社会流动，我们主要依据全国性的
举人名册，因为现存个别省份的举人名册数量极为有限，只收录少
数举子的资料。现存的全国性举人名册，只有属于 19 世纪的；在
北美所能找到的有 19 种，但其中有 3 种因版本缺陷太大而未列
入我们制作的表中。为能在年代上涵盖各个时期，在 16 种全国
性的举人名册之外，我们补充了 4 种特殊的贡生名册。总的来
说，我们一共运用 19、20 世纪获得中阶科名的举人名册计 20 种，
共有 23,480 个案例，约有 47 科明清进士名册案例的两倍之多。
因此，就后 18 世纪时期而论，我们的统计资料是相当丰富的，能
在两个不同的层次上，有系统地处理进入仕途之举子家庭背景的
这一难题。

研究举业造成的社会流动面，在统计上最难探究明白的是那
些非士人背景家庭的平民进入"生员"群体的情况，因为这些初阶
科名生员拥有者的社会声名尚未建立。方志中就没有胪列其名单
的惯例，更遑论登载其父祖的资料了。晚清大概有 6 个以上长江
下游县份的士人编辑特殊的生员名册，其中只有 3 种登载生员父

祖简短而重要的相关信息。长江下游北岸的通州直隶州(【译者按】:原书作"南通直隶州",南通系民国县名,清代为通州直隶州,民国元年〔1912〕改为南通县,今改正)的生员名册涵盖整个明清两代,其邻近的海门县(【译者按】:海门县治于康熙十一年〔1672〕圮于海,并入通州。乾隆三十三年〔1768〕复置海门直隶厅,治茅家镇。1912年复为海门县)的名册则只涵盖有清一代。江苏南部常熟县编印的包括各级科名举子的大部头名册,其中关于生员的名单也涵盖整个有清一代。这3种生员名册以登载家庭背景为准,可分为两类:一类只刊载姓名,无任何其他信息;一类既有姓名,又有他的曾祖、祖父、叔伯祖及父亲、叔伯和子、孙的简短资料。经过努力地查对,终于发现后者的祖宗常常是拥有初阶或更高科名的。虽然这3种生员名册提供的祖宗资料,比那些高阶科名的名册简短得多,但其涵盖祖宗的世代数是一样的,这使我们可以确认这位生员是出身于士人家庭,还是出身于从未有人得过功名的平民家庭。使这两类不寻常名册更有价值的,在于它们提供的祖宗信息中,包含旁系亲属。如果说数量上不足以让我们总结出全国生员的社会构成,但至少它们提供了解接近草根阶层的举业造成的社会流动关键很有价值的线索。

第二节　统计分析

在陈述明清进士和19世纪举人与贡生的家庭背景之前,必须先简要说明我们分类的标准。依据我们在导论一章所论述的,从明清社会特有的权力结构和名声体系出发,我们把这三种高功名拥有者分成四类。

A类包含的举子,是其祖宗三代未有一人得过初阶科名的生员,遑论更高的功名与官位或官衔。我们应该还记得在晚明与清代,甚至成功的小商人也常会花一二百两银捐个监生头衔,来妆点门面。而绝大多数的生员要靠教书、做文书工作,甚至有时靠体力劳动,勉强维持微薄的生活。如果一个家庭三代都未曾考得或捐得一个初阶科名,可以合理地认定是家境寒微的,则无科名官位的A类举子可列于出身最寒微的。由于A类举子是在其有生之年,从寒微升入广泛定义的统治官僚体系。他们的案例,在明清社会的脉络中,被视为"白手起家,由穷致富"向上流动的范例。

B类包含的举子,是祖宗三代中产生过一个或更多生员,但未有更高的功名与官位的,依据我们在前面章节仔细讨论过的生员之法律与社会地位及其生活模式,显而易见的,绝大部分出身于生员家庭的举子是相当寒微,甚至是贫穷的。只有在以儒家社会对书本知识与学生身份的高度重视作为评价标准时,生员家庭才可被视为一个有代表性的社会过渡群体。B类还包含出身家庭的祖宗三代中产生过一个或更多的国子监生的清朝举子。明朝监生必须划入另一类的原因,是明代监生有资格出任低级官员。就如我们在第一章所仔细解说的,清代的监生除了名义上的"毕业生"(graduate)身份外,几乎与生员没有什么不同,他们没有因为"毕业"而获得担任低级政府官员的权利。虽然一般清代监生来自中等以上家庭,但其家庭经济地位是不能被高估的,因为捐买监生头衔的费用不多,真正有钱或富裕的人,多半会捐纳更高的头衔或低阶的品官,以加入地方精英。整个明清时代,来自生员家庭的举子,和清代出身监生家庭的举子,必须视之为出身正在局部向上流动的家庭,但就定义来说,他们仍是平民出身。

C 类包含的举子,其出身家庭的祖宗三代中,产生过一个或更多拥有较高的科名或官位的;所谓较高的科名,系指高于生员的科名。这个类别,在明代包括监生,在整个明清时期,包括各种贡生。此外,还应加上吏员家庭及祖宗捐过官衔或官职的。整体而论,C 类包括官员与有任官资格者,或称之为广义官僚群体的后代。虽然他们的法律与社会地位不同于平民,然而许多出身于这广义官僚群体的下层家庭,实际上拥有的名声、特权和经济手段均相当有限。

D 类为 C 类的次类,包含的举子,其祖宗三代中产生过一个或更多任三品以上的高官者。由于三品以上的高官,除了其他的特权以外,尚有荫子的权利,其家庭因而被视为有"全国性名望"的。此外,还要加上皇家与异姓世袭高阶贵族家庭出身的举子,他们与三品以上高阶官员一样享受世袭特权。而较低级的贵族则不属此类,但列于 C 类中,因为他们只是官品较低的挂名虚衔而已。

对于 A 类的标准我们是很严格的,对 C 类则较宽松。如果说我们的标准有特定的偏见,这偏见也是在可以接受的范围内,特别是以举子祖宗三代中拥有的最高官位来决定其家庭的社会地位。换句话说,除因版本不完全而未能检索出来外,我们并未夸张来自寒微家庭举子的百分比。

需要强调的是基于上述分类标准所算出的百分比,谈不上能讲出整个漫长而复杂的举业造成的社会流动过程的故事。我们的百分比数据,是要表达不同的印象,给那些已读过这些名册的人,及倾向以理论对待这些统计的人。有关祖先的个案记录常显现其家庭的饱经不幸及其身世的浮沉。我们的数据的确不能适当地显示这些变迁,我们要做的是以其祖宗三代产生的最高身份地位总结其家庭的社会地位。换句话说,在下列诸表中显现的社会流动率,必定是"尽量缩小的"。

例如 C 类家庭,尽管我们是如此斟酌地分类,实际上他们的家境是大大地不同,但我们宽松的分类还是显示出其间有相当大程度的同一性。若不经过进一步解释,C 类举子可能被归类为很少或没有流动的代表。相反地,C 类举子家庭在三代,包括其自身则是四代,家庭地位是经过相当大波动的。以下举几个具体例子来印证。

道光十五年(1835)进士陈嵩,可作为实例来证明。陈嵩的高祖移居四川为佃农,祖父家道渐殷实;结果祖父与父亲两代均获贡生身份。[1] 这个家庭祖孙五代的实际流动的数量与程度远超过我们的统计所能显现。光绪十六年(1890)进士吴怀清就是另一个典型的案例,他代表一大批世代贫寒的举子,直到其父辈才勉强够资格列入我们的 C 类家庭。同治二年(1863),吴怀清出生于一个陕西省的穷县,高祖至祖父从未有一人获得过功名,连最低的功名都没有,祖父为贫困所迫,不得不放弃争取科名,而在村中教家馆以

1　《道光乙未科会试同年齿录》(道光十五年〔1835〕进士名册)。

糊口。由于一直处于贫困状态,其父也迫于家贫而放弃读书,转而行医。多年之后,终于积了一点钱,捐了一个从九品的小官。[1] 依我们的定义,他们家应该列入 C 类,但显然这是一个在我们表中数据无法表示出的向上流动的显著案例。

如果这些与其他类似的案例,代表 C 类内部向上流动的长期过程,许多其他同类的家庭实际上还经历几世代的向下流动过程,直至这一代才因获得进士,而停止向下流动的趋势。如郑得书,这位万历十四年(1586)进士,有一位官至正四品知府、功成名就的曾祖父,但他的祖父与父亲却只勉强得个生员。郑得书同年的吴道宽,情况也相类似,其曾祖父官至知府,但他的祖父与父亲连生员的资格也没有考上。[2] 甚至在表 14 这个 C 类举子家庭的次分类表中,也不能反映出这应该具同一性的 C 类家庭的实际社会流动幅度。

即使是 A 类与 B 类,我们的数据也不能适切地指出家庭初始与预备阶段的社会流动之实际过程,这过程对举子最后成功是至关重要的。晚清进士名录倒是对这些家庭多世代的职业与身份变迁,提供不少信息,尤其是关于他们在生产性职业与学业间的更迭,这进一步证实我们在前一章讨论身份制度流动性所累积的证据。

总之,由于我们对 C 类标准的宽松,和对 A 类的绝对严格,特别是只用三代中最成功最高身份来决定举子的家庭地位,使得以下表中所呈现的社会流动数据低估了实际情况。

1　《光绪庚寅恩科会试同年齿录》(光绪十六年〔1890〕进士名册)。
2　《万历十四年丙戌会试录》(万历十四年〔1586〕进士名册)。

整个明清时期,我们发现 A 类占全体举子的 31.1%,B 类占 11.6%,C 类占 57.3%。A 类与 B 类,也就是在定义上代表来自平民家庭的举子,共占 42.7%。除了顺治十二年(1655)、康熙十五年(1676)、二十一年(1682)、四十二年(1703)四科外,出身高官家庭的进士从未超过总数的 10%,在整个五个半世纪中 D 类的平均百分比为 5.7%。较详细的数据请参阅表 9。

各时期间 A、B、C 三类百分比的变迁的分布可参阅表 10,由于 D 类人数太少,变迁也相对较小,所以就省略了。

表 9 明清进士的社会成分[a]　　　　　　　　　　　　　(A+B+C = 100%)

年份	进士总数[b]	A 类人数	百分比	B 类人数	百分比	A+B 百分比	C 类人数	百分比	D 类人数	百分比
洪武四年(1371)	28	21	75.0	—	—	75.0	7	25.0	—	—
永乐十年(1412)	106	89	84.0	—	—	84.0	17	16.0	9	8.5
天顺元年(1457)	294	182	61.8	—	—	61.8	112	38.2	9	3.0
成化五年(1469)	248	149	60.0	—	—	60.0	90	40.0	11	4.5
成化八年(1472)	250	137	54.8	—	—	54.8	113	45.2	13	5.2
成化十一年(1475)	289	154	53.3	—	—	53.3	135	46.7	11	3.8
弘治九年(1496)	298	140	47.0	—	—	47.0	158	53.0	14	4.6
弘治十八年(1505)	303	126	41.6	—	—	41.6	177	58.4	12	4.0
正德十六年(1521)	330	156	47.3	—	—	47.3	174	52.7	13	3.9
嘉靖十四年(1535)	329	154	47.0	—	—	47.0	175	53.0	22	6.9
嘉靖十七年(1538)	317	154	48.6	1	0.3	48.9	162	51.1	23	7.3
嘉靖二十三年(1544)	312	151	48.4	2	0.6	49.0	159	51.0	24	8.0
嘉靖三十二年(1553)[c]	384	182	47.4	24	6.2	53.6	178	46.4	15	3.9

续表

年份	进士总数[b]	A类人数	百分比	B类人数	百分比	A+B百分比	C类人数	百分比	D类人数	百分比
嘉靖三十八年(1559)	303	151	49.8	2	0.6	50.4	150	49.6	14	4.6
嘉靖四十一年(1562)	298	133	44.6	—	—	44.6	165	55.4	17	5.7
隆庆二年(1568)	405	203	50.1			50.1	202	49.9	17	4.2
万历五年(1577)	301	126	41.5	6	2.0	43.5	169	56.5	23	7.6
万历八年(1580)	302	134	44.4			44.4	168	55.6	12	4.0
万历十一年(1583)	351	117	36.2	48	13.7	49.9	186	50.1	26	7.4
万历十四年(1586)	356	105	29.5	54	15.1	44.6	197	55.4	18	5.0
万历二十九年(1601)	298	129	43.3	1	0.3	43.6	168	56.4	14	4.7
万历三十八年(1610)[d]	230	61	26.5	40	17.4	43.9	129	56.1	18	7.8
顺治六年(1649)[d]	176	48	27.3	27	15.3	42.6	101	57.4	15	8.6
顺治九年(1652)	366	85	23.2	48	13.1	36.3	233	63.7	30	8.2
顺治十二年(1655)	401	112	28.2	65	16.2	44.2	224	55.8	48	11.7
顺治十五年(1658)	407	126	30.7	58	14.2	44.9	223	55.1	25	6.1
顺治十六年(1659)	358	124	34.6	32	8.9	43.5	202	56.5	27	7.5
顺治十八年(1661)	373	112	29.7	57	15.2	44.9	204	55.1	36	9.6
康熙十二年(1673)	138	37	26.8	22	15.9	42.7	79	57.3	5	3.6
康熙十五年(1676)	183	44	24.0	30	16.4	40.4	109	59.6	18	10.0
康熙二十一年(1682)	151	12	8.0	17	11.3	19.3	122	80.7	18	11.9
康熙二十四年(1685)	169	30	17.6	33	19.2	36.8	106	63.2	15	8.9
康熙四十二年(1703)[d]	104	10	9.6	20	19.2	28.8	74	71.2	17	16.3
嘉庆七年(1802)	258	36	14.0	71	27.5	41.5	151	58.5	12	4.6
道光二年(1822)	210	23	10.9	52	24.8	35.7	135	64.3	12	5.3
道光九年(1829)	223	46	20.6	49	22.0	42.6	128	57.4	10	4.4
道光十三年(1833)	226	30	13.3	62	27.4	40.7	134	59.3	16	7.1
道光十五年(1835)	243	26	10.7	54	22.2	32.9	163	67.1	17	7.0

续表

年份	进士总数^b	A类人数	百分比	B类人数	百分比	A+B百分比	C类人数	百分比	D类人数	百分比
道光二十四年（1844）	200	31	15.5	53	26.5	42.0	116	58.2	7	3.5
咸丰六年（1856）	177	32	18.1	33	18.6	36.7	112	63.3	12	6.8
咸丰九年（1859）	191	52	27.2	35	18.3	45.5	104	54.5	7	3.6
咸丰十年（1860）	146	35	24.0	33	22.5	46.5	78	53.5	6	4.1
同治四年（1865）	228	36	15.8	49	21.4	37.2	143	62.8	13	5.7
同治七年（1868）	228	25	10.9	50	21.9	32.8	153	67.2	13	5.7
同治十年（1871）	280	45	16.0	66	23.5	39.5	169	60.5	7	2.5
同治十三年（1874）	228	15	6.6	52	22.8	29.4	161	70.6	9	3.9
光绪二年（1876）	216	30	13.9	49	22.7	36.6	137	63.4	5	2.3
光绪三年（1877）	276	40	14.9	46	16.7	31.6	190	68.4	16	5.6
光绪六年（1880）	276	31	11.2	49	17.7	28.9	196	71.1	13	4.7
光绪九年（1883）	245	31	12.6	40	16.3	28.9	174	71.1	9	3.6
光绪十二年（1886）	263	29	11.0	55	20.9	31.9	179	68.1	15	5.7
光绪十五年（1889）	251	40	15.9	41	16.0	31.9	170	68.1	12	4.8
光绪十六年（1890）	234	24	10.3	44	18.4	28.7	166	71.3	8	3.5
光绪十八年（1892）	239	31	12.9	45	18.8	31.7	163	68.3	13	5.4
光绪二十一年（1895）	181	30	16.6	27	14.9	31.5	124	68.5	6	3.2
光绪二十四年（1898）^d	142	33	23.2	22	15.5	38.7	87	61.3	5	3.5
光绪三十年（1904）	243	88	36.2	25	10.3	46.5	130	53.5	4	1.7
总计或平均	14,562	4,533	31.1	1,689	11.6	42.7	8,340	57.3	836	5.7

a、这57科进士名册，其中48科进士名册，参见本书初版《引用书目》的第Ⅰ项，第一版发行后新收录的9科名册参见本书后附的《中文原始资料补遗》。这个目录依年代排列，每一名册的正确名称，按年代识别。

b、不同年份（科）进士的总数，只有祖宗信息的举子才计入。

c、这一年只有祖宗二代的资料，而不是一般的三代。【译者按】：这一年数据来自《嘉靖癸丑科进士同年便览录》，但在本书原文《征引书目》中此名册误作为《嘉靖癸巳科进士同年便览录》。原文涉及此的信息和数据，译文均作了相应修改。

d、版本很不完整。

　　*【译者按】：后来何先生增引北京中国国家图书馆藏翁同龢收集的清代进士履历便览、会试录与会试齿录、举人乡试录、贡生同年齿录及在台北中研院史语所见到的4种明代进士登科录等新资料，于1967年修订版据以修订，重计本表数据。

表 10　进士社会成分的变迁　　　　　　　　　　　　　　　　（百分比）

时期	A 类	B 类	A+B	C 类
洪武四年至弘治九年 （1371—1496）	57.6	—	57.6	42.4
弘治十八年至万历八年 （1505—1580）	46.6	1.0	47.6	52.4
万历十一年至三十八年 （1583—1610）	33.3	11.6	44.9	55.1
明代平均值	46.7	2.8	49.5	50.5
顺治四年至十八年 （1649—1661）	29.2	13.8	43.0	57.0
康熙十二年至四十二年 （1673—1703）	17.9	16.4	34.3	65.7
嘉庆七年至光绪三十年 （1802—1904）	15.5	20.4	35.9	64.1
清代平均值	19.2	18.4	37.6	62.4

　　*【译者按】：后来何先生增引北京中国国家图书馆藏翁同龢收集的进士、举人、贡生名册及在台北中研院史语所见到的4种明代进士名册，重计本表数据，1967年修订版据以修订。

　　影响举业造成的社会流动率的各种因素，将在第五章做系统性的说明，这里需要简要地指出，明初大乱初定后的综合环境情势，对贫寒的人出奇地有利，在第一个时期洪武四年至弘治九年（1371—1496），这些寒微举子占了进士总数的大半。随着时代的推进，官员家庭能享受的各种有利条件，使他们不可能不占上风。

至 16 世纪,C 类就稳定地抬头,小幅度地多于平民群体。最关键性的变迁自 16 世纪晚期开始,A 类急速大减至低于 30%,但这一锐减靠着 B 类的急遽上升得以弥补。这两种现象似乎表明平民要以举业达成社会流动越来越困难,他们需要隔代的准备,才能达成社会流动的最终目标。这一趋势持续了好一段时间。1644 年改朝换代后不久,清朝政府有目的地设置大批的进士名额,以招徕被他们新征服的汉人为其所用。直到清王朝在康熙皇帝(1662—1722)统治之下渐趋稳固之后,进士名额才急速降低。伴随名额的剧减,科举考试竞争越来越剧烈,导致 A 类百分比的进一步下滑。就如我们在第五章表 22 所显示的,康熙皇帝所采取的紧缩进士名额的政策,为其孙乾隆皇帝(1736—1795)持续采行。要是有数目庞大的 18 世纪进士名册可资利用的话,我们就会发现 A 类数字比康熙时代的平均数为低。这样的估计,可从表 12 所依据 18 世纪的补充资料,得到部分的证实。总之,由于缺乏 18 世纪的史料,使得整个清代 A 类的平均数似乎偏高。若考虑到这一点,整个清代 A 类的平均数,可能会非常接近康熙时代和 19 世纪的数字。换言之,清代 A 类所占的比率,看来似乎只比明初的四分之一稍多一点。尤应牢记的是清代 A 类百分比的急速降低,却因 B 类持续的上升,而得到部分的弥补;B 类除了清王朝的最初 20 年外,其百分比均超过 A 类。

19 世纪与 20 世纪初的举人与贡生之社会成分,我们以表 11 呈现。

表 11　晚清的举人与贡生的社会成分[a]　　　　　　（A+B+C = 100%）

年份	举子的总人数	A类人数	百分比	B类人数	百分比	A+B百分比	C类人数	百分比	D类人数	百分比
嘉庆九年(1804)	1,021	235	23.0	322	31.5	54.5	464	45.5	23	2.2
嘉庆十二年(1807)[b]	1,109	211	19.0	281	25.3	44.3	617	55.7	25	2.2
嘉庆十三年(1808)	1,133	237	20.8	414	36.5	57.3	482	42.7	45	4.0
嘉庆二十一年(1816)	1,052	187	17.7	396	37.6	54.5	469	44.7	35	3.3
道光元年(1821)[b]	1,402	268	19.1	404	28.1	47.2	730	52.8	39	2.7
道光八年(1828)	1,175	239	20.3	322	27.7	48.0	614	52.0	25	2.1
道光十一年(1831)[c]	930	198	20.2	243	26.1	46.3	489	53.7	36	3.9
道光十二年(1832)[b]	1,192	247	21.4	269	22.5	43.9	676	56.1	34	2.9
道光十四年(1834)	1,064	194	18.2	259	24.3	42.5	611	57.5	37	3.5
道光十五年(1835)	1,130	247	21.9	314	27.8	49.7	569	50.3	32	2.8
道光二十三年(1843)	1,106	212	19.1	314	28.4	47.5	580	52.5	41	3.7
道光二十四年(1844)	1,094	259	23.6	298	27.2	50.8	537	49.2	31	2.8
道光二十九年(1849)[d]	1,751	302	17.2	424	24.2	41.4	1,025	58.6	38	2.2
咸丰五年(1855)	1,311	254	19.3	368	27.3	46.6	689	53.4	21	1.4
同治九年(1870)	1,752	335	19.1	386	22.0	41.1	1,031	58.9	57	3.2
光绪五年(1879)	1,314	225	17.1	286	21.7	38.8	803	61.2	34	2.6
光绪十一年(1885)[d]	1,649	303	17.8	281	17.0	34.8	1,065	65.2	24	1.4
光绪二十三年(1897)	1,694	334	19.7	232	13.7	33.4	1,128	66.6	31	1.8
光绪三十二年(1906)[e]	354	119	33.6	37	11.0	44.6	198	55.4	4	1.1
宣统二年(1910)[f]	247	103	41.7	27	10.9	52.6	117	47.4	4	1.6
总计或平均	23,480	4,709	20.1	5,877	25.0	45.1	12,894	54.9	619	2.6

a、本表依据史料,请参阅《参考书目》第I项 B,每一名册的正确名称,是按年代识别的。

b、有一省未计入。

c、有三省未计入。

d、拔贡生。

e、优贡生。

f、选取举人与贡生任以低职的特考。

虽然晚清举人与贡生的 A 类与 B 类百分比的平均数,比同时期相对应的进士百分比为高,但这两组独立的统计序列最引人注目的特点,是它们惊人的一致性。这两组统计序列的比较,指明非官员家庭出身的人要提高社会地位,获取中阶科名要比获取较高的进士身份容易得多。这似乎比较合理,因为对出身平民的举子而言,会试这一级考试的竞争,必定较举人与贡生的考试,更为尖锐,更为困难。

对科举考试史上最后的两种名册,有一个看起来似乎不太寻常的特征,须在此做简要说明。光绪三十二年(1906)与宣统二年(1910)的举贡名册,其 A 类的数据,也就是这两科 A 类举子占总数的百分比,分别是 33.6% 与 41.7%,这比清代 A 类总平均数20.1%,明显高得多,似乎打破过去在狭窄幅度内波动的同一性。造成这一不寻常的现象的主要原因有二:第一,光绪三十二年的名册为优贡生名册,优贡生的选拔只基于其文学才能,传统上认为优贡生中有天分的贫穷读书人比例较其他类贡生和举人为高。[1] 第二,宣统二年的名册是通过朝考的举人和贡生名册,举办这次特别朝考,是因为科举已于光绪三十一年(1905)废除,要给光绪三十一年以前取得中阶科名的举人、贡生一个取得低阶官职的机会。实际上,自从光绪二十四年(1898)流产的"百日维新"以来,科举的废除已近在眼前,渴望做官的人,人数日益增多,他们不是捐个小官,就是留学日本、西方或留在国内新式学堂

1 　陈康祺,《郎潜纪闻》,卷 14,页 5a–5b。

读书,学习近代课程。光绪三十二年与宣统二年这两年的举贡名册中,出身寒微士子的突增,部分地反映这些士子的可悲的状况。他们的时间与精力投入儒家经典已经很多,不容易适应剧变的环境。光绪三十二年进士名册中,A 类人数大量增加,也可如此解释。

由于 18 纪与 19 世纪初的资料缺乏,造成有些系统性的进士信息空白,因此,表 12 中康熙四十二年(1703)以及嘉庆七年(1802)的进士名册将与现存 7 种举人与拔贡生中阶科名拥有者的名册做比较。*

在这些名册中,虽然康熙四十二年科进士名册版本并不完善,166 位举子中只有 104 位有家庭背景资料,但仍具有提示的作用。乾隆十七年(1752)福建科举人名册只提供 72 个案例,数目太小,以致不能当作 18 世纪东南各省的典型代表。另外,从两种完整度不一的直隶乡试举人名册来看,由于清代直隶是官员家庭聚集的地方,C 类的数字要比其他省份高得多。乾隆五十四年(1789)己酉科拔贡生名册,是标示该世纪社会流动形态唯一的名册,资料包括全国拔贡生,而且版本品质高。其 A 类数字是 16.6%,较 19 世纪两种拔贡生名册略小。影响 18 世纪社会流动率的几种因素将在第五章讨论,这里现有的资料提示我们,这个世纪可能是出身寒微者的社会流动率紧缩时期,他们要达成进阶的进士功名的机会看来是特别小。

---

* 【译者按】:本段文字由于何先生后来增引资料,1967 年修订版文字与 1962 年版有些不同。

表12　18世纪举子的社会成分

年份	士子总数	A类人数	百分比	B类人数	百分比	A+B百分比	C类人数	百分比	D类人数	百分比
康熙四十二年(1703)[a]	104	10	9.6	20	19.2	28.8	74	71.2	17	16.3
雍正十二、十三年(1734—1735)[b]	105	9	8.6	13	12.4	21.0	73	69.5*	10	9.5
乾隆三年(1738)[c]	249	27	10.9	30	12.0	22.9	192	77.1	35	14.0
乾隆十七年(1752)[d]	72	16	22.2	24	33.3	55.5	32	44.5	2	2.8
乾隆四十八年(1783)[e]	120	13	10.8	34	28.3	39.1	73	60.9	5	4.2
乾隆五十四年(1789)[f]	1,149	190	16.6	372	32.2	48.8	587	51.2	29	2.5
乾隆五十九年(1794)[g]	85	12	14.1	20	23.5	37.6	53	62.4	9	10.6
嘉庆五年(1800)[h]	193	28	14.5	33	17.0	31.5	132	68.5	17	8.9
嘉庆七年(1802)[i]	258	36	14.0	71	27.5	41.5	151	58.5	12	4.6
总计或平均值	2,335	341	14.6	617	26.4	41.0	1,367**	59.0	136	5.8

a、《康熙四十二年癸未科三代进士履历》(1703)。

b、《雍正十二十三年拔贡同年》是一种在雍正十二、十三年(1734、1735)全国性拔贡生考试中,特为及第的山东士子合编的名册。

c、《乾隆三年戊午科顺天乡试录》是一本乾隆三年(1738)直隶省举人名册。

d、《乾隆壬申科福建乡试同年齿录》是一本乾隆十七年(1752)福建举人名册。

e、《乾隆四十八年癸卯科江南同年齿录》是一本乾隆四十八年(1783)江苏与安徽的举人名册。

f、《乾隆己酉科各省选拔同年齿录》是一本乾隆五十四年(1789)全国拔贡生名册。

g、《乾隆甲寅恩科顺天乡试同年齿录》是一本残缺的乾隆五十九年(1794)直隶举人名册。

h、《嘉庆五年庚申恩科顺天乡试同年齿录》是一本完整的嘉庆五年(1800)直隶举人名册。

i、《嘉庆七年壬戌科会试齿录》,是现存唯一的嘉庆时期(1796—1820)进士名册。

*【译者按】:原书作79.0,经计算更正为69.5。

**【译者按】:原书作1,377,经计算更正为1,367。

***【译者按】:后来何先生获得北京中国国家图书馆典藏翁同龢收集的清代进士履历便览、会试录与会试齿录、举人乡试录、贡生同年齿录及在台北中研院史语所见到的4种明代进士登科录等新资料,1967年修订版增引了本表所据的b、c、e、i 4种名册,统计数字重新计算。

据表 9 与表 10,出身官员家庭的举子,明代正好是 50%,清代是 63.2%,我们这个研究所包含的整个明清两代的平均数是 57.8%。在明清专制时代大部分时期,官员与可能成为官员的人,都必须顺从国家的意识形态,在社会与家庭背景上也必须假定是同质的,就如我们在第一章第二节《社会分层化》所讨论的,广义官员阶级下层的组成分子,是期望获派任小官的举人、贡生,俗称"佐杂"的八、九品官员,与可经包括例常升迁等各种方式升至品官的不入流官员,他们在权力、名望与财富方面,与中阶品位及高阶品位官员的差异极大。中层官员包括四品至七品的中央、省级和地方官员,他们在中央任重要的秘书与行政工作,形成省级与地方行政的骨干。上层官员包括最高的一品至三品的官员,享有其他特权之外,还有世袭的荫子特权。如果能了解大部分进士的仕途预期晋升官品幅度,并对出身官员家庭进士进行背景分析,就能提供这一群体世代间向上与向下社会流动一个粗略的估计方法。

首先,大部分进士的仕途起于七品官,让我们看看最终会升到哪里。一些地方志会提及当地进士的最后官位,但不能全信,因为地方志的记载可能不完全或不正确。幸好,我们处理的一种晚明进士名册,是科考之后半世纪,一位举子的后人所精心编制的名册,其中登载该科所有进士最后官职的正确信息。我们也有一种晚清名册,是该科的一位进士在考试后 20 多年编撰的,它提供所有该科进士在编名册当时的官职,似乎绝大部分人已升到最后的官职。这将在表 13 加以分析。

表 13　进士的最后官位

科次	总数	高品官（一—三品）		中品官（四—七品）	
		人数	百分比	人数	百分比
万历二十年（1592）	307	75	24.4	232[a]	75.6
同治七年（1868）	275	19	7.0	256	93.0

　　史料出处:《万历壬辰科进士履历便览》(万历二十年〔1592〕,成书于顺治三年〔1646〕)、《同治七年戊辰会试同年齿录》(同治七年〔1868〕,刊行于光绪十六年〔1890〕后不久)。
　　a、此 232 人中有 5 人因生病及过早死亡而从未任官。

　　同治七年(1868)进士名册,在该科考试至少 22 年之后才刊印。诚然,它提供的信息可能不完全,对同科少数进士来说,刊载的可能不是他最终的官位。其中最终官位升至前三品者,看来极不可能会达到同科进士总数的十分之一。虽然其他科的进士考试,由于缺乏类似信息,不可能做有系统的统计研究;但表 13 所根据的这两种名册,确认了我们一般的印象:清代进士要升至最高的官品,较中国史上各朝代来得困难。主要的原因之一,是清朝留给汉人做的高官位总数大量减少,汉人必须与满人、蒙古人及汉军旗人分享官位。如同治七年进士名册显示,光绪十六年(1890)以前,该科进士官至四品和五品只有 68 位(31.6%)。在这种情况下,从官员家庭世代间社会流动的立场,我们可以有把握地说:大部分有祖先任高官的进士,仕途最终的官职可能多停留在官员体系低层,而大部分祖先任中级官员的进士,最终可能在官员身份上没有进展。只有那些祖先为低级官员或有可能有低级官员身份之进士,凭借他们的高功名而提高其社会地位。

要分析所有的 48 科名册太费时间,因此只能处理其中的 12种。下列名册的挑选,是基于版本的优越和涵盖的年代较好。由于进士社会成分的关键性变迁,首先发生在晚明,其后在康熙时期;似乎需要把明代最后的万历三十八年(1610)的名册和现有三种康熙名册中的两种也纳入分析之列。康熙四十二年(1703)科进士名册,虽然版本残缺,却是 18 世纪这类现存可用的唯一名册;就有关个别进士祖宗信息而论,这份名册的品质是好的。

表 14 透露一些本章之前的各表所未明确指出的重要事实:第一,低级官员和可能出任低阶官员家庭中,平均每三代产生进士比率为 23.7%,他们的高阶功名使他们已然上升至官僚体系的中等阶层。同时,有 42.9%出身平民家庭的进士。因此,近三分之二的新进士来自平民家庭或现任低阶官员及候补低阶官员家庭,可以说政府官员阶层的成分经常处于波动状态。第二,祖先为高级官员家庭的进士比例不高,受制于一种几乎是内建的向下机制,高阶家庭难以长期维持其崇高地位。第三,尽管政府经常注入新血轮,官僚体系总能维持内部的持续性与平衡,因为平均三分之一的新进士出身中级与高级官员家庭,这有助于彻底而从容地同化那些来自普通平民家庭和低阶官员家庭的新官员。为奖励有大志者与维持官僚体系的稳定,科举制度起了重要的政治与社会作用。然我们不能忘记,表 14 系选取举子的三代直系祖先中官位最高者来断定其家庭身份地位,但 C 类家庭世代间向上与向下社会流动的确实数量与幅度,应比统计所能呈现的大得多。

表 14　官员家庭出身进士的次分类

科次	同科总人数	平民家庭出身 百分比	官员家庭出身					
			低阶[a]		中阶		高阶	
			人数	百分比	人数	百分比	人数	百分比
成化五年(1469)	248	60.0	34	13.7	54	21.8	11	4.5
成化八年(1472)	250	54.8	55	22.0	45	18.0	13	5.2
嘉靖十七年(1538)	317	48.9	61	19.3	78	24.5	23	7.3
嘉靖四十一年(1562)	298	44.6	73	24.5	75	25.2	17	5.7
万历三十八年(1610)	230	43.9	58	25.2	53	23.1	18	7.8
顺治十二年(1655)	401	44.2	83	20.8	93	23.3	48	11.7
康熙二十一年(1682)	151	19.3	38	25.2	66	43.6	18	11.9
康熙四十二年(1703)	104	28.8	14	13.2	43	41.7	17	16.3
道光二年(1822)	210	34.3	61	29.0	65	31.0	12	5.7
咸丰十年(1860)	146	46.5	39	26.7	33	22.7	6	4.1
光绪二年(1876)	216	36.6	68	31.2	64	29.9	5	2.3
光绪十八年(1892)	239	31.7	83	34.8	67	28.1	13	5.4
总计或平均	2,810	42.9	667	23.7	736	26.2	201	7.2

※本表材料取自表9。

a、成化五年(1469)、成化八年(1472)、嘉靖十七年(1538)、嘉靖四十一年(1562)、万历三十八年(1610)、顺治十二年(1655)与康熙二十一年(1682)等年的监生被视为有出任低阶官员的可能。虽然在定义上,清代监生须排除在可能出任低阶官员的群体之外,但在清初有少量进士的祖宗在明代曾为监生,他们在明代定义下既然可能出任低阶官员,这些人就应该计入。总之,监生在康熙三十九年(1700)以后是不能列入官员阶级的。

在我们的社会学术向上流动的统计研究中,有一方面的资料特别难收集到,那就是为数极大的生员群体之社会成分资料。由于得到生员身份标示着攀爬社会学术阶梯漫长过程的正式开始,指明生员这一基础初阶科名拥有者的社会成分之任何资料,均可阐明向上社会流动程序的临界点。现存仅有的三种生员名册,均登载举子的祖宗记录,值得做一仔细的分析。

表 15 生员的家庭背景

时期	常熟县			海门县			南通县		
	总数	出身未有科名的家庭人数	百分比	总数	出身未有科名的家庭人数	百分比	总数	出身未有科名的家庭人数	百分比
洪武元年至成化二十四年(1368—1487)[a]	—	—	—	—	—	—	267	263	98.6
弘治元年至十八年(1488—1505)	—	—	—	—	—	—	88	78	88.6
正德元年至十六年(1506—1521)	—	—	—	—	—	—	143	120	83.9
嘉靖元年至四十五年(1522—1566)	—	—	—	—	—	—	444	332	74.8
隆庆元年至六年(1567—1572)	—	—	—	—	—	—	35	22	62.9
万历元年至泰昌元年(1573—1620)[b]	—	—	—	—	—	—	549	375	68.3
天启元年至七年(1621—1627)	—	—	—	—	—	—	195	138	70.8
崇祯元年至十七年(1628—1644)	—	—	—	—	—	—	303	186	61.4
明代总数	—	—	—	—	—	—	2,024	1,514	74.8

续表

时期	常熟县			海门县			南通县		
	总数	出身未有科名的家庭人数	百分比	总数	出身未有科名的家庭人数	百分比	总数	出身未有科名的家庭人数	百分比
顺治元年至十八年（1644—1661）	507	338	66.7	47	38	80.9	286	162	56.6
康熙元年至六十一年（1662—1722）	1,050	671	63.9	333	200	60.0	811	462	57.0
雍正元年至十三年（1723—1735）	267	189	70.8	78	36	46.2	218	117	53.7
乾隆元年至六十年（1736—1795）	1,142	663	58.1	424	230	54.2	1,071	658	61.4
嘉庆元年至二十五年（1796—1820）	464	224	48.3	180	76	42.2	494	258	52.2
道光元年至三十年（1821—1850）	608	293	48.2	207	86	41.6	534	229	42.9
咸丰元年至十一年（1851—1861）	227	78	34.4	62	20	32.3	177	71	40.0
同治元年至十三年（1862—1874）	408	173	42.4	95	42	44.2	350	146	41.7
光绪元年至三十年（1875—1904）[e]	851	357	42.0	210	103	49.0	403	198	49.1
清代总数	5,524	2,986	54.5	1,636	831[*]	48.4	4,344	2,301	53.0

　　史料出处：《国朝虞阳科名录》（光绪三十年〔1904〕后刊印）、《静庠题名录》（民国二十二年〔1933〕）、《通庠题名录》（民国二十二年〔1933〕）。【译者按】：虞阳是常熟别名，静海为海门古名，通州为民国时期南通县旧名。

　　a、这些时期都是每位皇帝在位的时期,从明太祖洪武元年(1368)直到成化二十三年(1487),由于授受官品的生员人数很少,因此把几个明朝前期的皇朝合为一期。

　　b、包括短命的明光宗朝(泰昌元年〔1620〕)。

　　c、南通县名册止于光绪十七年(1891)。

　　*【译者按】:原书作791,经计算更正为831。

　　生员的员额制度之详情,将在第五章的开始再行论述。在此拟先说明,整体而言,表9的进士社会成分显示长期变迁的一般趋势。不出所料,生员仍由广大社会基层中选拔出来。太平军战役密集的长江下游地区,受到严重破坏的咸丰时期(1851—1861),其出身无科名家庭的生员的比例最小。尽管我们的资料,只涵盖三个长江下游地方,但它们仍具高度意义,这主要是因为:第一,它们显示,即使在文风鼎盛的地区如常熟,这个夸称出过许多一甲进士和全国著名家族的县份,一般平民仍有公平进入这个关键的社会初始转型的机会。第二,这三个序列的地方数据,可帮助我们更广泛地了解那些高阶科名拥有者资料的意涵。由于科举制度经过高度严格筛选,进士位居科名拥有者的大金字塔之顶端。事实上,即使清代 A 类出身进士的平均数已降至明初平均数的三分之一至四分之一之间,但仍有超过一半的生员来自没有功名的平民家庭。这意味着在宽广金字塔底部的普通平民虽不易进入顶端,但底层仍有较宽广的机会结构。有赖于常熟、海门与南通的这些数据,我们的推测至少有部分是可以成立的。第三,明初的生员总数中,有功名家庭出身的生员只占一小部分,至清代后半已为相对多数,但这不能视为有儒学传统的地方家庭越来越能延续他们在地方考试上的成功。南通名册的编者在总结这依地方家族编排,极其复杂却有价值的生员表时细心地观察到，只有少数地方家族能成功地在好几代中，每代均产生一位生员。同样的表及编者评语，也可在邻近的海门县生员名册中看到。[1] 明代平均近四分之三的生员，清代超过一半的生员，来自先前连初阶科名都没有的寒微家庭。这意指广大生员群体，甚至比他们更少得多的进士群体，其社会成分是经常处于流动状态中。

总之，统计序列显示出最重要的特征，是 A 类进士人数，从 16 世纪后半起至清代的末叶，呈持续减少趋势。这个持续衰减现象，放在社会脉络中来看，意指寒微人士要爬升社会—官僚体系的阶梯，其困难与挫折越来越大。虽然这个效应部分地被 B 类的稳定成长所减轻，但实际上，寒微人士遭遇到的困难与挫折更大，本章的统计数据并不能显示金钱力量的日益增强。清代大部分时期，很容易以金钱转换成统治阶级的身份，官员的买卖还会造成官僚体系的过度膨胀。造成 A 类的长期下降趋势及社会结构变迁的原因，将有系统地在第五章讨论，并在最后一章进一步联系本章主要的统计资料及这一研究所累积的事证做分析。

---

1 《静庠题名录》序言。【译者按】:《国朝虞阳科名录》，(清)王元钟辑，清晖书屋，道光三十年(1850)刊，咸丰光绪间(1851–1908)增修，光绪三十年(1904)印本。《静庠题名录》，(清)崔灵骥等原辑;(清)成廷寀续辑;(清)成荣仲等增辑，光绪三十二年(1906)刊本。《通庠题名录》，(清)顾鸿辑，清同治三年(1864)刊，光绪补刊，又有(清)崔灵骥、张宝琛续辑，民国二十年(1931)石印本。

第四章
向下流动

在研究社会流动时,长期的向下流动往往只是提示,较少做系统化的探究。这是因为收集显示向下流动的资料,远比其他形式流动的资料,困难得多。近年来,对近代西方工业化社会的社会流动研究,采用资料是基于抽样调查中父子两代职业的变迁,[1] 其中并没有可研究跨几个世代的职业身份变迁资料。本书探究向下社会流动唯一有用的资料是家谱。家谱往往记载家人或族人拥有的功名、官职和官衔。因此,我们的资料性质与近代西方资料不同。

科举题名录所提供举子祖宗的资料,既准确又有代表性;家谱则不然,部头很大,必须仔细详查筛选后才能使用。一来,明清时代宗族制度并不是全国都发展得很好,大部分可用的家谱是长江流域各省的。再者,一般家族并非同质体的社会,具有高功名或官职者占家族总人数的比重相当少。而家谱并不记载一般家族大部分成员的社会、职业与经济地位的相关信息。

---

1 S.M. Lipset(李普塞) and R. Bendix(本迪克斯), *Social Mobility in Industrial Society*(《工业社会的社会流动》), Ch.6.

基于以上这些原因，我们只选择四个家族的历史作为实例，来说明社会分层化变迁的普遍过程。选择的理由是因为这四大家族在晚明到清代为全国最大的望族：他们是山东省会济南附近的新城王氏、安徽南部的桐城张氏、江苏南部的无锡嵇氏、浙江东北沿海的海宁陈氏。王氏正式的族谱，在北美找不到，但仍能依各个世代整理出其男性成员的学术—官员身份的系统性信息，及从不轻易披露的家训资料。家训是促使他们能获得非凡成功的依傍。其他三个家族的正式家谱，见于哥伦比亚大学图书馆与美国国会图书馆，我们可据以推估其学术—官员突出成就的世代间变迁。我们希望这些特殊家族的记录，可以大略增进我们对长期向下流动的理解。如果这些望族，在若干世代间的没落是不可避免的，则我们可以稳妥地总结出：大部分成功家族向下流动的进程应该会逐步加剧。

除了总结这些取样家庭的记录外，我们将努力尝试解释引起向下流动的环境、教育、制度与经济的因素。

第一节　抽样的家谱记录

（一）王氏宗族

新城王氏始祖王贵，在元末的时候已成年。他原为山东诸城县人，由于家乡缺少经济机会，又害怕那些被他和其他村民击退的土匪报复，于是移民新城。王士禛（崇祯七年至康熙五十年，1634—1711），是王氏最著名的后代，他证实王贵在移居新城县之初，为曹姓大地主佣作。[1] 一日，狂风剧骤，有一少女求助于曹家，后来知道这女子来自王贵的家乡，于是由曹姓地主做媒，王贵娶了这个女子，生了五个儿子。由于他辛勤工作，生活俭朴，终能置些产业；接着由于精耕及借谷子和金钱给人放高利贷，进而改善其经济地位。

王伍是王贵五子中最小的一个，对于他我们所知不多，但王氏家族的名人均为其后代。由有关他的记载之简短及他因排行老五而得名看来，他可能没受过好的教育，因为这种依排行命名，是不识字农民或下层社会人民的命名方式。从他开始捐钱给地方做善事看来，其耕作是持续成功的。其四子中有二人有科名，长子王麟13岁中秀才，后来成为贡生。因此，有资格任县学训导，官至河南颍川府学教授。王麟的其中一个弟弟是生员。

王麟，这位王家最成功的第三代，大概是许多自耕农子弟爬升社会阶梯的典型，其过程不是没付出代价的。他有四个伯伯与三个兄弟的这一事实提示我们，他在祖父王贵去世时，继承土地的持分，在整个祖产中占的比例是相当小的。微薄的产业，伴随着他的书生职业，使他陷入经常性的财务困难。虽然我们无法断定在通

1　《池北偶谈》，卷 10，页 1a。这要指出的是，王之垣（王士禛的曾祖父）与王象晋编的《大槐王氏念祖约言世记》并没有提到在王贵置产之前曾为人佣作，似乎在王之垣对其家族粗略和轶事性历史叙述中，只留下鼓舞子孙的善事和箴言，家族寒微的起家并未刻意着墨。由于王贵是被迫迁移到新城的，看来他不可能从一开始就拥有家产。因此，王士禛《池北偶谈》中可能根据家传的口述证词，比较可信。【译者按】：原文是："先始祖妣初夫人（刘太夫人），诸城人。年始笄，一日，忽为大风吹至新城之曹村。时，始祖琅琊公方为某大姓佣作，未婚，遂作合焉……四世至太仆公始大其门。"则王贵的夫人刘氏是 15 岁时因避风逃到新城县的曹村，当时王贵正为曹村某大姓的雇佣，未婚，遂因主人之媒而与刘氏组成家庭。经过四代的努力，至王重光才光大其门。

过第一阶段地方考试与取得贡生身份之间要花费多长时间,但看来似乎是相当长,因为贡生的授予一般是基于年资。他不时须靠母舅的接济来维持生计,甚至取得贡生身份后,收入仍然很少,持续为经济所苦,下一代能在社会阶梯上攀爬得更高,绝非必然。

一般人在这样的家境中是难以继续向上攀升的,王家却不同,他们很幸运,有一个特别勤奋而怀大志的儿子王重光(弘治十五年至嘉靖三十七年,1502—1558)。重光 8 岁时,有一次,王麟命令他辍学;一方面是因为经济困难,另一方面也是想试试他的恒心毅力。这孩子写了"进士"两个大字放在书桌上,以示其决心。由于父亲长期的教导,王重光终于嘉靖二十年(1541)考上进士。于是在王家的第四代,家境就发生关键性的变迁。

王重光,这位王氏家庭第一位真正成功的成员,官至贵州左参政(辅佐布政使,从四品),以讨贵州赤水黑白羿蛮叛,过劳致死。在其任职各地方与省级职务的 17 年仕途期间,王重光经常与诸子通信,教他们如何读书,尤其是如何写应考时文的技巧。对于他和他的儿子们来说,人生首要目标在求高阶科名及第,他训示诸子的家训有云:

> 所存者必皆道义之心,
> 所行者必皆道义之事,
> 所友者必皆读书之人,
> 所言者必皆读书之言。

　　这个家训后刻在石碑上，置于王氏宗祠"先勤祠"的院落里。王重光是确定其家训体例的第一人，家训中混杂了儒家清教徒式的信条与社会现实主义思想。他了解他的成功归功于早年心理上的挑战，因此尽量灌输子孙立大志对社会与科举成功的重要性。他居家与未成年诸孙最爱谈的话题，是有关他们将来科举考试名次的事。[1]

　　王氏的这个家庭传统为第五代与第六代的杰出成员好好地维护下来，王重光次子王之垣于嘉靖四十一年（1562）登进士，其后官至户部左侍郎。王之垣孜孜不倦地教诲其弟及子侄：精力不可浪费，要专心读书，真正的智慧在不参预朝廷党争。由于他经历明代中期与后期的一连串党争，和许多著名的官员一同因牵涉党争而遭到严厉处分。无疑地，这位执业官员的智慧帮助他们延续其家族的成功。他进一步订下家训，要求所有家中男性青年必须留在自家宅院中，专心准备科举考试，不得谈论政治。[2] 家训是基于他自己的经验，提供全家人参考，他将政府规定的主要科举事务及他自己写作八股文的技巧，摘抄入家训。[3] 王氏家族贤明而严格的传统集中体现于他的大儿子王象乾（嘉靖二十五年至崇祯三年，1546—1630）写的对联。王象乾于万历三十年（1602）登进士，官至浙江布政使。这副对联就如王重光的家训一般，刻在祭祖厅堂的

1　《池北偶谈》，卷5，页8b-9a。王重光的家训有云："所存者必皆道义之心，非道义之心，勿汝存也，制之而已矣！所行者必皆道义之事，非道义之事，勿汝行也，慎之而已矣！所友者必皆读书之人，非读书之人，勿汝友也，远之而已矣！所言者必皆读书之言，非读书之言，勿汝言也，诺之而已矣！"今刻石忠勤（王重光）祠中。本书原来所引有删节。
2　《大槐王氏念祖约言世记》，册甲，页9a。
3　同前书，册乙，页24a-24b。册乙是王象晋编撰的。

石柱上,其言云:

> 绍祖宗一脉真传,克勤克俭;
>
> 教子孙两行正路,惟读惟耕。

王家这一优良传统为当世所熟知,17 世纪后期的学者钮琇(殁于康熙四十三年,1704)见证了王家青年子弟经常要面对的心理挑战:[1]

> 新城王氏自参议公(王重光)而后,累世显秩,家法甚严,凡遇吉凶之事,与岁时伏腊祀庙祭墓,各服其应得之服,然后行礼。子弟名入泮宫,其妇始易银笄练裙,否则终身荆布而已。膺爵者缨绂辉华,伏牖者襜褕偃蹇,贵贱相形,惭惶交至。以是父诫其子,妻勉其夫,人人勤学,以自奋于功名。故新城之文藻贻芳,衣冠接武,号为宇内名家。

在说明王家早期成功的主要原因之后,我们就能够利用可找到的记载来分析王氏的名册。[2]

1　钮琇,《觚剩续编》,卷 3,页 1a。【译者按】:《新城家法》条。

2　这份名册是取材于康熙三十二年(1693)编印的《新城王氏家乘》与民国二十二年 (1933)编印的《新城县志》及《山东通志》,参见三书的科举与列传篇章。在此所用 的主要方法是通过交叉分析法在方志的氏族志中追寻王氏家族的行辈名字。因 此,如果王氏后代不采用行辈名时,可能会漏掉,使这份名册可能不完整。但这种 遗漏情况,要是有的话,也不会太多。

表 16 王氏家族名人

代	人名	功名官品或其他事业	每代高中科名与官				每代高官的总数
			总数	进士	举人	贡生	
第一	王贵	—	—				—
第二	伍	—					—
第三	麟	贡生;从七品	1	0	0	1	—
第四	重光	进士(嘉靖二十年,1541);从四品	1	1	0	0	—
第五			6	3	1	1	2
	之垣	进士(嘉靖四十一年,1562);正二品					
	之辅	举人(嘉靖四十年,1561);正五品					
	之城	贡生;正五品					
	之猷	进士(隆庆元年,1567);正三品					
	之栋	从七品					
	之都	进士(万历二十三年,1595);正四品					
第六			15	9	1	3	4
	象坤	进士(嘉靖四十四年,1565);正二品					
	象乾	进士(隆庆五年,1571);从一品					
	象晋	进士(万历三十二年,1604);正二品					
	象蒙	进士(隆庆二年,1568);正四品					
	象斗	进士(万历二十三年,1595);正六品					
	象节	进士(万历二十年,1592);从七品					
	象恒	进士(万历二十三年,1595);正二品					
	象春	进士(万历三十八年,1610);正五品					
	象云	进士(天启五年,1625);正四品					
	象复	正五品					
	象兑	贡生;从八品					
	象咸	从八品;好酒,精于书法					
	象泰	举人(万历元年,1573)					

代	人名	功名官品或其他事业	每代高中科名与官				每代高官的总数
			总数	进士	举人	贡生	
第六	象艮	贡生；正五品					
	象益	贡生；从八品					
	象明	精于书法与诗					
			6	2	2	2	0
第七	与夔	举人（万历四十年，1612）					
	与胤	进士（崇祯元年，1628）；正五品					
	与慧	生员					
	与端	精于诗画					
	与玖	工于诗					
	与盛	精于文学					
	与美	贡生；从七品					
	与阶	生员；捐助地方慈善					
	与敕	贡生；未做官					
	与襄	进士（顺治十六年，1659）；从七品					
	与裔	举人（顺治十八年，1661）					
			5	4	1	0	1
第八	士纯	精于诗画					
	士禄	进士（顺治十二年，1655）；从五品					
	士骐	进士（康熙三年，1664）；从七品，精于诗					
	士誉	举人（顺治八年，1651）；精于诗、佛经，好酒					
	士騩	精于琴、诗、佛经					
	士祐[*]	进士（康熙九年，1670）					

续表

代	人名	功名官品或其他事业	每代高中科名与官				每代高官的总数
			总数	进士	举人	贡生	
第八	士祺	进士（顺治十五年，1658）** ；从一品，藏书家，工于诗，美术鉴赏家					
			3	1	1	1	0
第九	启沃	进士（康熙十五年，1676）；从七品，在长期退休中以画著名					
	启磊	精于书法与画					
	启涑	捐贡；正八品，精于诗、画、书法					
	启大	举人（康熙八年，1669）；正八品，精于诗、书法					
			5	0	3	1	0
第十	兆鄼	候补从八品					
	兆杲	贡生；精于书法					
	兆隆	举人（乾隆五十三年，1788），由于年老而获恩赐					
	兆信	监生；以地方慈善著名					
	兆郏	生员；孝子					
	兆宏	举人（嘉庆四年，1799）					
	兆锟	举人（嘉庆四年，1799）					
			5	0	3	0	0
第十一	祖玺	从七品					
	祖雕	举人（嘉庆六年，1801）；从七品（嘉庆七年，1802）皆由恩赐					
	祖熙	举人（乾隆二十一年，1756）；精于画；好酒好旅行					
	祖钰	举人（乾隆十八年，1753）；正八品					
	祖肃	生员；正四品；由捐纳得来					

续表

代	人名	功名官品或其他事业	每代高中科名与官				每代高官的总数
			总数	进士	举人	贡生	
			6	1	5	0	0
第十二	宸俸	武进士(乾隆二十六年,1761)					
	宸仟	举人(乾隆三十六年,1771);从七品					
	宸估	进士(乾隆十七年,1752);正七品					
	宸赞	举人(乾隆四十八年,1783);候补从七品					
	宸绥	举人(乾隆五十九年,1794);正八品					
	宸扬	举人(乾隆二十七年,1762)					
			4	2	2	0	0
第十三	允灌	进士(道光十六年,1836);从七品					
	允楚	进士(嘉庆十年,1805)					
	允樽	举人(嘉庆十五年,1810)					
	允柏	举人(嘉庆二十四年,1819)					
			2	0	2	0	0
第十四	维荣	举人(道光五年,1825)					
	维度	举人(光绪十四年,1888);从八品					

史料出处:《新城王氏家乘》(未注出版年月,可能是17世纪末);《新城县志》(康熙二十三年,又民国二十二年版);王士禛,《池北偶谈》多处载记王氏先祖事迹。

*原书误作士祐,今据江庆柏,《清朝进士题名录》,页165,引《康熙九年庚戌科进士三代履历便览》改正。

**原书误作1655(顺治十二年),今据江庆柏,《清朝进士题名录》,页99,引《顺治十五年戊戌科进士三代履历便览》改正。又王士禛卒后,因避世宗讳改名为士正,乾隆皇帝谕令改为士祯,是后遂以士祯行世。参见《清史稿》卷266《王士祯传》。

根据表16,显然王氏家族在第六代达到成功的顶点,这一代产生9名进士、1名举人与3名贡生。9名进士中,4名官至高品。王家逐渐中衰的原因,虽然找不到有系统的说明,但王家的人已有值

得注意的预感：第六代之后，要维持那样特别的科举成功是很不容易的。王士禛作证说：[1]

> 吾家自明嘉靖中，先高祖太仆公（王重光）以甲科起家，至隆万而极盛，代有闻人。当明中叶，门户纷纭之时，无一人濡足者，亦可见家法之恭谨矣。先伯祖太师霁宇公（讳象乾）出入相将六十年……先祖方伯公（讳象晋）为礼部主事，时乡人亓诗教、韩浚势张甚，以公名阀，素有清望，饵以诠曹，欲引入其党，公力却之……至从叔祖吏部（象春），为东林闻人，而才浮于□（【译注】：原书缺字推测为"事"），家法始一变矣。

尽管东林党的成员一般都是正直而有崇高理想的人，[2]但他们因为长期而极端地抨击有权势的阉宦所控制的内廷而遭殃。王象春参加东林党的确偏离王氏祖训，这祖训很适切地用中国人的一句老话"明哲保身"来说明。东林党多文人，他们或好酒，或好公开炫耀其文采。王象春因为结交东林文人，而成为王氏家族成员中第一位浪费精力的人。

然而实际上王象春并非唯一未能遵奉务实家训的官员，王氏家族在他们最兴盛而全国知名的第六代，已不再能使全族中的男

---

1 《池北偶谈》，卷6，页11a–11b。

2 关于东林党的性质，参阅 Charles O. Hucker（贺凯），"The Tung-lin Movement of the Late-Ming Period," in J. K. Fairbank, ed., *Chinese Thought and Institutions*, pp. 132–162.【译者按】：中文译本见张永堂译，《明末的东林运动》，《中国思想与制度论集》（台北：联经出版公司，1976），页163–211。

子遵从这原是促使王家特别成功的严格传统学风与自律。对某些家族成员来说，这该是享受家族成功果实的时候了，如王象咸就没有科名，只是沉迷于酒与书法，同样是第六代的王象明也未得科名，但因其诗才与书法使他在地方志上占有一席之地。

这种趋于安逸生活，追求艺术文学的嗜好，沉醉于酒与音乐的现象，在其后几代更为显著；第七代就未产生一个全国知名的人物，第八代只出过王士禛一人而已。王士禛的父亲王与敕就常指引其子作诗写古文，但许多亲戚把这看作是家族暂时的急骤衰落，便建议王与敕好好指导他的儿子做些较功利的事，如练习写科举考试的时文，却遭他断然拒绝。[1] 在逐渐背离早期家族传统的趋势下，王家第八代还是产生一位礼部尚书与两名进士。但举业成就衰落的种子，却由族中最著名的成员王士禛种下。自顺治十六年（1659）起身任扬州府推官，至康熙五十年（1711）去世，王士禛成为全国知名人物，不是以其科名仕宦而是以其诗才，以他在全国性的文人结社与艺术家结社中的地位及其作为美术鉴赏家与藏书家而著称。[2] 事实上，在他有生之年，王氏家族流行的生活方式已与前几代大相径庭，他的这一代有 7 人在方志中有传，但其中 5 人以诗、文、画、音乐与佛学为其终身事业，就连母家亲戚徐元善也只关心

---

[1] 汪琬，《说铃》，页 2b-3a。

[2] 李斗，《扬州画舫录》（北京，1960 年版），页 220-221，有王士禛早年在文学与艺术结社中广为人知之生动叙述。【译者按】：据《渔洋山人自撰年谱》（惠栋注，红豆斋版）："顺治十六年己亥，谒选得江南扬州府推官。"（卷上，页 15b）或曰清代无推官，王士禛的正式官职应是通判；其实清初承明制，府设推官掌理刑名，康熙六年（1667）始废。则顺治十六年（1659），推官一职尚未废除，王士禛谒选得江南扬州府推官，应该无误。

文学、哲学与艺术,最终成为地方四位著名隐士之一。[1]

　　王氏家族的后代应是多子多孙,但在方志中却未记载王家子弟事迹。没有记载王家子弟的事迹,透露出一个没说明的事实:王氏家族每一代成员之中,必定有越来越多的子弟未能登科或未有才名,或未达到艺术或文学高名,他们都是属于有闲阶级,坐吃继承来的祖产与祖德馀荫。只有第十一代的王祖肃例外,他不断地捐官,官至知府正四品。其后王氏家族有科名者均未超过七品,大概他们宁愿过舒适的生活,做一退休的小官,而不愿从事辛苦的公务。由于诸子均分家产的缘故,后来每个人可分得的家产越来越少,使许多王氏族人遭受经济困难之苦。无论如何,王士禛的后代变得贫寒,已是人所共知的事实。19 世纪初,王氏子孙中竟有人以衙役为生,这在当时是常见的社会现象,有一位江西的学者曾以此作为其悲痛诗歌的主题。[2] 晚清著名学者缪荃孙(道光二十四年至民国八年,1844—1919)更证实王士禛贫困的后代几乎将所有那些使王士禛闻名全国的藏书、古玩、字、画典卖殆尽。[3]

(二) 张氏、嵇氏与陈氏宗族

　　这三姓是清代最显赫的宗族,桐城张氏与无锡嵇氏均接连两代出过大学士;海宁陈氏更胜一筹,接连三代均出过宰辅。张氏的

1　《新城县志》(民国二十二年〔1933〕刊),卷 15,页 12a—12b。

2　徐珂,《清稗类钞》,册 16,页 15。

3　缪荃孙,《云自在龛随笔》,页 70。

远祖为匠籍,拥有相当多田产,到第九代闻名全国,出了第一位大学士张英(崇祯十一年至康熙四十七年,1638—1708),他为诸子订下严格的计划,要他们努力习作科举考试八股文的技巧。[1] 张英的次子张廷玉(康熙十一年至乾隆二十年,1672—1755),是整个清代最有权势的宰辅之一,死后获得配享太庙的殊荣。嵇氏在第四代出了第一位大学士嵇曾筠(康熙十年至乾隆四年,1671—1739),其不平凡的成就由其次子嵇璜(康熙五十年至乾隆五十九年,1711—1794)继承,嵇氏在显赫之前三代,已出了好几个学者与一个小官,是"耕读"传家的典型案例。海宁陈氏先祖是一个贫穷的青年,与豆腐店老板家结亲。[2] 陈家所出三位宰辅为第九代的陈之遴(万历三十三年至康熙五年,1605—1666),第十代陈元龙(顺治九年至乾隆元年,1652—1736),第十一代陈世倌(康熙十九年至乾隆二十三年,1680—1758)。甚至传说伟大的乾隆皇帝也是陈家的人,这当然是无稽之谈,但这也可以看作陈氏在科举官僚方面非凡成就的体现。张氏家族的发展在张廷玉有生之年达到空前的巅峰,刘统勋(康熙三十九年至乾隆三十八年,1700—1773),这位正直的都御史,后来很快地成为著名的大学士,乾隆七年(1742)在一份奏疏中说道:张氏及同样出于桐城的母家姚氏,"占半部缙绅",出身这两

---

1 张英,《聪训斋语》,卷 B,页 3b。【译者按】:原出处有误,应为张英,《笃素堂文集》,卷 16,页 13b-14b。
2 陈其元,《庸闲斋笔记》,卷 1。作者是陈氏家族的一分子。【译者按】:海宁陈氏始祖陈谅,初居仁和的黄山,游学至海宁,困甚,偶憩赵家桥上,忽坠于水,为桥旁开豆腐店的陈明遇所救,"以女女之,而以为子焉"。则陈谅似乎是入赘于开豆腐店的陈明遇家。

家的缙绅几乎占全中国的一半。[1]　显然这是夸大之词,但这种说词也反映出张氏家族的成功在整个明清时期是独特的,被他们的财富与荣耀所眩,当代人都愿意相信陈氏与张氏两家长久兴盛是由于风水好的传说。[2]

由于父系继嗣团体(common descent group)的宗谱是篇幅很庞大的著作,我们只能分析这三个家族中最成功的一支的社会流动趋势,在此我们的目的是研究向下社会流动,于是把张英、嵇曾筠与陈氏三宰辅最近的共同祖先陈与相(嘉靖二十四年至崇祯元年,1545—1628)当作"始祖"或第一代。

对这些宗谱资料做技术性分析,将留到本书第五章讨论向下社会流动的制度与非制度因素时再来做。通观宗谱记录,可以发现不论其科举官僚成就的数量与质量如何,均同样出现长期衰落的现象。宗族长期衰落有部分是生理方面的。为何如此?这难以得到令人满意的解释。嵇氏自第五代起,已无生育能力;陈氏从第十代起也有同样生理性障碍。这两个家族生育能力下降的速度,又因太平天国之乱而加快,太平军造成苏南浙北的人命牺牲甚大。表面上,至少到新宗谱编成的光绪十六年(1890)为止,张氏家族仍能自我繁衍;但在质量上,张氏自第三代起生育能力已经出现非常严重的问题。张廷玉这一房无疑地是张氏最成功的,但他的四个

1　徐锡麟,《熙朝新语》,卷 2,页 9a–9b。【译者按】:《笔记小说大观》本《熙朝新语》,卷 8,页 8b–9a。刘统勋疏云:"大学士张廷玉与伊戚姚文然本系巨族,科第渐多,仕宦实盛,至今名登仕籍者有张廷璐、姚孔鈵等数十员。"

2　《桐城张氏宗谱》,卷 1;《海宁渤海陈氏宗谱》,卷 1;陈其元,《庸闲斋笔记》,卷 1。

儿子中三个英年早逝,长子张若霭(康熙五十二年至乾隆十一年,1713—1746)在科举上的表现最光彩,他在雍正十一年(1733)的殿试获第一甲三名的殊荣,但由于张廷玉怕其子科举的杰出表现会引人嫉妒和敌意的批判,而请求皇上把他改为第二甲第一名(传胪)。张若霭精于文学,工于书画、文学,是乾隆皇帝喜爱的臣子。但当他受皇帝青睐,升任协办大学士兼礼部侍郎后不久,就以33岁的英年弃世,他极其有前途的官宦生涯骤然中止。张廷玉的次子张若澄(康熙六十年至乾隆三十五年,1721—1770),乾隆十年(1745)进士,49岁死于礼部侍郎任上。三子张若淑(雍正五年至乾隆二十五年,1727—1760)以荫入仕,为户部员外郎,年仅33岁便去世。要不是乾隆皇帝对张廷玉的幼子张若渟(雍正六年至嘉庆七年,1728—1802)的特别恩宠,最后任高官至刑部尚书,张氏家族的中衰可能会更快些。

由于缺乏系统性科学的解释,我们最多只能推测出科名的长期成功会导致后代生活方式的改变,可能在成功后的第二或第三代,其家族的青年就会追求或耽于声色享乐,或过着各种形式的奢华消费生活,逐渐侵蚀其活力。当他们家族成功达到顶峰之后,家族中许多前途被人看好的成员英年早逝,这样的事情并不少见。族谱通常会记载成员的生日与忌日,但把这些望族成员的寿命制作成表格,这种费力的研究工作目前还做不到,只有俟之未来。

无论如何,我们的资料显示这三个望族,从长远看,在科举上或社会上已没有再生产的能力了。张氏家族的末代显赫成员是张若溎的儿子张曾谊(1747—1797),他能升任三品官还是因为乾隆感念他的父祖服务朝廷之功。嵇氏家族自第三代起没有一个人能官至三品,陈氏家族则自第八代,或者说达到顶峰的四代以后,便不再有高官。进一步的分析,显示一个家族发展至高峰之后二、三代,大部分的家族中拥有的功名,只是下层的生员,特别是捐纳来的监生。

表 17　张氏、嵇氏、陈氏的向下社会流动

代	男子总数	科举						官员				后代有功名者的百分比	后代有官位者的百分比
		萌	进士	举人与贡生	生员	监生	总数	高	中	低	总数		
张英的后代													
第二	6	—	4	2	—	—	6	3	1	1	5	100	83.3
第三	14	1	4	8	—	1	14	3	8	—	11	100	78.6
第四	38	3	1	15	2	16	37	1	14	15	30	97.3	79.0
第五	77	1	2	6	10	28	47	—	10	13	23	61.0	30.0
第六	101	—	1	5	9	22	37	—	12	21	33	36.5	32.6
第七	113	—	2	6	6	20	34	—	11	11	22	30.0	19.4
嵇曾筠的后代													
第二	8	1	1	3	—	3	8	2	4	1	7	100	87.5
第三	25	—	1	1	1	20	23	—	11	6	17	92.0	68.0
第四	56	—	—	2	4	27	33	—	9	13	22	60.0	39.4
第五	63	—	—	—	5	15	20	—	2	15	17	31.7	27.0
第六	49	1	—	1	2	8	12	—	2	6	8	24.5	16.3
第七	28	1	—	1	1	3	6	—	1	3	4	21.4	14.3
第八—第九	16	—	—	—	—	4	4	—	—	3	3	25.0	18.8

续表

| 代 | 男子总数 | 科举 | | | | | | 官员 | | | | 后代有功名者的百分比 | 后代有官位者的百分比 |
		荫	进士	举人与贡生	生员	监生	总数	高	中	低	总数		
陈与相的后代													
第二	5	—	2	—	1	2	5	1	1	—	2	100	40.0
第三	11	—	1	6	2	2	11	1	2	—	3	100	27.3
第四	38	1	6	7	7	12	33	4	9	2	15	86.8	39.5
第五	67	—	7	18	7	15	47	3	20	5	28	70.0	41.8
第六	173	2	1	23	20	68	114	—	41	14	55	65.8	31.8
第七	260	1	2	16	39	75	133	2	23	31	56	51.2	21.5
第八	268	2	5	16	23	68	114	2	16	51	69	42.9	25.7
第九	299	—		10	15	41	67	—	13	36	49	22.4	13.4
第十	224	—		10	32	23	64	—	8	18	26	28.6	11.6
第十一	157	2		8	22	11	43	—	7	11	18	27.5	11.5
第十二	82	—		1	9	—	10	—	—	1	1	12.2	1.2

史料出处:《桐城张氏宗谱》、《嵇氏宗谱》、《海宁渤海陈氏宗谱》。

张氏家族的经济基础,其共同的族产虽经连续的分割,但在家族发展达到顶点后三、四代仍很健全,这是因为桐城大姓(尤其是张英这一家)喜好治田产,而不从事其他投资。[1] 张英在一篇著名的文章中指出,田产虽然获利回收低,但土地是不动产,因此不易为后代卖掉。[2] 可能由于这一长久的家族传统,也因为前三代积蓄

---

[1] 对置治田产的长久传统及对桐城地区的认真研究,参见马其昶《桐城耆旧传》。关于张氏同样的传统,参见张廷玉为《桐城张氏宗谱》第九世子孙的传记卷所写的序。

[2] 张英,《笃素堂文集》,卷14,《恒产琐言》。

财富之大,使部分张氏子孙仍能捐到中级官位。嵇氏家族则没那么幸运,嵇曾筠与嵇璜均以廉洁著称,从做官的薪资所积蓄的财富并不多,嵇曾筠的一个孙子证实两位宰辅所留下的财产"尚不及中人之家"。[1] 这也可能是夸大之词,但无疑地尽管其家族有不凡的成就,但他们并不真正富有。嵇氏到第八、九代,整个家族只有 4 名监生与 3 名具虚衔的低级官员,许多本来寒微而正向上爬升的家族,他们的表现会比嵇家好得多。

第二节　人文环境

这些最显要的家族渐进而不可避免的长期向下流动,提示我们其他成功的家族也会经历着同样的过程。虽然在我们现今的研究范围内,无法对如此庞大数量的族谱做分析工作,但许多当代细心的观察家已注意到家族的枯荣浮沉,他们认为人文环境是导致向下流动的因素,这个观点值得我们去检验。

就如我们先前已说明的,唐以后的社会,性质上之所以不同于唐以前及唐代初期的社会,在于唐代以后对望族少有制度化的方法来延续其地位。到了宋代,文官考试制度已取代家族威望,成为决定社会地位最重要的因素。一些宋代社会观察家已完全认识到身份制度的流动性之逐渐增加,结果是家庭运势的急遽升降。12 世纪著名作家袁采(殁于宋宁宗庆元元年,1195)讨论家庭事务并总结这个现象说道:

---

[1]　《嵇氏宗谱》(光绪三十三年〔1907〕编),卷 8,页 26b。

> 世事更变皆天理：世事多更变，乃天理如此。今世人往往
> 见目前稍稍荣盛，以为此生无足虑，不旋踵而破坏者多矣。大
> 抵天序十年一换甲，[1] 则世事一变。今不须广论久远，只以乡
> 曲十年前、二十年前比论目前，其成败兴衰何尝有定势？[2]

其大致的结论是人运势的变迁主要由人文环境与家庭教育决定。

经过长久的观察之后，元末明初著名的学者叶子奇总结说道：

> 祖宗富贵自诗书中，子孙享富贵则贱诗书矣；家业自勤俭
> 中来，子孙得家业则忘勤俭矣。此所以多衰门也。戒之哉！[3]

一位清代的地方官以其第一手资料解释官宦家庭中青年人的
腐化及其不可避免的衰败的原因：

> （明王洪洲参政圻《家训》曰：）"子孙才分有限，无如之
> 何，然不可不使读书。贫则训蒙以给衣食，但书种不绝可矣。
> 若能布衣草履，足迹不至城市，大是佳事。"……先大夫尝言：
> "服官福建二十馀年，家居又二十馀年，历数州县同官之子孙，
> 能卓然自立，功名逾前人者，百中仅一二人；能循谨自守不坠

---

1 传统中国历法，年系以十天干与十二地支的组合命名，头一个天干与头一个地支起
 组合成每六十年一大循环与每十年一小循环。
2 《袁氏世范》，卷2，页2b–3a。
3 《草木子》（嘉靖八年〔1529〕刊本），卷4，页12b。【译者按】：万历八年（1580）刊本，
 页48b–49a。

家声者,十中仅一二人。岂州县官之子孙皆生而不肖哉？饮
食、衣服、货财,先有以汩其志气,即不骄淫纵欲,此身已养成
无用之身；一旦失势归田,无一技之能,无一事可做,坐致贫
困,一也。况居于衙署之中,有淫朋以诱之,有狡仆以媚之,圈
套万端,不中不止；自非身有定识定力者,鲜不为其所惑,二
也。而为州县之父兄,方且营心于刑名钱谷、事上接下之道,
无暇约束子弟；子弟即不肖,亦无人肯声言于父兄之前；故有
身虽在宦途,而家计已败坏不可收拾者。”历举数人数事,为之
太息痛恨也。余兄弟幼时即闻此论,幸稍长,即归家读书,未
沾染此等习气,亦未遇此等牢笼。先皆以训蒙为事,嗣名誉略
起,亦不过就记室之席,刻苦甚于寒士,故能稍稍自奋。然不
幸自身复作州县,五、六年来,时时以先大夫之言为戒,第不知
已之子弟又何如矣！余自高祖暮南公,以内阁中书回避,出为
县令,曾祖、祖、父及余身皆官州县,已五世矣。绵延不绝,是
由先人谨慎刻厉,有以维之,思之可幸,尤可惧也。[1]

以上所引及许多其他特殊的中国人文环境对家道兴衰之解释是确

---

[1] 引自陈其元,《庸闲斋笔记》,卷1,页5a-5b。这位官员的姓名是王圻,明清时代,最少有六人同名同姓；最著名的一位是《续文献通考》的编者,嘉靖四十四年(1565)进士,上海人。但这段引文中所记的家庭背景,与王圻《王侍御类稿》(万历十三年〔1585刊〕),卷5,页39a-40a,所记不合。另外五位王圻都是清代人,《凤阳县志》卷7页33b提到的一位王圻是嘉庆十年(1805)进士,后来做到四川一个州的知州,但由于缺乏进一步的细节叙述,无法辨认他是否就是这段引文的王圻。另外四位王圻都是画家。【译者按】：这位王圻应该是明朝做过参政与编著《续文献通考》的王洪洲。

实的,而为众多的传记资料所证实。有一些例子足以说明纵使是最显要的官员家族也因为缺乏好的家庭教育,而在一两代内就沦于湮没。杨士奇(元至正二十五年至明正统九年,1365—1444),明初最著名的宰辅之一,其聪慧与温文使他赢得四位皇帝最高的宠信,却因他的儿子杨稷在乡里的杀人恶行,而被御史举发,使其地位大为震动。因为他未尽为父的责任,虽为英宗所慰勉,还是因忧伤而一病不起。死后不久,杨稷仍被论斩,死于狱中。[1] 杨士奇两位同事杨溥(洪武五年至正统十一年,1372—1446)与杨荣(洪武四年至正统五年,1371—1440)的后代也不见得更好,杨荣的儿子杨恭以荫官进入仕途,为一中级官员,由于侵占乡民产业,被法司论杖为民,另外一个儿子杨华及孙子杨泰均因杀人而被论斩,籍没抄家。杨溥的孙子则因殴死家奴险些被流放。另一明初著名官员胡广(洪武二年至永乐十六年,1369—1418)的儿子也坐杀人抵罪。[2] 当梁储做宰辅时,两个儿子中的长子在正德八年(1513),居乡以夺人田产,屠灭三十馀家,杀三百馀人。[3] 次子荫官,早逝。由于明代高官显要之亲戚在乡常胡作非为作奸犯科,著名史家赵翼(雍正五年至嘉庆十九年,1727—1814)曾作专文

1　《明史》,卷148。
2　沈德符,《万历野获编》,页458,《三杨子孙》。【译者按】:沈德符云:刑部尚书俞士悦言:"寿罪虽律当徒,然奴由恩赐,又祖所爱,今寿杀之,有亏忠孝,请勿以常律论。"赖大理卿萧维桢争之得免。则杨溥的孙子杨寿"险些被判徒刑",而非本书原来所说的"barely escaped exile""险些被流放"。又本书原来把杨溥误译为Yang Fu,应改正为Yang P'u。
3　沈德符,《万历野获编》,页461-62,《梁文康子杀人》。

论之。[1]

即使大部分著名官员的后人未犯残暴的罪行，使其家族蒙羞，但仍可能由于各种分散精力与放荡的事迹，终致其家道中落。有一本记载富于轶事的晚明著作，就举一位明代著名的宰辅与文坛领袖王鏊（1450—1524）为例，叙述其长子的生平如下：

> 王文恪（王鏊）之子延喆性奢豪，治大第，多蓄伎妾。子女出从，群奴数十皆华服盛装。珠玉、宝玩、尊彝、窑器、法书、名画，价值数十万元。夕宴，客席必悬一珍珠灯，饮皆古玉杯。恒日归，肩舆至中门，门启则健妇界之，美妾列坐二十馀人，各挟二侍女，群饮至醉，有所属意则凭其肩，声乐前引，入室，复酣饮乃寝。[2]

王鏊另外的三个儿子虽然不像长子延喆一样恶名昭彰，但也都是古玩家和藏书家。[3] 这不只是巧合，我们对王鏊的其他后代也知之甚少，只知其第九代孙因为太穷而去店里做学徒，虽然靠着母家亲戚的帮助，终于考上生员，但年至三十始娶妻。由于长期辛苦与营养不足，31 岁就英年早逝。[4]

江苏南部昆山徐氏在清初出了三名一甲的进士：刑部尚书徐

1　赵翼，《廿二史札记》，页 495-96。【译者按】：《明乡官虐民之害》条。
2　李绍文，《皇明世说新语》，卷 8，页 11b，《汰侈》。
3　叶昌炽，《藏书纪事诗》，页 86-87。
4　吴德旋，《初月楼闻见录》，卷 7，页 8b。

乾学(1631—1694)、礼部侍郎徐秉义(崇祯六年至康熙五十年,1633—1711)、首辅徐元文(1634—1691),则是另一向下流动形态的例证。徐家虽然以侵占邻家田产闻名,但是徐家有一长久而著名的读书传统,并无突然衰败的迹象。徐乾学五子皆登进士,徐家至少有两三代在当地独占高中科名的炙手可热地位。然而他们家族一直延续昂贵的嗜好(如:藏书、古玩)及资助学者的传统,其后代子孙都鄙视从事生产的事业。到了玄孙一代,竟有一年仅13岁的孩子,迫于家境,学业未竟就到县衙门做胥吏以糊口。从他未获得任何一个同族亲人救助的事实看来,他们家的亲戚,即使不是全部,也大都经济状况在小康以下。他后来又在城隍庙边上以说书为生,当人们询其家世之时,则伪作聋状憨笑而已,因为他认为自己"操术既卑",不希望羞污先人门第。母亲死后,这个人就失踪了,当地人相信他是自己投河自杀了,并追忆他为徐孝子。[1]

这些显著的官宦家庭的后代子孙,甚至没有明显的堕落行为或被溺爱的事证,家道也可能会因为他们不用功读书或笨拙而衰落。试举明初著名的大学士黄淮(元顺帝至正二十七年至明英宗正统十四年,1367—1449)的后代为例。黄淮的朴实、有远见,及具备从各方面分析难题的能力,使他得到成祖皇帝的高度赞赏。黄淮于宣德二年(1427)退休后,在老家浙江南部沿海的永嘉安享馀年22载。黄淮应该不会像许多同事一样,不注意子弟的教育,但如果不是更早,至少到了16世纪初期,他的子孙已经很贫穷。有一

---

1 A. W. Hummel, "Hsü ch'ien-hsüeh," *Eminent Chinese of the Ch'ing Period*;叶昌炽,《藏书纪事诗》,页220-221;徐锡麟,《熙朝新语》,卷16,页3b-4a,《徐孝子》。

位浙江学者官员证实了一个令人不敢相信的事实,就是不过才几代,黄淮的子孙竟把祖坟的神道碑石给卖了。[1] 另外,弘治九年(1496)进士,官至南京户部尚书的边贡(成化十二年至嘉靖十一年,1476—1532),其子孙的事情可为另一例证。边贡是山东省会济南人,明代中叶的著名诗人。当王士禛编济南府志的人物列传时,着意于搜集边贡及其子孙的史料,费了很大功夫,最后才发现边尚书的长子以荫入仕为中级官员,次子是地方有名的诗人,其后的子孙全都默默无闻。经过长时间的探究,才找到两个边家的后代,他们是第七代孙与第八代孙,都是为人佃作的文盲,唯一值得骄傲的祖产是代代相传的边贡画像。[2]

虽然一般中国人普遍相信非凡的科举成就,缘自好风水或其他超自然或前生注定的民间信仰,但事实上,儒家所强调的教育与人为的努力,还是很占优势。曾于万历三十一年至三十三年(1603—1605)在福建南部沿海的泉州府任地方官的陈懋仁,基本上是一位理性的典型士大夫。他评论道:

1　黄淮的传记,见《明史》,卷147。有关黄淮子孙的记载,见徐咸,《西园杂记》,页133-134。【译者按】:《西园杂记》还记载:华亭钱文通公溥治第,役乡民担土,问:"土从何处担来?"乡民曰:"黄廉使宅基上担来。"即黄翰有声永乐间者,不数十年,宅基已为人挑毁矣。观此二事,则区区为身后计者当深省云。

2　王士禛,《香祖笔记》,卷2,页7b-8a。【译者按】:《香祖笔记》云:当王士禛编《济南府志》时就着意于搜集边家的材料,他发现边尚书二子,长子翼以恩荫任官光禄寺丞,其后不闻;次子习为历城县生员,有诗名。其后的子孙皆完全无(转下页注)(接上页注)闻,第七代孙材是个佃户,第八代孙绍祖十馀岁亦失学,佣工为生。又王士禛是原名,后为避雍正胤禛的讳,改名为士正,乾隆三十九年(1774),皇帝亲改为王士禛。他的书如果刻成"王士禛",应该是雍正时或乾隆三十九年以前所印本;如果改成"王士禛",则是乾隆三十九年以后所印本。

　　泉之东门外,有官山,周数里,为贫家葬瓦棺处,葬如棋
布,无着脚地;然而科第标木,森立其间,往往有之。此岂当时
重堪舆、邀地脉者耶? 良由祖父无产可营,于德无损,子孙凭
借虽少,外慕自绝,惟知读书自立故耳。又闻之,巨室至十馀
年未葬其亲者,以为难得善地,既葬而子孙日见式微,此岂当
时不重堪舆、不邀地脉者耶?[1]

　　现代的研究者很难不接受当代记载与传记资料所说的这种人
文环境与家道兴衰间的紧密或者可能是碰巧的关系。

第三节　竞争激烈的考试制度

　　在寻求表 9 有关进士社会成分资料的涵意时,我们得到一个
引人注目的发现,就是除了顺治十二年(1655)、康熙二十一年
(1682)与康熙四十二年(1703)三科考试外,在每一科进士的考试
中,这些名门望族出身的进士均未超过 10%。以整个明清时期论,
出身名门望族进士平均只占总数的 5.7%。虽然在事实上,这些望
族只构成官员家庭的一小部分,然而他们任何三代间累积的应考
人数的平均值,肯定超过任何一科录取的进士名额。也就是说,尽
管名门望族的成员在科举考试中占有无与伦比的有利地位,但他
们在会试与殿试中并不能占优势。这就和 18 世纪英国政治权力
为几百个家族所长期垄断的情形,成强烈的对比。这一方面证实

---

[1]　陈懋仁,《泉南杂志》,卷上,页 11。

竞争性的科举考试制度确能平衡社会地位；一方面也呈现那些富有的和拥有高地位的家族，无法长期维持其地位。

　　除了拥有如捐官或荫官等其他途径，大部分望族的后代和富人仍须在高阶的科举考试中竞争成功，才能取得任官的资格。明清时代，甚至望族中未被宠坏的、用功而聪慧的子弟，也难保能在高阶科举考试中及第，因为考试的成功常要靠几分运气。叶良材是一个强有力的例证，他是叶盛（永乐十八年至成化十年，1420—1474）的曾孙。叶盛是一位能干、廉洁的官员，也是著名的藏书家，官至吏部侍郎。叶良材的母舅、江苏南部太仓的王世贞（1526—1590）为他所写的传记有下面这段话：

> 两家子弟声习慕好欢甚，叶君之始归外王父家，髫而诸生，文甚奇，中表目之，耳相属曰："是夫称为文庄（叶盛）后者。"叶君数从有司校，亡不裒然首列也。以是颇负气，抵掌谈说天下事，亡论一第足难叶君者。久之，竟不第……叶君方欲从余而北就选人格为县官，拊循一方吏民，死不入循吏传，乃虚死耳。然竟叶君死，不得一遂雏志，可悲也！[1]

由于科举制高度竞争的性格，它导致的向上和向下社会流动，较通常在近代工业社会的流动，程度上要大得多。由近来的研究可知，近代工业社会两代间的纵向流动，在大多数情况下，相当缓慢而渐进。[2]

---

[1] 《弇州山人四部稿》，卷84，页12a–14a。【译者按】：《叶君传》。
[2] Lipset and Bendix, *Social Mobility in Industrial Society*, Chs. 6–7.

第四节　有限度的荫叙

　　与唐宋官员的世袭特权制度相比，明清的荫官范围要小得多。明朝一开始，所有七品以上的文官，只要任官一段时间考核期满后，皆得荫一子，以世袭其禄。这一相对宽松的明初任子荫叙制度，其后渐受限制，而有附带条款：这些受荫子弟得先入国子监就学，而且得先通过特别考试始得任官。[1]　不久，特别考试的规定取消了，但荫官只限三品以上官员的直接继承人。[2]　实际上，整个明清时代，文官荫叙的规定是一品文官之子得不经考试入仕，出任五品官；以次递降，三品官之子可出任七品官。[*]

　　有一些具体的实例可厘清荫叙制度的运作和皇帝特别恩宠的作用，例如张廷玉就为他的几个儿子在荫叙上取得最大的权益和其他特权，长子张若霭在雍正十一年（1733）登进士二甲一名之前，

1　《大明会典》（万历十五年〔1587〕刊本），卷6。【译者按】：《大明会典》，卷6，页12a-12b，《荫叙》："国初，因前代任子之制，文官一品至七品，皆得荫一子，以世其禄。后乃渐为限制，在京三品以上，满考著绩，方得请荫，谓之官生；出自特恩者，不限官品，谓之恩生。或即与职事，或送监读书。"

2　《明会要》，卷48。【译者按】：《大明会典》，卷6，页12b，《荫叙》："洪武二十六年定：用荫者以嫡长子，如嫡长子有废疾，立嫡长子之子孙……如无，立嫡长子同母弟……如无，立继室所生。如无，立次室所生。如绝嗣者，傍荫其亲兄弟，各及子孙。如无，傍荫伯叔及其子孙。"

*　【译注1】：《大明会典》，卷6，页12b-13a，《荫叙》："凡荫叙品级，洪武二十六年定：职官子孙荫叙，正一品子，正五品叙；从一品子，从五品叙；……正三品子，正七品叙；……正五品子，正九品叙；正六品子，于未入流品相应上等职事内叙；从六品子，于未入流品相应中等职事内叙；正七品子，于未入流品相应下等职事内叙。"清代制度，《清史稿》，卷101，《选举五》："康熙间定制，三品以上荫知州，四品以下至通判荫知县，布政、按察、都转盐运三司首领官及州县佐贰六品、七品官荫县丞，八品、九品官荫县主簿，未入流荫州吏目。"

就以恩荫叙得低阶爵位轻车都尉。*科举及第进入政府服务之后，轻车都尉，这个低阶爵位，只是个荣誉职，并不实用，没有什么重要性。张廷玉的特殊地位，使他能为次子张若澄取得正规的荫叙权利；但张若澄于乾隆十年（1745）考中进士后，他就不需要这个荫叙特权。张廷玉再次因为与皇帝的关系密切，这个荫叙特权准予转给他的三子张若淑。**张若淑英年早逝于户部员外郎（从五品）任上，从此这个荫叙特权便停用了。结果张廷玉的幼子张若渟在无法得到比贡生更高的科名时，只得以捐纳取得官职。[1]

要特别指出的是张廷玉的三个儿子与一个孙子所得到的荫叙特权，已超过通常荫叙的范围。张若渟享年 74 高龄，是皇帝特别恩典的主要受益人。乾隆五十一年（1786），史无前例地任命张若渟为内阁学士。依惯例，这个职位是由有显赫科名的人充任，为此，皇帝特诏声明这个任命完全是因为皇帝对张廷玉的怀念，不得著为例。

还有一点要注意的，张若霭和张若澄两人最后均官至二品，但均未任满就去世，因此，未能为其子孙取得荫叙权。于是张若霭的长子只得以捐监起步，然后才考中举人，最后官至中央六部的五品

---

* 　【译注 2】：清代的轻车都尉是外姓功臣与外戚的爵位称号，不是实职，位于爵位的第六位，居于公侯伯子男爵之下，并与以上爵位一样都是分三等的，一等轻车都尉是属于正三品，二、三等的轻车都尉则为从三品。如果拥有者没有其他实际官职，就仅仅是一个拥有爵位的贵族，没有具体的职务。

** 　【译注 3】：张若淑为张廷玉六子，生于雍正五年（1727），乾隆二十四年（1759）以正一品荫生，授户部浙江司员外郎，供职勤勉。每有钱粮出纳，必亲自核算。

1 　所有关于张氏家族运用荫叙制度的信息，来自《桐城张氏宗谱》所收录经几个世代编辑的各种相关传记。【译者按】：张若渟系"入赀授刑部主事"。

主事;次子通过拔贡考试后,做一书吏,最后官至县丞(正八品);张若澄的独子死时只得监生一衔。由此可见张氏家族的这三房,不但未得到任何真正的荫叙权,而且其社会地位也急遽下降。

张若潭的八子中只有第七子得以荫官,出任正六品的中央六部的主事,但不久就去世了。张廷玉与若潭所得的任子权至此而终。但若潭的八子中,以张曾谊(1747—1797)最成功,也是由于有位显赫的祖父,使他能官至浙江按察使(正三品),因此任子权又可再延一代。但其他诸子均须先捐得一监生,然后再捐纳一小官,其中只有一子官至从七品。所以,从张廷玉死后三代起,张家中只有少数做到中级官员,而且都得要经由考试或捐纳。

嵇氏家族中,也只有嵇宣筠的次子实际享受到荫叙权而官至知府(正四品)。18世纪后期,由于皇帝想念嵇家二宰辅,而赐予其第六代的嫡长房以最低的贵族爵位恩骑尉,这一爵位依惯例是不能世袭的,但皇帝还是让他得再传一代。表17列出这两位受荫者,即第六代一位和第七代一位,但他们获得的也不过是一个冗职而已。如果无皇帝的特别恩赐使其超越正常范围,荫子权只能到第三代为止。由表17及嵇氏宗谱中的一篇传记的样本看来,荫子制度实际上对于家族的持续向下流动并无阻止的效力。[1]

我们有理由相信清代荫叙的法规要订得比明代严格:其一,在明代大部分时期,有权势的宦官与大臣常能为子孙或亲戚,向皇帝求得特别的荫叙恩赐,但通常由于他们滥用权力招致的灾祸,大大

---

[1] 以上讨论资料来源是《嵇氏宗谱》。

地抵消这种一时扩大的荫叙特权所带来的好处。大体上,清代的官员要比明代官员来得谨慎,其子孙滥用家族权势的案例要少得多。其二,依明代的法规,第一位荫叙者,如果能经由其他渠道进入政府任职,他可以把荫叙特权转让给其弟或继承人,由他们递补。有证据显示,清代法规一般禁止荫叙特权的转让,除非获得皇帝特别恩赐。例如清代中叶最有权势的宰辅之一的曹振镛(乾隆二十年至道光十五年,1755—1835),曾为其长子取得荫叙权利,然而早逝。由于他和道光皇帝(1821—1850)的亲密关系,才使他可能把这荫叙权利转由次子曹恩滢(嘉庆十三年至咸丰四年,1808—1854)递补。曹恩滢后来参加科举考试屡试不第,最后仍官至通政使(正三品),[1]使得曹氏家族荫子权得再延一代。

荫叙权转移的困难,又可从史家赵翼(雍正五年至嘉庆十九年,1727—1814)的话得到进一步证实。赵翼曾在宰辅汪由敦(康熙三十一年至乾隆二十三年,1692—1758)[*]家中代笔札,担任私人秘书,后来补内阁中书舍人,入直军机处,因此,对清朝典制有深刻的认识。汪由敦为其长子汪承沆取得荫叙特权,但汪承沆于乾隆二十五年(1760)去世,终其一生并未补得一实际职缺。赵翼说:"吾师(即汪由敦)身后遂无复登仕籍者。"有一天,赵翼回忆起汪由敦曾提及:大臣身后有恤典,其子例当赴京诣阙谢恩,于是在汪由

---

[1] 彭蕴章,《彭文敬公全集》(最后序于同治七年〔1868〕),卷8,页13b-14b。
[*] 【译注4】:汪由敦累官至内阁学士、工部尚书、吏部尚书及协办大学士,但未做到本书原来所说的"prime minister"。汪由敦的长子汪承沆只是分部学习,未荫叙实在官缺。

敦殁后，赵翼就提醒他教过的汪家两个儿子来北京向乾隆皇帝谢
恩，感谢御赐祭葬；希望能引发皇帝对忠心老臣的思念，万一蒙恩
旨，汪家两兄弟"或可得一官"。赵翼这一聪明的计划，得到皇帝亲
信、满洲贵族政治家傅恒（康熙五十四年至乾隆三十五年，1715—
1770）的支持，汪家两兄弟遂获皇帝接见垂问，老二汪承需因此得
递补大哥汪承沆承袭荫叙，补六品之户部主事，老三获赐举人。值
得指出的是在皇帝接见前，许多汪由敦生前的同事与部属都对汪
家两兄弟态度冷淡，他们深知寻求递补荫叙成功的希望不大。自
从赵翼为汪家两兄弟开创此例后，一些高官大臣子嗣遂得仿此例，
以为求取皇帝恩赐的另一方式。[1] 由这些例子可以证明，在正常情
形下，正式的荫叙特权很少延伸两代以上。

幸而，在我们为荫叙制度之运作做计量研究时，在哥伦比亚大
学图书馆、美国国会图书馆及日本京都，找到七份荫生的名册，分
别是道光元年（1821）、咸丰元年（1851）、同治元年（1862）、光绪元
年（1875）、光绪十五年（1889）、光绪二十年（1894）与光绪三十年
（1904）的恩荫同年齿录。前四份的时间是新皇帝登基之年，光绪
十五年是光绪皇帝成年及大婚之年，最后两份的时间是慈禧太后
六十岁与七十岁（中国算法）大寿的寿辰。似乎道光元年名册中的
荫生数目是当时还存活的历年荫生总数，其后的名册上登载的大
概也是此段时期累积的总数；因此，这七份名单约涵盖整个 19 世
纪，但有些因为死亡而未载入，看来荫生的实际总数很可能要比下

1　赵翼，《檐曝杂记》，卷2，页 4a–5a。

列这个表显示的累计数字要大一些。

必须提到的是上述名册登载的只有正规荫生与恩荫生(皇帝特别恩赐的),不包括难荫生(凡因先代为内战或对外战争殉职而录用其子孙的荫生),难荫生的数目,在后太平天国时期颇为不少,但难荫的特权充其量不过是授予低级吏员职务,而且大多数情况下,及身而止。

简而言之,部分近代学者由于对明代以前荫叙制度范围的宽广度与目的明确,印象深刻,既没有查阅明清法律文书,更没有参考家族史和传记,就对公元 500 年至 1900 年中国荫叙制度的社会影响,做出夸大和扭曲事实的总结。从我们对荫叙制度在一些显赫家族运作的说明,及从我们提供的总体数据,似乎可以得出合理的结论:荫叙制度对明清时代高级官员家族的长期向下社会流动,真正的影响并不大。

表 18　晚清荫生

时期	数目
道光元年(1821)为止	614
道光元年至咸丰元年(1821—1851)	119
咸丰二年至同治元年(1852—1862)	80
同治二年至光绪元年(1863—1875)	93
光绪二年至光绪十五年(1876—1889)	25
光绪十六年至光绪二十年(1890—1894)	48
光绪二十一年至光绪三十年(1895—1904)	43
总计	1,022

史料出处:《道光元年恩荫同年录》(1821);《咸丰元年恩荫同年齿录》(1851);《同治元年恩荫同年齿录》(1862);《光绪荫生同年齿录》(光绪三十年〔1904〕编),包括光绪元年(1875)、光绪十五年(1889)、光绪二十年(1894)与光绪三十年(1904)四份荫生名册。

第五节　财富的减少

我们在第一章已经说明科举功名与财富是社会身份地位的两个重要的决定因素,而且从景泰二年(1451)以来,财富能够转换为"学术—官僚"的成功。财富的逐渐减少,与显赫家族长期的向下流动关系甚大。因此,这个难题必须有系统地在他们的生活模式与家庭制度的运作脉络中讨论。

有闲阶级的生活模式。明清中国的有闲阶级包括现任与退休官员、出身于有独立经济收入家庭的士子,以及在商贸或其他领域致富后加入精英行列的新富。虽然有行政职务在身,但官员们有闲暇时间从事培养学术性的嗜好,而且每因父母过世而丁忧或行政上的错误遭到处罚,长时间留在家中,因此有充分机会从事嗜好相关活动。而有钱的读书人或退休官员与新富们一样,更有无限的闲暇。事实上,精英分子身份的共同特征就是闲暇生活模式与追求高贵的嗜好。

确实不是所有官员都是单纯的读书人,其中大部分在未做官之前,已养成对文学、经学、历史、哲学或艺术真正的兴趣,应付科举考试所需修习的课业相对简单,很难满足他们心智上的需求。其实嗜好是有益的,它既是个人快乐的泉源,也是具有社会身份地位重要性的表征,许多明清官员都追求昂贵的嗜好如以藏书与玩赏书画珍奇为消遣,因藏书与玩赏书画而扬名全国的官员、学者与新富,更可列出一长串。[1]　在此只要说明全国上自皇亲王子下到没有官职的士子,都以收集书籍与艺术品为共同的嗜好便足够了。有闲阶级之中许多人一辈子都在建立他们的收藏。这样的嗜好多半还传之子孙,由他们承袭下去。甚至那些对文学与艺术研究没有真正兴趣的人,为了个人在社会上的威望,也追求这些嗜好。16世纪初以来,精英分子嗜好的范围更加扩大,所以当时的刻书业[2]与精美的文具、瓷器、铜器、青铜器、漆器、象牙、玉雕的生产大步向前发展,以应精英分子不断增长的需求。

　　17世纪中叶,因流寇与改朝换代的战争,导致这种追求嗜好的风气短暂地中止,但其后长期的和平繁荣使物质文化继续发展,从而提升精英阶层的享受嗜好。这种培育士人嗜好的风气甚至扩散到大清朝廷及其贵族的身上。[3]　这种对书画与艺术疯狂的爱好在乾隆时代达到巅峰,这位喜好享乐的皇帝对艺术品的爱好在当时是首屈一指的。他开展了书法及古画的收藏,再加上当代文人士大夫艺术家的作品,皇家典藏数目与范围之大,可由其典藏目录竟有三编二百四十卷之多得到证明。[4]　皇帝在上所做的榜样,有样学样的官员与新富日增,他们追求这种嗜好的热情更是加倍。

1　叶昌炽,《藏书纪事诗》。单是全国知名的藏书家,明代有427人,清代有497人。
2　有关印刷术的进步,请参看本书第5章的印刷一节。
3　Hummel(恒慕义),*Eminent Chinese*(《清代名人传略》);参见书中的《玄烨》、《明珠》、《(纳兰)性德》、《索额图》等条目。叶昌炽,《藏书纪事诗》,页192–93,《果亲王》、《怡亲王》。
4　《石渠宝笈》、《石渠宝笈续编》、《石渠宝笈三编》,均出版于民国七年(1918)。

对个人来说，有限度地发展这种花钱的精英嗜好是很有吸引力的，也不一定会导致立即的财政危机，但持续数代长久沉迷于这些活动，便会榨干家财，这可由许多著名的藏书与艺术品收藏易手之频繁得到证实。[1] 事实上，16世纪大藏书家与大收藏家兴起之前，长江下游地区的富家为此精英嗜好而破产的，就相当普遍。[2] 16世纪以后，为热爱此类嗜好而破产的案例更是大为增加。兹举巨富安岐（生于康熙二十二年，1683）为例，他先在长芦，后来在两淮经营盐的运销致富之后，就建立书画精品的私人收藏，其收藏之丰，除明代的浙江嘉兴大收藏家项元汴（嘉靖四年至万历十八年，1525—1590）之外，无人能出其右。安岐家的收藏品大部分来自四个著名家族：没落的项家，吏部侍郎与著名的书画解题《庚子消夏录》的作者孙承泽（万历二十一年至康熙十四年，1593—1675），大学士梁清标（万历四十八年至康熙三十年，1620—1691）与久任福建巡抚、后官至刑部侍郎的卞永誉（顺治二年至康熙五十一年，1645—1712）。到了1720年代康熙、雍正之际，安岐的奢侈生活及其终身对艺术的热情投入，所累积的影响开始发酵，终致被迫让售其收藏。[3]

虽然安岐是一个特殊的案例，但还有一个精英嗜好耗损财富更典型的例子，即孔子的后人，广东孔家。孔氏亦以运销盐而致

1　叶昌炽，《藏书纪事诗》，页75、89、100、113、123、157、158、160、161、163、164、171、176、177、194、203。
2　陆容，《玉堂漫笔摘抄》，页10b。
3　Hummel, *Eminent Chinese*, "An Ch'i（安岐）".

富,其后成为著名的士大夫。[1] 在 19 世纪前半,孔家的书画收藏全国著名,但是当光绪十八年(1892),孔家最著名的书画鉴赏收藏家孔广陶出版了一本他们孔家艺术收藏品的目录解题时,为这本书写跋的士大夫朋友就已经说:孔家为财务需要所迫,已开始让售累积三代所建立的书画收藏。[2]

富裕的士人家庭钱氏的悲惨结局,则是众多追求书画鉴赏却未能闻名全国的典型案例:

> 阳湖(江苏南部的武进县)钱素园,名履坦,善画梅,工诗,精篆刻,尤善鉴别古书画器物伪真,与从兄鲁斯并有名公卿间。手创小园,凿池叠石,植花木自娱,鲁斯家居时宾客恒满座……嘉庆丙寅(1800)素园客死吴门(苏州),后数年鲁斯卒,鲁斯子山简,贫不能自存,以庚辰(1820)五月投水死。距鲁斯卒时,未及十年,而鲁斯所园,所珍古法书名画,散佚无存矣。[3]

虽然并非所有的藏书家、书画鉴赏家都挥金如土,但是我们还是有理由同意聪慧和朴实的王士禛关于中国老谚语“玩物丧志”真理的阐发。虽然王士禛的好书画没有导致他立即破产,但这的确阻止他改善家庭的经济地位。此外,这种士人的嗜好是有传染性的,它在不知不觉中腐蚀了许多年轻族人的上进心。也许就是对嗜好所

---

1 《南海县志》,卷 13,页 57b-59a。
2 孔广陶,《岳雪楼书画录》,《跋》。
3 吴德旋,《初月楼闻见录》,卷 8,页 1a。

产生难以察觉影响的迟来觉悟,使王士禛引自己为例来告诫其子
弟。[1] 明末与清代成功仕宦之子孙,因家庭追求嗜好,而从事于书、
画、文学欣赏、学术研究,或收藏书籍、艺品、石刻、铜器,终身全神
贯注地投入,因而闻名全国,如果要把这些人以表列之,这个表会
相当长。他们可能会过着十分享乐的生活,然而其下代或第三代
的子孙能过什么样的日子,则不难想像。的确,长江下游地区著名
的画家钱泳(乾隆二十四年至道光二十四年,1759—1844)总结他
多年来对许多藏书家和书画鉴赏家家庭的观察,说道:"素所读书
作宦清苦人家,忽出一子弟,精于会计,善于营谋,其人必富。素所
力田守分殷实人家,忽出一子弟,喜谈风雅,笃好琴书,其人必
穷。"[2] 节俭的张廷玉也说:"人家子弟承父祖之馀荫,不能克家,而
每好声伎,好古玩。好声伎者,及身必败;好古玩者,未有传及两世
者。余见此多矣,故深以为戒。"[3]

　　花钱的嗜好不过是有闲阶级生活的一面而已,不可或缺的体
面生活,蓄养大批家仆,资助穷亲戚宗人的义务,在精英社群中经
常举行的奢侈宴会,是不利于俭省的。尽管传统教训注重节俭的
美德,但社会与文化的环境,使有闲阶级无法依传统规范过生活。

　　官员与富有的士人所做的每一件事,新富们注定要超过他们。

1　王士禛,《居易录》,引自叶昌炽,《藏书纪事诗》,页 216-217。但《丛书集成》本的王
氏这本著作,未见此段记载。【译者按】:王士禛引用自己沉迷于购藏书癖为例说:
"自知玩物丧志,故是一病,不能改也。亦欲使我子孙知之。"(上海:上海古籍出版
社,1989,《藏书纪事诗》,卷 4,页 383)

2　《履园丛话》,卷 7,页 7b。【译者按】:《子弟》条。

3　《澄怀园语》,卷 1,页 14a-14b。

部分的原因是虽然成功的官员的收入已很富足,但要赚得最大的财富得从事经商。这些商人新富的社会自卑情结促使他们走极端,晚明具非凡观察力并云游四方的谢肇淛便注意到这些富商在"妓、妾、争讼"方面"挥金如土",以及他们如何因为急切地想挤入精英族群,而成为受骗于假古董与书画赝品的冤大头。[1]

穷奢极欲的情况,在 18 世纪的扬州达到顶峰,这里是两淮大盐商的集中地,在一本当代介绍这一美丽城市的导览书《扬州画舫录》中,有下列生动的描述:

> 扬州盐务,竞尚奢丽,一婚嫁丧葬,堂室饮食,衣服舆服,动辄费数十万。有某姓者,每食,庖人备席十数类,临食时,夫妇并坐堂上,侍者抬席置于前,自茶、面、荤、素等色,凡不食者摇其颐,侍者审色则更易其他类。或好马,畜马数百,每马日费数十金,朝自内出城,暮自城外入,五花灿著,观者目眩。或好兰,自门以至于内室,置兰殆遍。或以木作裸体妇人,动以机关,置诸斋阁,往往座客为之惊避。其先,以安绿村为最盛,其后起之家,更有足异者。有欲以万金一时费去者,门下客以金尽买金箔,载至金山塔上,向风扬之,顷刻而散,沿江草树之间,不可收复。又有三千金尽买苏州不倒翁,流于水中,波为之塞。有喜美者,自司閽以至灶婢,皆选十数龄清秀之辈;或反之而极,尽用奇丑者,自镜之以为不称,毁其面以酱敷之,暴

---

[1] 《五杂俎》,卷 4,页 25b;卷 7,页 26a-27a。

于日中。有好大者，以铜为溺器，高五六尺，夜欲溺，起就之。一时争奇斗异，不可胜记。[1]

当那些粗俗的新富以最变态的方式挥霍其财富，而那些文雅的新富，则走向另一极端，把钱大量花在资助学者、诗人或花在培养昂贵的藏书与书画嗜好上。洪氏家族的"倚虹园"，自17世纪晚期以来，便因聚集一群士人与艺术家而增添光彩。自18世纪中叶起，马家的"小玲珑山馆"、程家的"筱园"、郑家的"休园"，均为全国最知名的文学沙龙，在这里举行定期诗会，并提供奢侈的娱乐与富厚的奖赏。马氏兄弟马曰琯（康熙二十七年至乾隆二十年，1688—1755）与马曰璐（康熙三十六年至乾隆三十一年，1697—1766），均为天才诗人与藏书家，他们把宅子作为各种文人雅士全年无休的豪华招待所，并且在一些专业书贩的协助下，建构最精美的宋版、元版善本书藏书，置于"丛书楼"。这座丛书楼，同时也以典藏书画及碑拓闻名，是公认江北最好的藏书楼。乾隆三十七年（1772），当乾隆皇帝敕令开馆编辑巨大不朽的《四库全书》时，马曰璐之子马裕进呈大批珍贵稀有图书，其中有776种由四库全书馆缮写。[2]

---

[1] 李斗，《扬州画舫录》，卷6，页9b-10b。

[2] Ping-ti Ho, "The Salt Merchants of Yang-chou: A Study of Commercial Capitalism in Eighteenth-Century China," pp.156-157. 【译者按】：中文译本见巫仁恕译，《扬州盐商：十八世纪中国商业资本的研究》，《中国社会经济史研究》，1999年第2期，页59-76。又据《扬州画舫录·虹桥录上》：虹桥修禊，元崔伯亨花园，今洪氏别墅也。洪氏有二园，"虹桥修禊"为大洪园，"卷石洞天"为小洪园。大洪园有二景，一为"虹桥修禊"，一为"柳湖春泛"。是园为王文简赋《冶春诗》处，后卢转运修禊亦于此，因以"虹桥修禊"名其景，列于牙牌二十四景中，恭邀赐名倚虹园。

　　这些人并非绝无仅有,大杭州地区七位私人藏书家中有五家是来自徽州,而且是以经商或从事盐业而致富的,他们是吴氏、三位不同宗的汪氏与鲍氏。[1] 其中最著名的是汪启淑(雍正六年至嘉庆四年,1728—1799?)与鲍廷博(雍正六年至嘉庆十九年,1728—1814),汪启淑于乾隆三十七年(1772)进呈 524 种善本书供四库全书馆缮写,他又以收藏古代与近代的印章著名,乾隆十年至乾隆二十二年(1745—1757)间曾将他的收藏编刊为 4 集的《飞鸿堂印谱》。鲍廷博也于乾隆三十七年(1772)进呈善本 626 种,也是清代数一数二的私人刻书家,在他生前及死后,鲍家独资印行善本珍本书达 30 集,汇编为《知不足斋丛书》。[2]

　　长江下游以外,19 世纪的广东也是一些巨富的落脚地,其中最富有的十三公行家族伍氏与潘氏,不让 18 世纪长江下游的商业巨子专美于前。伍家显赫的浩官三世(Howqua III,伍崇曜〔1810—

1　吴家著名的成员有吴焯(康熙十五年至雍正十一年,1676-1733)及其子吴城(康熙四十二年至乾隆三十八年,1703-1773)与乾隆三十五年(1770)举人吴玉墀。汪家最早成名的是汪宪(康熙六十年至乾隆三十五年,1721-1770)及其长子汪汸瑺;第二有名的是主要以热衷收藏著称的汪日章与汪日桂(卒于嘉庆四年〔1799〕)。对这些活动的概略论述,参阅 Nancy Lee Swann(孙念礼),"Seven Intimate Library Owener(《七位私人图书作藏书家》)", *Harvard Journal of Asiatic Studies* I(1936), pp. 363-390。亦参阅 Hummel, *Eminent Chinese*,"Wang Hsien(汪宪)"条,他们都被当作徽州商人的子孙,而在《两淮盐法志》(嘉庆十一年〔1806〕刊本)有传。

2　Hummel, *Eminent Chinese*,"Pao T'ing-po(鲍廷博)"条与"Wang Ch'i-shu(汪启淑)"条。【译者按】:《飞鸿堂印谱》,汪启淑以家藏古铜印及当时百数十家印人篆刻搜集而成。成书于乾隆四十一年(1776)。全书 5 集 20 册 40 卷,总录印数约为 3,500 方,皆附注释文及篆刻者姓名。《知不足斋丛书》是清乾嘉间大藏书家鲍廷博父子刊刻的著名丛书。全书 30 集,其中前 27 集由鲍廷博所刻,后 3 集由其子鲍士恭续刻。共收书 208 种(含附录 12 种)。所收皆为首尾完整的足本,多为稀有的抄本,校雠极精。

1863〕),在他晚年与死后不久刊印一部多达 3 编 30 集的大型丛书,名为《粤雅堂丛书》。潘家最有文化的潘仕成,在道光十二年(1832)因为慷慨解囊救灾而获皇帝嘉奖赐予举人身份,他也接着伍氏刊行一部部头稍小但非常有用的丛书《海山仙馆丛书》。[1]

毋庸讳言,杭州与广州的富商家族也和扬州的两淮盐商一样,营建豪华别庄,收藏艺术品,赞助学者,豪华铺张地款待宴请宾客。不难理解的,当一个人致富后,更多的财富并不必然带来更高的社会声望。相反地,只有为文化目的而挥霍才能得到更高的声望。现代学者可能会提出这样的论点,认为这些富商家族若能善于经营事业与投资,即使大量花费,应该能继续维持其财富。但实际的情况是明清时代的社会环境,很难发展出像 17、18 和 19 世纪欧洲那样自发的资本主义体制。

首先,贩卖一些民生必需货品之特权,如在政府专卖制度下的茶与盐,至此还是最易致富的方法。这类特权是世袭的,但也不易

1　Hummel, *Eminent Chinese*, "Wu Ch'ung-yüeh(伍崇曜)"条与"P'an Shih-ch'eng(潘仕成)"条。【译者按】:(1) Howqua 系伍家创办怡和行的第一代伍国莹所取之商名,而为子孙所沿用。本书原来以 Howqua III 为伍崇曜,然据梁嘉彬,《广东十三行考》(广州:广东人民出版社,1999),页 286-289,《(四)关于 Howqua III 之考证》与《(五)关于 Howqua IV 之考证》,Howqua III 是伍秉鉴第四子伍元华,而 Howqua IV 才是伍秉鉴第五子原名伍元薇的伍崇曜。(2)《粤雅堂丛书》,由伍崇曜出资,谭莹校勘编订,于道光三十年(1850)至光绪元年(1875)在广州刊刻,汇辑唐至清代著述,凡 3 编 30 集 185 种 1347 卷,为清末与《知不足斋丛书》、《士礼居丛书》、《守山阁丛书》齐名的最有影响之综合性大型丛书。(3)潘仕成道光十三年(1833)参加顺天乡试,中副榜贡生。乐善好施,为京城、广东等地多次赈济捐资,一次竟达 13,000 两白银之多。后来又捐资 13,500 两抢修广州贡院,出资为小北门至白云山铺设石路等。因捐巨款赈济北京灾民,获钦赐举人。(4)《海山仙馆丛书》:海山仙馆是潘仕成坐落在荔枝湾的园林,潘氏不惜斥巨资刻印《海山仙馆丛书》56 种 492 卷,分编经、史、子、集四部,共 120 册。

以兼并其他有执照的商人的方式来扩张其财富。因此,这些盐商、公行与其他重要商人集团的活动,均具包税性质,而非自生性的个人企业。其次,在这些少数垄断专利的行业之外,获利的投资机会极为有限。第三,企业管理通常是家族主义的延续,充斥着裙带关系、没效率与不合理的情况,以致从长远来看,会导致这些垄断专利贸易的衰落。而且这些家族虽从政府取得垄断专利权,但不可避免经常受到政府的榨取。[1]

当代对于那些新富衰落的记载,必然大不如述说他们繁荣的多,但仍可得知他们最终衰落或破产的情形。例如,著名的扬州导览书的作者李斗就简要地提到不少富商拥有的豪华别庄,在 18 世纪末以前便已易手。[2] 活到道光二十四年(1844)的画家钱泳也见证了许多破产的案例。[3] 马氏兄弟去世之后几十年,一位学者看到盛极一时的小玲珑山馆破落和被变卖而触景伤情。[4] 更为人所知的是著名的藏书家与士大夫程晋芳(康熙五十七年至乾隆四十九年,1718—1784),也是拥有筱园的最重要大盐商家族的成员,后来不得不出让其 5 万卷藏书,甚至到他死前还欠诗人袁枚(康熙五十五年至嘉庆三年,1716—1798)5,000 两银子。[5] 关于一个巨大家族财富的耗散,请参看本书附录的案例 12 更详细的个案研究。

---

1 这概括性的分析是基于我的《扬州盐商》与《明初以降人口及其相关问题 1368-1953》,页 241-244。
2 李斗,《扬州画舫录》,全书。
3 钱泳,《履园丛话》,卷 6,页 7a-7b,14b;卷 20,页 7b。
4 李桓,《国朝耆献类征》,卷 435,最末论述马曰琯的文章。
5 何炳棣,《扬州盐商》,页 159。

第六节　家庭制度

从长远来看,使家庭财富不再增加的基本因素之一,是中国家庭制度的运作。虽然在整个中国历史中,的确出现过大家族,但后封建时期的中国人通常是住在以夫妇为基本单位扩大出来的大家庭中。从宋代理学兴起后,强化了宗族制度的力量,但真正的经济单位仍然是家庭,而不是包括所有父系子孙的父系继嗣宗族。[1]"父系继嗣团体"对于社会流动的影响,将在下一章做概括讨论。在这里我们要讨论的是导致家庭财产耗损的主要原因,也就是不实行长子继承制度。

长子继承制是古代封建贵族宗族制的核心,比封建制度之存在多两世纪。公元前 206 年,前汉帝国创建之后,为皇帝诸子设置封国,也赐予建国有功异姓的大臣与武将诸侯爵位与封地,于是在中央集权帝国的架构下,有一部分地方恢复实施封建制度。但经由中央政府的高压手段,非刘姓皇室的诸侯于公元前 2 世纪末都失去封地,而同姓诸侯王国则在元朔二年(前 127)实施推恩令后,逐渐废除长子继承制,实行诸子均分,于是"众建诸侯而少其力",

1　Hu Hsien-chin(胡先缙), *The Common Descent Group in China and its Functions* (中国宗族及其功能), Introduction and Ch.1.【译者按】:胡先缙女士为哥伦比亚大学人类学博士,是 1940 年代末在哥伦比亚大学进行的"当代文化研究"(Research in Contemporary Cultures)的"中国小组"华人成员之一。另外的重要著作有 *Emotions, Real and Assumed, in Chinese Society* (New York: Institute for Intercultural Studies, Columbia University, 1949) 与"The Chinese Concept of Face," *American Anthropologist* 46 (1944), pp. 45-64.中译参见黄光国译,《中国人的面子观》,收入黄光国编,《中国人的权力游戏》(台北:巨流出版公司,1988),页 57-84。

以分散而削减诸侯王国的力量。[1]

因此,在过去两千多年以来,无论社会地位的高低,通常当家长去世时,家产必定要分割。从历代正史对于少数家族能够数代同居共财而不分家,称为美德模范并予以高度褒扬这一事实看来,它反映着不实行长子继承制的永久性影响。[2] 一位近代的社会学家总结说:"事实上,传统中国的一般家庭都不能连续超过三代同堂,而且分家的过程还一直在持续中。"[3]

的确,到了宋代,一般人必须靠自己的本领才可攀上社会阶梯,世袭门阀家庭已成过去,要求恢复上古宗族制度与长子继承制度的声音时有所闻。理学家如程颐(宋仁宗明道二年至徽宗大观元年,1033—1107)与朱熹(宋高宗建炎四年至宁宗庆元六年,1130—1200)就主张恢复长子继承制度与抬高宗子(长房的长子)的地位,希望借此使祖产的完整性能永久维持,宗族才不致衰落。[4] 但在实际的社会实践上,宗子几乎只是个名义上的角色,对其他族人既未享有更大的权威,也分不到更多的财产。[5] 一项基于传统中国族规的大规模研究,对于分割家产的作法做了简要的说明:

1　司马迁,《史记》,卷112,《主父偃列传》(tr. by Burton Watson, *Records of the Grand Historian of China* II, pp. 225-238);亦见于班固,《汉书》,卷6,《武帝纪》。

2　瞿同祖,《中国法律与中国社会》,页3-4。

3　Hui-chen Wang Liu(刘王惠箴),*The Traditional Chinese Clan Rules*(《传统中国的族规》),p.70.

4　Hu, *The Common Descent Group in China and its Functions*, p.27.

5　同前注,页28。

　　诸子均分祖产的原则,依各地风俗有所不同。有些地方,长子分得双分,因为他比弟弟们有较多成年的子孙,或者是部分地模仿上古封建时代的长子继承制度。通常嫡子比庶子分得的要多,但许多地方并不许偏离(平分祖产的)原则。[1]

　　虽然因为理学与更古老的教训不喜爱保存这样的分家记录,所以有关分割家产的详细描述并不多见,但仍然有些具体的实例,可显示分产的经济效应。例如嵇曾筠的四子嵇璜,官至湖北道台与署布政使,中年早逝,当他的夫人仍然健在时,其家产就分为五份,四个儿子各得一份,每份不超过 200 亩,剩下的第五份则划为宗族的永久祭田。虽然嵇曾筠的曾孙嵇文甫曾说这个出过两位大学士的家族所留下的家产,不过是"中人之产",这样的说法,无疑有夸大其词之嫌,但他说他分家所得不过中人之产,却可能是真实的描述。[2] 再举另外一个例子,官至大学士的彭蕴章(乾隆五十七年至同治元年,1792—1862),其著名的祖先中,有彭定求(顺治二年至康熙五十八年,1645—1719),康熙十五年(1676)廷试一甲第一状元;彭启丰(康熙四十年至乾隆四十九年,1701—1784),雍正五年(1727)廷试一甲第三探花,[*] 官至兵部尚书。当嘉庆五年(1800)兄弟姊妹分家之时,彭蕴章所得的一份,只够他继续学业与准备科举考试而已。道光六年(1826)还被迫参加一项特考以求得

1　Liu, *The Traditional Chinese Clan Rules*, p.69.
2　《嵇氏宗谱》,卷 8,页 9a-9b、26a。
*　【译注 5】:此处表述有误,彭启丰廷试成绩为一甲第三,被雍正钦点为状元。

低级教职来资助家用。[1]　如果不是他后来荣登科甲及官至大学士，则彭家一定会继续其向下流动的趋势。

著名的日记作者王闿运（道光十三年至民国五年，1833—1916）的高祖在湖南湘潭有良田万亩，是当地首富，其后家产由五子所分，经过三代的再分产与挥霍无度，闿运的父亲只能做小商人维持家计，其叔父也只能在村塾教书维生。[2]　一位勉力向上的人物汪辉祖（雍正八年至嘉庆十二年，1730—1807），乾隆四十年（1775）进士，以毕生积蓄购田 90 亩，捐 40 亩给宗族祭田，剩下 50 亩由其五子平分，每人只分得 10 亩。五子中有两子是庶出的，必须留在乡下做小自耕农。[3]

或许因为遗产继承均分的习惯常会引起兄弟、有时也包括远亲间的财产纷争一类令人厌恶的事，因此大量的族训中均禁止族人对遗产的争论与诉讼。[4]　孤儿寡妇往往难以抵挡贪婪的叔伯或更远亲戚侵占其财产。[5]　不用说，家产的减少与每一房人的人口多寡成正比，南宋袁采注意到分产的习惯使那些子孙人数较多的那一房加速没落，这个法则在明清也一样适用。[6]

为了与中国对照，托尼（Tawney）教授讲了一句幽默的话："如

1　彭蕴章，《彭文敬公全集》，《归朴盦丛稿》，卷 8，页 6a、11b。
2　王闿运，《王湘绮先生全集》，其子所作的序言。【译者按】：在全集所收录王代功（王闿运的儿子），《湘绮府君年谱》，页 1b-2a，《序》。
3　参见本书附录案例 14。
4　Liu, *The Traditional Chinese Clan Rules*, pp.62-63.
5　参见本书附录案例 11 和 19。
6　为许多后来类似的著作所引用，见《古今图书集成》，《家范典》，册 321，页 11b；册 326，页 10a 与页 16b-17a。

果养几只小猫,只需保留一只,就把其馀的都丢进水里,任其漂荡。"英国传统的公侯士族之所以能保持名位财产,历数百年而不衰,正是由于长子继承法的无情而有效。[1]

中国的家族制度则与英国不同,由于一直处在经济均分的过程中,关于家产的不断地减少与高地位家庭无法延续其地位之间的关系,以保守正直著称的都御史葛守礼(弘治十八年至万历六年,1505—1578)有最犀利而精辟的见解。他退休后把千亩田捐给宗族,规定这些族田永远不准分割或让渡,当时他说:"夫宗法(上古以长子继承为核心的宗法)不立,则天下无世家;天下无世家,则朝廷无世臣。"[2] 无怪乎,明清时代的中国不能有像 18 世纪英国那样视为当然的"命定的议会议员(predestined parliament men)",因为"命定的议会议员",只有经由长子继承制度与给予贵族保有地产完整性的特权,才可能存在。而长子继承制度与保有继承地产

1　Richard Henry Tawney(托尼),"The Rise of the Gentry, 1558 – 1640(《绅士之兴起》),"*Economic History Review*(《经济史评论》)XI, No.1(1941).【作者按】:传统英国大贵族地产虽不分割,只传给长子,但次子、幼子却得到父亲其他方法资助,次子往往成为下议会议员,幼子亦可成为海商股贾或政府官员。当时土谚甚至认为次子几可视为先天注定的下议会议员,这种社会现象,非深悉十七八世纪英国史者不易了解。【译者按】:托尼(1880-1962),英国著名的经济史家、社会批评家、基督教社会主义者、成人教育家。曾先后任教于格拉斯哥大学、牛津大学,并担任伦敦大学政经学院经济史教授。其代表作有 *The Agrarian Problem in the Sixteenth Century*(《16 世纪的土地问题》)(1912)、*The Acquisitive Society*(《贪婪的社会》)(1920)、*Religion and the Rise of Capitalism*(《宗教与资本主义的兴起》)(1926)、*Land and Labour in China*(《中国的土地和劳工》)(1932)等。托尼也是一名积极的社会、政治活动家和改革家,他服务于不少公共教育团体并长期担任英国政府的经济顾问。50 多年持续的社会实践及其思想和人格,为他赢得了极大的声望和尊敬。
2　葛守礼,《葛端肃公集》,卷 7,页 17b–19b(【译者按】:《德滋堂记》)。要注意的是一些宋代理学家也说过类似的话,但葛守礼表达得较好。

完整的特权,正是 19 世纪英国改革时代(Age of Reform)来临之前政治权力最重要的资源。[1]

第七节 小结

高地位家庭均可能因下列任一因素,导致长期的向下流动:(1)未给子女适当教育;(2)基于个人能力而非家庭地位的竞争性科举考试制度;(3)高级官员只享有限的荫叙制度;(4)有闲阶级的生活方式与文化表现;(5)未实行长子继承制致使家产稀薄化。前四项为变数,第五项为常数。特别要注意的是在几代之内,通常是两三代,这些因素会同时发生作用,如果没有新的科举成功,向下流动的进程会进一步加速。

虽然向下流动的资料,并没有像向上流动的进士祖宗资料那么有系统,但见识渊博的王世贞(嘉靖五年至万历十八年,1526—1590),根据他对明朝制度的了解,指出:从明朝创建到王世贞的晚年,近两个多世纪中,只有 22 个家庭能连续两代都出一位尚书,33 个家庭连续两代各出一位三品以上的京官,其中只有 3 个家庭接连三代每一代都能出一位三品以上的京官。福建福州的林家则更特别,接连三代每一代各出一位尚书。整个明朝,只有杭州江家与四川巴县刘家,能连续五代每一代都出个进士。[2]

有理由相信,清代有少数著名家庭的卓越记录超过明代,张家

---

1 Sir Lewis B. Namier, *The Structure of Politics at the Accession of George III*, Ch.1.
2 王世贞,《弇州史料·后集》,卷 42。

包括张英在内的六代中，每代至少成功地出一名进士，而且都能得到入选为翰林院成员的额外荣誉。但如果细稽家谱，则长期的向下流动的趋势，从统计数字上看来就相当明显。

潘光旦教授，这位居领导地位的社会遗传学家，他对著名家族透彻而出众的研究论著，值得我们注意。他研究明清两代浙江嘉兴府 91 个望族，挑战封建时代以来广为接受隐含长子继承制度的成语："君子之泽，五世而斩。"根据潘教授从家谱、传记和方志爬梳出来的信息可知，一个望族平均可延续八代，而非五代。[1] 表面上，他的结论不但与我们这一章的结论不符，而且也和一项用现代方法研究前汉贵族子孙所提供的统计结果不同，但该项研究证明著名成语"五世其昌"是过分乐观的说法。[2] 这些不同的结论，主要是不同的观点与标准所造成，潘教授从遗传学的观点来研究，注重家族的生物性延续，而不是其社会地位的卓越。潘教授的标准是当一个亲戚的名字广泛在史料中出现时，这一世代不论其社会身份地位如何，都被认为是"显赫"的。如众所周知，一个"父系继嗣团体"包含的男性成员，如果不是几百，至少也有几十。常见的现象是虽然一个宗族整体而言已处于衰落的进程中，但总会有一两房仍能出一两个能够在地方上留名的人。一般而言，一个人不一定要得到比贡生更高的科名才能列名于地方志中。事实上，甚至

1　潘光旦，《明清两代嘉兴的望族》。【译者按】："君子之泽，五世而斩"语出《孟子·离娄下》。话意为成就了大事业的人留给后代的恩惠福禄，经过五代人就消耗殆尽了，因为子孙们坐享其成，不思进取。

2　吴景超，《西汉社会阶级制度》，《清华学报》，第 1 卷第 9 期（1935 年 10 月）。【译者按】：本书原来误为 IX, No.1（第 9 卷第 1 期）。

以最宽泛"显赫"的标准,一个普通的宗族约在八代中便会被人
完全遗忘,这似乎肯定了基于社会学和计量观点所做的研究
发现。

　　值得一提的是在时代与性质上,晚清给人的印象与王世贞为
明代收集的资料所显示的,有所不同。在少数能找到的生员名册
中,有两部完全依地方宗族排序,这两个地方是江苏南部的通州及
其邻近的海门厅。两部生员名册的编者,在其序言中都提到,一个
宗族要在几代都产生拥有初阶科名的族人,是相当困难的。[1] 政治
家曾国藩(嘉庆十六年至同治十一年,1811—1872),尽管事业上有
特殊的成就并获封侯爵爵位,也曾说他的后代如果能每一代出一
个拥有生员身份的人,就很感激了。[2] 从我们的研究结果看来,他
的愿望并非过谦。

1　《静庠题名录》与《通庠显名录》二书的序言。
2　引自《静庠题名录》序言。

第五章
影响社会流动的因素

　　若干制度化与非制度化的因素,对明清时代社会流动起了重要的作用。系统性地分析这些因素,有助于我们理解不同时期"机会结构"(Opportunity-Structure)的变迁,及解释本书第三章所揭示的长期变迁的社会流动趋势。这一章要讨论本书第四章所解释的那些导致社会向下流动的因素之外,所有与社会流动相关的因素。

第一节　科举与官学

　　自公元7世纪以后,竞争性的科举制度对于社会流动的影响日渐显著。这个制度逐渐打破初唐西北关陇世族的政治垄断,这些汉族与非汉族贵族所组成的集团,在隋文帝开皇九年(589)统一中国的过程中,扮演关键性的角色。虽然不大可能估算唐代政治社会流动的数量,但这些由进士科出身的政治新贵很快地团结成为一个强力的集团,与贵族争权。这些贵族虽然不再能垄断政治,但直到唐末仍然享有高度的社会优势,要等到五代(907—960),在战乱中,唐朝贵族世家才走上衰落与最后灭绝之路。贵族的衰亡,随后在宋朝，进一步创造了平民进入仕途的机会，虽然直到北宋末靖康元年（1126），真正贫寒与非士人家庭出身的平民，在科举—政治成功的机会有多大，仍值得怀疑。[1]

　　科举考试永久制度化，部分地实现了孔子的原则，也就是必须以个人的才能来选定统治阶级的成员。但自隋朝开科取士以来，已历三个多世纪，政府最关注的，只是将科举制作为选补官僚人员的渠道，而非提供教育设施给立志做官的人。换言之，从7世纪至宋初，除了维持历史悠久的国子监之外，朝廷从未视公众教育为政府重要职能，而国子监有时候也是名存实亡的。[2] 教育是非常私人的事，几乎完全视个人的家庭背景与机会而定。宋朝立国之后，朝廷的基本政策逐渐导向解决公众教育问题。为压抑与扫除残馀的藩镇势力，宋朝初年，朝廷大力提升文官的威信与权力，而逐渐将科举考试制度视为重要的政治社会流动渠道。致使许多认真的省级和地方官员考虑比考试制度本身更根本的问题，即开设官学作为训练举子的场所。因为没有官学，则给予所有人平等教育机会的真正儒家理想，便不能实现，科举考试制度反而只有利于那些有能力受教育的人。公众教育的原则是无可争论的，因为从公元前2世纪起，已有一些"模范官员"零零星星地建立为数不多的官学。[3]

1　这个说法是我根据自己抽样阅读宋人传记所得到的印象，有待宋史研究专家进一步的专门研究来确认或修正。

2　方豪，《宋史》，页70。

3　《文献通考》，卷40、41。【译者按】：本书所谓的"Public School"（官学）泛指府州县儒学与国子监。

从宋代史籍中可知，宋代最早的官学，系真宗乾兴元年（1022）山东西南部兖州一位知府倡议设立的。次年，皇帝赐予土地作为维持学校的经费，于是它成为全国第一个正式的府学。后来，虽然也有些官吏仿效，但这始终未受政府重视，直到仁宗庆历三年（1043）变法派政治家范仲淹出任宰相时，情况才有了变化。[1] 庆历四年（1044），在仁宗皇帝自己主持的一次廷议后下诏说：缺乏公众教育设施使许多有天分的人不能尽其才为国家服务，于是诏令天下路府州县设立学校。但由宋人笔记文集记载可知，庆历四年诏令所预设的目标与实际情况有很大的差距，直到宋末，好的官学只是例外而不是普遍的。

其原因在于：第一，朝廷不久就陷入长期而密集的党争所苦。而靖康元年（1126）国都开封失陷后，政府又被迫南渡，导致朝廷不能持续关注公众教育。第二，缺乏永久性的基金与捐款，使一般府县难以开设官学，少数设立成功的府学，几乎全靠官员的提倡和地方上的支持。尽管地方上愿为教育而热烈慷慨捐输，校产却经常会减少，或为贪污腐化的地方官所侵占。第三，庆历四年的诏令并非有心实施的办法，关于教师的产生、选任与维系并无固定的规定，甚至在设有官学的一些府中，在诏令公布后很长的一段时间，教师仅由知府的下属官员兼任，他们只能用一小部分时间来教书

1　方豪，《宋史》，页 66-68。又参阅 James T. C. Liu（刘子健），"An Early Sung Reformer：Fan Chung-yen," in J. K. Fairbank（费正清），ed., *Chinese Thought and Institutions*.中译本参见刘纫尼译，《宋初改革家：范仲淹》，收入《中国思想与制度论集》（台北：联经出版公司，1976），页 123-162。

和监督管理学校。虽然神宗元丰元年（1078），有一道诏令要各省府官员任命有官品的专任教师，但全国上千个县仅有教师53名。当时教师的选任相当严格，但由于官品太低，薪资太少，而不得不以打杂维持生活。[1]

宋代教育运动虽发展有限，但太学却有长足的进步，从一个有名无实的机构逐渐发展成全国最高学府。在靖康元年北宋灭亡之前，太学生入学人数曾高达3,800人，北宋灭亡之后人数最多时也有1,700人。[2]

尽管宋人已对科举考试与官学两者间的逻辑关系有很好的了解，却没把两者整合为一体。但从明初开始，考试与学校制度不再分开，洪武二年（1369），明朝开国君主明太祖下诏天下府州县皆立学，教师由政府指派，经费永久由政府基金支持。洪武三十一年（1398），明太祖结束他的长久统治之前，在他有效统治的地区内已设有学校约1,200所。[3] 到15世纪前半，许多军卫或驻军指挥部也设立了学校。[4] 随着中国内陆国境的继续扩展与向来是少数民族地区的汉化，到嘉庆十七年（1812）官学已增至1,741所，到光绪

---

1 赵铁寒，《宋代的州学》，《大陆杂志》，第7卷第10、11期（1953）。

2 同前注，第7卷第4、5期（1953）。

3 这个洪武年间（1368-1398）设立的府州县学的数字，是我根据大部头的地理志《大明一统志》计算出来的，由于缺页的关系，我较倾向于取其整数1,200。

4 见闻广博的陆容在他那本广为人引用的《菽园杂记摘抄》，卷3，页22b，叙述道："本朝军卫旧无学"。洪武朝已有一些军卫设立卫学，永乐朝（1403-1424）与宣德朝（1426-1435），尤其是正统朝（1436-1449）军卫设立卫学更多，《大明一统志》中还标明卫学设立的年代。【译者按】陆容说："今（明代中期，正统元年至弘治九年〔1436-1496〕）天下卫所几与府州县同治一城者，官军子弟皆附其学，食廪、岁贡与民生同；军卫独治一城，无学可附者，皆立卫学。"

十二年(1886)更增至 1,810 所。[1] 明初规定：每一府学置教授一
人、训导四人，县学设教谕一人、训导二人；于是全国有好几千个学
官。[2] 虽然官阶与俸禄比较低，但明初的统治者对学官很尊重，常
指派著名学者任教职，又常擢升有才的学官为政府高官。[3] 事实
上，教职逐渐多由官场上没有出路的举人、贡生担任，明代中期以
降，举人、贡生已充斥于官僚阶层的下层，而学校作为地方学术中
心的价值日减。然而明清二代官学仍保留若干重要功能：第一，
他们监督生员的日常课业，管理政府奖学金或廪饩公费。第二，
在贫穷与边远的地方，学校经常是唯一提供基本图书设备的场
所。第三，朝廷经由学校控制人数庞大的生员群体，从中选拔中
高阶科名的举子与官员。于是学校与科举考试制度就统整在一
起了。

　　将学校与科举考试制度的统整，明清朝廷试图于地方、省与全
国三个不同的层次之上，控管举业造成的社会学术流动量。朝廷
的控管政策，依各时代统治者的需求及其控管的意愿而不同，对社
会流动的作用也因时而异。一般说来，朝廷对高阶科名进士员额
的控管，比中阶的举人、贡生和初阶科名的生员更为严格，因为进
士选拔与政府官员的供需直接相关。归纳明清科举的发展，明初
对寒微出身的人采取较宽大和同情的政策，但从康熙二十二年到

1　《学政全书》(嘉庆十七年〔1812〕版)，卷 66-68，与《大清会典事例》(光绪二十五年
　　〔1899〕版)，卷 370-381。分省的数据表见 Chang Chung-li(张仲礼)，*The Chinese
　　Gentry*(《中国绅士——关于其在 19 世纪中国社会中作用的研究》)，表 15 与表 16。
2　章潢，《图书编》，卷 107；徐学聚，《国朝典汇》，卷 129，页 1b。
3　徐学聚，《国朝典汇》，卷 129，页 3b。

乾隆六十年(1683—1795),当清朝统治权力逐渐发展到最高峰时,则改采非常严格的政策。朝廷政策的转变,正好与本书表9所显现的社会流动长期变迁的主流趋势相符,也就是从16世纪后期开始,出身祖宗三代均无科名或任官的A类进士所占的百分比,持续降低。

首先要讨论朝廷对初阶社会学术流动的规定。几乎从明朝创建开始,政府就对那些通过一系列地方考试的人授予生员科名,他们因而取得参加省级科举考试乡试的正式资格。生员名额的比例是固定的,京城所在的府城是60名,一般府城40名,州30名,县20名。所有生员均就学于府城或州县城内的儒学,接受学官的教学、定期学业考试与训导。生员免除徭役,享受免费住宿与廪食月米六斗,洪武十五年(1382)月米增至一石,其他鱼肉盐醋之类也由官给。[1] 明朝的这一改革很重要,原因有二:第一,标示科举考试的秀才、举人、进士三项正式科名与资格制度的开始,这个制度一直维持到光绪三十一年(1905)最终废除为止。第二,标示一个启蒙的、全国性的奖学金制度的创始,这个制度是基于儒家注重个人贤能的原则建立的。在一个需求简单的时代,公费月米一石大致足够让一个勤奋向上的青年可以衣食无忧地集中精神念书,尤其生员不但自己本身可免徭役,另外还可免除家中两个男丁(如果有)的徭役,于是大大地减轻全家的财政

---

1 除非另有说法,此处讨论的明代生员的学则是根据《大明会典》(弘治十五年〔1502〕与万历十五年〔1587〕版),卷76-77。【译者按】:万历十五年版《大明会典》是卷77。

负担。

　　虽然明清甄选生员制度,对中国史研究者来说,是众所周知的常识,但实际上这个制度在明代的变迁,在明朝的法令中,并无明确的记录;而且明初对生员的规制,与清代基本上是不同的。清代生员名额,是在每一考试举行年度应录取的人数,而明初的名额,则是全国各地生员的累积总数。假定到建文二年(1400)左右,全国有 1,200 所儒学,后来加上新设卫所的卫学及西南的儒学,到景泰元年(1450)左右,全国的学校约增至 1,300 所;若进一步假设每一学校平均入学人数为 25 人,则建文二年全国生员总数应有 3 万人,当景泰元年全国人口数字比明初的 6,500 万增加许多时,全国生员总数应该有 32,500 人。[1]

　　为了适应一般对名额增加的需要,政府在洪武十八年(1385)增加了一种不限名额的学生——“增广生员”(增生)。[*]原设生员与增广生员具体的差异,在于后者虽通过地方政府举办的资格考试后也可参加乡试,但不像原设生员一样有享受公费的权利。此后,享受公费待遇的生员被称为“廪生”(【译者按】:《明史·选举志》谓“廪生”称“廪膳生员”),是全体生员中资深而有才华的群体。至宣德三年(1428)才确定增生的额数与“廪生”相同,于是在理论上,生员人数比原来增加了一倍。正统十二年(1447),接受一位知府的请

1　Ping-ti Ho, *Studies on the Population of China, 1368–1953*, Chs. 1 and 11.
*　【译注 1】:据《大明会典》(卷 78,页 1,《学校·儒学》),增生始设于洪武二十年(1387),“令增广生员,不拘额数”。《明太祖实录》(卷 186,页 3a)洪武二十年十月丁卯,“增广生员,不拘额数,复其家”。则增生始设于洪武二十年,非本书所云十八年。

求,礼部通令天下学校,如果民间聪明而学问优良的子弟人数多,超过原来生员额数,准许增广资浅的生员名额,不限额数,称为"附学生员",通常简称"附生"。[1]

　　虽然随着名额的一再扩大,生员的额数大增,但是明初政府仍维持相当严格的学规,而且经常设法减少长年累积下来的生员额数。自洪武二十四年(1391)起,颁布一系列的法令,规定生员在五、六或十年内未通过乡试者,一律退学而降为地方政府胥吏或平民。[2] 之所以如此严厉规定,是因为地方上生员名额有限,只有经常审查淘汰,才能留下空缺给其他有才能者。[*] 透过如此少量优选新生,和无情地严格淘汰旧生,才能维持一个总数很少的生员群体。南京礼部尚书在正统三年(1438)的一份奏折上说:全国生员总数大约只比3万稍多一点。也就因为在制度上,士子要想获得

1　《明英祖实录》,卷151,页2b-3a。又见《明会要》,页410。

2　俞汝楫,《礼部志稿》,卷24;亦见顾炎武,《日知录集释》,卷17,页1a-3a。【译者按】:据《礼部志稿》卷24《考法》所载,退学并非因为长年考不过乡试,而是提学官每年主持的岁考。洪武二十七年,规定"生员入学十年之上,学无成效,送部充吏"。宣德三年,又规定:"廪膳,十年之上学无成效者发附近布政司,直隶发附近州充吏;六年以下鄙猥无学者,追还廪米为民。"正统元年,更进一步详定:"廪膳,六年以上,不谙文理者充吏;增广,六年以上,不谙文理者为民。"天顺六年再详加规定:"生员考试不谙文理者,廪膳,十年以上,发附近去处充吏;六年以上,发本处充吏。不谙文理者充吏;增广,十年以上,发本处充吏;六年以上,罢黜为民。"

*　【译注2】:明代生员分廪生、增生、附生三等,其中只有廪生享受公费待遇,名额有限。必须等到廪生出了贡,成为贡生或考中举人,或考试成绩不及格罚充吏及罢黜为民等原因出缺时,才会由"增广内考选学问优等者帮补"。增生出缺,则由在岁考和科考中等第高的附生补充。廪生与增生为正额生,有一定额数;附生则变化较大,额数难以估计。以苏州为例,据文徵明的估计,附生约为廪生与增生总数的三倍。参见龚笃清,《明代科举图鉴》(长沙:岳麓书社,2007),第2章《生员及以培养生员为宗旨的府、州、县学》;宗韵、吴宣德,《科举与社会分层之相互关系——以明代为中心的考察》,《人文杂志》,2007年第6期。

第一个科名相当不容易,并且严格地遵循注重个人文才的原则,明朝初年遂能成功地阻止过多的人参加乡试以上的高科名考试,避免过度浪费社会资源。[1]

同时,由于人口稳定增长,全国广泛地察觉到教育是攀升社会地位的重要途径。因此,明初维持小数额生员的政策,无法长期维持。增生名额虽于景泰元年(1450)废除,但随后便恢复,并于成化三年(1467)又规定额数,永为定制。由京师地区一句流行的讽刺话语,可反映出当时一般人的情绪,他们说:"和尚普度,秀才拘数。"[2]虽然关于明代生员来源制度的变迁,只留下零散的史料,但从一些分散在法令中的证据可以看出,自15世纪以后,政府必须使原来所定的生员名额具有伸缩性,以适应全国逐渐增长的需求。

1500年以后,生员在一定年限内未达考课标准就会被淘汰的旧规定,渐渐松弛了。嘉靖十年(1532),一位御史提议对减缩久任生员的政策采宽大的态度,并获皇帝恩准。[3] 四年之后,又有一法令规定,凡年50岁以上累科不第者,如果愿告退闲,仍可保有免除

1　《明宣宗实录》,卷96,页5a-5b;顾炎武,《亭林文集》,卷1。【译者按】:《明宣宗实录》,卷96,页5a-5b,并无正文所依据的资料。而正统三年(1438)全国生员总数只有3万多一点的资料来源,亦不可考。倒是根据王弘,《山志·初集》,卷4,《生员》条载,正德年间"计天下廪膳生员共三万五千八百许"。

2　黄溥,《闲中今古录摘抄》,页5a-5b。

3　《明世宗实录》,卷133,页10a-10b。【译者按】:《明世宗实录》,卷133,页10a-10b,并无正文所依据的御史杨宜之奏疏,正确的出处是《明世宗实录》,卷133,页7b-8a,嘉靖十年十二月辛丑条,宜改正。由于嘉靖十年是1531年,但十二月辛丑日已是公元1532年。

本身杂泛差徭及穿戴生员冠带的权利,作为有别于平民的标帜。[1]
这种对生员宽大的政策,加上额数不定的附生渐成为此一制度的
永久特征,生员的累计总数肯定大增。以人口多而文化高的江苏
南部无锡来看,在永乐二十二年(1424)只有 62 名生员,可是到隆
庆六年(1572)则增至 239 名。[2]

　　自正统元年(1436)起,两畿与十三布政司各置提督学官一
员,[3] 对于生员入学的规定逐渐有了重大改变。在这个新学官设立
后,有相当一段时间,新生员入学的原则仍非常严格且名额依个别
情况而定。众所皆知的,到了万历三年(1575)规定各级儒学每次
考试录取新生的名额如下:府学 20 名,县学 15 名,高于较小或文化
落后的县份 4 名或 5 名。万历十一年(1583),另一法令公布,进一
步要求各提学每岁巡历全省,考校新生员学额一次,务使入学不失
原额。在文化高、人口多、人才众多的地方,考生人数众多,准许酌
量增取学额,但不许倍于原数。[4] 我们有理由相信,这两条法令不
过立下一个宽松的原则而已,各地实际执行的情况还是因地而
异的。

1　俞汝楫,《礼部志稿》,卷 24,页 2b-3a。【译者按】:《礼部志稿》原文是“给与冠带荣
　　身”,赐给相应品级的冠服,似乎不是本书正文所说的“to wear students'cap and
　　gowns”保留生员的冠服。
2　《锡金游庠录》,卷 1。
3　《明会要》,页 718。《续文献通考》,卷 50,页 3245。王世贞,《凤洲杂编》,卷 5,页
　　4b-5a,提供至今最详细的资料,但他把提学设置时间误为宣德年间(1426-1435)。
4　俞汝楫,《礼部志稿》,卷 24,页 21a-25a。【译者按】:《礼部志稿》原文是:“其地方
　　果系科目数多,就试人众,则于定额之外,量加数名,但不许倍于原数。”则人数之增
　　加并非“the quotas could be doubled”而是“the quotas could not be doubled”。

从万历三十五年（1607）刊行的晚明方志《保定府志》，我们得到一个北直隶府的最特别数据。

在使用这组数据之前，我们要注意一些技术问题。第一，尽管自万历三年（1575）以后，生员人数大为增加，但至少在理论上，明初以来的总原额制度仍然保留在府志中。府志并未解释地方上累积的学额是如何确定下来，我们只好猜测。由于明后期以来，每三年举行两场生员入学考试，渐渐成为常例；而根据万历三年的法令，府学每次考试都得录取生员 20 人，一个世代是 30 年，30 年依规定举行 20 场考试，每场录取生员 20 名，应录取的人数正与保定府学累积的生员学额人数相合，都是 400 名。但我们仍无法知道为何清苑与安肃二县的累积生员人数，前者是 226 名，后者是 197 名，都低于万历三年所定的额数，依规定每县每场录取 15 名，30 年 20 场考试录取人数应该是 300 名。另一方面，在人口稠密而富庶且文化程度较高的苏南常州府，万历四十六年（1618）时，其一府五县儒学的生员学额，分别为 520、435、416、413、443 及 210 名。[1] 除了小县靖江的学额为 210 外，其他县都比保定府属县高，唯一可能的解释为两地的人口及文化水平不同。第二，保定府学额相对较小外，其实际累积学额比法定累积学额甚至于更低，这一现象与南方许多地方的情况相反。第三，由府志提到的廪生与增生之革除开复与候补、廪生之剥夺公费及附生之革除，可知对生员的定期学力考课及地位的升降之相关规定，是合理而严格地执行着。

1　《常州府志》（万历四十六年〔1618〕刊本），卷 11 上，页 10a-10b。

表 19　万历三十五年（1607）保定府生员学额

A 保定府学（累积总数 400 名）

类别	人数
廪生	40
革许开复廪生	10
增生	40
革许开复增生	3
附生	280
总计	373

B 清苑县学（累积总数 226 名）

类别	人数
廪生	20
革许开复廪生	2
剥夺公费的廪生	4
增生	20
革许开复增生	2
附生	157
总计（10 名开革附生除外）	205

C 安肃县学（累积总数 197 名）

类别	人数
廪生	20
革许开复廪生	7
剥夺廪膳的廪生	3
候补廪生	4
增生	20
候补增生	6
附生	116
总计（11 名开革附生除外）	176

史料出处：《保定府志》卷 17，从全府 21 县学中选出三个儒学为样本。

表 20　明代长江下游三个县学生员学额

南通			无锡			平湖		
时期	总数	每年平均	时期	总数	每年平均	时期	总数	每年平均
洪武四年至成化二十三年（1371—1487）	267	2.2						
弘治元年至弘治十八年（1488—1505）	88	5.1						
正德元年至正德十六年（1506—1521）	143	9.5						
嘉靖元年至嘉靖四十五年（1522—1566）	444	11.0				嘉靖十九年至嘉靖四十五年（1540—1566）	311	12.0
隆庆元年至隆庆六年（1567—1572）	35	7.0				隆庆元年至隆庆六年（1567—1572）	81	16.2
万历元年至泰昌元年（1573—1620）	549	11.7	万历三十年至泰昌元年（1602—1620）	487	21.5	万历元年至泰昌元年（1573—1620）	1,021	22.2
天启元年至天启七年（1621—1627）	195	32.5	天启元年至天启七年（1621—1627）	337	56.2	天启元年至天启七年（1621—1627）	201	29.2
崇祯元年至崇祯十七年（1628—1644）	303	19.0	崇祯元年至崇祯十七年（1628—1644）	864	54.0	崇祯元年至崇祯十七年（1628—1644）	776	48.5

史料出处：《通庠题名录》（民国二十二年〔1933〕刊本）;《锡金游庠录》（光绪四年〔1878〕后刊行）;《平湖采芹录》（民国四年〔1915〕刊本）。

　　至今,我们研究明代生员学额制度变迁最好的史料是现存的三种生员名册:江苏南部的南通(【译者按】:南通位于江北)与无锡及浙江东北沿海的平湖县的明代生员名册,其中无锡与平湖两县坐落于人口稠密及文化经济发达的地区。

　　上表中显示几个事实:第一,从原始的分期数据可以看出,在明代大部分期间,每次考试并未依照规定固定学额录取新生员。直到嘉靖(1522—1566)年间,仍基于个别情况录取新的生员。甚至在这个执行生员入学政策宽松的时期,我们从平湖县的生员名册知道,在嘉靖十九年至二十五年(1540—1546)6 年间举办的 2 次考试中,总共只录取 3 名生员。另一方面,在嘉靖三十三年(1554)录取了 51 名生员,嘉靖四十三年(1564)录取多至 81 名。这样剧烈的波动,显示明朝的制度与清朝制度有很大的差异,清朝的生员制度相对稳定,而且定期地每年录取一定数额。第二,大致的趋势显示晚明生员人数大量增加,但人数增加的幅度,则视地方需求及提学官的酌量,而有地区间的差异;而且万历三年(1575)与万历十一年(1583)的法令,并未规定大县的生员人数上限。第三,比较表 21 所显示清代生员人数的年平均数,显示晚明政府实际上对生员入学采取放任政策,而且似乎已失去了控制初阶社会学术流动的决心。实际上由于兴起的满洲所带来的压力,及晚明财政亟需经费的情况,使明朝政府在某些如南通这样的地方,于天启元年(1621)与七年(1627)之间,公然贩卖"生员"资格。这是一般研究中国制度史的学者罕知的史实。第四,晚明平均每一个世代生员累积人数的增加,不但使学生的素质恶化,而且使参与乡试会试科举考试的士子越来越供过于求。[1]

　　诸如此类，促使清初朝廷采取更多的规定。为孚众望，清朝入关后的第一位皇帝顺治（1644—1661）多年维持大量的生员学额，但当大清帝国的统治比较稳固之后，朝廷遂于顺治十五年（1658）规定生员学额：大府 20 名，大而文化高的州县 15 名，小而落后的县 4 名或 5 名。[2] 换句话说，万历三年（1575）所订的最低学额下限，如今成为最高学额的上限。对研究制度史的学者来说，值得关注的是，清初政府定地税、徭役与生员的数额，均以万历（1573—1619）初年的旧额为基准。在北美能找到的 8 份清代生员名册中，我们选取 3 份作为概观学额变迁的样本，来反映清政府的政策。

　　从顺治十五年所定的新学额，与表 21 显示的康熙初期（康熙元年至十六年，1662—1677）生员数据可知，无疑地，新朝廷虽让人联想起明初的朝廷，清初和明初一样，都亟欲减缩初阶社会学术流动，以便较好地管制后阶段的流动。这段时期每年平均生员学额特别低，主要是因为考试的次数减少及遵守顺治十五年缩减学额的规定。若非为征讨三藩之乱所引起财政需要，此一严格的政策必能较长期地执行。康熙十七年至二十一年（1678—1682）4 年间，一个大县每次

---

[1]　顾炎武，《亭林文集》，卷 1。
[2]　《大清会典事例》（光绪二十五年〔1899〕刊本），卷 370。【译者按】：据《大清会典事例》，卷 370，《礼部·学校·学额通例》，清初入关，于顺治四年（1647）规定："直省各学廪膳生员，府学四十名，州学三十名，县学二十名，卫学十名。增广生员名数同。"则清初生员员额比明万历年间的员额，府学 20 名，县学 15 名，小县 4 名或 5 名，要多得多，几乎是加倍。但顺治十五年（1658），又恢复到明代的规模，规定："直省取进童生，大府二十名，大州县十五名，小县或四名或五名。"本书将顺治十五年的新规定误作 1661 年（顺治十八年），译文已依《大清会典事例》改正。

考试不过录取三四名,但对于以 120 两捐纳一个生员的学额,却未立上限。在平定南方与康熙二十二年(1683)征服台湾之后,生员的学额又趋稳定,且保持在晚明至顺治十五年前的水平之下。因此,在清朝的前 200 年中,平均每个世代生员累积的总数不大。的确,清初地方的学额高于平常,但顺治时期很短,且从顺治十八年至康熙二十一年(1662—1682)年间,生员学额的急遽减缩与扩张,大致相互抵销。此外,随着新区域人口的持续增长与发展,学校的数目也有所增加。值得注意的是,在 17 世纪五六十年代,大学者与旅行家顾炎武(万历四十一年至康熙二十一年,1613—1682)所估计的平均每一世代的生员数额,几乎与钱德明神父(Father Jean J. M. Amiot)在乾隆四十二年(1777)所记录的相同,都是 50 万上下。[1]

咸丰元年(1851)爆发的太平天国革命迫使政府用尽各种方法筹款,各地方捐款给政府换取暂时或永久性地方生员学额的增加。值得注意的是,在咸丰元年至十一年(1851—1861),若非某些地方因为战事而延缓举行考试的话,生员学额数应该会更多。而同治元年至十三年(1862—1874)实际的生员人数应该更少,因为其中多了那些因战争延缓而补行的考试。光绪十二年(1886)刊行最后

1　Chang Chung-li, *The Chinese Gentry*, pp.98-99.【译者按】:张仲礼著,李荣昌中译本,《中国绅士》(上海:上海社会科学院出版社,1991),页 97-98。钱德明(1718-1793)是法国耶稣会神父,于乾隆十五年(1750)奉派来中国传教,第二年就奉诏进京,受到乾隆皇帝的优遇,一直到他去世,在北京住了 43 年,为耶稣会中国传教团最后一任会长。他是第一位将《孙子兵法》介绍给西方的人。这个关于生员数额的估计,出于 Jean J. M. Amiot(钱德明), *Memoires concernant l'Histoire*, *les Sciences*, *les Arts*, *les Moeurs*, *les Usages*, *etc. des Chinois*, *Par les Missionaires de Pékin*, Tome sixième (《北京传教士关于中国历史、科学、艺术、风俗、习惯录》,第 6 卷), Paris:Nyon l'Aine, 1776-1789.

一版的《大清会典事例》中,全国每年的生员学额从嘉庆十七年(1812)的 2.5 万人增加到 3 万多人。如果以一个生员的平均职业生涯期为 30 年来计算,在这段时间中应有 20 次考试,则 19 世纪后半,生员累积的总数可能近 60 万。这个数字虽然比道光三十年(1850)以前高 20%,但仍不会比明末来得高。

　　综上所论,虽然明清朝廷都了解控制生员规模的重要,但实际上控管是很难落实的。唯一的例外是明初时期限制生员群体规模的政策,因为严格执行选才的原则,并落实考核淘汰。随着人口及需求的持续增加,后来的明朝政府对生员的甄选和考课逐渐宽松。从 16 世纪的最后 25 年开始,由某些文化先进的大县份生员学额无上限的例子看来,实际上明朝政府已失去由初阶流动控制学术社会流动的意志。当 14 世纪末,中国人口为 6,500 万,到万历二十八年(1600)可能增长至 1.5 亿。[1] 在这段时期,生员总人数可能增加了 20 倍;这似乎提高平民取得初阶科名的机会,但这并不意味着平民要达到社会流动最终目标比以前容易。相反地,生员人数膨胀的结果,是造成高阶科举考试考不上的人过多,以致受社会挫折的人数大增;但政府不能放弃对进士名额的控制,因为进士员额直接关系官僚组织的规模。

　　清朝政府在维系稳定的生员学额方面,大致是成功的。到同治二年(1863),生员学额的急遽波动不再,其后学额的增加渐进而温和,即使在太平天国革命之际,也没像明末那样飞快增加。显而

1　何炳棣,《明初以降人口及其相关问题 1368–1953》,第 1 章。【译者按】:本书正文未标此注号。

易见地,清代稳定的生员学额制度,未与急遽倍增的人口相配合。当时的人口可能从康熙三十九年(1700)时近1.5亿,增长到嘉庆五年(1800)的3亿及道光三十年(1850)的4.3亿。[1] 无疑地,平民要爬上初阶社会学术流动的难度不断地增高,虽然由于政府对捐买监生采行实质上自由放任的政策,给予平民得到与生员同等身份与权利的机会,情势多少缓和了一些。我们虽没有关于整个清代捐买监生头衔的系统性资料,但确实知道嘉庆(1796—1820)与道光(1821—1850)时期捐纳监生的总数可能已超过60万。[2] 总之,在这稳定的生员学额制度内,具有一般水准以上经济能力的平民,要想得到初阶科名的机会已经不大。至于非书香门第出身的穷苦平民,要争取初阶科名的机会,似乎更是大为减低。表15所显示的清代常熟、海门、南通三县非书香门第平民家庭出身的生员数据,其百分比呈现持续下降的趋势,虽然不能说整个中国都如此,但这似乎代表了大部分地方的情况。

从个人向上社会流动立论,达到贡生或举人地位,是极为重要的,因为拥有二者之一,就具备出任下级官员的资格。管控贡生和举人的数目,及设计一个维持地域或社会代表性的公平制度,是明清政府主要的功能之一。在甄选生员入学的原则上,清朝根本地改变明朝制度,但在甄选中阶科名之贡生和举人时,清朝与明朝制度间的关系却有明显的一致性。关于清朝不同层级的科举考试制

1　何炳棣,《明初以降人口及其相关问题 1368-1953》,第11章。
2　同前书,第1章。

表 21　清代长江下游三县的生员学额

时期	常熟			嘉善			平湖		
	人数	年平均数	高或低于标准值之百分比	人数	年平均数	高或低于标准值之百分比	人数	年平均数	高或低于标准值之百分比
顺治元年至十八年（1644—1661）	389	23.0	30.0	488	27.0	41.4	525	31.0	61.4
康熙元年至十六年（1662—1677）	79	6.0	-66.1	151	12.6	-34.0	94	6.0	-68.7
康熙十七年至二十一年（1678—1682）	232	58.0	227.7	250	62.5	227.2	411	103.0	436.4
康熙二十二年至六十一年（1683—1722）	535	13.7	-22.6	619	15.9	-16.7	482	12.4	-35.4
雍正元年至十三年（1723—1735）	230	19.2	8.5	268	22.3	11.5	222	18.5	-3.6
乾隆元年至六十年（1736—1795）	1,002	16.8	-5.1	1,045	17.7	-7.4	1,044	17.4	-9.4
嘉庆元年至二十五年（1796—1820）	415	17.3	-2.3	444	18.5	-3.2	447	18.6	3.1
道光元年至三十年（1821—1850）	527	18.0	1.7	521	18.0	-5.7	521	18.0	-6.2
咸丰元年至十一年（1851—1861）	187	18.7	5.6	160	16.0	-15.7	172	17.2	-10.4
同治元年至十三年（1862—1874）	331	27.7	56.5	329	27.4	43.5	342	28.5	48.4
光绪元年至三十年（1875—1904）	675	23.3	31.6	689	24.0	25.7	751	26.0	35.4
总计	4,602	17.7（标准值）		4,964	19.1（标准值）		5,011	19.2（标准值）	

史料出处:《国朝虞阳科名录》(光绪三十一年〔1905〕版);《嘉善入泮题名录》(光绪三十四年〔1908〕版);《平湖采芹录》(民国四年〔1915〕刊本)。

度,已有许多研究论著。[1] 因此,对于这个影响社会流动极具重要性的复杂制度,在此仅概述其中几个面向。

贡生与举人的学额,必须简要地检讨。洪武十六年(1383),明朝政府首次明订贡生学额。这一年奏准,自明年为始,天下府州县学岁贡生员各一人,到京城进国子监读书,接受进一步教导,最终得出任官职。虽然最初甄选是基于个人文才,但后来逐渐成为惯例,且几乎全依年资。贡生的学额,直至正统六年(1441)才固定下来,依规定:府学,一年贡一人;州学,三年贡二人;县学,二年贡一人。[2] 这些学额一直维持到光绪三十一年(1905)废科举制度之前都未改变。随着时代的演进,又产生四类定期由特定渠道选拔的正途贡生。应该不晚于16世纪后期,生员中资深而领公费的廪生,就可以依例捐纳为贡生。清代生员中资浅的增生、附生得捐纳为贡生,已成为一般常例,道光三十年(1850)以后,尤其普遍。清代正途出身的五类贡生,* 据

---

1 最有系统的研究论著是商衍鎏,《清代科举考试述录》。【译者按】:商衍鎏于光绪三十年参加甲辰科殿试,获一甲第三名进士及第,授翰林院编修。由于亲历科举考试的每一阶段,这本书是相关研究中最详实的一本。该书写作起于1954年,3年之后,完稿于作者83岁之年。1958年由北京生活·读书·新知三联书店出版。2003年,其孙商志醰将该书重校注释,增补商先生生平资料图表及其他相关论著如《太平天国科举考试纪略》与《科举考试的回忆》等,于2004年由天津百花文艺出版社出版。

2 《大明会典》(万历十五年〔1587〕刊本),卷77,页2a。

* 【译注3】:据商衍鎏,《清代科举考试述录》,五类贡生包括:(1)岁贡,府州县学廪生食饩十年后挨次升贡者。(2)恩贡,凡遇国家庆典或登极颁布恩诏之年,以当贡者充之。(3)拔贡,每隔一段时间,乾隆七年定例每十二年举行拔贡考试,廪生、增生、附生均得应试。(4)优贡,不拘廪生、增生、附生,每三年一次,选送文行兼优者入国子监。(5)副贡,乡试之副榜,可直接入国子监,不由学政另行考选。

推估平均每一世代约在 3.2 万至 4 万之间。[1]　由于有些贡生后来考中举人、进士或做了官,他们必须从这个总数中扣除,因此实际的数字应该比这个数字少几千人。此外,晚明的总数必然比这个平均数稍微少些,而明初则应该要更少。至于晚明与清代非正途捐纳的贡生的人数,则无法确知。但即使在道光三十年,捐纳贡生人数到最高峰时,也不会多过正途出身的贡生。因为只有经过考试取得初阶科名的生员才有资格捐纳贡生头衔,而清代监生的捐纳,则开放给没有科名的平民。因此,各类贡生总数的增加,肯定赶不上人口的急速成长。

　　洪武三年(1370)第一次为各省订定举人的解额,其总数为 470 人,但大省的解额是有弹性的。[2]　洪武十七年(1384)乡试,光是今

1　Chang Chung-li, *The Chinese Gentry*, pp.127-32.【译者按】:李荣昌译,《中国绅士》,页 126-129。

2　《大明会典》(万历十五年〔1587〕刊本),卷 77。【译者按】:依一般史料如《大明会典》、《明太祖实录》及《礼部志稿》等书的记载,直隶府州贡额百人,河南、山东、山西、陕西、北平、福建、浙江、江西、湖广各 40 名,广西、广东各 25 人。若人才多处,或不及者,不拘额数。则总数应该是 510 名。但据汪维真《明代乡试解额制度研究》(北京:社会科学文献出版社,2009)、《皇明诏令》、《皇明进士登科考》、《弇山堂别集》、《罪惟录》等其他史料,则有不同的说法,其关键在对广东与广西的解额之记载不同,有的说广西 25 人、广东 40 人,有的说广西、广东各 20 人,有的说广西附广东为 25 人。于是洪武三年解额总数有 525 人、510 人、485 人、500 人与 485 人五种说法。据查继佐及嘉靖年间礼科左给事中田秋与贵州按察使韩士英等人的说法,明初两广因人才缺少,只设一科,这种情况到洪武二十年(1387)才结束。根据洪武三年五月颁布的《设科取士诏》(《皇明制书》,卷 1),“乡试,各省并直隶府州等处通选,以五百人为率。”并不是本书所说的 470 人,实际上,解额是一回事,实际录取的人数又是一回事。明初,承元末大乱之后,社会残破,人才匮乏,采行“不拘额数,从实充贡”的政策,乡举多未能及额。如洪武三年,京畿规定可取百人,只取中 72 人;广东也只录取 12 人。

日江苏与安徽两省所在的南直隶就录取 229 名举人。[1] 其后因应人口的增长,其额数相继增加至景泰年间(1450 年代)总数已超过了 1,100 名,隆庆年间与万历初年(1570 年代)已超过 1,200 名,清代的额数则在 1,200 名与 1,800 名之间。太平天国期间则有些暂时性与永久性的增加。若扣除后来登上进士与做官的人数,清代大部分时期,平均每一世代累积的举人总数可能在一万名左右。可以确定的,在景泰元年(1450)之后,稳定的举人解额是无法与持续增长的人口同步成长的,这使平民想要获得举人这中阶科名的机会,变得越来越少了。* 而且明清政府除长期冻结或和缓地增加举人名额外,还灌注很大心血于关注各省举人解额地理分布的公平性。最早的分省举人名额定于洪武三年(1370),大致依人口、田赋收入与文化传统的比例而定。南直隶和江西的解额最多,因为

---

1 沈德符,《万历野获编》,页 857。【译者按】:《明太祖实录》卷 165,页 1,洪武十七年九月丙申朔条,"应天府奏乡试中式举人廖孟瞻等二百二十九人"。但《明太祖实录校勘记》,页 567,记"中本二十作一十"中本系"国立中央图书馆"藏旧钞本,则录取人数又有 219 人之说。又洪武十一年(1378)起,明朝已废除两京制,今江苏与安徽两省为京师,是全国唯一的直隶府州。两京制的重建,是永乐元年(1403)以后的事,其后才有南京与北京,各领其直隶府州。总管北京直隶府州的省政府是北京行部,其省长不是一般省份的布政使,而是行部尚书与侍郎。参见徐泓,《明北京行部考》,《汉学研究》,第 2 卷第 2 期(1984),页 569–598。

* 【译注 4】:北方以顺天府为例,从景泰七年(1456)至万历三十四年(1606),每科均录取 135 名举人,但应考士子却从 1,800 增至 4,400 人;则录取率由 7.5% 减至 3.07%;考取的机率大减一倍以上。南方以应天府为例,成化元年(1465)应试人数 2,000 馀人,录取举人 125 名;嘉靖十九年(1540)应试人数增至 4,400 馀人,录取举人 135 名;万历三十一年(1603)应考士子更增至 6,000 馀人,录取举人仍为 135 名;则录取率由 6.25% 减至 2.84%,其后更减至 2.25%,考取的机率大减至约为原来的三分之一。总之,明代乡试录取机率的发展趋势,是无论南北都越来越少,而南方的情形尤为严重。参见汪维真,《明代乡试解额制度研究》,页 151–153。

前者是京畿首善地区，后者是宋代以来文化最发达的地方。[1] 浙江、福建也因文化传统优良与文人人口多，被列为举人解额多的"大"省。其他的长江流域省份与北方省份则被视为"中"省份，而广西、云南、贵州等西南省份被视为"小"省。永乐十九年（1421），北京定为首都之后，京畿地区北直隶省的解额持续增加，成为全国解额最大的地区。乾隆十三年（1748）订定的举人解额，与明末相差不多，它代表清代大部分时期的解额，各省的解额如下：京师直隶 206，江南（江苏与安徽）114，浙江、江西均为 95，福建 85，广东72，河南 71，山东 69，陕西（包括甘肃）61，山西、四川均为 60，云南54，湖北 48，湖南、广西均为 45，贵州 36。[2]

必须注意的是，如果没有这样的固定配额规定，则北方及边缘省份产生的举人会更少，而文化先进的南方各省产生的举人会占绝对多数。由于过去江苏与安徽一起构成江南大省，使其产生举人的能力因而受固定配额所阻碍。政府对少数民族较多的地区，给予特别的考量；因此，这些地区虽然文化较落后，却能定期产生一定数目的举人。

清初朝廷较少关注寒微人士，因为从王朝的利益出发，安抚与赢得被征服地区的主要社会阶级——士大夫阶级的支持才是明智的。[3] 在 17 世纪之交，有相当高比例有影响力的士大夫家庭成员获得举人、进士的科名，有时甚至以不完全合法的手段获得，以致

1　这将在第 6 章详论。
2　商衍鎏，《清代科举考试述录》，页 76–78。
3　清初对待中国士大夫阶级的政策启发性的论述，参见孟森，《己未词科录外录》，《张菊生先生七十生日纪念论文集》。

受挫的考生和有良心的官员大力反对。由于某些舞弊案例的揭发，迫使康熙皇帝于三十九年（1700）临时为有影响力的家族成员制定一特殊官卷解额，限制其中举人的总人数。于是四品以上京官、讲筵官及不拘官品的翰林院官员、三品以上的省级官员和二品以上的武官，他们的子孙与兄弟均得在这特别设置的举人官卷解额中录取。这个特设的官卷举人解额依其比例而定，大省民卷二十名设官卷一名，中省民卷十五名设官卷一名，小省民卷十名设官卷一名。经过少许改变后，在乾隆二十三年（1758）著为定例。* 翰林院的官员所以不拘品级，乃基于他们是"文"官，均具较高的文化优势。从表面上和数字上看来，这特设的学额，对高官与文官家庭成员甚为有利。[1] 但实际上，在这特选的群体中竞争极为剧烈，许多没能在这指定的"官卷"解额中考取举人的士子，如果让他们参加乡试与一般的平民竞争，也能够胜出的。虽然这一特设的"官卷"解额，每科考试会稍有些出入，在道光二十四年（1844）刊行的

---

* 【译注5】：依《钦定科场条例》（卷25，页7-8）规定："在京满洲汉员，文官京堂以上及翰詹科道，武官副都统以上；在外文官藩臬以上（《礼部则例》卷93页3b云：文官三品以上），武官副都统、总兵以上（《礼部则例》卷93页3b云：武官二品以上），其子、孙、曾孙、同胞兄弟、同胞兄弟之子，皆编为官卷。"又《清高宗实录》，卷558，乾隆二十三年三月丙申条："嗣后直隶、江南、浙江、江西、湖广、福建等大省官生，二十名取中一名，三十一名取中二名；山东、河南、山西、广东、陕西、四川等中省，十五名取中一名，二十三名取中二名；广西、云南、贵州等小省，十名取中一名，十六名取中二名。"

[1] 例如 Chang Chung-li, *The Chinese Gentry*, pp.185-186（李荣昌译，《中国绅士》，页186-187）.张仲礼就不理解这一特殊的"官卷解额"制度的原始目的及其实际的成效。【译者按】：张仲礼认为设立官卷解额的最初目的是"想给穷书生较以多的机会"，"但是实际结果都是适得其反"，"遂使怜恤寒畯之意，转成侥幸缙绅之路"。张仲礼以"官卷解额"为"保障"名额，本书作者则以"官卷解额"为"限制"名额，两人的注释完全相反。何先生说得不错，对于能力强、条件好的人们来说，固定的名额，不但不是保障，反而是限制，因为他们不需要保障。

《礼部则例》所列全国总数也不多,只有 59 名。[1] 1800 年以前的举人解额不见记载,然由表 10 可知,出身高官家庭的举人不过占 3% 弱而已。由于乡试对出身高官家庭的举人解额有效的管控,会试便不再需要有类似的限制。

明清政府最关注对进士名额的管控。明朝的第一次会试在洪武四年(1371)举行,但第二次会试却隔了 14 年之久,到洪武十八年(1385)才再行开科取士。会试取中人数变动很大,洪武四年为 120 名,洪武十八年突然跳升到 472 名。[*] 这是因为明朝初创的几十年中,科举制度虽然恢复,且与学校制度相整合,但并不是选举官员的唯一途径,其重要性还不及为配合需要临时由官员荐举贤能的荐举制。直至 15 世纪中期,科举制度才取得决定性的优势地位。虽然举人与贡生的解额已渐趋稳定,但理论上,朝廷仍保留依时代的需要而订定进士员额的权力。

由于会试与殿试具全国性的特质,最初并没有区分地区或省的名额。但中唐以后人口、经济与文化重心的南移,使南方某些省

1　《礼部则例》(道光二十四年〔1844〕刊本),卷 93。
*　【译注 6】:《明太祖实录》,卷 61,页 4a,洪武四年二月壬申条:"中书省奏:会试中式举人俞友仁等中式举人一百二十名。"则会试取中人数应该是 120 人,而不是本书所载的 119 人,译文据此径行改正。又《洪武十八年榜进士题名碑》被毁,致该榜进士名录成为明代 89 榜进士中唯一残缺不全的一榜。而今人常用之《明清进士题名碑录索引》收录该榜进士 422 名,尚缺 50 名。问题还不止此,更严重的是,所收 422 名进士名录中,存在严重错误,致以讹传讹,亟须订正。俞宪的《皇明进士登科考》保存了《洪武十八年会试录》,共收进士 472 名,与该榜殿试所取 472 名进士正好吻合,是迄今为止最完整、最可靠的登科名录。参阅龚延明,《明洪武十八年进士发覆兼质疑〈明清进士题名碑录索引〉》,《浙江大学学报(人文社科版)》,2007 年第 3 期,页 75–83。

份尤其是江苏、浙江、江西、福建具有无可比拟的竞争优势。[1] 洪武三十年(1397)举行的会试,南方人得到绝对的优势,引起北方人广泛的抱怨,导致明太祖下令调查。结果虽未发现舞弊情事,但太祖处决了主考官刘三吾,部分是因为太祖对刘三吾的存心报复,但最大的理由是考虑更公平的地区代表性。[2] 另一个政治考量,亦使明初政府必须博取北方人的好感。由于北方人在异族统治下历经两个多世纪,其民族情感远比南方人要弱得多。经此事件之后,朝廷订下一个相对宽松的地域解额,其比例为南方各省的南卷占60%,北方各省的北卷占40%。接着,为嘉惠边远和文化落后省份,乃于洪熙元年(1425),创设主要包括有四川、广西、云南、贵州等省之中卷。[3]

1　这将在本书第6章做进一步的论述。

2　商衍鎏,《清代科举考试述录》,页290-291。【译者按】:这次会试"大江以北无登第者",于是下第诸生上疏言:"(刘)三吾等南人,私其乡",于是再考落卷中文理长者第之,录取61人,皆北人。调查考官的结果,刘三吾等考官被控与胡惟庸与蓝玉党,于是除刘三吾以老谪戍边外,其馀考官或戍边,或磔杀,则刘三吾并未被处决。刘三吾是湖南人,是科登第者并无湖南人;"三吾等南人,私其乡"的指控并不能成立。参见王世贞,《弇山堂别集》,卷81,《科试考一》及李调元,《制义科琐记》,卷1,《春夏二榜》。王凯旋,《明代科举制度考论》(沈阳:沈阳出版社,2005),页155-157。又这次会试的年代,本书正文误为1937,译文径自改正。

3　《大明会典》(万历十五年〔1587〕刊本),卷77。【译者按】:中卷还包括南京(南直隶)的庐州、凤阳、安庆三府与徐、滁、和三州。洪武三十年发生的"南北榜"事件和宣德以后会试实行以地区分卷按比例录取制度,皆为明代科举史上的重大事件。前者是科举取士南、北地域矛盾的一次集中爆发,后者则是明廷为解决这一矛盾所采取的制度设置。对此进行研究的成果,主要有靳润成,《从南北榜到南北卷——试论明代的科举取士制度》,《天津师范学院学报》,1982年第3期;檀上宽,《明代科举改革背景——南北卷の創設たぁじつて》,《東方學報》,第58卷(1986);檀上宽著、王霜媚译,《明代南北卷的思想背景——克服地域性的理论》,《思与言》,第27卷第1期(1989);李济贤,《唐宋以来战乱对北方社会的影响——明初"南北榜"历史原因初探》,《史学集刊》,1991年第1期;林丽月,《科场竞争与(转下页注)

　　必须指出的是,这个制度虽阻止了任何一地区得到完全的优势,却不能阻止地区内某个文化先进的省份产生比别的省份更多的进士;因为每一地区都大得足够产生省份间的差异。从明初至清初,浙江、江苏、江西三省的登第士子仍超过其他地区,而一些落后的省份如甘肃在连续数次考试中也考不上一个;因此,导致康熙四十一年(1702)制定各区内省份进士名额浮动计算表,也就是在每科会试之前,查明入场应试举人的数目,与前三科考每省参加会试的举人人数,重新设定各省应录取的进士额数。[1]

　　由于参加会试的人数与各省累积的举人人数密切相关,而后者又与各省乡试录取举人的定额大致相称,因此康熙四十一年以后各省进士的名额实质上是冻结的,只在太平军之乱时及乱事平定后稍作调整。这使边远与落后地区得到相当大的好处,而文化先进的东南沿海各省实际上是吃亏的。需要指出的是,康熙四十一年以后僵化的各省进士比例,其实非常不公平,因为各省举人的名额并不合理。例如,明清大部分时期,由于浙江从开始就是一个

(接上页注)天下之"公"——明代科举区域配额问题的一些考察》,《台湾师范大学历史学报》,第 20 期(1992);刘海峰,《科举取才中的南北地域之争》,《中国历史地理丛》,1997 年第 1 期及其《科举学导论》;王凯旋,《明代分卷制述论》,《合肥学院学报》,2005 年第 2 期;钱茂伟《国家、科举与社会》、郭培贵《明史选举志考论》等论著,各从不同的角度得出如下结论:宣德以后,明廷在会试中实行分卷按比例录取制度,是为保证不同区域的"政治均衡",对于巩固统一和促进边远落后地区的文化发展具有积极意义。另外,林丽月《科场竞争与天下之"公"——明代科举区域配额问题的一些考察》、汪维真《明朝景泰年间乡试解额调整史实钩沉》(《史学月刊》,2005 年第 10 期)等论文及钱茂伟《国家、科举与社会》、刘海峰《科举学导论》、郭培贵《明史选举志考论》等著作,还对各直、省乡试解额的确定和调整问题做了研究。详见郭培贵,《20 世纪以来明代科举研究述评》,《中国文化研究》,2007 年第 3 期(秋之卷)。
1 《礼部则例》(道光二十四年〔1844〕刊本),卷 93。

人口众多和学术成就不凡的省份,在万历二十八年(1600)以前,举人的解额一直高于江苏;但是到晚明,江苏人口已比浙江多了许多,而且从万历二十八年至康熙四十一年(1600—1702)间,其取中的进士数量也明显地高过浙江。江苏在较宽松的地区名额制度下,于顺治元年至康熙四十一年(1644—1702)间共产生1,015名进士,同时期的浙江却只产生766名进士。但在僵化的省区比例制度下,江苏从康熙四十二年至咸丰十一年(1703—1861)间,只产生1,466名进士,而浙江却有1,621名。直到同治元年(1862)之后,江苏进士名额分配才超过浙江。因此,我们可以知道浙江在整个清代生产进士方面居于领导地位的原因,大致是由康熙四十一年(1702)以前的地区解额制度造成的。再举湖南为例,虽然在明代与清初是文化比较落后的地区,但在清代后期,尤其是道光三十年以后,进步神速,但由于过去举人解额较少及康熙四十一年后偏低的进士比例,使湖南在整个清代进士产量仅为全国第15位。因此,康熙四十一年制度的实施,无疑为达成一个更均平的地理代表性,而牺牲了某些文化先进省份。[1]

影响社会流动率更重要的一个因素,是表22呈现的进士总名额的变化。

虽然明初至景泰元年(1450),平均每年录取进士的数目很少,但还有很多科举以外选授职官的途径。如本章稍后将要讨论的,在战争与社会剧变之下,明初的社会结构,实际上较后代宽广。当

1　更深入的论述,见于本书第6章。

其他补授官员途径都封闭之后,明政府就让进士名额加大,景泰二年至崇祯十七年(1451—1644),每科平均取中进士为317.6人,高于清代的平均数。*

表 22 明清进士名额

时期	考试次数	进士总数	每科考试平均数	每年平均数
(1)洪武元年至景泰元年(1368—1450)	19	3,636	227.2	44.3
(2)景泰二年至崇祯十七年(1451—1644)	66	20,958	317.6	108.6
总计(明代)	85	24,594	289.3	89.1
(3)顺治元年至十八年(1644—1661)	8	2,964	370.5	174.8
(4)康熙元年至十七年(1662—1678)	5	1,029	205.8	64.3
(5)康熙十八年至三十八年(1679—1699)	7	1,115	159.3	55.7
(6)康熙三十九年至六十一年(1700—1722)	9	1,944	216.0	88.4
(7)雍正元年至十三年(1723—1735)	5	1,499	300.0	125.0
(8)乾隆元年至三十年(1736—1765)	13	3,422	263.0	118.0
(9)乾隆三十一年至六十年(1766—1795)	14	1,963	142.1	67.7
(10)嘉庆元年至二十五年(1796—1820)	12	2,821	235.0	117.5
(11)道光元年至三十年(1821—1850)	15	3,269	218.0	112.8
(12)咸丰元年至十一年(1851—1861)	5	1,046	209.2	104.6
(13)同治元年至十三年(1862—1874)	6	1,588	264.3	132.3
(14)光绪元年至宣统三年(1875—1911)[a]	13	4,087	315.2	113.6
总计(清代)	112	26,747	238.8	100.2

---

* 【译注7】:依表22,景泰二年至崇祯十七年(1451-1644),每科平均取中进士应为317.6人,高于清代的平均数238.8人,原著说景泰二年至崇祯十七年(1451-1644),每科取中进士为78.8人,恐怕是笔误,今译文径予改正。

史料出处:李周望,《国朝历科题名碑录初集》*。明代进士名单则依沈德符《野获编补遗》增补,这本书载有洪武十八年(1385)与永乐二年(1404)举子的总数。清代则用房兆楹与杜联喆《增校清朝进士题名碑录》。

a、由于科举制度废除于光绪三十一年(1905),实际上,最后一次科举考试举行于光绪三十年(1904)。

在纯算术的基础上,明代士子登科甲的机会较清代容易得多。如果把人口成长因素计算在内,则除了康熙四十一年(1702)新的进士名额建立后,实际改善录取机会的某些边远落后省份之外,[1]要达到社会流动的最终目标的机缘,明代比清代容易了好几倍。表9显示一个引人注意的显著统计趋势,从16世纪晚期起,出身非官员或无科名家庭的进士所占百分比剧降。由于竞争越来越剧烈,旧学者与官员家庭享有各种优势,加上康熙年间(第4、5、6期)与乾隆后期(第9期)进士名额突然紧缩,对寒微出身的平民打击特大,所以出身非官员或无科名家庭的进士所占百分比衰减的这一趋势是不可避免的。如果其他条件相等,则取中的进士数额越少,会试及第所要求的学术标准就会越高,对于缺乏学术传统的平民家庭子弟而言,要取中进士的难度也就越高。表9中A类出身

---

* 【译注8】:清代进士登科录存世较少,查阅不便,北京孔庙的进士题名碑经风雨磨蚀,字迹漫漶,这使《国朝历科题名碑录初集》成为考察明清进士群体的重要资料。房兆楹、杜联喆的《增校清朝进士题名碑录附引得》和朱保炯、谢沛霖的《明清进士题名碑录索引》都是根据它编纂的。然而《国朝历科题名碑录初集》本质上却是一种以新闻宣传、市卖盈利而非保存文献为主要目的的出版物,在清代还存在着坊间盗刻本,该书在记载进士的姓名、籍贯方面存在数量不少的误刊,其中部分误刊也被《增校清朝进士题名碑录附引得》和《明清进士题名碑录索引》所延续。详见毛晓阳、金苏,《论〈国朝历科题名碑录初集〉的刻版与印本》,《福建农林大学学报(哲学社会科学版)》,第10卷第3期(2007)。

1 见下面的第6章。

于三代没有功名家庭的进士在康熙十一年（162）与四十二年（1703），分别为 168 及 166，似乎是现存进士录中数额最小的，占整个取中进士的百分比也是最低的。从康熙四十二年残存的进士名录与一些现存的 18 世纪举人与贡生名录可知，非官员与非学者家庭出身的举子中式比例相当低。

在结束这一部分的讨论之前，必须对作为主要社会流动制度化途径的考试制度，简短评论其公正性与有效性。早在宋太宗淳化三年（992）考生匿名原则就已确立，以防止甄选进士时个人因素发生作用。考卷上考生姓名用纸糊上，写上密码，俟阅卷完毕打过分数，才拆号解开密码。更进一步为防止考官从考生笔迹认人，宋真宗大中祥符八年（1015），又设誊录院，考卷经誊录后，再送考官评阅。一位研究宋朝文官制度的近代史家说："为使考试公正几乎已用尽一切办法，没有什么可做的了。"[1] 除此之外，明清政府又采取许多防止串通作弊的办法。

无论如何，当考试制度成为日益重要的任官途径后，不同层次的舞弊情事是难以避免的。明清笔记文集中充满了考试作弊的记载，但必须小心地追究。明代有某些政治上的有力人士便运用其影响力，为其家乡省份争取较大的临时解额，或为其子孙与门生争取较高的荣誉。例如正德三年（1508），宦官刘瑾（陕西人）及其门生焦芳（河南人），均为家乡省份争取到比文化较高的东南各省更多的举人解额。据说在当年举行的会试，刘瑾交给主考官一个他

1　Edward A. Kracke（柯睿格），Jr.，*Civil Service in Early Sung China*（《宋初文官制度》），p.67.

希望取中进士的 50 人名单。但好探人隐私与八卦消息灵通的晚明学者沈德符却认为"其事未必真"。这些刘瑾的门生中,充其量只有少数因其势力而得登科,舞弊的程度肯定是夸大的,极可能只是道听途说。[1] 另举一例子,据说很有权势的宰辅张居正为他的儿子在万历八年(1580)廷试中取得最高荣誉,但并没有直接证据显示其中有任何串通舞弊情事。[2] 万历二十八年(1600)以后,当明帝国迅速衰落之时,这种收买考官的舞弊情形就比较普遍了。

清初在试务上处于一个相当松散的时期,据说在顺治年间(1650 年代),高官家庭子弟要通过直隶乡试没有什么困难。在顺治十四年(1657)直隶顺天乡试,有 14 名官员与考官受贿,帮 25 个打通关节的考生篡改答案卷,案发后经查证属实,结果 7 名官员与举人被处决,财产充公,家人流放。主考官与副考官均遭免职,25 个送贿通关节的考生及其家人亦遭流放,财产充公,并有数百人受牵连。但后来对此一不寻常的弊案重新调查后发现,实际上只有 8 个高官和一些长江下游富人的子弟牵涉在内,而且并非所有的人

1　沈德符,《万历野获编》,页862-863。【译者按】:卷32,补遗二,《士子谤讪》。

2　同前书,页306-309。【译者按】:出处可能有误,应该是卷14,页379,《关节状元》:"今上庚辰科状元张懋修为首揆江陵公子,人谓乃父手撰策问,因以进呈,后被劾削籍,人皆云然。"明末周玄晖《泾林续记》记载了许多考试舞弊的事,其中也说到张居正是通过别人帮助儿子舞弊,考前先将字眼密授考官,许以升赏,让考官录取他的儿子,迫于压力,考官只得照办。赵翼,《陔馀丛考》,卷29,《关节》条记载:"万历四年(1576),顺天主考张汝愚,中张居正子嗣修、懋修及居正党侍郎王篆之子之衡、之鼎。居正既殁,御史丁此吕追论其事。"赵翼的说法明显来自明王世贞《科场考》卷4记载:"前甲申(1584),御史丁此吕追论礼部左侍郎兼翰林侍读学士高启愚主试应天时命题《舜亦以命禹》,为阿附故太师张居正,有劝进受禅之意,为大不敬。得旨免究矣。吏部参论此吕,谪外,遂夺启愚官,削籍还里,并收其三代诰命。"则张居正帮儿子舞弊一事,见于多种明清笔记史料。

都通过考试。于是御旨令所有及第举人重考笔试,由一宗室亲王亲自监考。结果在这次舞弊阴影下录取的 190 名举人,有 182 名因文理优良而再获录取,只有 8 名因文理不通被革去举人。[1] 一般说来,在 17 世纪后半,高官家庭成员在考试中继续占优势,特别是直隶顺天乡试。这种持续的现象,可能是因为他们拥有无可匹敌的优越家学渊源,而非倚赖非法手段的运作。但是政府仍受舆论所迫而宣布自康熙三十九年(1700)起,高官与文官家庭子弟必须在其出身的各省份之"官卷名额"中互相竞争。[*] 果然,这个制度有效地限制他们在举业的成就。

另一严重的弊案发生于咸丰八年(1858)的直隶,主考官大学士柏葰及一些官员被处死或免官,主要的证据是某些考生传纸条给一些考官,请考官辨认出他们的考卷。实际上,这个案子是被柏葰在朝廷的首要政敌肃顺有意地夸大,当代人多同情这位德高望重、宽厚、平庸的满洲大学士柏葰,大家相信这件弊案的严重性是被夸张到无可理喻的地步。此案最详细且为人所接受的记载本身,就包含许多错误,可能部分根据道听途说。[2] 在会试中,大部分

---

1 商衍鎏,《清代科举考试述录》,页 299-303。【译者按】:详见(清)信天翁撰,《丁酉北闱大狱纪略》。

* 【译注 9】:文武大臣(京官文四品、外官文三品、武二品以上及翰詹科道等官)子侄应乡试者称为"官生",其试卷称为"官卷"。乾隆二十三年(1758)定官生名额,"大省二十卷中一,中省十五卷中一,小省十卷中一"。详见《清史稿》,卷 108,页 3166-3167,《选举三》。

2 至今对咸丰八年(1858)这件弊案最详尽的记载,是薛福成《庸盦笔记》,卷 3,页 14b-16a。对这件弊案真正的范围与程度之公正评述,请参阅商衍鎏,《清代科举考试述录》,页 312-317。【译者按】:详见杨学为、刘芃主编,《中国考试史文献集成》(北京:高等教育出版社,2003),第 6 卷,页 473-493,《咸丰戊午科场案》。

指控与证实弊案只牵涉到相对少数的考生,有时或与甄选第一甲的人有关涉,但这对整个考试并无重大影响。甚至在甄选第一甲进士时,想确定选出自己偏爱的人也不一定做得到,例如翁同龢(道光十年至光绪三十年,1830—1904),这位皇帝的老师与协办大学士,一直把张謇视为门生(见本书附录案例 24),光绪十八年(1892)的会试,翁同龢是考官之一,他想帮张謇,自以为在誊录的卷子上认得出张謇的暗号,而打了高分。但他后来失望地知道张謇并没有考上。光绪二十年(1894)的会试,张謇靠自己的才能考上。在殿试时,翁同龢能给张謇第一名状元,这是因为按新法殿试考卷不必再行誊录。[1]

在此必须提到的是,许多受挫折的考生自然会愤愤不平与轻信谣言,热切地把流言当作事实。为补偿他们的失败,他们经常写些讽刺的文字,运用各种方式恶毒地攻击考官,明清时期曾有多次考官受到不负责任的指控,而成为无辜的受害者。洪武三十年(1397)会试主考官刘三吾便是第一位牺牲者。曾以 69 岁高龄登进士一甲的著名学者姜宸英(明崇祯元年至清康熙三十八年,1628—1699),出任康熙三十八年己卯科直隶顺天府乡试副主考官时,竟因落第举子的毁谤,死于狱中,死后才得平反罪名。由于重新对姜宸英所取中的举人进行考试的结果,证明所有取中的士子无论诗文都是高水准,符合取得举人科名资格。[2] 副都御史李绂在

1　商衍鎏,《清代科举考试述录》,第 8 章。张謇事件,参见贾景德,《秀才举人进士》的《附录》。
2　商衍鎏,《清代科举考试述录》,页 306-309。

担任康熙六十年（1721）会试副总裁时，也因取中一些江苏与江西
著名学者家子弟而遭落职和罚作苦役。据后来的调查并未找出任
何受贿或串通作弊的迹象。[1]　总之，虽然长期以来不免有偏私与收
受贿赂的情事发现，但难得有严重到会改变科举考试基本性格的
事发生，科举考试仍是基于个人贤才的通用的选官制度。事实上，
明清朝廷把考试制度视为一个令人敬畏的、几乎是神圣的制度，从
未放弃其消除特殊主义和褒扬诚实行为的意志。

第二节　社学与私立书院

　　府学、县学均由官方资助，但只开放给有生员资格的人，不能
算是基础教育。明朝的创建者很早就了解初级教育的必要性。自
洪武八年（1375）起，就屡诏天下各府州县设立社学。[2]　虽然皇帝
的诏令使乡村或都市等地方由民间自力建造这些学校，但其成功
相当程度要靠地方官的倡导。例如，吴良在执行守备长江南岸战
略要地江阴任务时，就创办许多社学，延聘地方知名儒生为师讲论
经史。[3]　方克勤（元泰定三年至明洪武九年，1326—1376）这位明初
的模范循吏，在任山东济宁知府任上，设立社学百区。[4]　最初许多
正直的地方官关心初级教育，但后来也有利用立社学自肥的例子
被皇帝发现。因此，洪武十六年（1383），特别下令诰诫地方官不

1　商衍鎏，《清代科举考试述录》，页 310-311。
2　《大明会典》（万历十五年〔1587〕刊本），卷 78，页 22b-23a。
3　《明史》，卷 180。
4　《明史》，卷 181。

得干预民间所立的社学。[1] 成化元年（1465），御令："民间子弟愿
入社学者听，其贫乏不愿者勿强。"另一方面，从太祖皇帝的大诰
可知，有些热心的地方官不顾乡村儿童父母希望子弟在田里帮忙
农作的愿望，逼令他们入学。[2] 从我们对明太祖在执行律令的高
压手腕的理解，尤其是由方志中所得的信息，我们若怀疑明初政
府倡导设立初级教育的设施只是一种表面形式，那是不公平的。

　　大体上，在 15 世纪，国家享受着长期的复苏及财政重担的减
轻的果实，使设立社学的运动，多能在地方官的倡导下快速地推
行。为节省学校建筑的开支，地方官有时会将未经批准兴建的淫
祠改建为学校校舍，[3] 在浙江某些地方社学则利用现有的公共建筑
的剩余空间，如官仓。[4] 从晚明与清代方志有关洪武八年（1375）
以后社学资料的记载可知，至少在明代的前半期，社学的地域分布
相当广阔。许多著名的例子显示，甚至在西南少数民族边区都有
社学。[5] 其中最有名的是政治家、将军与理学家王阳明，于嘉靖七
年（1528）在广西设立的初级社学与高级学校的书院，作为汉化边

1　《大明会典》（万历十五年〔1587〕刊本），卷 78，页 23b。【译者按】：原书 23b 是空白
　　页，应该是 22b。

2　《大诰》，《社学第四十四》。【译者按】：《御制大诰》原文是："奈何府州县官不才，酷
　　吏害民无厌。社学一设，官吏以为营生。有愿读书者，无钱不许入学。有三丁、四
　　丁不愿读书者，受财卖放，纵其愚顽，不令读书。有父子二人，或农或商，本无读书
　　之暇，却乃逼令入学。"

3　《明会要》，页 412。【译者按】：《明会要》转引《明史》，卷 286，《张弼传》。

4　《嘉兴府志》（万历三十八年〔1610〕刊本），卷 2。《绍兴府志》（乾隆五十七年
　　〔1792〕刊本），卷 20。

5　《明会要》，页 410。

疆少数民族的主要方法。[1]

　　由于皇帝屡次的诰诫,例如正统元年（1436）、成化元年
（1465）、弘治十七年（1504）等,使扩充初级教育的设施成为省级学
官与地方官的责任。[2] 管辖上海县的松江府便遵从御旨将社学扩增
数倍。天顺六年（1462）,一位巡按御史与知府为甄选生员,而礼聘一
位当地知名的学者来华亭县督导日渐繁复的社学行政。次年,另一
负责全省教育的御史,又增设 60 所社学,使全省社学总共达 1,152
所。正如府志所言:“是后,村皆有学。”上海在成化八年至正德十六
年（1472—1521）间,共增加了 96 所新社学,这并不包括原先设立含
50 位教师、1,224 位学生在内的 49 所社学。[3] 16 世纪中叶,江苏溧
阳县的一些父老证实,直至 16 世纪初期,官方与民间对社学的支持
从未减少,而社学实为贫民子弟上升社会地位的重要途径。[4]

　　然而,随着长期的财政困难及官员与地方热心渐息,终使许多
社学为人弃置。明世宗（1522—1566）与明神宗（1573—1619）时代
最为人所知的是行政懈怠与官员侵吞,但也不能因此归结出明代
后期全国基础教育衰败的结论。例如湖北北部襄阳府,与广州附
近的新会县,恰在这两个懈怠期间,见证了社学大为扩展。[5] 在广

1　王守仁,《阳明全书》,卷 32-37。王阳明的年谱是他的门人所撰。【译者按】:门人
　　系钱德洪。嘉靖七年,王阳明在广西先设立社学,后发展为书院。
2　《大明会典》（万历十五年〔1587〕刊本）,卷 78。【译者按】:页 22b-23a。
3　《松江府志》（嘉庆二十四年〔1819〕刊本）,卷 31,页 19a-19b;卷 32,页 17a-17b。
4　何乔远,《名山藏·货殖记》,页 10a。【译者按】:原文为:“（马一龙传）当时子弟不
　　轻易习举子业,即习未成,亦不敢冒儒生巾服;而令僮子竖儿厚遗干进,特此持门户
　　为权货梯阶。”
5　《湖北通志》,卷 59,页 1548;《新会县志》（道光二十年〔1840〕刊本）,卷 3,页 41a-43b。

州附近的顺德县,明代创办的 21 所社学,到了 1850 年代的咸丰年间,仍然在运作。[1] 正如陕西某些地方,任何地方的社学只要拥有永久的地产,不但可以在明清鼎革的乱世中存活运作,甚至可以一直延续到 20 世纪。[2] 还有一点必须要指出的是,社学虽被认为是典型的明初制度,但在有清一代还是持续地发展,在许多地方,新社学还是不断地设立。[3]

在此介绍各类型义学。有些义学是由各宗族专为教育族内子弟而设立的,这将在本章宗族制度一节中讨论;有些义学是由各地富人设立,开放给四邻无力入私塾的青年。这些学校,有的依赖定期的捐赠,有的拥有永久的资产。[4] 此外,清代逐渐出现各地的商人组织在主要的沿海或内地的港埠设立义学的情况,例如,长江下游商人便在重庆设立学校,不但他们自己与雇用职工的子弟免费入学,且补助校友参加地方的县试、府试、院试,省级乡试与京师的会试。[5] 有趣的是,澳门至今还存在两所创设于明代的义学,一所坐落在中国航海者保护神妈祖庙中。这座庙当地人称为妈阁庙,澳门的洋名 Macao 一词,就是源自葡萄牙语。这所学校,几百年来均由来自福建沿海漳州、泉州两府的商人及其后代所支持。另一所坐落在佛寺观音堂,也就是顾盛(Caleb Cushing)著名的《中美望厦

---

1 《顺德县志》(咸丰四年〔1854〕刊本),卷 5,页 5a-6b。

2 《陕西通志稿》(民国二十三年〔1934〕刊本),全书。

3 《湖北通志》,卷 59;《陕西通志》,卷 27;《陕西通志稿》,卷 37、38、39。

4 参见《四会县志》(光绪二十二年〔1896〕刊本),册 2 上,页 93b;《新会县志》(道光二十年〔1840〕刊本),卷 3,页 39b。

5 《同乡组织之研究》,页 72-73。【译者按】:这本书是社会部研究室主编,窦季良编著,正中书局出版。

条约》签约处,这所望厦义学一直由厦门人赞助。[1]

　　总之,在明清中国大历史的社会脉络里,其基础教育设施虽不能与近代工业社会的强迫义务教育相比,但我们要牢记的是,在近代西方社会触及普及教育问题之前的好几个世纪,明初的统治者已了解其重要性。无疑地,在明代前半期,社学已普及全国,而且达到重要的教育目的。的确明清时代儒家教育机会均等的理想并未完全实现,但明初 150 年的教育,要比当代西欧大部分的国家普及得多。

　　约在社学开始衰落的同一时期,私立书院如雨后春笋般地成长。虽然书院并非为基础教育的目的而设,但它大大地填补国家教育的不足。"书院"源于唐代,最初的性质类似公立图书馆,而非学校。到了宋代,书院才成为既是图书馆,又是著名学者讲学的地方。虽有著名理学家朱熹发扬书院的名声,但从 11 世纪初起至南宋末帝昺祥兴二年(1279),有记录的书院还不到 50 所。[2] 可能由于元朝政府疏忽教育事务,元代(1260—1368)中国学者与官员增设了许多书院。依据各种不同的史料,近代的学者整理出元代 14 个省份中,新创办和继续维持的新、旧书院达 390 所之多。[3]

　　明初虽曾有官员恢复和创设书院的案例,[4] 但大体上,私人书院的发展在明初是暂时受挫的。主要因为明初官学设施大为扩展,挤压私立书院的发展空间,部分原因则是明初皇帝以高压手段

1　这些信息是 1958 年 12 月,在我的港澳之旅期间收集来的。
2　方豪,《宋史》,页 78–80。
3　何佑森,《元代书院之地理分布》,《新亚学报》,第 2 卷第 1 期(1956 年 8 月),页 361–408。
4　《明会要》,页 415–16。

要求官员严格遵奉官方意识形态。明初的学术氛围，不同于宋元自由讲学的书院性格。许多旧书院到 15 世纪已破落不堪，而帝国政府又往往不准设立新书院。[1]

1500 年后不久，一个有力的思想解放运动，由王守仁，也就是一般称为王阳明（成化八年至嘉靖八年，1472—1529）的政治家及将军所倡导。他是自朱熹（宋高宗建炎四年至宁宗庆元六年，1130—1200）以来最有创造力的理学家。朱熹集传统中国思想之大成，王阳明则点起全国新学术运动的火花。他强调直觉的良知及知行的合一，与朱熹注重冗长的读书研究及安于社会现状，形成尖锐的反差。[2] 虽然对王阳明学说的影响做系统性的评述，非关本书主旨，但仍须简要地指出他为理学战斗呐喊的革命性格及其社会意义和影响。

王阳明思想体系的核心，是潜藏在人人心中的良知，这个理论及其涵意，其门人说得更清晰：人人都有实现启蒙与成为圣人的潜能。阳明学说的历史意义，其学派第二代门人曾作出适切的指述：

> 自古士农工商业虽不同，然人人皆可共学。孔门弟子三千，而身通六艺者才七十二，其馀则皆无知鄙夫耳。至秦灭绝学，汉兴，惟记诵古人遗经者，起为经师，更相授受，于是指此学独为经生文士之业，而千古圣人与人人共明共成之学，遂泯没而不传矣。天生我师，崛起海滨，慨然独悟，直超孔、孟，直

---

1 陆容，《金台纪闻摘抄》，页 8b-9a；余继登，《典故纪闻》，卷 16，页 260。
2 王阳明的哲学思想体系，参见 Feng Yu-lan（冯友兰），*A History of Chinese Philosophy*（《中国哲学史》），Vol. II, Ch.14.

指人心,然后愚夫俗子,不识一字之人,皆知自性自灵,自完自
足,不暇闻见,不烦口耳,而二千年不传之消息,一朝复明。先
师之功,可谓天高而地厚矣。[1]

与传统理学家一般,王阳明及其门人皆以回到理想的上古与孔
子,来证明其学说的正确性与合理性;但事实上,王阳明主张良知人
皆有之,在良知面前人人平等,这样的学说是真正具革命性的。

由于王阳明强调知行合一的重要,他的众多追随者与仰慕者
持续创办私立书院,举办开放给上层与下层民众的公众讲会。特
别是王艮(成化十九年至嘉靖三十年,1483—1541),这位贫穷的江
苏泰州煮盐灶户之子,以其绝顶的聪慧与倔强的性格,成为左派王
学的领袖。他和他的次子王襞高举知识的火炬走向民众,在左派
王学盛行的江苏、安徽各地,我们看到佃农、樵夫、陶匠、砖瓦匠、石
匠及其他出身寒微的各行各业的人们,参加讲会、朗诵经书。这些
寒微出身的人之中,不少后来成为名人。[2] 当时有这么多人愿意因
着相信人人心中有良知,而接受他们的同胞,已更接近真正的孔子
"有教无类"理想,这在传统中国是空前绝后的。不论明代强力专
制政治的恶果有多大,整体而言,我们仍应视明代为一个学术杰出
与社会解放的时代。

当然,保守的官员与朝廷无法忽视王阳明学说所明示或暗喻

1　黄宗羲,《明儒学案》,卷32,页24a-24b。【译者按】:出自王艮门人王栋语录,见于《一
　庵王先生遗集》(南京图书馆藏万历三十九年〔1611〕钞本),卷上,《会语正集》,页40。
2　黄宗羲,《明儒学案》,卷32,全卷。

地对传统理学与社会秩序的挑战。私立书院与公众讲会曾于嘉靖十六年（1537）、万历七年（1579）与天启五年（1625）三次被禁。[1]嘉靖十七年（1538）的一道诏谕,虽未对王阳明指名道姓,却批判王学极其背戾正统,指斥其异说惑乱士人之心。[2] 幸而,王学追随者够多,影响够大,因此,即使经历第一次未认真执行的禁令,与导致江苏地区 64 所书院关闭的第二次更严厉的禁令,书院还是存活了下来。但王学中最勇于挑战传统学术的门人如何心隐（1517—1579）与一般人称李卓吾（1527—1602）的李贽都死于狱中。[3] 到第三次禁令时,一些著名的书院卷入朝廷党派斗争,导致被整肃关闭的灾难。虽然直到明末,被良知学说解放出来的知识与社会力量把自己耗尽了,但私立书院已完成它们的任务,对国家教育制度留下永久不可磨灭的影响。

经历半个多世纪的停滞,清代私立书院又兴旺起来,但其目的与课程却发生激烈的变化。明代书院首要关注的是哲学论述,准备考试只是附带的事。但在清代,准备考试成为专注的目标。雍正元年（1723）,世宗皇帝即位后,他坚决冷酷地对士大夫阶级从事严格的意识形态整合工作,所谓的私立书院,事实上几乎已变成官学的补校。无论如何,从社会流动的角度来看,清代书院虽失去其自由讲学的精神,只是成为科举士子的场所,但它们的校产与讲学

1　《明会要》,页 416–417。
2　余继登,《典故纪闻》,卷 17,页 287。【译者按】:诏书指斥王学:"诡诞支离,背戾经旨","假道学之名,鼓其邪说,以惑士心",是"诡道背理""异说","不可不禁"。
3　容肇祖,《李贽年谱》,全卷。何心隐死因,参见页 54。

金制度仍然持续获得改善。

　　一位近代学者从各种清代传记资料中收集了大约 300 所书院的名字，[1]这离完整的总数还差得很远。选用一本清代方志为样本，它显示几乎每一府县，不论何时总有一所或多所书院。在另一本基于广泛研究方志来论述广东书院的卓越论文中，这个印象得到进一步确认。

表 23　清代广东创设的书院

时期	官方倡设的书院	私家设立的书院	总计
康熙元年至六十一年 （1662—1722）	69	12	81
雍正元年至十三年 （1723—1735）	20	0	20
乾隆元年至六十年 （1736—1795）	82	21	103
嘉庆元年至二十五年 （1796—1820）	31	20	51
道光元年至三十年 （1821—1850）	24	22	46
咸丰元年至十一年 （1851—1861）	4	24	28
同治元年至十三年 （1862—1874）	14	17	31
光绪元年至三十四年 （1875—1908）	14	37	51
总计	258	153	411

史料出处：刘伯骥，《广东书院制度沿革》（上海：商务印书馆，1937），* 页 46—79。

1　参见盛朗西，《中国书院制度》，特别是页 139。
*　【译注 10】：《广东书院制度沿革》的出版信息应该是"上海：商务印书馆，1939"。

在一个像广东那样的新兴省份,书院也如此高密度地分布,这表示除边远的省份外,书院在全国应有更广的地理分布。表 23 的分项数据显示,大部分书院是官方与半官方性质,然而在咸丰元年(1851)太平军起事之后,官方主动倡设的情况减少,而民间私人的努力却增强。

书院的成功与持久,全视校产的大小与经营而定。一般说,校产成长的趋势,依赖地方富人与官员定期的捐赠。湖南省会长沙的岳麓书院,是历史可以追溯到 11 世纪宋代的古老书院,拥有一笔不算多的校产,但到嘉靖十八年(1539)已有地 1,824 亩,其后还稳定地扩张。[1] 在鄱阳湖边的江西省,其风景优美的庐山有著名的白鹿洞书院,朱熹曾做过这里的山长。到康熙十二年(1673)时,书院在邻近四个县已有校产 3,851 亩地。[2] 这些书院校产虽然还算可观,但是比起后来的那些书院就相形见绌了。例如陕西最大的味经书院,同治九年(1870)以后校产已达银 17,000 两以上,这使他们可建藏书万卷的图书馆,且发给学生每人每月一两半到二两的奖学金。[3] 河南省会开封的明道书院,校史也可追溯至 11 世纪。该书院订了一个巧妙的筹募款的规矩,毕业生每次任官或升官均须捐款 40 到 1000 两不等。虽其校产的总数无从知道,但一定相当大,因为每月书院给列入主要名册的学生每人 4 两,增额名册的学

1　《岳麓书院志》,卷 1,页 23a。
2　《白鹿洞书院志》(康熙十二年〔1673〕刊本),卷 16,页 32b。嘉靖四年(1525)刊本的《白鹿洞书院志》卷 2,分别详载捐赠的土地,但无总数。似乎当时的校产土地面积比康熙十二年小。
3　《陕甘味经书院志》。

生每人 2 两。[1]　河南省武陟县河朔书院为豫北三府二十五县而设，在 19 世纪中期，当地绅民所捐校产达银 24,700 两。[2]

完全为地方而设的书院，其资源也很多元。扬州安定书院是一所专为盐商子弟开设的学校，就有一笔达银 7,400 两的充裕校产。因此，雍正十一年(1733)以后，能够每月发给每位学生 3 两的膏火津贴。[3]　然而，偏远的云南昆阳龙湖书院拥有的校产却只有 244 亩水田。[4]　至于书院图书资源的规模差距亦大，从最多的苏州学古堂 6 万卷，到位处偏远的湖南宁乡县的云山书院，只有屈指可数的几部基本经书、正史和零散的文集。[5]

被称为"膏火"的奖学金，其规定之多样，亦不遑多让。一般给生员和考第一级院试学生的月津贴，从 3 两到 1 两半不等。有些书

1　《明道书院志》，卷 6。
2　《河朔书院志》。【译者按】：河朔书院是清朝末年豫北地区的最高学府。河北道台刘体重会同三府二十五县暨各县绅民捐银 24,720 两，于道光十六年(1836)十一月初一在木栾店东南门开工兴建，次年五月竣工。书院占地五十五亩三分一厘五丝，共建房 140 馀间。
3　《两淮盐法志》(嘉庆十一年〔1806〕刊本)，卷 53。【译者按】：《清世宗实录》，卷127，雍正十一年正月壬辰条载：雍正皇帝特颁谕旨，令各省省城均建书院，由政府颁赐经费，各给"帑银一千两，岁取租息，赡给师生膏火"，并明确表示是为科举培养人才而加强书院建设。又据《两淮盐法志》，雍正十一年(1733)，于宋儒胡瑗的祠堂旧址建书院，以胡瑗的号安定先生为书院名称。当时由盐商公捐建筑费银 7,400 两有奇；于雍正十三年(1735)二月兴工，十月落成。乾隆五十九年(1794)，增修学舍重定规条，正、附课生各 72 人，随课生无定额。正课生月给膏火 3 两，附课生 2 两；住在书院肄业学生另发给膏火每日 3 分。则校舍落成开学应在雍正十三年，而定每月每生膏火 3 两是乾隆五十九年的事，且膏火 3 两是发给正课生的，附课生只有 2 两。学生如果住校上学，另给生活津贴每日银 3 分，即每月 9 钱。详见李世愉，《论清代书院与科举之关系》，《北京联合大学学报(人文社会科学版)》，第 9 卷第 3 期(2011)。
4　《龙湖书院志》，卷上，页 38a–43a。
5　《宁乡云山书院志》；谢国桢，《近代书院学校制度变迁考》，《张菊生先生七十生日纪念论文集》(上海：商务印书馆，1937)。

院还给高班进阶学生如贡生和举人额外津贴。由于清代书院的目的高度功利,到清代后期,收高班进阶学生,成为普遍的惯例。大部分书院也补助参加乡试和会试的学生旅费,18世纪后期开始,广东有19所较大型的书院发展出一套精致的津贴制度,来帮助学生报考较高阶的科举考试。[1] 坐落在有八旗驻防城市的书院,还特设奖学金名额给八旗子弟,因为大多数八旗军人都经历长期经济恶化的过程,极需要钱财帮助他们的子弟上学。[2]

清代书院对社会流动的作用相信一定相当大,虽然由于缺少学生名册与学生祖宗的资料,以致无法做系统性统计之陈述。甚至即使不是所有书院学生实际上都是穷学生,我们还是无法否定书院所承担的重要社会与教育功能。例如,在一个像江苏镇江那样的文化先进地区,资产充裕的宝晋书院就能在乾隆三十二年至光绪六年(1767—1880)之间,出了69名进士和262名举人。[3] 文化比较落后的陕西,味经书院在同治十三年到光绪二十年(1874—1894)短短的20年间,就出了18名进士和76名举人。[4] 因此,如果说在一个府学和县学对学术漫不在意,已变成只是政府津贴发放者的时代,书院正好填补教育设施的缺失,应该不算夸张。一个小书

---

1 刘伯骥,《广东书院制度沿革》,页332-333。

2 《锦江书院纪略》。这所书院位于有八旗驻防的四川省会成都。

3 《宝晋书院志》,卷3。由于在美洲大陆只收藏少量关于明代书院的书籍,所以很难做一量化的陈述。无论如何,唯一能找到的明代论著《百泉书院志》,包括其校友信息,说明私立书院对社会流动发生相当的作用。15世纪晚期创设于河南县的百泉书院,有个不大的625亩校产,却在弘治三年(1490)与嘉靖八年(1529)间教出10名进士,在成化十五年(1479)与嘉靖十年(1531)间教出29名举人。见于《百泉书院志》(嘉靖十二年〔1533〕刊本),卷1和卷4。

4 《陕甘味经书院志》。

院能发给学生的奖学金可能只有 10 或 10 多名,但大多数书院能发给学生的奖学金可能有 40 或 40 多名,大约和国立学校廪生学额的总数差不多,或者还多一些。广东省各个书院给的奖学金学额,从 10 名到 320 名不等,平均约 80 名,[1] 可能比全国总平均数要高些。

顺带一提,由于清政府要求书院严格遵奉意识形态,有些书院便回避理学研究,成为著名的学术研究中心。例如,大学者及官员阮元(乾隆二十九年至道光二十九年,1764—1849)于嘉庆六年(1801)在杭州创建的诂经精舍,就出了一群全国知名的学者;在著名学者俞樾(道光元年至光绪三十三年,1821—1907)长达 31 年的督导下,赓续精舍的学术传统。当阮元到南方任两广总督时,他又于嘉庆二十五年(1820)在广州创设以大量刻书著称的学海堂;19 世纪末,学海堂夸称它毕业学者的文史论著编印成的丛书就有 4 编 90 卷。光绪十三年(1887),张之洞在广州新创广雅书院,其学术的名声与刊刻书籍的热忱堪与学海堂相提并论。[2]

第三节　帮助举子应试的社区援助机制

为进一步辅助正式教育渠道,各地方对应试举子提供各种钱财补助,最值得注意的是作为地方社区公益基金的义学、贡士庄、希贤庄、青云庄制度,其明确的目的在于补贴本地子弟到省城或京

1　刘伯骥,《广东书院制度沿革》,页 311–316。
2　参见 A. W. Hummel, *Eminent Chinese of the Ch'ing Period*, "Juan Yuan(阮元)"条与 "Chang Chih-tung(张之洞)"条。其他以学术研究著称的书院,部分条列于谢国桢,《近代书院学校制度变迁考》。

城赶考的旅费。这个制度最初出现的时间和地点不明,根据宋代的
文献记载,孝宗淳熙十一年(1184),一位省级官员在湖北14个地方
开始建立这种制度,到13世纪前半期,地方性社区公益基金已普设
于长江流域省份,如湖北、湖南、浙江、江苏,尤其以江西最普遍。[1]
爱国的烈士暨政治家文天祥(宋理宗端平三年至元世祖至元二十
年,1236—1283),[*]出身江西中部、文化先进的吉州(明清的吉安
府)吉水县,在他的全集里找到两份地方社区共同基金贡士庄创立
与经营的详细记录。13世纪初,在文天祥家乡吉州,贡士庄最初由
胡槻创办的,胡槻是一位中央六部尚书(【译者按】:赠户部尚书胡泳)
之子。他们称此社区公益基金为"贡士庄",意指"为进京赶考会试
士子而设的义庄"。吉州贡士庄最初的资产不多,只有米2,200
斛。后来,当叶梦鼎(殁于宋端宗景炎三年,1278)在宋端宗淳祐十
一年至宝祐元年(1251—1253)以直秘阁、江西提举常平兼知吉州
时,又增资630斛。其后经由官员不断的努力与捐助,至宋度宗咸
淳八年(1272)增至6,100斛,并由吉州州学学谕提点贡士庄事。[2]

1　周藤吉之,《中国土地制度史研究》(东京,1954),页204-207。较详细的研究,请参
　　阅杨联陞,《科举时代的赴考旅费问题》,《清华学报》,新第2卷第2期(1961年6
　　月)。很遗憾,这两种研究,由于最近才发现,因此,没来得及列入《引用书目》中。
　　【译者按】:其实只有周藤吉之,《中国土地制度史研究》未列入《引用书目》。

*　【译注11】:关于文天祥生卒年,原著标为(1232-1282)有误,应是宋理宗端平三年
　　至元世祖至元二十年(1236-1283),大陆简体本径自改正。

2　文天祥,《文山先生全集》,卷9,页1a-2b(【译者按】:《吉州州学贡士庄记》)。必须
　　提到的是文天祥并未说明吉州贡士庄创办的确切日期,但我们知道胡槻是胡铨的
　　孙子,胡铨是宋高宗建炎二年(1128)进士,宋孝宗乾道七年(1171)殁于中央六部侍
　　郎任上。胡槻生卒年不详,在胡铨中式后长达40多年的仕宦生涯中,可能在后期看
　　到孙子胡槻出生。假设胡槻也用了胡铨同样长的时间达到高官位,则胡槻在吉州
　　创办贡士庄的时间应该在1220或1230年代(宋宁宗嘉定年间至理宗〔转下页注〕

　　文天祥还提到吉州邻近的建昌军(明清的建昌府)的军治与属县也有类似吉州贡士庄的设施,这个地区设置的目的较广,不但资助赴京赶考会试的举子,而且也赞助赴省城参加乡试的考生。捐资或以钱或以谷,积仓于一废寺,经过几十年的尝试,为免贡士库名存实湮,这些地区的义庄均改库为田,以利久远。这些地方的公益基金,取了个较象征性的名称"青云庄",意指此"庄"产可助士子平步青云。[1]

　　社区公益基金制度在 12 世纪后期至 13 世纪初期顺利起步后,在元代与明代的发展却遭遇挫折。在蒙古统治下,首先是科举考试遭到延宕,其后虽然恢复,但仅零星举行。一些江南官员不断上奏建议将原属于各地方贡士庄的田产归为国家所有,这些建议终于在元世祖至正二十五年(1288)与至正二十九年(1292)为元朝政府所采纳。到了明朝,政府对于官员建议在南方重建社区公益基金制度也不支持。自洪武十七年(1384)起,举人赴京考试,已由官给廪给脚力,即政府供应交通工具、食宿与零用金。这个规定使南方各地重建社区公益基金制度,在理论上并无必要。[2]

〔接上页注〕绍定年间)。胡铨、胡槻与叶梦鼎的传记资料摘自《宋史》卷 374 与卷 414,及《吉安府志》(乾隆四十一年〔1776〕刊本),卷 24,页 10a。【译者按】:叶梦鼎任职江西提举常平兼知吉州的时间,本书误为 1151 至 1153 年(宋高宗绍兴二十一年至二十三年),而叶梦鼎生于宋宁宗庆元六年(1200),1151 至 1153 年尚未出生,查对《宋史》叶梦鼎传原文,应该是宋端宗淳祐十一年至宝祐元年(1251—1253),今译文径自改正。又叶梦鼎为贡士庄增资是 630 斛,原书作 600 斛,今译文径自改正。且乾道七年并非胡铨去世的时间,而是他辞官的日子,胡铨是在淳熙七年(1180)卒于故里,非殁于侍郎任上。

1　文天祥,《文山先生全集》,卷 9,页 14a—16a。【译者按】:《建昌军青云庄记》。
2　杨联陞,《科举时代的赴考旅费问题》。

　　尽管如此,江西有些地方还是靠地方的努力重建社区公益基金制度,例如闻名国际的瓷都景德镇所在的浮梁县,通明一代,以"进士庄"为名的社区公益基金制度就营运得很好。[1] 正如我们将在第六章进一步讨论的那样,江西一些地方有像贡士庄这样的设施,可能是使明代前期个别省份科举特别成功的显著因素之一。

　　北美收藏的明代方志较少,增加我们要有系统地探讨明代地方社区公益基金制度的难度。但仍可根据清代记载来推估。地方社区公益基金是靠持续的关注与定期的捐助,通常存在于较富庶和科举成功率高的地区。资源较有限的地方,关注的重点会放在发愤向上并亟于通过乡试的生员身上。例如,湖南邵阳县的社区公益基金名曰"宾兴款",其历史可追溯至崇祯十二年(1639),当时的官员以剩馀的府仓羡米购田招租,每三年提拨一次,供社区公益基金补助赴省城应考乡试的生员。乾隆初年(1730年代),田归濂溪书院,岁取银11两为经营管理之用,馀款分给参加乡试生员。其后书院经费短绌,经营不善,宾兴款库逐渐枯竭。道光初年(1820年代)县令研究过去成例之后,将社谷银千两转为宾兴款,存入地方典当铺生息。在付出高利数年之后,典当铺逃避其契约责任,邑绅连年具控。由于款库一直不稳定而未能有所扩张,直至道光三十年(1850)以后,县令出面解决,令典商捐钱存典生息,才解决纷争。邵阳县宾兴款库的案例,可能是许多地方的典型。但是《邵阳县志》光绪元年(1875)刊本的编者评论,认为提

1　《古今图书集成·职方典》,卷857,页39a。

高兴宾款是过去二十多年来导致当地士子科第日盛的原因
之一。[1]

在较富庶的地方,社区公益基金的供给相对充足。例如,商贸
繁荣的徽州府休宁县和绩溪县,至少自 19 世纪初起,各有一地方
政府立案之公捐专款银 5,000 两,发乡城典铺生息,以为本县生员
应试旅费。[2] 此外,皖北合肥县、湖南西北常德府、鲁东即墨县也有
专款补助发愤向上的生员。[3] 许多地方运用公款帮助生员取得第
二个功名,可能由于举人身份在社会分层上有关键作用,任何人成
为"已举之人"后,想从地方社区公益基金以外的渠道,进一步取得
赴京会试的补助,并不太困难。由于明朝创建之后,举人成为正式
的功名,可取得下级官员的资格,自然使得大部分明清地方社区公
益基金,把补助的重点,从帮助本地子弟生产进士,转移到帮助本
地子弟取得对他们最紧要的中阶科名举人。

随着时间的推移,许多地方拟出比较周密的地方止库计划,例
如在富庶的广州城就有充裕的基金补助生员与举人,基金的资产
规模高达银 2 万两。由于广州离北京很远,在同治年间(19 世纪中
期),绝大多数基金用来资助举人。[4] 乾隆年间(18 世纪晚期)起,
浙江中部的兰溪县拟定一个虽不真正充裕却非常完整的津贴制

1　《(光绪)邵阳县志》,卷 4,页 12a-12b。
2　《(道光)徽州府志》,卷 3 之 1,页 59b、95b-96a。【译者按】:详见刘上琼,《清代科
　举经费的管理制度研究》,《教育与考试》,2010 年第 3 期。
3　《(嘉庆)合肥县志》,卷 10,页 23b-24b;《(嘉庆)常德府志》,卷 15,页 11b-12a;
　《(道光)即墨县志》(同治十二年〔1873〕刊本),卷 3,页 27a-27b。
4　《(同治)番禺县志》,卷 16,页 30b、41a-41b。

度,除补助赴省城杭州赶考乡试的生员及赴北京赶考会试的举人
旅费外,尚有一定的基金保留给定期赴府城金华参加府试的童生,
参加武举的乡试与会试的举子则可得到稍低的津贴。[1] 有时某些
地区会较注重社会正义,而不是社会策略,往往有限的基金资源分
给各类举子,因而减少了津贴的金额。[2]

　　19世纪的江西庐陵县拟定的宾兴文课公所、公车局、采芹会与
廪局条例,可能是社区公益基金中最详尽的。虽然在南宋与明初
当地有惊人的科举成功,但当时已成记忆。因此,为增进科举方面
的成功,除为举人、生员与廪生而设庄库基金外,还保留一部分给
当地自明代以来就创设的文学社团兴贤文社,以改进士子作考试
时文。[3] 虽然迟至清末,仍有些地方未有补助举子的社区公益基
金,但的确有相当多的地方设有且维持良好的这种机制,毫无疑问
地能成功地对社会流动发生一些作用。

　　必须顺便一提的是,大笔的社区公益基金大部分由当地最大
的书院提点维持,但是也有一些地方有些小笔社区公益基金,是由
某些乡镇的义学来经营管理,例如浙江绍兴府嵊县和湖北蕲州。[4]

　　除了地方社区公益基金之外,至少从16世纪初开始,全国各
省、各府,有时甚至某些县份,逐渐兴起在京城兴建会馆的风气,供

1　《(光绪)兰溪县志》,卷3,页44b-47a。
2　《(嘉庆)商城县志》,卷5,页43a-43b。
3　《(宣统)庐陵县志》,卷14,页16a-24a。
4　《(乾隆)绍兴府志》(乾隆五十七年〔1792〕年刊本),卷20,页31a-31b。(【译者
　　按】:本书误作页32a-32b,今径依《(乾隆)绍兴府志》原书改正);《(宣统)湖北通
　　志》(宣统三年〔1911〕年刊本),卷59,页19a。(【译者按】:本书作页1583,今径依
　　《(宣统)湖北通志》原书页次改正。)

来京城赶考会试的本地子弟使用。从字源来说，"会馆"的"会"字源自"会试"。据资料丰富的北京福建会馆史志《闽中会馆志》，早在正德年间（1506—1521），福州府会馆已不止提供家乡来的举子食宿，同时也招待进京需要临时住宿的本地官员。[1] 明亡之前，福建除一府外，均在北京建有会馆。自清初至乾隆二十五年（1760），福建至少有 8 个县分别在京城设会馆。[2] 我们有理由相信，建置社区公益基金先进的江西，在北京兴建会馆是不会落在福建之后的。做过首辅的政治家朱轼（康熙四年至乾隆元年，1665—1736）证实：明代江西省暨各府就在北京建了许多会馆，甚至朱轼的家乡高安县就有两所会馆，其后逐渐颓坏，终至清雍正元年（1723）整并成一所。[3] 浙江嘉兴人沈德符就对 16 世纪后期的北京有那么多会馆印象深刻。[4] 离北京较近的省份在北京建会馆的时间自然比较远的南方省份晚些。例如，虽然山西大企业商人早已兴建行会的会馆，但迟至 17 世纪后期才为进京赶考会试的本地子弟建会馆。[5] 据我们对近代北京的了解，可以断言清代全国各省、许多大型的府与某些大县都在北京有会馆，虽然对它们创办的确切日期难以知悉。

这些会馆都有一个有趣的特征，原始创设时把他们住在北京

1　《闽中会馆志》，《福州会馆》章，页 28a—28b。《吉水县志》，《儒学书院》记载当地会馆兴建于正德年间的 1510 年代是受到王阳明的影响。
2　《闽中会馆志》，全书各处。
3　朱轼，《朱文端公集》，卷 1，页 54a—55a。
4　沈德符，《万历野获编》，页 608。
5　陈廷敬，《午桥文编》，卷 38，页 11a—12a。

的商人排除在服务的对象之外。虽然少数较迟兴建的会馆,仍遵循早年的习惯,如湖南宝庆府。[1] 但由于从事区域间贸易的商人通常资本较富厚,这种情形后来有所改变。例如,徽州会馆几乎从 16 世纪成立以来,便让本地商人利用会馆设施;清代徽州会馆的营运也仰赖商人的定期捐款。[2] 一位福建南部内地龙岩的烟草富商曾于乾隆三十七年(1772)独力建一会馆。[3] 雍正元年(1723),当高安会馆重建时,高安商人捐款相当多,因而取得使用各种会馆设施的权利,包括有权在馆内设铺展售其货品。[4] 随着时间的推移,众所皆知,北京大部分的会馆已不再有歧视。[5] 至于各府县在省城设会馆供本地生员使用,为一般所习知,此不赘述。

总而言之,虽然地方社区公益基金和会馆都不能算是提高地区社会流动的主要因素,但他们存在于明清时代,一般来说,正反映了一个重要的心理事实,即地方社会几乎是不遗馀力地帮助地方子弟取得科举成功与社会名位。

---

1 《宝庆会馆志》,卷上,页 24b。
2 《歙县会馆录》,卷上,页 1a;详细的捐款人名单见于卷下。
3 《闽中会馆志》,《龙岩会馆》章。
4 朱轼,《朱文端公集》,卷 1,页 54a-55b。
5 著名的法律史家程树德在为《闽中会馆志》写的序中对这一变迁说明得很清楚:"京师之有会馆,肇自有明,其始专为便于公车而设,为士子会试之用,故称为会馆。自清季科举停罢,遂专为乡人旅京者杂居之地,其制已稍异于前矣。"但是我们收集的事证显示:这一变迁早在 1905 年科举废除之前就已发生,对于不同于此的商人会馆之研究,请参阅加藤繁,《支那経済史考證》,页 557-584。【译者按】吴杰译,《中国经济史考证》(北京:商务印书馆,1959),第 1 卷,页 337-369,《论唐宋时代的商业组织"行"并及清代的会馆》。

第四节　宗族制度

小家庭或大家庭是真正的共同生活单位,长远来说,经由财产继承制所导致的经济再分配,会稀释和拉平家庭的经济。但是,宗族或"父系继嗣团体"则不同,其永久性共有财产与福利规定,往往成为帮助同族贫困成员提升社会地位和向上流动的要因。[1] 感谢某些近代学者的研究成果,[2]有关传统中国宗族组织及其各种功能,不需要在此细论。

众所周知,近世的宗族制度的组成是仿自某些宋代著名的典范,尤其是仿宋仁宗皇祐二年(1050)政治家范仲淹(989—1052)所创的义庄,后来这个宗族制度为范氏后人所修正,而普为当代和后世的君王、官员和士大夫所称颂。[3] 就我们的研究目的而言,虽然范氏义庄初设的目标,主要关注于收容与周济贫苦族人,但后来其子于宋神宗熙宁六年(1073)增定一条关于宗族教育及贤助族人参加科举考试的规定。在一个科举考试已经成为最有效的崭

---

[1] 的确甚至大宗族制度对其最成功的族人也会是一种财务拖累,因为理学的训诲要求他们有义务捐出钱财帮助族人。但这种捐献的数目,比起他们与家人分享的财产来说,通常并不会太大。整个明清两代,像组织宗族义庄的先驱范仲淹那样,把所有地产捐给宗族的案例,几乎没人听说过。

[2] 特别值得注意的是 Hu Hsien-chin(胡先缙), *The Common Descent Group in China and Its Functions*(《中国宗族及其功能》);清水盛光,《中国族产制度考》。【译者按】:中文译本为宋念慈译,《中国族产制度考》(台北:"中华文化出版事业委员会",1956);Hui-chen Wang Liu(刘王惠箴), *The Traditional Chinese Clan Rules*(《传统中国的族规》)。

[3] Denis C. Twichett(自订汉名原为"杜希德",或译作"崔瑞德"), "The Fan Clan's Charitable Estate, 1050–1760(范氏义庄,宋仁宗皇祐二年至清高宗乾隆二十五年)," in D. S., Nivison(倪德卫)and Arthur F. Wright(芮沃寿), eds., *Confucianism in Action* (《儒家思想之实践》),煞费苦心地以范氏做个案研究中国宗族制度的历史演变。

露头角渠道的时代,教育在宗族福利方案中的重要性是广为人所注重的。例如关注家族事务的南宋学者袁采,竟主张置义庄不如置义学,并将一般性宗族福利条款,完全以教育条款取而代之。其理由是置义庄以济贫族,易使族人懒散而生依赖之心,置义学择师教族人读书,将来可为全族争得更大的社会酬赏。[1] 于是,11 世纪晚期以后,由南宋以迄于元,规模及资产较大的宗族,往往分出部分族田作为宗族义学之恒产,或作为资助族人参加科举赶考的盘缠。[2] 例如,雍正末年乾隆初年(1730 年代),在少数民族占多数的边陲省份云南,其登记于省及地方政府的宗族义学便有 3 万所以上。[3]

　　现代学者由于运用大量的清代家谱,才有可能对宗族提供的奖学金及补助制度的情况做数量性的叙述。本研究分析晚清至民初 75 种可能是沿袭旧谱的族规,其中 50 种有"维系宗族声誉远比周济有需要的族人更有价值"的相关规定。[4] 于是族人通过生员、举人或进士考试者,依例至少可获得象征性的奖金。要进省城或京城赶考者,其旅费部分或全部由宗族资助。立志投考初阶科名生员的青年,可以在宗族内免费学习。甚至到别处读书,也可以得到补助。一些财源丰富的宗族义学,如浙江西北部的湖州南浔镇,是一个以产丝著称的繁荣市镇,其宗族义学恒常宾兴基金,多达2.5

1　袁采,《袁氏世范》,卷 1。
2　清水盛光著,宋念慈译,《中国族产制度考》,第 1 章。
3　陈宏谋,《全滇义学汇记》,《序》。
4　Liu, *The Traditional Chinese Clan Rules*, p.126.

万两至 4 万两。[1]

　　这是相当普遍的惯例，一位为当今研究提供资料的受访者表示，其全部教育经费，就是来自其祖父创设的宗祠基金。[2] 哥伦比亚大学何廉教授(Franklin L. Ho)惠允我引用他的事作为宗族协助教育的例子。他是湖南邵阳人，在其宗族所属那一房设立的学校完成初等教育之后，又在全宗族设立的主要义塾念书。清光绪三十三年至宣统元年(1907—1909)间，宗族当局每年发给他 50 银元，供他到省城长沙一所邵阳人办的高中读书。甚至后来他在长沙就读雅礼大学(College of Yale in China)的教育经费，及到美国加州波莫纳学院(Pomona College)的旅费，也部分由宗族的共同基金支付。[*]

　　尽管有这些例子，仍不应夸大传统宗族组织对社会向上流动的作用。第一，发达的宗族组织并非遍布全国各地。为人熟知的

1　《南浔志》，卷 35，页 4b-6a。

2　Hu, *Common Descent Group in China and Its Functions*, p.88.

*　【译注 12】：何廉(1895-1975)于 1919 年赴美国耶鲁大学留学，曾在欧文・费雪(Irving Fisher)身边工作，研究指数。1926 年回国，任南开大学商科教授，基于"建立适应中国特点经济学"，成立了南开经济研究所。1931 年任南开大学经济学院院长。在这段时期，他一方面编制了南开经济指数，成为日后研究中国当时经济状况的绝佳资料；另一方面，他翻译了大量经济学著作，引入西方经济学。雅礼大学的由来，美国耶鲁大学学生是受到义和团运动的刺激，于 1901 年正式成立前往中国传教的组织雅礼会(Yale Mission in China 或 Yale-China Association)，选择湖南长沙作为基地。1906 年 11 月 16 日，长沙雅礼学校(Yali Union Middle School)在西牌楼租借民房成立开学，由盖葆赖(Gage)任校长，胡美医生(Edward Hume)则在对面的"中央旅馆"开办雅礼医院，后改名湘雅医院(Yali Hospital)。1914 年开始，雅礼学校正式改称雅礼大学，开始招本科生，分文科、理科。1929 年，雅礼大学停办，合并于武昌华中大学。雅礼的校园改办"湘雅医学院"(Hsiang-Ya Medical College)，成为中国第一流的医学院校，享有"南湘雅，北协和"的盛誉。

是：宗族组织在最南方沿海的福建与广东两省最为发达，在长江中游与下游省份也广为分布而且组织完善；但在北方一些省份，宗族分布稀松，并不发达。[1] 在宗族组织不发达或宗族数量较少的地区，穷人无法利用上述宗族机制获得受教育的机会。第二，宗族设置的教育设备和考试津贴，通常并不充分，而且获利的大都是那些小康以上的家庭。[2] 尽管如此，我们也不应小看宗族作为一种社会流动的管道。首先，即使宗族教育设备有限，通常会给孤儿和贫穷族人优先使用。[3] 而且，即使一个宗族没有恒常制度化的义塾，也不表示不会为教育目的帮助贫穷族人。宋代以后，在理学的影响下，照顾贫穷族人和亲戚的美德为人们所称颂。自晚明社学衰落之后，有能力聘请塾师的家庭常把私塾开放给聪慧、肯上进、有大志的贫穷族人。许多明清著名人士虽没受惠于制度化宗族义塾，但其早年教育有赖于族人的私塾。本书附录案例5，后来做到大学士的许国（嘉靖六年至万历二十四年，1527—1596）就是一个很好的例子。同样地，我们可以说个人的因素，例如同情亲戚、友人、邻人及赞助聪慧有志气、坚定向上的穷人，在推动向上社会流动方面，比起制度化的宗族教育设施，一点也不逊色。

1　Hu, *Common Descent Group in China and Its Functions*, pp. 14–15；Liu, *The Traditional Chinese Clan Rules*,《备考》，表1。必须指出的，刘王惠箴论著依据的族谱，主要是哥伦比亚大学典藏的各省族谱，其数量可能不足以作为传统宗族地理分布的指标。哥伦比亚大学或其他美国著名的藏书场所典藏的福建与广东族谱数量不多，可能是这些族谱很少送到北京书市，而美国图书馆购买的中国古书大部分来自北京书市。

2　Hu, *Common Descent Group in China and Its Functions*, p.88. 从何廉的例子看来，的确是如此，他的父亲是监生，是一位相当富裕的商人。

3　Liu, *The Traditional Chinese Clan Rules*, p.128.

第五节　出版印刷

雕板印刷最初于第 8 世纪前半的唐代中期在佛寺发展起来。[1] 但刻书的技术与书籍的供给,要到宋代才有可观的发展。就书的品质与美学的魅力而言,宋版书是无可比拟的。然书籍大量刊刻的现象,要等到明代中期才出现。就如我们不断提起的,明朝的缔造者对教育极为热衷,早在洪武元年(1368),就颁布一项给予所有书籍免税的法令,明太祖两次下令于不易取得书籍的北方各省免费颁赠《五经》、《四书》等儒家基本典籍。明太祖下令典藏元朝皇家图书馆藏书的南京国子监,将残缺的旧书板考补,以备重新刻印之用。[2]

---

1 Thomas F. Carter(卡特), *The Invention of Printing in China and Its Spread Westward* (《中国印刷术的发明及其西传》), Ch.6 and chronological chart(第六章及年表). 【译者按】:中文译本最早为刘麟以文言文译,题名《中国印刷源流史》,但内容颇有节删。其后全译本有两种:一为吴泽炎译,1957 年由北京商务印书馆出版,题名《中国印刷术的发明和它的西传》;一为胡志伟译,1968 年由台北商务印书馆出版,题名《中国印刷术的发明及其西传》。又李书华,《印刷发明的时期问题(上)(下)》,《大陆杂志》,第 12 卷第 5–6 期(1958)。

2 《明史》,卷 1,《太祖本纪》。【译者按】:这三件事均不出于《明史》,卷 1,《太祖本纪》。书籍免税是洪武元年八月,见于《明史》,卷 2,《太祖本纪二》;颁经书于北方是洪武十四年三月辛丑与洪武二十四年六月戊寅,则见于《明史》,卷 2,《太祖本纪二》及《明太祖实录》,卷 136,页 3b 与卷 209,页 7b。至于南京国子监考补残缺书板,亦不见于《明史·太祖本纪》,而是出于《明太祖实录》,卷 150,页 2b–3a,洪武十五年十一月壬戌条,及《南雍志》,卷 1,页 28a–28b,洪武十五年十一月壬戌条。南京国子监藏旧书板来自南宋国子监,宋亡入元,书板被移送至西湖书院保存。元时,余谦、叶森等人曾督工匠修补印行。元亡入明,约在洪武八年,明政府又把这些板片转存南京国子监,同时再次加以修补刷印。洪武十五年南京国子监考补残缺的书板应该是这批书板,而不是元大都奎章阁与崇文阁的皇家藏书。洪武元年八月,明军攻入大都。入城之后,即封存元朝皇家和中央官府藏书。十月戊寅,明太祖在平元都的诏书中提到:“(元朝)秘书监、国子监、太史院典籍,太常法服、祭器、仪卫,及天文仪象、地理、户口版籍,应用典故文字,已令总兵官收集。其(转下页注)

永乐十五年(1417),政府又颁《五经》、《四书》及已为国家认定具正统地位的宋理学之基本著作《性理大全》。15世纪初期的明朝皇帝均曾对建立皇家藏书表示持续的关注,但总数约2万种、近百万卷的皇家藏书中,只有30%是刻本,其馀是写本,由此可知当时印刷设备仍十分有限。[1]

从长远来看,普遍的和平、政府撙节开支、经济复苏、爱书风气的渐起,特别是官学招生人数大增,及科举考试制度重要性的不断增长等,均刺激刻书业的发展。到嘉靖时期(1522—1566),南京国子监在原本的任务之外,又肩负起刊印《十三经》和《二十一史》的任务,以应付基本文本和类书不断增长的需求。在第一次刊刻的书板遭火灾损毁之后,新刊刻的书板完成于万历十四年至二十四年(1586—1596)之间。这些大规模翻刻基本书籍的工作,对传播知识和书籍的普及起了很大作用。虽然北京国子监不像作为刻书中心的南京国子监那样重要,但它也对刻印这些卷帙浩繁的基本书籍,给予基本的关注,也独立刻印书籍,北监本广泛流传。而司礼监、礼部、兵部、工部、都察院、钦天监、太医院及不少省府当局也都分别进行一些刊印图书的工作,虽然它们大部分刊刻的书性质

(接上页注)或迷失散在军民之间者,许赴官送纳。"(《明太祖实录》,卷35,页4b)《明史·艺文志》也说:"是年(洪武元年),定元都。大将军徐达收图籍致之南京。"则元朝皇家及中央官府的藏书已运回应天府。运回应天府后,大部置于文渊阁,另有一部分纳入大本堂,供太子及诸王学习使用。这些藏书后来部分于永乐十七年起运到北京文渊阁,虽未毁于永乐十九年的三大殿火灾,后来却毁于明正统二年(1437)正月,据沈德符《万历野获编》(卷一)记载:"南京所有内署诸书,悉遭大火。凡宋元以来秘本,一朝俱尽矣。"参见汪桂海,《大本堂考》,《文献》,2001年第2期。

1 《明会要》,页419-420。

上多与其专业相关。[1]

明中期的刻书以技术的开创与进步著称，这是民间个人努力的成果。江苏南部无锡的华燧（正统四年至正德八年，1439—1513）及其子孙是使用铜活字印刷的重要先驱，他们刊印的大量书籍中，有一些是极有用的文学百科全书。同地区的大富豪安国（成化十七年至嘉靖十三年，1481—1534），即使所刊印书籍种类不是最多，但其刊印的书籍以品质超群闻名。值得注意的是大学士暨藏书家王鏊（景泰元年至嘉靖三年，1450—1524）的长子王延喆，他是发展影刻技术复制古代珍稀善本技术的先驱。江苏南部常熟的毛晋（明万历二十七年至清顺治十六年，1599—1659），一生刊印的书达 600 种，其中包括需求量大的《十三经》与《十七史》。[2]

明代刻书业的中心主要在南京、杭州、徽州、北京和福建北部山区的建阳。建阳地区盛产竹子及其他制纸纤维原料；以数量而言，建阳在流传廉价版的基本图书方面，扮演特别重要的角色。[3]明代刻书业的特色是，注重出版科举中式者的考试时文，大约自 16 世纪中叶起，此类实用的出版品出现一个难以满足的市场。[4] 到了

1　K. T. Wu（吴光清），"Ming Printing and Printers," *Harvard Journal of Asiatic Studies* VII(1942-43), pp. 225-229.【译者按】：吴光清这篇论文刊载于 *Harvard Journal of Asiatic Studies* 7, No. 3(February, 1943), pp. 203-260.

2　K. T. Wu（吴光清），"Ming Printing and Printers," *Harvard Journal of Asiatic Studies* VII(1942-43), pp. 225-229.【译者按】：吴光清这篇论文刊载于 *Harvard Journal of Asiatic Studies* 7, No. 3(February, 1943), pp215-224,244-245.

3　同前注，页 232-233。

4　李翊，《戒庵漫笔》，卷 8，页 15a-15b。又顾炎武的评论，见于其《日知录集释》，卷 16，页 9b-10b。

晚明,不但基本典籍和类书可随时供应全国之需,且早年的珍本善本古籍与大部头的著作也不断重刊,大大地拓广学者的学术视野与境界。

刻书业经历晚明民变及清朝统一战争而停滞了半个多世纪之后,清代刻书业设备又再扩张。清代对刻书的品质并不特别在意,这也使书籍出版的数量较过去更多,书价更便宜。政府机构、官员、大藏书家和大的民间书院都从事大规模刻书事业。清代中期出现许多著名的大藏书家、大刻书家及大学者时代,并非偶然。的确,清代对刻书的热衷与书籍的数倍出版,是众所周知的;于是已故的翟理斯教授(Giles,1845—1935)就总结出一个至今未受到挑战的说法:直到乾隆十五年(1750)以前,中国刻印的书可能比全世界的总和更多。[1]

显然,明清刻书出版业的发展,有助于向寒素之士散播知识,但是这对于寒素之士社会流动的确实影响,却不容易估计。一方面,明初政府与民间刻书出版业者注重翻刻大量基本原典、经典与类书,似乎使出身寒素环境之人,有较好的机会研读必要的考试书籍,因而有助于其提升社会地位。另一方面,明代后期所大量翻刻专门和昂贵的书籍,便非寒素之士所易获得,这似乎比较有助于富裕人家达成较高学术标准。弘治、正德年间(16世纪早期),当刻

---

1 L. C. Goodrich(富善,又名富路德)," China's Greatest Book," *Pacific Affairs* 7:1 (March, 1934).【译者按】:原书将富善的论文误为"The World's Greatest Book",期刊 *Pacific Affairs* 亦未注明卷期,今补正。又翟理斯(Herbert Allen Giles,1845 - 1935),剑桥大学第二任汉学教授,曾在中国各重要港埠担任英国领事,将《三字经》、《佛国记》、《聊斋志异》、《洗冤录》等书译成英文,以编收录汉文单字 13,838 个的《华英字典》(*A Chinese-English Dictionary*)及完成汉语罗马拼音的威妥玛拼法或威玛式拼音(Wade-Giles)系统著称。

印设备开始扩张时,一位非凡而具观察力的学者与退休官员陆容就哀叹道:勤奋的穷书生与偏州下邑人士,已无法取得较专业和昂贵的论著。[1] 的确,寒素之士要成功地攀升社会地位须仰赖一系列的条件,而刻书出版业带来丰盛的文化成果,正是其中之一。大型民间私人藏书兴起于 16 世纪之时,这也是寒素之士发现自己越来越难和官员家庭子弟竞争的时候,这一巧合的现象值得留意。就如同我们使用的 18 世纪进士、举人和贡生名册所显示的,这个大藏书家的时代,可能也是寒素之士科举成功比率最小的时代。如果书籍持续骤增的部分原因,是贫富间教育资源不断悬殊化,这就可能压挤寒素之士的科举成功率,只有独具天分的有志之士才可获致最后的成功。

第六节 战争与社会动乱

本研究所使用的系统性数据,基本上完全是反映正常和平环境下的社会流动。虽然在明清时期并不经常发生战争与社会动乱,但战乱似乎也会带来比较激烈的社会流动。由于缺少具有跨地域的系统性资料,使我们不可能对较激烈形式的社会流动做数量化研究,但做概括性的观察则是必需的。

14 世纪五六十年代,普遍的反元革命与长期动乱,不能不对社会流动产生重大的影响。众所周知,明朝的创建者朱元璋自己原来是个贫农之子,在他十几岁时,他的家因为饥荒、疫病和死亡以致穷途潦倒。他因为贫穷只好出家当小和尚以求生,持续的饥荒迫

---

1 陆容,《菽园杂记摘抄》,卷 5,页 19b-20a。【译者按】:应该是页 20b-21a。

使他加入主要由饥民、土匪、无赖和贫寒的各行各业的人所组成的造反队伍。此一队伍自称"红巾军",无疑是来自社会底层。朱元璋的政治天才与机智,使他后来博得一些元朝下级官员、政府胥吏、士大夫和有力地主的支持。在洪武元年(1368)朱元璋称帝时,他那原本具有"无产阶级"色彩的革命已不鲜明。[1] 他的官员与将军出身的社会阶层与地位范围,极为广泛。显示他们之中的社会流动数量之多与程度之高,是自公元前206年汉朝创建以来,空前未有的。[2]

社会秩序的变迁如此之激烈,重建一个统治阶级的工作自然很繁重,明朝创建之初的几十年中,社会流动数量与程度,一直十分剧烈。我们的明初进士社会成分数据资料似乎只能显示部分的史实。事实上,可能有相当大量的社会流动不是经由科举制度的渠道,明太祖从一开始就屡次下诏要求中央和地方官员荐举贤才为朝廷服务,不在乎他们的阶级身份,例如洪武十三年(1380),就有860人被保举任官,这个人数是好几科进士及第人数的总和。[3]虽然,后来荐举的人数从未再达到这样高的额度,但明初荐举的总人数似乎超过其科举所举用的数量。这些新官员被荐举的理由是因为他们的学识、文学或聪明正直,或因为他们是富民和某些地方纳税多的人、乡里耆民、地方政府胥吏、孝子、释道、风水师、算命、木匠、石匠、厨师等,其中许多人最后官至高位。[4] 更夸张的是,有

1　吴晗,《朱元璋传》。
2　这是根据朱国桢《皇明开国臣传》的取样总结出来的。
3　徐学聚,《国朝典汇》,卷40。
4　冯应京,《皇明经世实用编》,卷12。褚人获(獲),《坚瓠集》,卷5,页9b。【译者按】:褚人獲,本书误作"褚人穫",今改正。

一个穷书生为奉养母亲而求官,居然立即如愿。[1]

　　甚至大批国子监生也不必取得高阶科名就可以进入政府任官,虽然国子监生的社会身份可能比起被荐举人士相对而言较为齐整,其中可能相当多来自家计较差的贫穷书生家庭。洪武二年(1369)起,国子监生被任命为省府和州县地方政府的负重要责任的职位,和中央的中级官员。任官的监生,于洪武元年(1368)和洪武二十四年(1391)两年中,分别有 1,000 人和 639 人。[2]　直到正统、景泰年间(15 世纪四五十年代),仍然有少量的监生与被荐举的人继续进入政府工作,但这时政府职官已经饱和,科举制度已成为录用政府官员最重要的制度化渠道,于是明初这一不寻常的社会流动情况就此结束。明朝创建的社会剧变,所发生的作用牵延了差不多四分之三个世纪。

　　但 1644 年的改朝换代并末带来类似明初的社会流动情况,原因之一是推翻明朝的大批起事农民很快地被入关的清军打垮,一般地说,他们没在中国社会留下永久的痕迹。此外,清初的统治者认识到他们是外来的,要维持长久而成功的统治,端赖中国最有影响力的社会阶级支持。因此,这些改朝换代之前已在官场、社会和学术上有地位的中国人,就是清朝努力争取为朝廷效力的对象。[3]旧有的社会秩序保持不变。

1　黄瑜,《双槐岁钞》,卷 4,页 7a-7b。

2　郭鏊,《皇明太学志》,卷 12,页 33a-34a。

3　例如,顺治元年(1644),京师顺天府学政荐举的都是前明官员与高科名拥有者,参见《国朝史料拾零》,卷 2,页 35a-36a。关于清朝对汉人官员阶级的抚绥政策,参阅孟森《己未词科录外录》。

　　虽然社会秩序依旧，但清朝的征服战争与平定三藩、明郑及其后的西南少数民族的战役，还是让许多寒素出身的人士爬上社会阶梯。清代部头最大的传记与碑铭资料集《国朝耆献类编》中就有好几卷记载清初将校的事迹，虽然在这部传记资料巨著收录的标准还有待进一步研究，但是这些卷帙中的确充满许多寒素出身人物的事业成功的例证。在此略举数例，如官至总兵（相当于旅长，正二品）的马惟兴，出身寇盗，幼贫，不识字，甚至不识父母名字。同样官至总兵的陈昂与林亮，是出身于闽南海边泉州的贫苦孤儿，在漫无目的地流浪多年后加入清朝水军为兵卒。许多 17 世纪清朝将领均起自兵卒。[1]

　　在其后的平定内乱的战争期间，也有类似案例。最著名的是罗思举，他起家于嘉庆元年至七年（1796-1802）间的平白莲教乱，早年曾是一个强盗，一个屡次逃狱的罪犯，甚至还吃过人肉。[2] 的确，我们可以推测：即使在太平之世，从军之门还是很少为穷人关上的。因为，武闱重在考弓马武艺，笔试只是形式，文字不论工拙，甚至有极可笑者。[3]

　　太平军起事（咸丰元年至同治三年，1851—1864）对社会流动的作用更为人所知，除大力平定太平军的湘军统帅曾国藩之外，与湘军有关者 182 人留下传记资料。这 182 人中，有 2 人官至大学士，晋升侯爵；25 人官至总督和巡抚；17 人官至布政使和按察

1　李桓，《国朝耆献类编》，卷 269，页 51a；卷 273，页 28a；卷 281，页 46a 及卷 265-281。

2　罗思举，《罗壮勇公年谱》。

3　赵翼，《檐曝杂记》，卷 2，页 9b。

使;5 人虽未授官职,但获授同等官品;37 人成为提督和总兵;10
人未实际任此等职官,但获授同等官品。其他人,除了一小部分
外,都位至中等官品文武官。他们在参加政府军队前夕的身份,
请参见表 24。

由此可见,总数中的 64%,甚至不曾受过基础教育,例如官至
提督的鲍超,年轻时很贫穷,在参军前曾一度要自杀,以了结他的
悲惨人生。其他还有一些不属湘军的显要,如官至提督的张嘉
祥,原来是盗贼;官至统辖一省官兵的提督黄翼升,原来是个补锅
匠和卖鞭炮小贩;官至福建巡抚与台湾巡抚的刘铭传,原来是个
盐枭。[1]

表 24　湘军显要成员的起家身份

起家身份	人数	起家身份	人数
进士	8	生员与监生	31
武进士	1	末弁(下级军官)	5
举人	10	未有功名	117
武举人	3	共计	182
贡生	7		

史料出处:罗尔纲,《湘军新志》(上海:商务印书馆,1939),表列在页 55—62。

---

[1] 朱孔彰,《中兴将帅别传》,卷 11 下,页 1a;卷 13 上,页 3b;卷 24 上,页 4a;卷 28 下,
页 1a。【译者按】:黄翼升,本书误作黄翼生,今改正。

第七节　人口与经济因素

明清人口成长与造成如此多方面成长的各种因素,在我最近出版的书中已经讨论过。[1] 人口变迁与社会流动的相互关系,在本章的前段已经简要提及,第六章将做更仔细的分析,在此仅做简要的说明。

从人口学来说,除 17 世纪明末大规模农民起事,清朝的征服战争及其逐渐恢复所造成的上下波动外,自 14 世纪晚期的明初到道光三十年(1850),中国人口是持续成长的。明初人口超过 6,500 万,到 1600 年左右的万历中期可能增加了一倍多。17 世纪晚期的清初起,人口增长率至今未知。到了嘉庆年间(1800)人口增至 3 亿,到道光三十年(1850)突增至约 4.3 亿。如果其他事务是一样的,当人口倍增时,高阶科名科举考试的竞争必定会越来越激烈。

如果结合人口因素与经济变迁因素来看,就可较好地理解出身寒素家庭人士进入统治官僚机关的机会普遍减低的情况。整体而言,明代是一个经济扩张的时代,稻米耕种区域的扩展,许多地区农作物的商品化及棉纺织业兴起成为全国性的农村产业,产业与手工业的成长,国内外贸易的发展,白银不断从欧洲人与日本人手中流入,及劳役的不断雇佣化等,都促使经济比以前更加多样化。事实上,中国大陆史家最近就以"资本主义萌芽"来说明明代与清初的经济。此外,以现代的标准而论,当时人口数量相对较

1　这整节的论述是根据我的《明初以降人口及其相关问题 1368–1953》各章。

少,土地也够用。尽管赋税与徭役负担沉重,平民爬上社会阶梯的机会似乎比起现代中国要来得好。经过 17 世纪明末清初的某些中断,经济继续增长,直到后来经济成长的果实为人口的更快速成长所抵消。18 世纪晚期的乾隆末年起,敏锐的观察家如有中国马尔萨斯之称的洪亮吉(1746—1809)、龚自珍(1792—1841)及汪士铎(1802—1889)都见证了一个明显的变迁趋势:快速下滑的生活水平和紧绷的经济压力引发了太平军起事(1851—1864)时达到顶点。太平军起事是世界史上最大规模的内战,也可能是人类编年史中对马尔萨斯理论最有力的正面论证。

19 世纪六七十年代的内战至多只是给国家喘口气的空间,并未能恢复旧时代人口与土地比例的均衡。长江下游人口成长肯定在太平军战役中踩了煞车,但华北平原的人口似乎不断增长,其增长速度比道光二十年(1850)以前快得多。我们或可猜测中国总人口很可能在 19 世纪的八九十年代的清末已趋越道光二十年的高峰。东北的开放与海外的移民,虽然有区域性的缓和作用,但以全国而论,并未能获致较好的人地比。

由于近代中国缺少一个主要的科技革命,不可能明显扩大其经济规模。虽然,道光年间(1840 年代)中国开埠后,缓慢扩展的国际贸易,近代金融和银行的开展,蒸汽机和火车的到来及中国人与洋人建立的轻工业和农、矿、渔业,促使中国经济变得更多样化,但这些新生事物发生的影响,只限于东部沿海和一些内陆的港埠,中国经济的基本性格并未发生重大转变。事实上,鸦片战争之后的百年,西方对中国经济的影响,理应是建设性的,然实际上却是破坏性的。此外,晚清的中央与地方省政府财政的特色,是不免大幅增加附加税与陋规;而全国性的亏空问题,更加重人民的财政负担。总而言之,道光三十年(1850)以后中国的政治与经济条件合起来,国家似乎只能进一步以降低人民生活水平,来养活大量的人口。因此,几个世纪的人口与经济因素的转变,与我们探讨的社会流动趋势,主要是一致的。

第六章
科举的成功与社会流动的地域差异

　　科举的成功和社会流动的地域差异,取决于一系列因素的组合,诸如人口、移民、经济、文化传统、可用的制度化和非制度化渠道、进士和举人的地区定额,及促进社会流动的观念和神话对社会的渗透程度。即使以限定的地理范围来研究当代社会,上述各个因素尚且难以明晰,更不用说目前研究的是一个历史上前后历时达五个半世纪之久的庞大社会。因此,本章的主旨在于呈现进士的地理分布及地域社会流动率变化的统计,我们这里所做出的地域性和地方性差异的解释,都是具有试探性质的。

第一节　各省的人口

　　各省人口数字,是研究科举地理分布和社会流动率地域变化的基础。然而,当代研究者面临一个几乎难以克服的困难,虽然明清时期有一长系列的全国人口数据和不少组的分省数据可资利用,但其中大部分述及的是财税人口,而不是总人口。正如我在另一研究中曾经系统地讨论过,比较有用的数字是明初的数据和乾隆四十一年（1776）到道光三十年（1850）间清代中叶的数据。这些数据，无论在定义上还是实际上，都包括了全体人口，虽然已知道地域数据有着严重的讹误。[1] 这些为数不多却比较有用的各省数据，连同具有参考价值的 1953 年人口普查数据，都列于下表。

我们主要的困难，是缺乏洪武二十六年（1393）到乾隆五十二年（1787）间 4 个世纪比较有用的数据。我们知道，从明初到万历二十八年（1600）左右，中国人口以中等的速度成长。虽然在康熙二十二年（1683），全国统一，进入一个海内升平和物质繁阜的时代，人口以很快的速度增长，但 17 世纪仍是一个人口剧烈波动的时期，因为在它的中后期发生大规模的农民造反和战争。18 世纪则是一个人口持续和激增的时期。我大胆地推测明代人口的最高峰，在 1600 年以后不久可能达到 1.5 亿左右，似乎相当于乾隆五十二年（1787）总数的一半。由于洪武二十六年（1393）的分省人口数字和 17 世纪初期最高人口数字都不能代表整个明代，我们不得不独断地估算出各省的"平均"人口，以作为进一步分析和比较的基础数据。这些分省人口的平均数，得自洪武二十六年的数字和乾隆五十二年数字一半之平均数。

1　见何炳棣，《明初以降人口及其相关问题 1368–1953》，第 1–5 章。

表 25　官方的分省人口数字　　　　　　　　　　（百万为单位）

省份＼年份	1393	1787	1850	1953
河北[a]	1.9	23.0	23.4	38.7[b]
山东	5.3	22.6	33.1	48.9
河南	1.9	21.0	23.9	44.2
山西	4.1	13.2	15.1	14.3
陕西和甘肃	2.3	23.6	27.5	28.8
江苏	6.6	31.4	44.2	47.5
浙江	10.5	21.7	30.0	22.9
安徽	4.2	28.9	37.6	30.3
江西	9.0	19.2	24.5	16.8
福建	3.9	12.0	—[c]	13.1
湖北	4.7	19.0	33.7	27.8
湖南		16.2	20.6	33.2
四川	1.5	8.6	44.2	62.3
广东	3.0	16.0	28.2	34.8
广西	1.5	6.4	7.8	19.6
云南	0.26	3.5	7.4	17.5
贵州	—	5.2	5.4	15.0
辽宁[d]	—	0.8	2.6	18.6

史料出处：Ping-ti Ho, *Studies on the Population of China, 1368—1953*, p.258（表44），p.283（附录Ⅱ表）。【译者按】：葛剑雄中译本（北京：中华书局，2017），页306和页334—335。

a、为简单明了起见，不使用历史名称"北直隶"和"直隶"。

b、这个数字不包括北京人口。清代的数字都不包括北京。

c、已经证实，福建在嘉庆五年（1800）后不久就开始任意编造人口数据。因此，道光三十年（1850）的数字 1,900 万人，应摒弃不用。

d、为简单明了起见，不使用"辽东"和"奉天"的历史名称。在明清的绝大部分时期，这也包括满洲的其他部分。

表26 明代各省人口的平均数 （百万为单位）

省份	人口	省份	人口
河北	6.7	福建	5.0
山东	8.4	湖北[a]	5.9
河南	6.2	湖南	5.2
山西	5.3	四川	8.0[b]
陕西和甘肃	6.8	广东	5.5
江苏	11.2	广西	4.4
浙江	10.7	云南	2.0[b]
安徽	9.3	贵州	2.0[b]
江西	9.3	辽宁	1.0[b]

a、假设湖北和湖南各占1393年两省人口总数的一半（【译者按】：当时两省合为湖广）。

b、很笼统地推测，这些数字虽然指的是当时的人口，但很可能远远低于真实的数字。

鉴于明清时期西南省版籍存在严重的脱漏，我们不得不对官方数字加以大幅度修正。特别是四川，由于17世纪中叶数十年间，肥沃的红色盆地上的人口被消灭殆尽，人口波动极大。到乾隆五十二年（1787），大规模的再移民恢复四川人口的行动几乎还没有开始。* 我们提出的云南和贵州人口的数字无疑是过低的，这些

* 【译注1】：曹树基，《中国移民史》第六卷《清 民国时期》（福州：福建人民出版社，1997），第三章《西南移民潮：湖广填四川》云：清初采行大量移民实川政策始于康熙七年，其后因三藩之乱而中断，乱平后恢复移民，康熙二十九年宣布："凡流寓垦荒愿居住者，将地放给为永业。"除准移民入籍外，并准其子弟在当地考科举。于是各地移民涌至，到乾隆初期，四川已出现人浮于地的情况。乾隆后期，移民入川的运动已经式微。这与何先生原书说的"By 1787 its large-scale repopulation had hardly begun"有相当大的出入。

数字,只是在一个土著居民占绝大多数的地区,作为汉族人口极为粗略的指标。同样,我们辽宁人口数字也是高度武断的,因为向满洲有组织的移民开发,直到 1860 年代的咸丰、同治年间才开始。我们重建的明代各省人口平均数,不应被视为准确的数字,甚至连近似精确的数字也不是。它们只能作为非常粗略的指标,但是如果没有这些指标,科举和社会流动率的地域差异,也就无从论证。

清代可资利用的数据较多。由于乾隆五十二年(1787)实际上是顺治元年(1644)到宣统三年(1911)间的中点,这一年的人口数据的品质比较好,我们用这些数字作为清代各省人口的平均数。无论如何,我们还得考虑到一些复杂的因素。第一,乾隆五十二年的全国人口总数超过 2.92 亿,作为整个清代人口的平均数可能太高。道光二十年(1850),太平军造反前一年,全国总人口 4.3 亿,可能代表着清代人口的顶峰。虽然,我们对于清初,约顺治五年(1650)前后,全国总人口数,无从知晓,但由于大规模的农民造反、屠杀和清朝征服战争,人口数字一定大大低于我所估计的明代的最高人口数 1.5 亿。在我的印象中,清代人口平均数,大概不会离2.5 亿太远。第二,咸丰元年至同治三年(1851—1864),太平军造反,造成长江流域五省人口锐减,这甚至还部分反映在 1953 年的人口普查中。乾隆五十二年的人口数据作为有清一代人口的平均数,对于浙江、江苏、安徽、江西和湖北来说,肯定是过高,虽然这个数据对北方各省来说,倒是比较接近实情。由于乾隆五十二年的各省人口数据是第一份可资利用的比较精确的数据,为了简化我们的工作,避免琐碎和任意的改订,并且防止对历史上发达的东南诸省夸张其科甲成功和社会流动率,我们不打算对这些数字做任何修改。第三,到晚清和近代,四川人口发生更加剧烈的变迁。虽然,乾隆五十二年的 860 万人口数字,正反映了自 17 世纪晚期以来,已有零星的移民进入四川,但大规模的移民要到 18 世纪后期才开始。到道光三十年,四川人口骤增至 4,420 万,咸丰三年(1853)更进一步增加到 6,230 万。因此,四川的人口数字,若以乾隆五十二年的数字作为整个清代的平均数就太低了,我们认为2,000万才是一个更切合实际的数字。第四,版籍脱漏的情况在西南地区一直很严重,尤其是云南,至少到乾隆五十二年,那里的土著人口还是很多。因此,我们倾向以道光三十年的数字作为平均数。最后,姑且假定有组织地移民满洲,要等到咸丰十年(1860)以后才开始;无疑地,在光绪三十四年(1908)年第一次有系统的官方调查以前,满洲隐匿户口的情况是全国最严重的。我们如果做一个保守的估算,可以 200 万作为清代满洲人口的平均数。其他各省则以乾隆五十二年的数字为标准。

第二节　以省份区分的科举成功者之地理分布

下列有三个表,涉及明清时代进士的地理分布。

表 27　明代进士的地理分布*

年份\省份	1371—1439	1440—1472	1473—1505	1506—1538	1539—1571	1572—1604	1605—1644	各省总数	名次
河北	72	251	339	335	348	251	302	1,898	5
山东	53	124	219	270	325	310	422	1,723	6
河南	105	167	201	260	229	295	341	1,598	7
山西	49	88	154	190	207	180	241	1,109	8
陕甘	39	83	153	184	139	146	237	981	10
江苏	150	328	442	398	395	389	619	2,721	2
浙江	290	363	488	532	561	471	575	3,280	1
安徽	76	109	157	167	169	170	188	1,036	9
江西	345	361	354	357	367	266	350	2,400	3
福建	237	211	232	354	309	352	421	2,116	4
湖北	40	59	113	154	165	191	246	968	11
湖南	27	66	89	72	47	57	68	426	13
四川	57	87	125	137	128	88	169	791	12
广西	10	16	30	35	36	19	27	173	15
云南	4	13	27	45	35	39	78	241	14
贵州	0	7	4	10	17	20	27	85	16
辽宁	0	10	13	13	10	4	7	57	17
总计	1,616	2,522	3,367	3,754	3,718	3,444	4,559	22,980	

史料出处:李周望,《国朝历科题名碑录初集》。必须指出,某些年份缺进士乡贯的资料。少数高丽和安南籍的进士略去不计。因此,总数与表 22 并不吻合。**

---

* 【译注 2】:原著本表无广东省,显系遗漏,今将表中所记的总数,减去各省相加的总和,得出一组数字,即 62;179;227;241;231;196;241;1,377。该省总数为 1,377,当名列第八,故各省名次应适当调整。参见王振忠译,《科举和社会流动的地域差异》,《历史地理》,第 11 辑(1993),页 301。

** 【译注 3】:原书作"表 21",但表 21 是原著第 5 章第 180 页《影响社会流动的因素》的《清代长江下游三县的生员学额》表,与此无关。当为原著第 189 页的表 22《明清进士名额》表之误。今改正。由该表可知,自洪武元年(1368)至崇祯十七年(1644),全国进士总数为 24,594。参见王振忠译,《科举和社会流动的地域差异》,《历史地理》,第 11 辑(1993),页 301。

表 28　清代进士的地理分布

年份 省份	1644— 1661	1662— 1722	1723— 1735	1736— 1795	1796— 1820	1821— 1850	1851— 1861	1862— 1874	1875— 1904	各省 总数	名次
河北	432	498	161	488	275	313	92	135	307	2,701	3
山东	419	429	105	359*	210	268	79	118	273	2,260	4
河南	297	311	81	282	133	169	95	108	217	1,693	6
山西	250	268	81	311	141	143	47	58	131	1,430	7
陕西和 甘肃ª	169	190	60	228	121	138	94	95	290**	1,385	9ª
江苏	436	666	167	644	233	263	69	124	318	2,920	1
浙江	301	567	183	697	263	300	87	108	302	2,808	2
安徽	128	142	43	216	164	166	39	76	215	1,189	12
江西	83	200	115	540	223	265	74	122	273	1,895	5
福建	118	178	99	301	156	150	46	82	269	1,399	8
湖北	189	191	69	212	126	135	43	72	184	1,221	11
湖南	30	44	39	128	102	106	31	68	178	726	15
四川	15	61	31	159	88	108	49	71	181	763	14
广东	34	91	69	252	106	139	36	79	206	1,012	13
广西	2	28	17	102	67	91	27	72	164	570	18
云南	0	46	48	129	117	119	36	42	156	693	16
贵州	1	31	29	129	98	95	29	44	143	599	17
辽宁	4	25	10	29	20	26	12	17	40	183	19
旗籍	56	122	92	179	178	275	61	97	240	1,300	10
总计	2,964	4,088	1,499	5,385	2,821	3,269	1,046	1,588	4,087	26,747	

　　史料出处:房兆楹和杜联喆,《增校清朝进士题名碑录》。

　　a、名次不精确,因为是两省进士的总和。倘若分开,陕西总数为1,130,名列第十二;甘肃总数为255,仅高于辽宁。为了与明代资料对照,两省合并统计。

　　*【译者按】:原书作259,经计算更正为359。

　　**【译者按】:原书作280,经计算更正为290。

表 29　平均每百万人口的进士数　　　　　　　　（以省区分）

省份	明代		清代	
	数量	名次	数量	名次
河北	283	3	117	3
山东	205	8	100	7
河南	258	5	81	13
山西	209	7	108	6
陕西和甘肃	144	11	59	16
江苏	243	6	93	10
浙江	307	2	130	1
安徽	111	14	41	18
江西	260	4	99	8
福建	428	1	117	3
湖北	164	10	64	14
湖南	82	15	45	17
四川	172	9	38	19
广东	144	11	63	15
广西	40	18	90	12
云南	120	13	94	9
贵州	42	17	116	5
辽宁	57	16	91	11
旗籍[a]	—	—	130	1

　　a、在清代，没有满族、蒙古和汉军旗人及其家庭的正式登记数据。我们武断地估计，清代旗籍人口总平均数为 1,000 万。

　　由于我们的研究时间跨度长达五个半世纪，在各个分时期内进士地理分布的主要变迁，必须加以简要说明。就进士的产生来说，如果不考虑各省的人口数，到正统四年（1439）为止的明代初期，江西居于全国首位。在正统五年至成化八年（1440—1472）期间，江西的首位仅以微小的差距被浙江抢走。在明代的最初 100 年，江西、浙江、江苏和福建，同列入领先的前四名。东南地区这种引人注目的领先地位，可以有种种可能性的解释。

自从 8 世纪中叶以来，人口、经济和文化的重心，一直从北方稳定地向东南移动。五代时期（907—960），华北沦为战争连年的舞台，特别是宋钦宗靖康元年（1126）华北落入女真手中以后，这种移动变得更加醒目。有学问的北方汉人大规模南迁，长江流域无与伦比的河流、湖泊和运河网络，几乎持续不断兴修的水利工程项目，以及大大拓展水稻种植范围的早熟稻推广等，这一切都促使长江流域某些省份和福建在经济上和文化上更加先进。[1]

然而，并非所有的南方各省都同样受惠于这些长期的、多方面的变化。受过教育的北方人通常沿着容易到达的水路向南方艰苦跋涉。江西至迟从五代时期以来，便因鄱阳湖和赣江以及该省相对中央的位置而吸引着北方人。及至 11 世纪，江西的北方移民后裔，已开始攀上学术官僚阶梯。[2] 值得一提的是王钦若，他成为第一个当上宰相的南方人（11 世纪初）。著名的政治家如欧阳修（宋

1　关于经济、文化和人口重心的南移，见 Ping-ti Ho, "Early-Ripening Rice in Chinese History（《中国历史上的早熟稻》）," *Economic History Review*（《经济史评论》）2 series, Vol. IX, No. 2（December, 1956）, pp. 205-206, 215-218；全汉昇，《唐宋帝国与运河》；钱穆，《国史大纲》，第 38-40 章。

2　青山定雄，《五代宋に於ける江西の新興官僚》，《和田博士還暦紀念東洋史論叢》（东京：讲谈社，1951），页 19-37。

真宗景德四年至宋神宗熙宁五年,1007—1072)和王安石(宋真宗天禧五年至宋哲宗元祐元年,1021—1086),也都出自江西。唐宋古文八大家中,宋代占六位,传统上名列前茅者,有三位是江西人,即欧阳修、王安石及其同时代的曾巩。另外三位古文大家出自四川苏氏一门,但其中只有苏轼,即一般人习知的苏东坡(宋仁宗景祐三年至宋徽宗建中靖国元年,1036—1101),才是真正的文学巨擘。因此,的确可以断言,在 11 世纪,执中国文坛牛耳者,非江西莫属。只有到 12 和 13 世纪,南宋定都于杭州,才使浙江在学术文化的盛名超过江西。

在长江流域,湖北的大部分、安徽北部和江苏北部,由于是宋金拉锯战的战场,经济和文化都遭到严重的衰退。靖康元年(1126)北宋覆亡以后一段时间,甚至江苏南部也受到入侵的女真反复骚扰。因此,南宋时期,比较南面的省份受益于远离宋金边界,更为安全,经济与文化也更加稳定发展。除了浙江与江西以外,在 12 和 13 世纪,由于早熟稻的推广、海上贸易的繁荣,以及如朱熹那样著名学者和哲学家的移入,福建也开拓进取,成为文化先进的省份。[1]

下列元代各省的多项文化指标,可对明初科举成功的地域差异,提供部分解释。

综合指标显示,浙江在累计数值上占有优势,其次是江西和福建。明初,江西科甲的盛况令人震惊,其原因无从确知。虽然,元

1　关于宋代文化区域的系统性研究,参见何佑森,《两宋学风之地理分布》,《新亚学报》,第 1 卷第 1 期(1955 年 8 月)(【译者按】:"何佑森"本书均误作"何祐森")。

代的江西,史学家、哲学家和文学家的人数比浙江少,但经学家和书院的数目却领先全国。由于经书是考试的基本课程,提供廪饩奖学金对书院来说是重要的教育设备,在明初数十年中,江西的文化资产可能不比浙江少。我们可以推测,明初江西科甲鼎盛的特异记录,部分要归功于社区努力保有一些义庄与学田,能较好地提供对应试士子的资助,而江西在这方面是全国的先驱。尽管了解一个地区科甲鼎盛的确切原因往往相当困难,但我们确知,在王阳明崛起于政坛和哲学界之前,江西就已经是全国最重要的学术中心。[1]

　　明初的浙江,以拥有最多的人口和悠久的文化传统而自豪,它很快就在科举的成功方面超过江西。15 世纪后半期,这趋势已经显著,但要到 16 世纪,浙江才牢牢地树立起全国的卓越地位。江西在 16 世纪科举非凡的成就,是否部分由于王阳明"心学"和"知行合一"革命性理论的影响,尚难以确证。不过据王氏家乡余姚县及绍兴府有许多出身寒微的进士来判断,有理由相信,这些促成社会流动的概念和神话,可能已广泛传播到浙江大部分地区。无论如何,浙江在 16 世纪确实已取代了江西,成为学术的重心,我们的统计显示,该省在科举成功方面的领先地位,要到明代最后四五十年,才被更加富裕、资源更为充沛的邻省江苏所取代。

1　只要对黄宗羲《明儒学案》前几卷做抽样,就清楚了。

表30　元代著名学者和书院的数目　　　　　　　　　　　（以省区分）

省份	经学家	史学家	哲学家	文学家	书院
河北	23	18	18	40	20
山东	0	6	6	17	22
河南	6	5	8	12	10
山西	3	7	7	16	12
陕西和甘肃	3	4	2	8	7
江苏	27	9	25	68	26
浙江	79	30	45	125	62
安徽	22	11	17	34	17
江西	90	24	34	86	73
福建	25	4	7	31	55
湖北	2	0	0	2	19
湖南	2	0	4	8	37
四川	10	2	2	6	23
广东	1	1	0	2	24
云南	0	0	0	1	0

史料出处：何佑森，《元代学术之地理分布》，《新亚学报》，第1卷第2期（1956年2月）和《元代书院之地理分布》，《新亚学报》，第2卷第1期（1956年8月）。

从长远来看，江苏具有多样无与伦比的优势。虽然在明代大部分时期，占全省三分之二的苏北地区在科举竞争方面相当不佳，但长江以南各府，经济和文化都有显著的发展。由于地理位置得天独厚，苏南无疑是全国最重要的商业地区。日益多样化的经济进一步刺激了手工业和产业，特别是松江府和苏州府的棉纺织业。正如晚明官员和旅行家谢肇淛所说的，尽管苏南赋税之重甲于天下,同样繁重的负担,往往会压垮其他任何地区,但多样化的经济所创造的报酬颇丰的就业机会,使苏南成为国内最富庶的地区。[1] 15世纪后半期以来,该地区富甲海内,这在当时出现一些杰出的藏书家、出版家和鉴赏家中可以得到部分反映。如果说苏南不是知识活力的中心,至少也是为数最多的文学家和艺术家会集之处。

而且,江苏在明代大部分时期,经济和文化的空前发展,应部分归功于移民、财富与人才的流入。南京原先是大明帝国的首都,永乐十九年(1421)朝廷迁都北京后仍旧是陪都。作为陪都,南京保留了一个较小规模的中央政府,有一个比北京更大、更重要的国子监。这一地区的富庶和舒适,深深地吸引着许多文武官员,使他们选择永久定居于此。他们的后裔受惠于家庭的影响,通常能够在苏南落籍地通过较高一级的考试。另外,在15世纪末前后的盐政改革,更吸引了许多富裕商帮萃集于全国最大的盐务中枢扬州,虽然他们中间不少人卜居于江南其他城市。与浙江不同,浙江总的说来是人才输出的省份,江苏则是接纳人才和财富最多的两个地区之一。到明代最后半世纪,各方面都表明,江苏在科举竞争中已经赶上并且注定要超过浙江。

虽然在清代,江苏的经济和文化继续取得令人瞩目的发展,但

1　转引自 Ping-ti Ho, *Studies on the Population of China*, pp. 263-264.【译者按】:《五杂俎》卷3《地部一》:"三吴赋税之重甲于天下,一县可敌江北一大郡,破家亡身者往往有之,而闾阎不困者,何也? 盖其山海之利,所入不赀,而人之射利,无微不析,真所谓弥天之网,竟野之罘,兽尽于山,鱼穷于泽者矣。"

是由于康熙五十一年(1712)官方进士定额制度的变迁,*它在科举方面遭到了严重的阻碍。正如第五章开头所阐明的那样,自明初到康熙五十一年,全国为会试分成南、北、中卷三个大区,区内各省产出的进士不定额数,每科考试会有相当的不同。从康熙五十一年以后,区内各省取中的进士额数,是依据情况调整而固定下来,即各省在会试前不久,根据各省前三科应试总人数的粗略比例,确定其应中式进士的名额。由于会试应考者的人数与每一省举人累计数密切相关,而且由于后者与每一省固定的举人限额大致保持一定比例,各省新科进士定额实际上被冻结在同一比例上。历史上,江苏就一直受到举人解额比较少的痛苦,明初定各省举人解额时,就因为比起浙江和江西,江苏的人口较少,文化也较不太发达,所以举人解额较少。康熙五十一年以后的定额制度下,浙江由于举人解额本来就比较多,进士的人数得以居于领先地位,一直要到咸丰十年(1860)左右,江苏才稍微领先。顺治元年至康熙五十一年(1644—1712)间,江苏应试会考的举人虽较少,但由于区内各省进士名额不固定,江苏参加会考的举人可因表现较好而逐渐建立

＊【译注4】:官方进士定额制度的变迁,本书原作1702年(康熙四十一年)。据本章初译者王振忠云:1702年(康熙四十一年)当系1712年之误,原著提及的1702年(康熙四十一年)制度改革,均当作1712年。1712年为康熙五十一年。《清史稿》,卷108,《选举》:"(康熙)五十一年,以各省取中人数多少不均,边省或致遗漏,因废南、北、官、民等字号,分省取中,按应试人数多寡,钦定中额。"参见光绪二十五年敕修《大清会典事例》卷350《礼部·贡举·会试中额》及《古今图书集成》续编初稿《选举典》(台北:鼎文书局,1977)。参见王振忠译,《科举和社会流动的地域差异》,《历史地理》,第11辑(1993),页305。本段文字中涉及1702年(康熙四十一年)制度改革之处,译文皆据此改正为康熙五十一年(1712)。

起进士人数的显著优势。如果不是这样，江苏在整个清代中式进
士的累计人数，就不可能比浙江略胜一筹。

如果说康熙五十一年（1712）以后的进士定额制度妨碍了江
苏，那么，该制度和明代的定额制度，则使安徽遭受更为严重的损
失。明清两代，从行政和考试的角度看，安徽实际上是江苏的附
庸，它分到的进士名额，比其他东南省份小，这绝不意味着安徽文
化落后。从明代中叶以来，安徽就是最重要的人才输出省份之一，
这一事实却不能在其不多的中式进士额数上反映出来。安徽对江
苏南部和浙江北部科甲鼎盛，实际上起了相当大的作用，这两个地
区聚集了安徽南部一批富有而且通常是深有文化修养的徽州商
人。道光七年（1827）刊行的《徽州府志》，列举顺治四年（1647）至
道光六年（1826）本地区的 142 名进士，与此同时寄籍他省获得功
名的本地子弟及其后裔至少有 377 名。在此同时的 180 年间，江苏
产生的一甲进士 94 名中，出自徽州府的就有 14 名；浙江一甲进士
59 名，也有 5 名是徽州人。[1] 我们有理由相信，府志所列的这份名
册并不完整，事实上，苏南和浙北的科第盛况，徽州人在其中的贡
献更为巨大。例如，乾隆五十五年（1790）庚戌恩科第一甲榜眼洪
亮吉，官方注籍虽然是苏南的阳湖县，但祖籍却是徽州，这一事实
为编者所忽略。[2] 苏南无锡的华亦祥在顺治十六年（1659）的殿试
中，获得相同的荣耀。他原姓鲍，几乎可以肯定他的祖籍是徽州。

1　《徽州府志》卷 9 下，全卷。
2　《徽州府志》，卷 12 下，页 56a–57a。【译者按】洪亮吉为乾隆五十五年（1790）庚戌
　　恩科第一甲榜眼，本书误为 1799 年，译文径予改正。

事实上,汪氏、鲍氏、程氏和江氏,如果不是全部,至少有大部分,无论官方注籍何处,都很可能是来自徽州地区。[1] 倘若把移民出境的影响以及传统上较高功名定额较小等因素考虑在内,则安徽并没有打破东南地区的一般模式。

福建就其人口比例而言,科甲所占的分量非比寻常地大,特别是在明代。南宋以来,福建就是一个文化发达的省份。直到晚明时期,刺桐港,或称泉州,是世界上最大的贸易中心之一。在宋元时代,许多富有的波斯和阿拉伯裔人居住于此。[2] 葡萄牙人在嘉靖元年(1522)被驱逐出广州以后,就同泉州及其附近的漳州开展非法但赚钱的走私贸易,大量的白银由此流入中国。[3] 从明代的记载和清初耶稣会士的报告来看,福建经济即使不完全像苏南那样发达,也比大多数省份更加多样化。[4] 还应当提及的是,闽北的建阳是明代最大的刻书业中心。福建就全省而论,尤其是南部滨海的泉州和漳州二府,其宗族组织可能是最高度发展的,贫困的人和有志气的人都能得到宗族的帮助。[5] 悠久的文化传统、富庶和多样化的经济,加上部分由于向海外移民造成的缓慢增长的人口,使福建在明代全国的进士与人口的比例上是最有利的一省。

1　这是根据我本人对徽商的研究,以及徽州人胡适博士对此的谙悉。

2　桑原隲藏,《蒲寿庚の事迹——唐宋时代に于けるアラブ人の支那通商の概况殊に宋末の提挙市舶西域人》(东京:岩波书店,1935);参见方豪,《中西交通史》(台北:"中华文化出版事业委员会",1954),第3册,第4—5章。

3　梁方仲,《明代国际贸易与银的输出入》,《中国社会经济史集刊》,第7卷第2期(1939年12月)。

4　何炳棣,《明初以降人口及其相关问题1368—1953》,第9章第1节。

5　顾炎武,《天下郡国利病书》,福建部分,尤其是泉州府与漳州府。

其他三个长江流域省份湖北、湖南和四川,以及最南面的沿海省份广东,也因明初举人解额较少而间接吃亏,因为这些解额并不随人口增长而修订,康熙五十一年(1712)以后的分省进士定额,又使这几个省份直接蒙受损失。在明清的大部分时期,湖北和湖南合成单独一个湖广省。而且,直到康熙五十一年,所有这四个省不得不在所谓的"南卷"区中,与文化发达的东南诸省竞争。湖北、湖南和四川三省也不可以视为文化落后的省份。

早在明朝立国以前几个世纪,北方经济和文化的落后,便已十分明显。北方是封闭的内陆,农业经济是自给自足的,又长期在外来的契丹、女真和蒙古统治下,更不必提那些更早的野蛮征服者,使北方注定被南方远远地超前。自从宋代以来,北方文化的困境已为当代人所证实。[1] 北方诸省缺乏书籍,使明朝开国者及其子明成祖屡次下令从南方调集基本的经书分发给北方的学校。甚至到清初,顾炎武(1613—1682)这个游历天下并在北方各省生活了多年的大学者,还提及北方的"二患",即"地荒"和"人荒"。[2] 著名的小说家蒲松龄(1640—1715)也指出,在他的家乡山东,教师的素质和教育水平太差。[3]

不过,毫无疑问,北方比先进的东南地区更加充分地受益于明代按大区域分配进士名额,尤其是康熙五十一年(1712)以后的分

---

1 顾炎武,《日知录集释》,卷 17,页 16a-17a。【译者按】:《北卷》。
2 同上。
3 蒲松龄,《醒世姻缘》。

省定额制度。在洪武三十年(1397)确立地区定额之前,[*]北方很少有人能通过会试,以至于明朝开国者不顾串通舞弊证据的不足,还是把当年的主考官处死,并且建立新的制度,使北方各省彼此相互竞争。康熙五十一年后分省定额制度,又给北方一些最落后的省份更大的优惠。举个极端的例子,甘肃在改制前的顺治元年到康熙五十一年(1644—1712)没有出过一名进士,但在定额改革以后,产生的进士总数竟达 255 名。

在北方各省中,河北省除了受益于定额制度,且因国家首都北京所在地的关系,它一直到明朝晚期,举人的定额连续增加,在有清一代超出了 200 名,相比之下,发达的省份如浙江和江西却不及 100 名。庞大的举人解额间接地有助于该省在康熙五十一年(1712)以后获得一个有利的行省进士比例。此外,许多从各省来的中央官员,在首都北京都会区永久定居,或至少有一个到两个儿子入籍河北。正像后文"科甲鼎盛的地区"中所表明的那样,河北省的科甲人数超过了平均水平,其中两个京县宛平和大兴所起作用最大,中央官员、属吏,以及中央政府各机关的书吏,其家庭都聚集于此。他们实际上来自帝国的四面八方,其中许多人来自文化发达和流动很大的地区——浙江省的绍兴府。因此,河北甚至比

---

[*] 【译注 5】:1397 年即洪武三十年,据《明史》,卷 70,《选举二》载:"讫永乐间,未尝分地而取。洪熙元年……定取士之额,南人十六,北人十四。"洪武三十年似未确定定额,只是做了完全相反的决定,最初录取的进士全是南方人,"大江以北无登第者",重考后却尽取北士,当时尚无"分地而取"的制度。"使北方诸省彼此相互竞争"的情形,得要等到洪熙元年以后才会出现。王振忠疑此处的 1397 年为讹误,甚是。参见王振忠译,《科举和社会流动的地域差异》,《历史地理》,第 11 辑(1993),页 306。

江苏更受惠于移民的输入。还必须指出的是,皇室宗族、满族、蒙古和汉军旗人科甲的比例也高于平均数,这是因为其进士定额相对其人口规模而言是宽裕的。

由于我们所取的西南省份四川、广西、云南和贵州的平均人口数字可能过低,并不能代表近似的汉族人口,进士在人口中的比例可能相当夸大。四川在17世纪中期的灾祸及其缓慢恢复(这种恢复一直拖到18世纪晚期),造成考取进士人数急遽减少。它的人口大约从1800年以来迅速上升,其进士定额却未能获得大量的修正。然而,其他三个西南省份却都增加了大量的进士名额,贵州和广西清代进士在人口中的比例,甚至有所增加。

简言之,在清代人口迅速增长之时,除了广西、云南、贵州和辽宁以外,所有的省份平均每百万人口中式进士的数目都遭到急遽下降的厄运。

第三节 社会流动率的地域差异

由于可资利用的明清进士名册都不按照省份编排,将所有12,000多名进士的家庭背景按省份列表,需要花费更多的时间与精力,非作者力所能及。为了尽可能涵盖整个时期,此处选出10份进士的名册,制成表格来说明。鉴于16世纪晚期以来社会流动率开始大幅度下降,把现存3份万历时期(1573—1619)的名册也全部包括在内。现存顺治(1644—1661)和康熙(1662—1722)时期的8份名册,只有缩微胶卷可以利用,加上登记进士籍贯的字体极

小,制起表来非常费力。因此,有清一代我们不得不选用 10 份 19
世纪的名册来制表,从嘉庆二十五年(1820)以后,每 10 年为一区
间。正如表 9 所显示的,从 17 世纪后半的前半期少数我们可以找
到的名册中,所能看到的社会流动率,与明代最后 2 份名册颇为一
致,而略高于 19 世纪的平均数。但是,由于我们缺乏 18 世纪的资
料,这个时期的社会流动率甚至可能低于 19 世纪的平均数。根据
19 世纪名册估计的社会流动率,即使不能完全代表有清一代的情
形,这个估计也不会与清代的实际平均数相去太远。

　　由表 9 可见,除了嘉靖三十二年(1553)、万历十四年(1586)和
万历三十八年(1610)以外,* B 类进士,亦即出身于上三代仅具最
低功名的家庭的进士,不是没有就是少得可怜。因此,在明代,我
们注目的是 A 类进士百分率的地域差异,这一类进士是在自己一
代从卑微而出人头地。由于 A 类比率在清代剧烈下降,B 类进士
实际上也是出身于比较寒微的家庭,我们的清代表格也将后一类
包括在内。不同省份的社会流动率见下列三表(表 31—33)。

　　表 31 显示,明代 A 类进士在各省的百分率都很高。尽管所分
析的 10 份名册平均率高达 47.6%,但特别重要的是,文风炽盛的省
份如浙江、江苏、江西和福建,A 类进士的百分率都超过全国的平
均值。安徽产生的进士总数虽较少,然而 A 类的百分率却最高。

---

* 【译注 6】:王振忠云:据表 9,明代 B 类进士,1553 年为 24 名,占全国进士的 6.3%;
　1586 年为 54 名,占 15.2%;1610 年为 40 名,占 17.4%(材料不完整,见表 9 注 d)。
　另外,1583 年的数字为 48 名,占 13.7%,原文似属遗漏。参见王振忠译,《科举和社
　会流动的地域差异》,《历史地理》,第 11 辑(1993),页 307。

表 31　明代社会流动率的地域差异

省份	进士总数	A 类进士		
		数目	占全省总数的百分率	百分率高于或低于全国的平均值
河北	287	117	40.8	−6.8
山东	219	78	35.6	−12.0
河南	206	79	38.3	−9.3
山西	119	50	42.0	−5.6
陕西和甘肃	112	49	40.2	−5.4
江苏	356	186	52.2	4.6
浙江	370	177	47.8	0.2
安徽	116	71	63.8	16.2
江西	301	170	56.5	8.9
福建	255	156	61.2	13.6
湖北	122	52	42.6	−5.0
湖南	55	23	41.8	−5.8
四川	188	82	43.6	−4.0
广东	91	49	53.0	6.3
广西	27	9	33.3	−14.3
云南	29	12	41.4	−6.2
贵州	9	5	55.5	8.0
辽宁	10	5	50.0	2.4
总计	2,882	1,373	47.6（全国平均值）	

　　史料出处:根据永乐十年(1412)、天顺元年(1457)、成化八年(1472)、弘治九年(1496)、正德十六年(1521)、嘉靖二十三年(1544)、隆庆二年(1568)、万历八年(1580)、万历十四年(1586)、万历三十八年(1610)的进士名册。这些名册的名称,见本书《引用书目·主要统计资料》项下的《进士名册》。

即使从人口角度而言,浙江、江苏、江西和福建也处于领先地位。其中最高的是福建,平均每百万人口中,出身寒微家庭的进士比率高达262。从这些非常粗略的数字和比率,并根据我们的明史知识,我们可以说明代文化和社会的活力,主要源于东南。相形之下,北方、长江中上游和落后的西南诸省的社会流动率则较低。

表32显示清代时期,大部分省份,特别是文化先进的东南诸省的A类百分率急遽下降,这一事实昭示寒微之士在与社会上层竞争时越来越居劣势。这样的竞争在江苏最为尖锐,该省A类和B类合计的百分率,比全国的平均值低8.5%,而清代全国平均百分率本身也大大少于明代全国的A类的平均值。浙江稍微好些,虽然它在清代A类的百分率几乎同江苏一样低,但B类百分率却比江苏高得多。这使人联想到,即使这个流动最多的省份,平民通常需要一代人以上的努力,才能跻身于社会上层。表32和33显示,江西、福建和安徽的社会流动率也极大幅度地下降。尽管从产生进士的绝对数目来看,清代东南诸省仍居全国领先地位,然而,区域之内流动方式的剧烈变化,造成出身寒微和比较寒微的人在社会上遭受巨大的挫折。

另一方面,清代国内其他省份社会流动率的下降,并没有东南地区那么剧烈,只有河北省和山东省是例外。河北省因为官员和受过教育的人经常从四面八方纷至沓来,所以科举竞争历来都更加激烈。山东省则是传统上比较保守、社会流动较少的省份。因为明代北方各省科举成功的人不太多,尤其因为康熙五十一年(1712)后分省定额制度的稳定作用,一般说来,这些省份的社会流动率,就其平均人口来看,下降幅度比较和缓。实际上,康熙五十一年后的定额制度、文化状况的落后,以及地区明显较低的会试水准,使清代陕西和甘肃有可能成为 A 类百分率最高的省份之一。

表 32　清代社会流动率的地域差异

省份	进士总数	A 类		B 类		A、B 百分率合计	A、B 百分率合计高于或低于全国的平均值
		数目	占各省总数的百分率	数目	占各省总数的百分率		
河北	188	24	12.8	37	20.0	32.8	−5.7
山东	164	23	14.0	35	21.3	35.3	−3.2
河南	109	24	22.0	24	22.0	44.0	5.5
山西	76	14	18.4	18	23.7	42.1	3.6
陕西和甘肃	108	38	35.1	20	18.5	53.6	15.1
江苏	183	21	11.4	34	18.6	30.0	−8.5
浙江	190	22	11.6	56	29.5	42.1	3.6
安徽	127	20	15.8	30	23.6	39.4	0.9
江西	161	21	13.0	34	21.2	34.1	−4.4
福建	118	19	16.1	23	19.7	35.8	−2.7
湖北	105	20	19.0	31	29.5	48.5	10.0
湖南	94	23	24.4	29	30.8	55.2	16.7
四川	98	26	26.5	15	15.3	41.8	3.3
广东	99	21	21.2	18	18.2	39.4	0.9
广西	83	15	18.1	15	18.1	36.2	−2.3
云南	74	16	21.6	16	21.6	43.2	4.7
贵州	66	16	24.2	14	21.2	45.4	6.9
辽宁	17	4	23.5	6	35.3	58.8	20.3
旗籍	121	17	14.0	2	1.6	15.6	−22.9
总计	2,181	384	17.6(全国平均值)	457	20.9(全国平均值)	38.5(全国平均值)	

史料出处：根据道光二年(1822)、道光九年(1829)、道光十三年(1833)、道光二十四年(1844)、咸丰九年(1859)、同治七年(1868)、光绪二年(1876)、光绪十二年(1886)、光绪二十一年(1895)、光绪三十年(1904)的进士名册。各名册的名称，见本书《引用书目·主要统计资料》项下的《进士名册》。

表33　每百万人口的进士数目　　　　　　（仅限于平民出身，以省区分）

省份	明代	清代		
	（限于A类）	A类	B类	A+B
河北	115	15	23	38
山东	73	14	21	35
河南	99	18	18	36
山西	88	12	16	28
陕西和甘肃	58	20	11	31
江苏	127	10	14	24
浙江	147	15	38	53
安徽	71	7	9	16
江西	147	8	21	29
福建	262	11	23	34
湖北	70	7	13	20
湖南	34	11	14	25
四川	75	10	6	16
广东	76	13	12	25
广西	13	15	15	30
云南	50	30	30	60
贵州	33	28	25	53
辽宁	28	21	32	53
旗籍	—	18	1	19

史料出处：表26和乾隆五十二年(1787)各省人口数字，其中有些修订过；以及表27、28、29和30。

清代,西南省份广西、云南和贵州,以及满洲的辽宁,由于汉族
人口较少,特别是由于康熙五十一年(1712)定额制度的改革,其社
会流动率实际上高出很多,即使从平均人口来看也是如此。虽然,
大多数的旗籍进士出自官宦家庭,但平均每百万人口中的 A 类比
率,却也在平均值之上。这是因为在北京、沈阳和八旗驻防的各省
城,提供给八旗子弟的廪饩比较充裕。[1] 不仅如此,雍正五年
(1727),雍正皇帝从法律上开豁小群散居于各地的"贱民",也为称
为"包衣"的八旗世仆子弟制定一条基本方针,即在供给旗人子弟廪
饩时,不拘门第,不再考虑其家庭地位,而是唯才是举。乾隆皇帝遵
循这一方针,而且还进一步扩大了包衣后裔受教育方面的设施。[2]

总之,明代人口较少,情况独特,使全国社会流动率极高,文化
上得天独厚的东南地区尤其如此。清代人口大量增加,使大多数
省份,尤其是东南诸省的社会流动率急遽下降。康熙五十一年
(1712)分省定额制度实施以后,北方诸省的社会流动率下降较少,
而落后的周边省份社会流动率甚至还高于明代。因此,尽管总的
来说,全国的社会流动率正在下降,但以牺牲发达的东南地区为前
提下,科甲成功者的地理分布却更加均匀,而落后地区甚至还拥有
略为广阔的机会格局。

若干可用到的举人和贡生的资料也应加以分析。然而有两个
原因不可能像对进士资料那样做详细的分析。首先,这些获得中
级功名的士子,清代全国和各省的总数,只能粗略估算,而明代的

1　《八旗通志》,卷46。
2　《国子监志》,卷11,页18a—23a。

数目甚至连粗略的估算都不可能。因而无法从各省平均人口的角度，估计这些中级功名获得者及其家庭背景的地域差异。其次，已知现存全国举人和各类贡生的所有名册，都限于 19 世纪，因此，缺少与先前各时期比较的基础。基于这些限制，上列举人和贡生表格只能作为前面明清进士表格的补充。不过，有趣的是在前表中显示出大地区的模式，大体上与表 32 所示互相吻合。

第四节　科甲鼎盛的地区

要讨论科举成功的地理分布，不提某些进士荟萃的地区，是不完整的。尽管可以获得为明清进士题名及其籍贯的专门编录，[1] 然而，根据士子的官方登记县份籍贯，将 5 万多名进士排列成表，工作量是没完没了地大，因为明清各有总数达 1,800 个以上的县，需要将综合两朝的名册单独分类。我们不得不依靠方志和少数专门登载本地功名获得者的名册。明代的工作比较简单，因为清代编纂的地方志，总是包括前明时期地方进士名册，尽管其中所列举的并非绝对正确无误。一方面这是因为，明初科举的一些资料付诸阙如；另一方面，这些数字几乎都包括侨寓他乡的本地进士。由于清代大部分方志修纂于光绪三十一年（1905）科举制度废除之前，一般说来，清代进士的题名通常是不完整的。当进士的题名资料残缺不详时，我们必须参考房兆楹、杜联喆精心编纂的《增校清朝

---

[1]　李周望，《国朝历科题名碑录初集》，首先编纂于康熙五十九年（1720），乾隆十一年（1746）修订，其中也有明代的进士名单；房兆楹、杜联喆，《增校清朝进士题名碑录》（以下称作"房、杜名单"）。

进士题名碑录》加以修正。有三个原因使我们得出的地方进士总数,可能仍然包含着一些误差。首先,把进士依其出身的府或县分类,相当乏味而且费力,故细小数目的省略,大概在所难免。其次,房、杜所编虽很精确,但与方志所提供的总数却可能不完全吻合。已经发现数例,应试者通过会试之后,却未能参加随后的殿试。他在获得资格参加三年后下一场殿试之前,可能已经亡故。或因健康欠佳,或因父母去世丁忧在家,都可能妨碍他参加进一步的考试。这些原因中无论哪一个原因,都会使此人的名字从房、杜名册中消失。诚然,未参加殿试,根据规定不授予进士,然而,除政府以外所有的人都会视他为进士,而列名于方志之中。再次,显然地最复杂难解的是,地方志修撰者只要能得到资料,就把寄籍他乡考取进士的本地人,也都搜罗列入。例如,徽州府、县方志的编纂者做了大量工作,将官方注籍徽州获取功名者和寄籍他府考中进士的人加以区分。这是因为徽州是一个人口移出非常多的地区。但是其他许多方志就没有做这种重要的本籍与寄籍的区分。通过对少数科甲鼎盛地区的抽样查对,已经发现方志中的总数,通常都高于房、杜名册。因此,总的说来,我们有关科甲鼎盛地区的资料,仅仅是作为粗略的抽样,要对所有的地区详尽无遗地排列成表,还有待日后的研究。

必须指出,北直隶顺天府有明一代产生 936 名进士,在全国诸府中位居第四。[1] 不过,由于它在明代辖有 23 个县和卫(军事卫戍

---

[1] 《顺天府志》,卷 115。

据点），在清代下属 24 个县，因此，不应视之为通常的府，而必须当成近乎省一级的行政单位。因为我们的目的是研究在一个大小适中的地区内进士集中的状况，任何下辖 15 个及其以上数量县的府，都必须排除在外。除下列 13 个产生进士超过 400 名的府之外，还应当提到安徽南部徽州府出了 445 名进士，包括寄籍外府获得功名的本地人及其后裔。[1] 有一些府，如浙江西北的湖州、福建南部沿海的漳州，进士的密度实际上也很高，但却因幅员异常狭小而无法跻身于全国领先行列。[2]

值得注意的是，清代直隶顺天府实际上以 1,038 名进士而居全国领先地位。[3] 从顺治元年（1644）到道光六年（1826），徽州府以 519 名进士而自豪，不过其中仅有 142 人是在本府注籍的。[4] 倘若将所有本地中式子弟包括在内，那么，它无疑将名列前五或六名。然而一旦寄籍他乡者不计在内，它便远远落后于全国的领先者。必须指出的是，上述名次并不精确，因为晚清修撰的这些府志所提供的数字，可能有所夸大，如果拿来与部分来自清代前期的府志比较，或完全与房、杜全国性的名册比较的话。不过，无论存在什么样的局限，它们仍然为我们对文化地理做历史研究时，提供了引人关注的资料。

1　《徽州府志》，卷 9 下。
2　《湖州府志》，有关明代进士的卷帙。
3　《顺天府志》，卷 116。
4　《徽州府志》，卷 9 下。

表34 出身平民家庭的中级功名获得者的百分率 （仅限19世纪,分省）

省份	全省各类中举者的总数	A类		B类		A、B百分率合计
		数目	百分率	数目	百分率	
河北	3,561	530	14.9(-5.1)[a]	698	19.6(-5.6)[a]	34.5(-10.7)[a]
山东	1,503	227	15.0(-5.0)	386	25.6(0.4)	40.6(-4.6)
河南	1,446	331	23.4(3.4)	411	28.4(3.2)	51.8(6.6)
山西	1,129	235	20.8(0.8)	292	25.9(0.7)	46.7(1.5)
陕西和甘肃	1,372	364	26.5(6.5)	359*	26.2(1.0)	52.7(7.2)
江苏和安徽	2,119	271	12.8(-7.2)	605	28.6(3.4)	41.4(-3.8)
浙江	1,570	170	10.8(-9.2)	484	30.8(5.6)	41.6(-3.6)
江西	1,532	211	13.8(-6.2)	453	29.5(4.3)	43.3(-1.9)
福建	1,183	287	24.3(4.3)	279	23.6(-1.6)	47.9(2.7)
湖北	966	190	19.6(-0.4)	252	26.1(0.9)	45.7(0.5)
湖南	799	227	28.4(8.4)	250	31.2(7.0)	60.6(15.4)
四川	1,409	472	33.5(13.5)	300	21.2(-4.0)	54.7(9.5)
广东	1,291	332	25.7(5.7)	302	23.4(-1.8)	49.1(3.9)
广西	851	175	20.6(0.6)	202	23.7(-1.5)	44.3(-0.9)
云南	1,179	282	24.0(4.0)	327	27.8(2.6)	51.8(6.6)
贵州	581	175	30.0(10.0)	101	17.4(-7.8)	47.4(2.2)
总计	22,491	4,479	20.0(全国平均值)	5,701	25.2(全国平均值)	45.2(全国平均值)

史料出处:根据嘉庆九年(1804)、嘉庆十二年(1807)、嘉庆十三年(1808)、嘉庆二十一年(1816)、道光元年(1821)、道光八年(1828)、道光十一年(1831)、道光十二年(1832)、道光十四年(1834)、道光十五年(1835)、道光二十三年(1843)、道光二十四年(1844)、咸丰五年(1855)、同治九年(1870)、光绪五年(1879)各年的全国乡试举人同年齿录;道光二十九年(1849)、光绪十一年(1885)、光绪二十三年(1897)的全国拔贡生名册明经通谱;光绪三十二年(1906)优贡生名册同年齿录和宣统二年(1910)举、贡考职同年齿录各一份,标题的全称见本书《引用书目》。上表数字只包括有家世材料的人。

a、括号内的数字表示A类、B类和A、B类合计的百分率,高于或低于全国的平均值。

*【译者按】:原书作259,经计算更正为359。

江苏省长江以北的扬州府,进士登科未达 400 名,但因两淮盐䴸商的财富创造出高度的文化,故也颇值得一提。根据房、杜名册,扬州府的进士总数 348 名,一甲总数 11 名,因此,也应列入全国最重要的文化地区。镇江府,介于常州府与江宁府(南京是其最主要的城市)之间,幅员狭小,只包括 4 个县。但它的进士却达到 266 人,一甲达到 12 名。从科第密度看,可说名列前茅。

表 35 和 36 中显示的延续与改变应当略加讨论。江西中部的吉安府,由于悠久的文化传统和为学习与考试而有的种种设备,明代最初 100 年间,在各府中遥遥领先。迄至天顺八年(1464),它出了 449 名进士。与之相较,福州为 248 名,绍兴为 184 名,苏州为 146 名。更不平常的是,吉安府在建文二年(1400)和永乐二年(1404)两次独占鳌头,包揽了一甲进士,这是一项无与伦比的纪录。* 先声夺人的良好开端,使它仅次于清代的直隶顺天府,在明清两代所有各府中进士人数最多。明代江西的科甲相当集中,吉安和南昌两府占了全省总额的 72.2%。然而,从长远趋势看,整个江西,尤其是吉安,与资源更丰富、地理位置更优越的苏南,以及浙江北部和浙江东部地区相比较,注定要被后数者所超越。迨至清代,吉安的记录已经减少,仅仅剩下昔日光荣的一抹馀晖,只有省会地区南昌府勉强挤进前列。在科举总趋势衰落时期,清代江西进士的分布变得更加均匀。

---

* 【译注 7】:建文二年,一甲一名胡广,一甲二名王艮;永乐二年,一甲一名曾棨,一甲二名周述,一甲三名周孟简,均为吉安府人;连续两科的一甲进士 6 名,吉安府包办了 5 名。

表35　明代科甲鼎盛的府

府	进士总数	府	进士总数
江西,吉安	1,020	浙江,宁波	598
浙江,绍兴	977	浙江,嘉兴	528
江苏,苏州	970	福建,兴化	524
江西,南昌	713	浙江,杭州	520
江苏,常州	661	江苏,松江	466
福建,福州	654	广东,广州	437
福建,泉州	627		

　　史料出处:《吉安府志》(光绪二年〔1876〕刊);《绍兴府志》(乾隆五十七年〔1792〕刊);《苏州府志》(同治元年〔1862〕刊);《南昌府志》(同治十二年〔1873〕刊);《常州府志》(乾隆五十九年〔1794〕刊,光绪十三年〔1887〕重刊);《福建府志》(乾隆十九年〔1754〕刊);《泉州府志》(乾隆二十八年〔1763〕刊);《宁波府志》(雍正八年〔1730〕刊,乾隆六年〔1741〕修订,道光二十六年〔1846〕重刊);《嘉兴府志》(光绪四年〔1878〕刊);《福建通志》(民国十一年〔1922〕刊),兴化府的资料即来自该志;《杭州府志》(光绪五年〔1879〕至民国八年〔1919〕修纂,民国十二年〔1923〕刊);《松江府志》(嘉庆二十四年〔1819〕刊);《广州府志》(光绪五年〔1879〕刊)。上述方志对于明代进士,都有专卷论列。

表36　清代科甲鼎盛的府

府	进士总数	府	进士总数
浙江,杭州	1,004	浙江,绍兴	505
江苏,苏州	785	浙江,嘉兴	476
福建,福州	723	浙江,湖州	421
江苏,常州	618	江西,南昌	413
广东,广州	597		

　　史料出处:《杭州府志》(民国十二年〔1923〕刊);《苏州府志》(同治元年〔1862〕刊),以房、杜名册修正;《福州府志》(乾隆十九年〔1754〕刊),修正;《广州府志》(光绪五年〔1879〕刊),修正;湖州的资料来自《国朝湖州府科第表》(光绪三十一年〔1905〕稍后刊)。其馀诸府的数字均据房、杜名册。

　　明代苏南三个府苏州、常州和松江，以及福建沿海三个府福州、兴化和泉州，也可以看到类似的集中现象。前三者占江苏省总数的 77%，后三者则占福建省总数的近 85%。即使由于我们根据的是方志的数据，这些百分率多少有点夸大，但科甲高度集中的现象，则是毋庸置疑的。

　　苏南东半部独特的经济和文化发展良机，在前文第二节《以省份区分的科举成功者之地理分布》中，已经解释过了。长江以北的江苏省的三分之二地区是比较落后的，也促成了科甲成功者集中在南部。自清初迄于道光三十年（1850），由于承平日久，物力繁阜，以及文化的传播，江苏省的其他许多地区在经济和文化上慢慢地步上领先地位。两淮盐政官署设在扬州，有大盐场分布于江苏北部和中部沿海，广泛传播文化与财富于江苏北部，这个过去落后的全省三分之二地区。贯穿江苏北部的大运河，是内陆交通运输的要道，是商业的动脉，也是使苏北地方繁荣的主因。尽管在清代，苏州和常州仍然居于全国领先地位，科甲成功却被省内除了僻处东北贫瘠的海州直隶州以外的其他地区，更加均匀地分享。本省其他地区注籍者科甲成功的增加，似乎主要是牺牲了苏州和松江。虽然清代苏州共有 785 名，居全国第二位——这主要根据方志，可能多少有所夸大，但与明代相较，总数仍然少掉 185 名。清代松江府科甲急遽衰微，仅有 229 名考中进士，而在明代则有 466 名，其中的原因难以确知。[1] 肯定是部分由于省内其他地区的竞争

---

[1]　总数取自《松江府志》（1883 年刊），以房、杜名单修正。

与日俱增,部分极可能是由于苏松的大部分人力资源转向投入经济领域,特别是在上海成为全国最主要的港口以后。

对于清代江苏科甲地理分布的重大变迁无论做何解释,我们的数据显示,苏州、常州和松江,这三个历史上著名的府,份额减少,只占全省总数的 57.6%。清代江苏省科甲成功在全省的扩散,这个令人注目的情况,部分可由一甲进士在全省各府分布证实。荣登一甲进士,除依靠个人才能,也同样有赖于地方的文化环境。这可由下列的表 37 见之。

表 37　清代江苏等第进士一甲者之府别分布

府别	人数	府别	人数
苏州	42	江宁	7
常州	20	徐州	1
松江	7	太仓[a]	9
镇江	12	通州[a]	4
扬州	11	海州	0

史料来源:房兆楹、杜联喆,《增校清朝进士题名碑录》。
a,比府小的直隶州。
*【译者按】:海州亦为直隶州。

福建科甲分布在朝代间引人注目的变迁,是沿海的福州、兴化和泉州三个府,在明代居主导地位,但到清代,只有福州以牺牲省内其他地区为前提,科甲集中达到了惊人的程度。明代科甲集中于福建中部和南部沿海,显然可以用其悠久的文化传统,尤其是繁

荣的国际贸易所提供的异乎寻常的机遇加以说明。有明一代的泉
州是东亚具有吸引力的主要国际港口，为相对少数的人攫取巨额
的财富，也为穷人创造充分有收益的就业机会。泉州不仅是一个
科甲鼎盛的地区，而且还是贫贱寒微者社会流动率极高的地区。
天启元年至五年（1621—1625）刊行的《泉州府志》描述说："山海之
区，家诗书而户业学，即卑微寒贱之极，亦以子弟知读书为荣，故冠
裳之士，往往发自寒薄。"[1] 乾隆二十八年（1763）刊行的《泉州府
志》显然是根据旧志给人的印象，叙述说：在泉州"寒酸食贫，半菽
不饱，即宦成而归，往往囊不名一钱"[2] 是普遍的现象。对于明代福
建其他地区而言，这样的描述，也是符合的，只是程度上有所不同，
打个折扣而已。正如同表 33 所显示的，明代福建产生的 A 类进
士，平均每百万人口达 262 名，其比率名列全国各省之首，其次的
才是浙江和江西，平均每百万人口才 147 名。

　　历史上，福建沿海大部分地区的国际贸易，是非常繁盛的，可
是在明清之际，由于明朝的忠臣郑成功，也就是西方学者习知的
"国姓爷"，先是与荷兰人争战，后来又与正在征服中国的清军争
战，其后又因清朝的迁海令，东南港口全面实行海禁，并强制东南
沿海居民内迁；福建沿海由于战乱，国际贸易陷于中断。当清朝完

1　引自《福建通志》（道光二十九年〔1849〕编纂，同治六年〔1847〕修订和刊行），卷 56，
　　页 1b-2a。
2　同前书，卷 56，页 2b。【译者按】：据王振忠云：此段引文原见于乾隆三十八年
　　（1763）刊《泉州府志》（福建省图书馆民国十六年〔1927〕泉山书社修补影印本），卷
　　2，《风俗》引《隆庆旧志》。见王振忠译，《科举和社会流动的地域差异》，《历史地
　　理》，第 11 辑（1993），页 314。

成征服之后,大部分对外贸易的重心南移广州。这个山多而人口过剩的省份,在清代海岸贸易持久衰落,伴随着社会流动率的急遽下降,似乎并非偶然的巧合。幸亏有康熙五十一年(1712)以后的分省定额制度,福建才能够或多或少地维持固定的进士比例。然而正是福州府这个省会地区,以牺牲泉州、兴化和漳州为代价而增加名额。正如同表 35 与 36 所显示的,福州的进士从明代的 654 名,增至清代的 723 名,占全省的百分比,也从明代的 39% 增至清代的 51.7%。晚明以降,福州以"多故家世族",为显赫宗族与家庭之地著称。[1]

科甲地理分布的重大变化,也发生在浙江。我们的统计显示,明代浙江产生进士超过 500 名的府有 4 个,这项记录在清代也未被打破。杭州湾以南的两个府绍兴与宁波,产生进士超过了北部更加富庶的 3 个府杭州、嘉兴和湖州。这种异乎寻常的现象,其确切原因不得而知,不过,万历十四年(1586)刊行的《绍兴府志》却提供了一些有价值的线索:

> 宋南渡之后,学徒益盛……下至蓬户,耻不以诗书训其子。自商贾鲜不通章句,舆隶亦多识字……尚气多争,宦室编民,不自悬别,沾沾足己,耻师人,见贵势不为加礼……其无千金,无冻饿……又比他邑较尚文,士子间能习古文作字,或为

---

1 《福州府志》(万历四十一年〔1613〕刊本),论社会风俗。【译者按】:卷 4,《舆地志·土风》。

诗社。近附于阳明先生，又多讲理学，文辞议论，汎汎可述。[1]

这份府志接着证实，在王阳明的故乡余姚县，越贫寒的人越是傲亢自矜，但士大夫官员，则以名节相尚，多为有骨气道德之士。[2]

尽管可能有许多其他的因素我们并不了解，当地风土民情的这些描述，确证了已知的事实，那就是在王阳明前后，绍兴已经成为一个高社会流动率的地区。的确可以这样说，王氏及其强调的"心学"和对"良知"的信念，是典型的绍兴氛围的产物，回过头来，他必然也深深影响绍兴的环境。16世纪自始至终，绍兴府科甲位居全国榜首，直到万历二十八年（1600）以后才被苏州所取代。

在明代，绍兴和宁波产生了1,575名进士，与此对比，浙江省北部富庶的三个府则有1,351人登科。浙江省其他比较贫穷的各府，讲士登科数也并非无足轻重。事实上，明代的浙江颇似清代之江苏，虽然某些府的记录很突出，但科甲的分布却相当广泛。其中一个迹象是，在浙江11府中，仅有2个最贫瘠的山区，即衢州和处州未能产生至少2名一甲进士。这项记录只有到清代才被江苏省最贫穷的地区所超过。

清代浙江发生的最显著变迁，是科甲高度集中在北部3个府，尤其是杭州。王朝更迭以后，它们在全省进士总额中所占的份额，从41.2%上升到70%。如果不计及近乎省级的顺天府，杭州以

1　《绍兴府志》（万历十四年〔1586〕刊本），卷12，页2a-4b。
2　同前注。

1,004名的总数,在全国各府中遥遥领先。一个明显的原因是,沿着杭州湾和太湖的三角洲,是国内稻米、茶、丝生产最发达的地区,从长远的趋势看,这个地区巨大的经济和人力资源,不可能不转化为科举的成功。不过,也还有更加明确的原因。晚明时期两浙盐政改革以后,财富、人才和文化源源不断地输入,使得杭州成为全国最大的文化中心之一。此外,在清代,作为大都市的杭州地区,还以拥有比其他大城市中心更加全国性著名的图书馆而自豪。[1]徽州盐商及其后裔对于杭州的科甲盛况所做的贡献,甚至连乾隆皇帝都知道。[2] 除此以外,当杭州大大受益于外来移民,嘉兴和湖州也保持或增加了科举记录的同时,一度富有生气的地区——绍兴和宁波,却因大量人才外流而蒙受损失,这对于促成杭州特别是其他省份的科举成功,作用是很显著的。[3] 地瘠人稠曾使许多绍兴和宁波人不得不外出谋生,这种现象给16世纪上海的一位士大夫留下了深刻的印象。[4] 实际上,移民外出,并不限于这两个府,在杭州湾以南本省的其他地区,即传统上称为"浙东"的地区,这种情况也相当普遍。[5] 迨晚明和清代,如此众多的绍兴人背井离乡,以至于绍兴"师爷",也就是官员手下熟谙钱粮和刑名事务的私人幕僚,

1　见前文第4章第1节《抽样的家谱记录》。
2　《科场条例》,卷25,页15a–18a。
3　顺治元年(1644)到乾隆四十九年(1784)间,绍兴府产出的进士总共有266名,其中13名注籍于浙江的其他县份,尤其以杭州最多。其他还有57名注籍于大兴和宛平县,16名注籍于河北诸县,16名注籍于其他各省。见《绍兴府志》(乾隆五十七年〔1792〕刊本),卷31。
4　陆楫,《蒹葭堂杂著摘抄》,页3。
5　同上。

在全国各地随处可见。那些服务于中央政府各机构的人们，通常会选择于邻近北京的京县大兴和宛平久居，以使其职业能代代相传。对明清进士名册的抽样调查显示，该两京县进士之中绍兴人的后裔就有一大堆。清代绍兴府严格地注籍本地的进士仍有 505 名，这的确是很值得注意的不寻常现象。宁波在清代科甲衰落更加剧烈，可以与松江地区相比拟。宁波产出进士的总数，从明代 598 名减为清代的 219 名，虽然与一般的和许多较大的府相比，还是不差的，但在清代名列前茅的各府之中，却是瞠乎其后。在近代中国，常见宁波商人、船主、实业家和金融家崛起，这与科甲的衰落是否存在着因果关系，我们只能臆测。在清代，当科第竞争变得比以往任何时候都来得更加剧烈时，具有巨大文化资源的大都市中心，其优势也就变得越发明显了。因此，浙江不属大城市中心的另外 6 府，便只能认命地接受远远落于北部 3 府的命运。

在这期间，科甲最后趋向集中于少数大都市中心的这一事实，可以部分地以统计数据说明。虽然许多大县在明清时期被分置为两个或三个县，但在近代又被省并为一县，因此，我们仍把它们当作一个单位。宛平和大兴，虽然总是两县，但实际上是不可分离的。同样地，扬州府的首县江都，与其实际上的附郭仪征县；以及构成广州大都会的双子城番禺和南海两个县，我们也都视之为一个单位。

表 38　清代科甲鼎盛的地区

县份	县所属的省和府	县的今名	进士总数
仁和和钱塘	浙江,杭州	杭县	756
宛平和大兴	河北,顺天	同	691
闽县和侯官	福建,福州	闽侯	557
长洲、元和和吴县	江苏,苏州	吴县	504
乌程和归安	浙江,湖州	吴兴	325
山阴和会稽	浙江,绍兴	绍兴	277
武进和阳湖	江苏,常州	武进	265
番禺和南海	广东,广州	同	248
上元和江宁	江苏,江宁	南京	184
江都和仪征	江苏,扬州	同	175
嘉兴和碳石	浙江,嘉兴	嘉兴	168
无锡和金匮	江苏,常州	无锡	163

　　史料出处:仁和与钱塘,见《杭州府志》(民国十二年〔1923〕刊本);宛平和大兴,见《顺天府志》(光绪十一年〔1885〕刊本),并以房、杜名册修正;闽县与侯官,见《福州府志》(乾隆十九年〔1754〕刊),并以房、杜名册修正;长洲、元和与吴县,见《国朝苏州府长元吴三邑科第谱》(光绪三十二年〔1906〕刊本);乌程与归安,《国朝湖州府科第表》(光绪三十一年〔1905〕后刊本);番禺与南海,《广州府志》(光绪五年〔1879〕刊本),并以房、杜名册修正;其馀的县份搜据则基于房、杜名册。必须指出的是,《无锡金匮县志》(光绪九年〔1883〕刊本)和《武进阳湖县合志》(光绪五年〔1879〕刊本)提供的总数,高于房、杜名册的数字,因此不予采用。

第七章
概括与结论

　　中国上古时代主要思想学派是封建时代的产物,它们都支持维系阶级社会,统治者与被统治者之间的权利与义务应有清楚明确的分界。这样的社会制度之所以被大家普遍认同,系基于统治阶级成员的身份必须以个人才能来决定的原则。当所有主要学派最终都以社会意识形态解决这个反论,只有儒家给了一个具体的解决方案:有教无类。当时这个解决方案离社会现实甚远,但孔子自己立下榜样,他收学生不论社会阶级的高低,孟子也不断回溯理想化的古代,各级学校都是聘用有才能的人担任公职的渠道。公元前 2 世纪后半,儒家取得独尊地位,于是建立太学,引进推荐人才担任公职的特别制度,这标志着实现儒家社会意识形态的第一步。到了 7 世纪,当唐帝国将竞争性的科举制度定为选用人才的永久制度,又朝这个发展方向跨了一大步。从 11 世纪起,设立了更多的学校和私立书院,明帝国创立后,中国开始建立全国性官学与奖学金制度。明初政府屡次宣谕设置社学,更进一步触及基础教育的难题。中国历史上的确没有一个时代完全实现儒家理想,但将竞争性的科举考试制度化,把它作为社会官僚流动的主要途径,及大量公私立学校的存在,这在产业革命与国家义务教育制度建立之前的世界各主要社会中,可能是绝无仅有的。

传统中国的社会分层,一般基于孟子的原则:劳心者治人,劳力者治于人。但这只是一个大原则,并不完全符合实际社会分层的实践。我们发现在过去两千年间,并非所有劳心者都是统治阶级成员,传统中国社会也不是两个阶级的社会。明清的社会分层与近代西方不同,高社会身份主要由高科举功名与官僚制度中的职位来决定,虽然部分是事实,但也不能完全忽视金钱的力量。明英宗景泰元年(1450)之前,金钱能间接帮助人取得较高的科名与社会地位;景泰元年之后,经由捐纳国子监生身份、官职与官衔,金钱能直接转换为高社会地位。我们也可从清朝官员起始资格的统计资料(表2与表3),及盐商家庭科举成功的高比例(表6及其评述)看出金钱的力量。据我们对晚清制度史的了解,的确可以说,至迟到道光三十年(1850)以后,金钱作为高社会地位的决定因素,已经使高科举功名黯然失色了。由于先进的近代西方工业社会中,教育是决定社会地位的越来越重要的因素,我们发现从晚清到1949年中共兴起之间,中国社会的分层与西方也越来越相似。

明清社会虽然与较早的中国社会一样,是一个管制社会,但我们也发现法律文本包含的社会理想与社会现实间有很大的差距。法理上,明初国家规定某些特殊劳役身份必须世袭,但事实上,复杂的社会与经济力量,部分也由于帝国政府缺乏严格执行这个苛刻法律的坚强意志,使这样的特殊身份规定难以维持。在整个明

清社会,身份制度是流动的,有弹性的,没有阻止个人和家庭改变
社会身份地位的有效法律与社会的障碍。

　　虽然身份制度的流动性,部分可由表4的明代统计数据呈现,
但主要还是表现在传记、族谱与社会小说及当代观察家对家族与
家庭事务的评论中所显现的各种形态的非量化事证。商业贸易及
其他生产性行业,或与读书举业交替轮换,或与读书举业同步进
行,这样的事实是很普遍的,以致许多明清社会观察家都有一个印
象,认为士农工商四种主要的职业之社会区隔是模糊的。甚至,各
种文献都显示,唐代以后社会的显著特征是:一方面,社会的成功
依靠个人的才能与成就,而非家庭身份地位;另一方面,如果子孙
笨拙不肖,即使是高地位家庭也没有办法延续其成功与家业。因
此,宋代以来诸多社会观察家发展出一个以人文环境为社会成功
之要因的理论,并且宣扬典型的唐代以后的悲观社会观点,认为财
富与荣耀是无常的。[1]　从本书第四章和第五章中提出的例证看来,
这些印象与观点是可以成立的。因为明清时代有各种制度化与非
制度化渠道鼓励和助长寒微人士向上社会流动,但只有很少数的
制度化措施阻止成功家庭的长期向下社会流动。在这个意义上,
明清社会以其特殊方式赋予社会地位高度的竞争性。

　　我们掌握到的明清全国精英群体进士社会构成的统计数据,

---

[1]　甚至如最现实的社会策略家曹景宸(附录案例13)在他的事业达最高峰时,训示家
　　人:"孝弟,根本者,根本不修,则枝叶何由而茂……处伯叔兄弟之间,事在克己。人
　　生富贵何常? 祖宗后嗣果有盛于吾者,则世业不坠,人之盛即吾之盛也。"曹文埴,
　　《石鼓砚斋文钞》,卷19,页10a。

是到现在为止最有系统的。从第三章提供的统计数据看来，科举制度似乎达成一个重要的政治与社会目的。其中，明初出身于三代都无任官或拥有功名家庭的 A 类进士数据的比例，即使近代西方社会精英的社会流动率，也可能很难超越。[1]

王定保（唐懿宗咸通十年至后晋高祖天福五年，869—940?），这位晚唐进士和论述唐朝科举制度轶闻的作者，在一个关于伟大的唐太宗皇帝（627—649 在位）的故事中提到，在看过新科进士装腔作势和威风凛凛缀行而出的样子后，唐太宗喜曰："天下英雄入吾彀中矣！"[2] 唐代是否从唐太宗朝开始定期举行科举考试，他是否真的说过上面那句话，已不易证实，因为王定保的时代几乎比唐太宗晚了 300 年。但这桩轶事却成为晚唐中国人的指标，在观察科举制度的政治和社会作用约 200 年后，他们相信这是唐初朝廷把科举定为永久选才制度的真正用意。总之，后来的皇帝，特别是明太祖就很能理解：相当程度的经常性社会循环对王朝的稳定是很关键的。事实上，科举制度长达 13 个世纪的历史本身，便是它作为社会流动主要渠道及稳定政治与社会的要素最有力的明证。如果我们也像某些近代学者一样，对系统性统计数据与影响社会流动的制度或非制度因素，不是所知不多，就是完全无知的话，我们自然也会像他们一样无法理解中国这样一个庞大而务实的民族，

---

[1] Vernon K. Dibble and Ping-ti Ho, "The Comparative Study of Social Mobility," (Debate), *Comparative Studies in Society and History* Vol. III, No.3 (April 1961)，特别是页 320–327 何炳棣的答辩。

[2] 王定保，《唐摭言》，页 3。【译者按】：《述进士上篇》。

竟然能长久实施科举这样一个哄人的制度。

　　附带一提，虽然科举制度对国家、经济与社会并非没有负面影响，就如在第五章指出的，自宋代以来（11 世纪），科举制度是否能符合国家的需求，一直是人们论辩的问题。但在传统中国人的智慧与才干所能提出的方法中，这一制度仍是选拔干才最客观的方法。其优点在于，科举考试的科目集中于经书、文学、历史与行政难题，能培育出具备健全常识与判断力的人才，甚至是政治家。其缺点则是可能会培育出不具备原创力与想像力，只会像鹦鹉学舌一样，强力附和官方意识形态的士大夫（只有一个最重要的例外，即在 16 世纪的大部分时间中，王阳明的良知与知行合一学说导致了思想的解放，这是中国史上少有的情况）。此外，科举制度另一特别的成就是突出已被独尊的儒家伦理价值体系。西方世界好几世纪以来在商业、产业、金融、科学和技术方面的成功受到社会尊重，可是在传统中国这些成就被看作是次等的，因此，明代中国社会与文化环境很难促成科学与技术发明。社会上，由于科举考试在所有的秀才、举人、进士三阶段竞争都很剧烈，造成人力与才智大规模的浪费，是任何其他社会所没有的。晚清进士名册中对其祖宗的详细记载，使我们读起来觉得悲伤，因为一个举子参加每三年一科的高阶科名考试失败十多次的情形，并不少见。这些运气欠佳的举子，一辈子都浪费在苦读和考场上。但就唐代以来对社会流动与社会变迁的作用而论，几乎没有其他要素可以与科举制度相比。

　　虽然本研究只处理中国历史上最后两个王朝，但这一成果有助于思考及观察中国社会与社会流动长期的变迁。回顾起来，唐代是一个重要的过渡期，此时垄断政治权力的早期中古贵族制度，在竞争性的科举制度影响下，逐渐瓦解。虽然在唐代，真正寒素之士究竟有多大的社会成功机率，还很难说，但是比起之前的三个世纪，唐代有更多的社会流动，是无庸置疑的。我们对于唐代靠科举成功显赫者之确实的家庭背景，所知有限，甚至唐代的文献和传记说到个人的社会出身是寒素或低微时，这种形容词必须放在唐代的社会脉络中解释。很可能这种被当代人拿来形容寒素或低微的语词，其实只是相较于世袭贵族家族而言的。虽然自 7 世纪中叶起，世袭贵族已不再能垄断政治权力，但直到唐代最后结束以前，他们仍是支配性的政治势力，享受绝对的社会声望。[1]

唐代家族最终在五代（907—960）的战乱不断中衰落，科举制度在宋代成为永久定制，其后，中国社会的流动性肯定变得更大，组成统治的官僚阶层的社会成分也变得更宽广。一项杰出的现代研究显示，在《宋史》列传收录的宋初官员中，46.1%出身寒族，而在《新唐书》、《旧唐书》所收的晚唐列传中，相同社会出身的官员，只

---

[1] 由于王朝正史很少提供比较寒素人家祖先正确的信息，也由于"寒族"这样的词是用在中国历史某一特别时期的历史脉络，因此，我相信要推测明代以前社会流动的面向最有效的方法，就是研究其社会流动的主要路径与机会结构。一项最近的研究显示：唐代促成寒族向上社会流动的一个有效要素，是作为学术中心的佛教寺院之兴起。一般来说，佛教寺院是对贫穷的人和有志努力奋斗的人开放的。参见严耕望，《唐人读书山林寺院之风尚》，《"中央研究院"历史语言研究所集刊》，第 30 本下册（1959 年 10 月）（【译者按】：本书原作 1960，今依《"中央研究院"历史语言研究所集刊》改正）。总之，比较安全的说法是：对社会流动发生作用的教育设施和其他制度化与非制度化的通道，唐代比起宋代和明清时代来说，是要少得多。

占 13.8%。[1] 虽然在运用王朝正史的局限下,上述研究描述的晚唐与宋初官员之社会出身想必是特定的,作为关键词的"寒族"一词必须放在唐代的社会脉络中理解。现存的两种南宋时期(1127—1279)的进士名册有祖宗家世资料,其中显示中式举子出身平民而先世未为官的非官员家庭占全体中式的百分比,高宗绍兴十八年(1148)戊辰科是 56.3%,理宗宝祐四年(1256)丙辰科是 57.9%。[2]

尤应注意的是这些南宋的数据,虽然引人注意,但并不能严格地与明清 A 类进士数据相提并论。这是因为宋代乡试中式只是取得参加会试的资格,不像明清时代乡试中式是取得正式科名或出任低阶官职的资格。或许宋朝有不少从非官员家庭出身的进士,可以列入我们的 B 类和较低层的 C 类。

我们有理由相信如果使用与本研究的相同标准来分类,现存的宋代数据,它的 A 类数字会较小些,至少与明初相比会如此。如第五章所讨论的,宋代府学和县学及私立书院的数目远比明代少,刻书与其他对社会流动有作用的通道,直到南宋末年,仍处于休眠阶段,未开始发展。

明朝创建以后,科举考试和功名授予制度越来越精细,学校制度真正普及全国,社会流动的增长趋势持续进展。以上种种,加上明朝开创的最不寻常的政治与社会条件,创作了可能是中国史上

1　孙国栋,《唐宋之际社会门第之消融——唐宋之际社会转变研究之一》,《新亚学报》,第 4 卷第 1 期(1959 年 8 月)。

2　Edward A. Kracke, "Family vs. Merit in Chinese Civil Service Examinations under the Empire," *Harvard Journal of Asiatic Studies* Vol. X, No. 2 (September, 1947).

绝无仅有的社会流动篇章。本研究最重要的成果之一是：A 类的数字在明初最高，其后到 15 世纪和 16 世纪的大部分时期，逐渐稳定维持在一定的高度，16 世纪末期才急速下跌，到了 17 世纪后期以后，维持在 20% 以下的低点。同样重要的是在竞争剧烈的科举考试中，成功家庭的成员自然拥有各种竞争上的优势，普遍地比寒素人家占上风。如果不是早期大规模翻刻基本经典与类书及王阳明学说和其后如雨后春笋般兴起的私立书院等因素互为作用，平民社会流动成功的机率可能早就急遽地下跌。因为正当社学开始衰落之时，大量提供经常性奖学金的私立书院适时兴起。

与贫农出身的明朝创建者不同，清初的统治者主要关注的是在其征服的土地上，赢得关键阶级，也就是士大夫阶级的支持。除了顺治时期（1644—1661）进士学额异常之多，使 A 类数字还能维持晚明的水平外，此后平民的社会成功机率就持续地下跌。因为严格限制进士学额，加上急速倍增的全国人口及其所造成严重的经济后果，虽然清代 A 类任用比率的平均来看还不算太单薄，但却可能减弱寒微出身人士上升的机会结构，这必须放在当代中国社会脉络中来评估。这个国家借助于明代的经验，相信阿尔杰（Horatio Alger）那样的神话，但 A 类比例持续下跌的趋势反映出来的事实与原因，肯定会产生普遍的社会挫折感。19 世纪与 20 世纪中国的社会不安与革命特征，如果推论它与平民普遍挫折感相关，似乎是中肯的。所以太平军这个世界上最大的内战之兴起，就不是偶然的巧合。太平军是由洪秀全（1813—1864）所发起，他出身于一个小自耕农家庭，投考秀才屡试不中。必须指出的，清代大部分时期，统治者的"彀"显然没能把天下英雄及数量可观的心怀社会野心壮志者，引诱进去。一个科场失败挫折者发动的叛乱，所造成的社会流动情况，虽不呈现在本书第三章统计数据里，但部分在表24中反映出来。

在总结这个研究时，必须尝试把主要的统计数据与各种质性的证据整合起来。我们比较有系统的数据，是与进入仕途相关的一种特殊的社会流动。至于职业和其他各层面的社会流动，我们能利用的证据，虽不至于微不足道，却都只是不具体的印象派式的叙述，也无法量化。直到如今，方法学上的难题是精英的流动和一般的社会流动属于不同的研究课题，究竟前者的研究对于后者的研究有什么推论价值，还有待系统性的讨论。本研究则有幸地在丰富的进士数据之外，还有许多举人、贡生和生员的有用数据。进士及第标示达成社会流动的最高目标，进入生员的大团体则是近乎草根层次的社会流动。我们的地方、省级和全国水平靠科举促成的社会流动统计数据，有其一致性标记。例如，从大量的19世纪举人与贡生的数据资料，得到稍高的A类百分比，而A类与B类百分比加起来，也比同时期进士数据资料得出的百分比高得多。南通县的生员数据显示明清时期同样的长期向下流动的趋势，就和进士的数据一样；常熟县与海门厅的生员数据显示明清时期同样的趋势。但甚至在流动率大为减缩的清代，出身非士大夫的平民家庭之海门县生员还占总数的48.3%；南通县与常熟县也占总数的50%以上（表15）。所有全国级、省级和地方级的系列数据，都要与具高度竞争性的三阶段学术社会流动相对照,这意味着在社会金字塔的底层附近,必定有相当的社会流动,呈现于生员、举人和进士三类功名拥有者面前。

本研究的方法,并非仅基于从一方面可以推论出另一方面蕴涵的关系而已,历史学家在达成主要的结论时,必须依据他所运用的累积事证。系统性的统计数据虽极富价值,但也不能忽视各种形态质性事证的重要性,例如对于我们这个研究,传记、族谱、社会小说及当代观察家对社会、宗族及家庭事务的论述,都非常重要,这些史料使我们可以究明:促进社会流动的各种制度化与非制度化渠道的存在,几乎没有制度化方法来阻止高地位家庭长期的向下流动,均分遗产的习俗可能是稀薄化社会阶级运作的最有力的因素,对身份流动缺乏有效的法律和社会障碍,以及某些导致社会流动的社会概念和神话合理又深入地渗透包括妇孺在内的大众等。在这样的性质与范畴的研究中,针对某一特殊形式的流动所做的统计,只有对照上述事实、特征和印象来解释和评估,才能有较完整的意义。其中有些事实、特征和印象,则以附录中的社会流动具体案例相印证。秉持儒家道德主义信念的非量化形式文献的作者,都一致地证实明清社会普遍的共同现象是:家庭财富世代间的起伏与社会流动性格,除非他们都错了,我们所累积的质性事证,当把他们与举业造成的社会流动的统计数据结合起来看,一定会看出社会所有层次都存在着相当可观的流动。

如果大胆推论,我们会发现中国的举业造成的社会流动数据,似乎对了解普遍的社会流动,具有特定的推断价值。举业造成的社会流动的趋势，与我们推测的明清社会一般社会流动的主要趋势一致，虽然其间不是没有出入。的确，虽没有明清时期一般社会流动的统计数据，但我们有相当数量关于经济与社会条件、财政重担、生活水平和人口成长等变迁要素的事证，而这些要素会对一般社会流动发生影响。在我研究明清人口的书中，已针对此类事证做过仔细的分析，此不赘述。[1]

不言自明，明初到公元 1500 年（弘治十三年）的中国处于一个和平、繁荣，政府人事精简，财政负担相对较轻及农业和商业稳定扩展的时代，加以政府对寒素之士向上流动采取的相当同情态度，以及大规模扩充教育设施，势必对两种形式的社会流动发生好的作用。的确，除非经济、社会与制度因素全部非比寻常地利于全国大多数人的向上流动，否则对现代学者来说，很难解释明初的 A 类进士如何能持续这样的高水平。明万历年间（16 世纪末期），A 类进士数字开始第一次的急速下跌，正好和政府治理不当的时期几乎同期，结果人民财税负担加剧，抵消的似乎不止是逐渐增长的灿烂经济。

我们推断的普遍社会流动趋势与举业造成的社会流动趋势，唯一引人注目的落差，大概发生在康熙二十二年至乾隆四十年（1683—1775）间（或可能结束得稍微早些）。在这段时期，清朝政府的权力与威望达到最高点，全国拥有长久和平，物质繁荣，财政

---

[1]　Ping-ti Ho, *Studies on the Population of China*, *1368–1953*, Part II, "Factors Affecting Population", passim, and "Conclusion", passim.【译者按】：中译本参见葛剑雄译，《明初以降人口及其相关问题 1368-1953》，下卷，《影响人口的诸因素》和《结论》。

负担宽松,生活水准改善和出现前所未有的人口增长。在这个生活过得称心的时期,唯一可能对一般社会流动有不利作用的因素,是长江流域的土地所有权逐渐集中。大约到乾隆四十年左右,经济与制度的综合因素仍然有利,导致人口的快速与持续的成长,并且被当代人视为几乎是老天无条件赐予的福气。然而,由于政府对进士学额的限制,A 类数字从晚明的水准进一步下跌。

乾隆四十年(1775)以后,推断的普遍社会流动趋势与举业造成的社会流动趋势,再度相符。由于人口的成长与技术的停滞造成各种经济困难,而政府行政的败坏,则使经济困难越趋明显。人口过剩对经济和社会起的作用,为 18 世纪末和 19 世纪初的乾嘉学者所注意。例如,天才学者龚自珍在嘉庆二十五年(1820)评论道:"自乾隆末年以来,官吏士民狼艰狈蹷,不士、不农、不工、不商之人,十将五六。——概乎四方,大抵富户变贫户,贫户变饿者,四民之首,奔走下贱。"[1] 必须注意的是乾隆四十年以后,A 类下跌的趋势显得比经济与社会条件的急速恶化要和缓些。但我们的进士数据并不涉及捐官进入仕途者,如果把捐官的人也算在内,寒素之士成功向上社会流动的实质机率就会更少。因此,举业造成的社会流动趋势与普遍社会流动趋势,似乎大致是一致的。

由此可见明清中国社会流动与近代西方社会流动的基本差异,在于长期的变迁趋势。整体而言,在工业社会中,伴随着持续

1　龚自珍,《定盦文集》,卷中,页 6a,《西域置行省议》。【译者按】:本书原来误为页9b,今据《四部丛刊》本改正。

不断的技术革命与经济活力,从收入与职业带来向上流动的稳定趋势,[1] 而明清中国,人口的倍增及技术与制度的停滞,却使社会长期的向下流动趋势无法避免。[2]

---

[1]　整个来说,美国的社会流动形态一向是从手工和半技术向技术与"第三级"的职业(【译者按】:即服务业)转变来说。参见 S.M. Lipset and B. Reinhard,"Ideological Equalitarianism and Social Mobility in the United States," *Transactions of the Second World Congress of Sociology*, 1954.关于其他工业社会的同类趋势,参见相同作者的 *Social Mobility in Industrial Society*.

[2]　传统学校、书院、廪饩制度、宗族组织等的衰落与消失,现代教育学费相对地高涨,及混乱的政治、经济与社会条件,似乎指明民国时期(1911–1949)可能延续本书所显示长期向下社会流动趋势。充满活力的全国性提倡教育运动,和过去 11 年中华人民共和国政府尽心竭力地在各个层面扩大教育的社会基础,无论如何,肯定会改变历史上的社会流动趋势。可能中华民族开始经历一个社会流动的新篇章,终致可与明初相比拟,甚至盖过明初。

附录
社会流动的案例选

　　本附录由明清传记文献中选出 27 个案例构成,作为社会流动的各种类型及过程的例证。明清时代传记文献数量之多,令人印象深刻,但与社会流动研究有关的文献却很有限。历代王朝的正史与列传,在文体与内容上具有高度的形式主义,多半只依年代摘要记录传主的公务及其他业绩。对于传主的家庭背景和早年生活,大部分并不记载,或只是一笔带过。地方志的列传,可以查找那些非闻名全国的地方知名人士简略传记,但由于过分简略,拿来当作世代间社会流动的研究资料,是带有危险性的。因此,可以说,传统中国并不存在现代意义的传记。然而传统中国的传记资料中,还是有相当数量质优的名人“年谱”(依照年代记述的传略)、“自订年谱”(依照年代记叙的自叙传略)、名人文集(这些文集收录这些名人家庭背景与早年生活的记载),及由其子孙或著名学者撰写的讣闻、行状和墓志铭。这类文献,即使不能称为传记,至少会比正史的列传提供较多了解社会流动的信息。

　　在此说明选录这些案例的指导原则:根据两种或两种以上的

资料做出概括的叙述,以其中较短的一种资料为主,尽量少加更动,然后加以翻译或意译。如果原始文献中包含好几代的家庭史资料,对这个家庭进入社会流动决定性阶段之前的早期历史,做简要的叙述。因为这种资料比较能帮助我们充分理解这个家庭运势的消长,虽然在同时代人看来,这是一般性的社会现象,但本书第三章的统计数据却无法显示。如果原始文献缺乏家庭或祖先的主要资料,我们研究的对象就不是家庭而是个人了。因此,我们不能对所有的案例用同一方式来处理。传统中国儒学道学家强调特定的价值、行为和感情,传记中的记述除非证明是假的,在概述其生涯或家庭史时,将不会被摒除在外。我们这种处理方式不是不能完全辨明,因为现代的历史家不论他如何具有历史观,都不能期望他对过去时代人们的经验与感情有全盘的理解。只有在保存原文风味的情况下,从我们对明清时代社会状况的理解出发,才能一定程度地洞察当时人们的希望、恐惧、宏图远志与挫折等心态,这虽然对现代研究者来说太遥远,却是形塑过去人们生涯与命运的要素。

这里简单说明案例选择的标准。首先,案例的选择是根据文献的品质、各个案例的性质与关注点,或它涵盖的年代长度,这些是研究社会流动有用的信息。甚至当两条材料主要特色虽然相近,但事实上彼此的时间相隔一世纪以上,则两者均予选取。我们的研究涉及时间很长,我们也要知道某种形态的社会流动是否也可能会在另外各个不同的时期发生。因此,选录不同时代产生的类似案例,似乎有其正当性,因为影响社会流动的制度、经济、人口

等诸要素结合体是经常变化的。无论如何,为能尽量多举些例子
说明各种社会流动的形态,因此,对那些以早年事业形态及早期社
会流动过程为主的同一类型的好案例,不得不予以割爱。[1] 即使的
确有可能把社会流动形态做广义分类,一些属于某种广义社会流
动形态案例,也还是不能说明明清社会流动形态的实际部分,甚至
连粗略说明都不可能。例如意味着教师微薄收入的"笔耕"案例,
数量上,一直是代表向上社会流动成功的最重要案例。但是,基于
上述的理由,我们只能选择相当平均分布于 15 世纪末至 19 世纪末
之间(明弘治年间至清光绪年间)的 5 个案例。

　　总而言之,这里选出作为社会流动研究的 27 个案例,就品质
而论,差不多就等于是原始史料。其中最好的一些案例,明确描述
社会流动过程主要阶段中,个人或家庭的社会与经济地位的变迁。
这些选录的案例,至少比第二章及本书其他各处所举的简要案例
来得详细和准确。其中有许多案例还透露社会与心理因素复杂的
互动,而这些就不是本书第三章经过必要简化的统计数字,所能适
切说明的。我们也希望透过这些案例,更正确地论证每一身份类
别的社会脉络,这些身份类别已在本书的第三章给予广泛的定义。
还要进一步说明的是:第三章显示的社会流动率,的确是尽量低

---

[1] 借由"捐纳"买官产生的流动,有一部分在 4 个关于富商家族的案例中处理。借由
买官的向上社会流动的著名案例很多,但一般来说,文献中对于其个人先祖及其早
年的情况,很少谈及,甚至没有资料。关于荐举及军功造成的社会流动,在第五章
《战争与社会动乱》一节中已有简要的说明。在选出的案例中,也有阐明向下社会
流动的案例,但附录中没有选录完全只说明向下社会流动的案例,因为这在第四章
已有系统的探讨了。

估的。

以下这 27 个案例依年代排列,各案例之后的备考所指出的某些事实和要因,是我自己认为特别值得注意的事项。

案例 1:唐贵——弘治三年(1490)进士[1]

唐贵出生于江苏省南部武进县的贫苦人家,弘治三年(1490)进士及第。其父病瘘,不能谋生。虽然他们家一直没人中过举,但由于唐贵世为儒家子,又不能徙业做其他的事,他一心一意只想做个学者。在 15 世纪后半成化、弘治年间,中举者的八股制义文章尚未被有系统地编印和贩卖。唐贵就已看到靠此维生的可能,于是他广求精择,编印这些文章,卖给公、私立儒学与书院的学生。只要看到这类文章,他便借来抄写复制。为奉养双亲及年幼的弟妹,他常到邻县贩卖这些中举者的文集。跋涉饥困,不胜艰苦,他曾叹息道:"吾不以文发身,父母终沟壑耳。"因此,他更加专注于学业,且诵且泣,覃精研思,通宵达旦,枯肠欲断,寒肤欲裂,饥寒也阻止不了。

在年满 16 岁时,[2] 他通过县级考试成为生员,并强为束发加冠,以增加工作机会。[3] 于是被当地家族雇为童蒙的塾师,出授童子句读。后来他在省学政监督的岁试、科试中拔得头筹,名气大起

1　万历《常州府志》,卷 15,《人物 3》,《家传》。
2　附录中提到人的年龄,比称为"岁"的中国传统的计算法少一岁,以避免"岁"一词的重复。
3　依据古代习惯,少年到 20"岁"为成年,此时正式加冠。

来,远近的有钱人家开始争相延请他教授子弟读书。原来微薄的薪俸增至每年百两。从此,他开始有能力提供父母适当的饮食及生活必需品,并支付兄弟姊妹的婚礼费用。约 20 年后,他积蓄了足够的钱购买田地三百亩,于是决定辞却塾师的工作,致力于科考。

弘治二年(1489),唐贵乡试中举,翌年进士及第,二甲第五名,授户科给事中。唐贵在北京时常写信回家,告诫弟弟们不要太热衷官位与钱财,因为他任京官的收入可与大家分享。唐贵随后转至海南岛任知府,于任内身故。他为官清廉,去世时,家族的财产仍维持当初的 300 馀亩,没有增加。

唐贵的儿子唐瑶于正德五年(1510)中举,但考进士六次都失败,后来任河南信阳州知州,累迁至湖广永州府知府。唐家最出名的人物是第三代的唐顺之(正德二年至嘉靖三十九年,1507—1560),嘉靖八年(1529)会试第一名解元,殿试二甲一名进士,官至右佥都御史(正三品),是全国知名的作家及历史学家。唐氏第四代中地位较高的是唐顺之的儿子唐鹤徵,也是一位进士(隆庆五年,1571),参加编撰父祖世代居住的常州府万历四十六年(1618)版《常州府志》,这部方志对于当地的制度、财政相关事情有丰富的记载。

【备考】

这是关于"笔耕"出类拔萃的案例。其中应注意关于社会及文化的重要事实是到了 16 世纪三四十年代,贩卖专门为参加科举者所编辑的中举者文章的辅助读本,已渐渐流行。其后,具有像唐贵这样社会和经济地位,而奋发努力的读书人,是否可以借由同样的工作而取得同样的财富就值得怀疑了。

案例2:戚贤——嘉靖五年(1526)进士[1]

戚贤,安徽省全椒县人。曾祖父戚通是一个雄桀、修翰、长髯、身形高大、器宇轩昂的人。年轻时,戚通至国都服徭役,在路上遇到仆从很多、坐着轿子和乘马车的达官贵人,他屏足叹曰:"嗟乎!吾以七尺役于人,安得见吾子孙若是洒吾辱乎?"但是他子孙均仍为农民,不习儒道。在他92岁高龄临终时,他手拍大腿啜泣曰:"天乎!吾家纵不得达官贵人,乃靳一儒家儿耶?(老天啊!即使你不给我们家做成达官贵人,难道连一个读书的儒生都舍不得给我们家吗?)"在埋葬戚通时,一位衣衫褴褛的道士指着墓垄对戚通的孙子戚思庵说:"葬此十年,贵人生且易汝衣,惜不令此老见之。"10年后,戚贤生于弘治五年(1492)阴历八月。

戚思庵有四子,除了戚贤之外全部业农自食。戚贤幼时虽力弱不任耕,但颖拔多慧,是一个聪明好学的孩子。幼时,从兄长处得知曾祖父临终前的遗训,感到悲伤羞愤,立誓必诵读为儒生。但其父不好书数,不喜儒业,往往命他搬运重物,他因无力负荷而极力恳求,未果。他的母亲为此时常与他一起哭泣。邻居老翁听说了这个情况,愿意提供食宿,让戚贤在他家读书。

---

1 张萱,《西园闻见录》,卷9,页23b-24a。必须注意的,本书原来把戚通误当作戚贤的高祖。由于传记只记四代,因此,戚通应该是戚贤的曾祖父。

　　十五六世纪之交弘治末年,全椒县县衙缺乏懂文书的佐书吏,便强迫戚贤到县衙服吏役。为了逃脱这个地位低下的事务性工作,他向父亲提出让他参加生员考试的要求。父亲被他说服,不再干涉他的学业。两年内,戚贤就考中增广生员。

　　由于家庭人数众多,戚贤一家贫不能给朝夕。戚贤更由于长期的营养不良,因而罹患血疾,也就是结核病。不久,母亲去世,母亲的死对戚贤而言更是莫大的打击,益不胜痛,卧病数年,待痊愈时已 29 岁,这时他才结婚。嘉靖元年(1522),江南北大饥,县政府照例从当地选有行谊生员 2 名,监督救荒施粥,他被选为其中之一。次年,他第一次读到伟大的政治家兼理学家王阳明的著作,读书之心忽然启发,开启他思想的新远景,因而获得非凡流畅的思考力,文思泉涌,对其作文有很大的帮助。嘉靖四年(1525),他通过应天南京乡试,翌年进士及第(【译者按】:三甲五十三名),历官全刑科都给事中(正五品)。

【备考】

　　这一事例有几点值得关注的地方。第一,无论传统中国的单一价值体系有多坚固,像戚氏一族这样为数众多的小自耕农家庭,对于现实生活的关心多于社会流动攀升的问题,其原因可能是农作需要大量人力。第二,在戚贤往上层流动的决定性阶段,得到同情他的邻人相助,这种情形在中国传统社会确实经常出现。第三,在多数案例中都出现如戚贤般经过心理挑战最后获得成功的情况。第四,戚贤为 16 世纪初叶许多出身寒素的代表,他们受王阳明良知人人平等及致良知学说的影响,而能解放思想。必须附带一提的,在王阳明的各种理论流行三四十年之后,科举考试作文题目往往带有理学性格,而且多基于王阳明的理论,而不是国家支持的宋代理学家朱熹注释的经典。

案例 3:张俸(嘉靖至万历初,16 世纪中叶)[1]

江苏太仓州张俸几代都是耕读之家。由于家产不多,使他不能衣食无忧地专心读书。耕作与读书会互相妨碍,他专注于学业便荒废了耕作。于是,不但生活不能有所给足,儒业亦不甚显。加以其父贫弱瞽废失明,[*]家庭的重担落到他年轻的肩膀上。年纪稍长之后,虽然他时时访求较好的老师,但他负担不起学费,不能具脩脯赘。有些老师同情他,免费教导他。由于非常不喜欢耕作,15岁时,他决定去做村里的童子师。虽然他身形短小,不引人注目,但教书时颇有威严而认真。张俸很快就通过生员资格的考试,在随后的岁考、科考等复习考试均得到高名次,因此后来获得廪膳官费的资助。虽然他有工于文的自信,认为更高的功名唾手可得,但是,他的时运不佳,匆匆过了 30 年,72 岁过世时,还是廪生,没有挨到出贡做贡生的机会。

由于家境贫穷,直到张俸死后 7 年,同样身为生员的儿子才筹到足够的钱妥当埋葬他。张俸的儿子也于此时请求同乡最有名的

1　王世贞,《弇州山人四部稿》,卷 85,页 7a-9a。
*　【译注 1】:本书原作其父 deaf(耳聋),然王世贞撰《孝友张先生传》的原文为"瞽废",是眼睛失明,今从之。

文人王世贞为他运气不好的父亲立传,收入《弇州山人四部稿》。王世贞是 16 世纪一流的诗人、文学家、历史学家。

【备考】

　　这个案例反映儒家价值体系对处于经济困境的小自耕农心智的渗透,是个与案例 2 相反的案例。同时这也是大多数社会流动受阻案例的代表,这类的文字记录是非刻意、偶然地保留下来。此外,这也显示一个与困苦生活搏斗的贫穷生员的社会地位是不高的。因此,张仲礼以生员构成他所谓的"下层绅士阶级"的身份概念,是有疑义的。

案例 4:孙义卿(嘉靖至万历初,16 世纪中叶)[1]

　　孙义卿,徽州府休宁县人。从小就鄙视他故乡地区的人把钱看得很重和凡事都以利益考量。他的父亲是个小生意人,在一次当孙义卿跟随父亲到长江下游进行商业之旅途中,有一天他跟父亲说:"将令书东鲁家言耶? 即书吾徽什一也? 且大人幸一子,奈何弃之贾?(是读东鲁孔子经书好呢? 还是效我徽州人追逐什一商贸之利好呢? 而且父亲大人只有我这么一个儿子,奈何放弃我的前途,迫我从商?)"他的父亲为其大志所感动,同意供他读书。于是孙义卿专心认真向学,没多久就考上生员。他的岁考成绩名列前茅,因而取得当地一所办学成绩极好的私立书院的入学资格。这所书院有较好的设备,与知识界有较好的联系。然而这似乎没

1　王世贞,《弇州山人四部稿》,卷 84,页 20a-21b。

能帮上忙,孙义卿的乡试还是屡试不第。

孙义卿的父亲年事已高,他又从未帮忙父亲经理事业,遂使家庭经济陷入困境。一些当地的商人就问孙义卿的父亲:是否后悔让儿子弃商而去念书? 他的父亲仍对儿子抱着希望,认为他终究会成功,便说:他乐于这样做,并不后悔。事实上,这个终究会成功的愿望,从未实现。孙义卿在 70 多岁过世时,他和他的孩子在举业上都没有能成功。要等到孙义卿死后好多年,他的儿子终于到北京参加贡生特考,希望能谋得一个下级官职。在北京,他见到王世贞,含泪请求这位大作家为他的父亲孙义卿写传,因为自己无法达成亡父的期望,只有借由王世贞写的传,才不会使亡父默默无名。

【备考】

这一案例除了家庭背景的不同,及传主的儿子最终获得一个下级官员的最低限度资格之外,实质上与前个案例相似。

案例5:许国(嘉靖六年至万历二十四年,1527—1596),大学士(万历十一年至十八年,1583-1590)[1]

徽州府附郭的歙县许氏家族几代都经商,族中有几房生活比较富裕,许国自己这一房则贫苦。在他记忆中,他的直系祖先中没有一个人中过举。其母家先人也一样是寒素的平民,母亲在婚前

1　许国,《许文穆公集》,卷13。其中收录6位家人和族人的传记,亦参见焦竑,《国朝献征录》,卷17。

常到邻近的学校听讲,因此能掌握儒家基本经典的大意。这一资历使她后来在家庭经济没能力聘请正式的家庭教师时,仍能够帮助孩子们开始在家受启蒙教育。

就像其他徽州小商人一样,许国的父亲有一定程度的识字能力,但经商资本很少,其起始经商的资本,有一部分来自妻子不多的嫁妆。大部分的时候,他在江苏南部经商的伯父那里当助手,三四年才能回一次家,有时甚至八九年才回家一趟,家庭相聚的时间很短,通常不会超过三四个月。因此,扶养家庭的重担就落在许国母亲的身上,她以刺绣营生,收入极微;整年只穿薄衣度日,一日份的食物经常要吃两日。由于夫妻长时间分隔,见面时间很少,孩子的年纪相差甚大,许国比兄长小 15 岁,第一次见到父亲时,已经 6 岁。

许国是个聪明好学的孩子,因而赢得他伯父的同情,帮他请塾师,让许国进入家塾读书,必要时还提供一定数额金钱帮助。许国 9 岁时,经商的伯祖父过世,父亲带着家人转往江苏南部的常熟,一起度过 6 年的时光。因此,在常熟能有机会与文风鼎盛的都会学者往来,对许国的学问很有帮助。回到歙县两年后,许国成为生员,当时他 17 岁。但是,由于一连串的厄运如灾荒、疫病的流行,母亲家人的死亡和丧葬费,及附近邻人的敲诈豪夺,父亲多年来的一点积蓄很快就被扫光。就在这个时候,父亲突然失明。幸好,这时许国得以担任徽州府通判家塾的教师,而有些许收入,这个家还能过得下去。

嘉靖四十一年(1562),许国在历经四次失败后,终于在第五次乡试中考上举人。同年父亲谢世,母亲亦于翌年亡故。嘉靖四十四年(1565),许国殿试第七(【译者按】:应该是三甲一百零八名进士),被选为翰林庶吉士。于是有机会在翰林院这个受高度尊崇的机构深造,后来成为皇太子的老师(【译者按】:许国在万历元年任日讲官,给神宗讲解经书),仕途因此通达顺遂。

许国青少年时期长期的艰辛,使他为人特别温和,能体恤别人。他在北京每日布施乞丐的行为,广为人知,偶尔还招致非体之讽。[1] 尽管他的事业成功,但他的子孙却连一个杰出人物也没有。四子中,长男为生员,二男受恩荫而任官至中书舍人(正七品),两人均先许国而卒。四女中,两人嫁给国子监生,一人嫁庶民,一人为下级官吏考功郎的子媳。许国兄长的次子可能受到许国的帮助而任下级官员。许氏家族的生活形态是儒商混合或儒商交替,许国非凡的个人成就似乎并未给许氏家族带来生活形态任何变化。

【备考】

不顾家族生活形态的限制,许国始终不偏废读书,这是一个修正的"耕读"案例。他的生涯中两个决定性要因:一为母亲有识学能力,一为亲戚的同情及援助。必须指出的,到社学衰退的16世纪后半,一般来说,个人的成功部分是靠非制度性与亲友个人的援助,许国的案例不过是其中之一。

1　沈德符,《万历野获编》,页847。

案例 6：宣城徐氏 [1]

嘉靖四十四年(1565)进士徐元太的父亲原本是浙江省某县典史，因言语惹恼巡按御史，而受辱扑责，愤而辞职回到安徽省南部宣城县隐居。一直到这时，他的两个儿子都已失学，学业没能快速进步，部分是由于他俸给过低，部分是缺乏适当的督导。他常常涕泣，闷闷不乐。一日，兄弟二人跪在父亲面前，问父亲悲伤的原因。在听到父亲受辱的事情之后，父亲说道："尔兄弟皆废学，吾无后矣。"于是诉说受辱扑责之事，复流涕不已。两兄弟遂誓言努力向学，为父亲洗刷耻辱。

后来，哥哥徐元气 [2] 在嘉靖四十一年(1562)考上二甲进士，官至云南左布政使及山东左布政使与通政使。其孙辈一人任知府、曾孙 人为贡生。弟弟徐元太为嘉靖四十四年进士(【译者按】：三甲七十一名进士)，累官至南京刑部尚书。其三子，长子万历十年(1582)生，早逝；次子受恩荫，然未任官；三子官至刑部郎中(正五品)。

【备考】

这是另一个心理挑战如何促成在社会上成功的例子，在此应注意恩荫对于家族往后的社会流动并无作用。

1　王士禛，《池北偶谈》，卷8，页9a-9b；《宣城县志》，卷15，页12a-13a；《江南通志》，卷148，页10b-11a。

2　王士禛把徐元气误为徐元太的弟弟，今据《江南通志》改正。

案例7:徐光启(嘉靖四十一年至崇祯六年,1562—1633)先祖 [1]

徐光启是著名的基督徒、大学士、科学家,曾与利玛窦及其他耶稣会士共同翻译数种欧洲科学、技术、地理学、神学相关的论著。其先祖的事迹,为一个家族要通过科举提升社会地位,其道路之曲折,提供一个非常出色的案例。

徐氏在1120年代的北宋末年女真族入侵华北时,第一次由河南洛阳移居到江苏南部的苏州。[*] 在徐光启高祖父时移居上海。在几次倭寇侵扰中,家谱散逸。因此,徐光启的高祖父的事迹我们知道的很少。所能知道的是徐光启曾称他为"广文",这是县学的教谕或训导在书简上的称谓。显然他是一位贡生,也可能是举人。

徐光启的曾祖父为应付沉重的地方赋役,无法维持读书的传统,被迫去耕作家里的田,此时家道已中落。其二子中,幼子就是徐光启的祖父,弃农从商,结果使家业大为改善。但是,他英年早逝,徐光启父亲在6岁时便成了孤儿。临终时,他把财产的管理权委托给岳父。这位老丈人保护他的寡妇女儿及仅有的外孙,并为徐光启的姑姑选了一个贤婿,他们的儿子后来也考中进士。在徐家历史的关键时期,在母亲家的亲戚共同管理下,家业更加扩大。为表谢意,徐光启的祖母将财产的三分之一给了这些代为管理产业的亲戚。

徐光启的父亲为人孝顺慷慨,捐献大宗财物给地方和宗族慈善事业,经商一段时间后便退隐家园。作为一个富裕家族的族长,

1　徐光启,《徐文定公集》;方豪,《徐光启》。
*　【译注2】:本书原来将苏州误为位于江西南部(southern Kiangsi)。

地方政府要求他捐助防卫倭寇的费用。由于他屡次慷慨捐献和怠慢经营家业,及对星象、医药、佛教和道教的兴趣,使一度相当富裕的家产逐渐枯竭。徐光启年轻时,又遭盗匪劫掠的进一步打击,徐氏遂成贫穷人家。因此,徐光启于万历九年(1581)成为生员后,就开始靠教书为生。

万历九年至二十五年(1581—1597),徐光启几次搬家,从一地移居另一地。最初,搬到广东北部的韶关,在那里他第一次与耶稣会士往来。其后又搬到广西和北京,持续他的"笔耕"生活。万历二十五年,他在北京取得举人资格,万历三十二年(1604),进士及第(【译者按】:三甲五十二名),被选拔为翰林庶吉士。这一家人由读书追求举业转换为依农业为生,再转为从事商业,之后又回到农业经营,过着悠闲自在的生活,最后又回到读书追求举业,四代之间的生涯曲折起伏,终于到徐光启42岁时成功地完成向上的社会流动。

【备考】

这一案例明确地指出许多宋代以后的社会观察家的印象,在有限的数代之中,一个家庭见证到家业激烈变动,是很平常的,这也显示财务负担的变迁是如何影响家庭的经济地位。

案例8:李因笃(崇祯四年至康熙三十一年,1631—1692)先祖[1]

李氏家族数代居住于陕西省富平县(【译者按】:原书误为"山西"

---

[1] 李因笃,《受祺堂文集》,卷4,有其父母的传记资料。另请参见吴怀清,《关中三李先生年谱》,卷6-8。

〔Shansi〕,应该改为"陕西"〔Shensi〕)。李因笃,这位著名的学者在康熙十八年(1679)被迫到北京参加一项名为"博学鸿词"恩科的特考,授翰林院检讨。他回顾说他家祖宗十代前就开始富裕起来,高祖父是个边商,定期供应沿着万里长城的北方守备驻屯部队谷物,然后到两淮地区贩盐。他负责供应数万驻防兵士的军粮,生意的规模做得很大。显然他捐纳了一个官衔,因为李因笃称他为"商官",自监察御史以下的官员均对他礼遇有加。然而,他的财富也使他成为一个不知名的有力人士阴谋攻击的目标,导致他丧失生命。

李因笃的曾祖父大部分的生涯都在尽力为他父亲平反,最后获得成功,但也因此耗尽家财。这就使武举和将校出身的李因笃的祖父必须再到边境全力经商,于是家业得以复盛,田产也由原本的200多亩增至900亩以上。与一般陕西商人的习惯不同,李家的人注重田产,通常陕西商人认为只有白银和田产以外的其他形态财产才是真正的财富。李家的田产大半在祖籍富平县以外,在成功的巅峰时期,其田产不只在陕西北部边境的军队驻屯地附近,甚至两淮盐业中心的扬州也有他们的地产。李氏家族富裕的时间超过一世纪,他们通过联姻的方式,与三个显赫的地方宗族结合起来。

但是在崇祯七年(1634),李因笃3岁时,祖父与父亲相继亡故。同一年,李自成率领的盗匪蹂躏这个地区,李氏族人与仆役共81人被杀,存活的大部分是妇孺,而在扬州与其附近的财产也都失去了。战争与土匪掠夺的结果,又为富平带来饥荒,以致其家庭收入更加减少,李因笃的母亲因此没有能力缴纳田赋。尤有甚者,由于家中没有成年男丁,使她无法保护自己和两个年幼的儿子,只好带着儿子回到娘家。崇祯八年（1635），李因笃开始跟着外祖父读书。10 岁时，李因笃以县试第一考上生员。

崇祯十七年（1644），李自成的军队再次抢掠富平，李因笃的舅舅被掳，翌年遭杀害。至此甚至连母家的亲戚也必须靠借贷度日。恢复和平后，三位地方官员因佩服李因笃的文学造诣，有时会在金钱上帮助他。等到顺治十六年（1659），李因笃 29 岁时，他首次被地方长官聘为塾师，从此"家产徐复，家族有馀裕，每餐可出二品"。

由于李因笃的文名逐渐广被，终于康熙十八年（1679）被荐至朝廷（【译者按】：原书误为 1697 年〔康熙三十六年〕）。然而他选择做明朝遗民，退隐父祖世代定居的故乡。他的独子，是个廪生，捐了个监生衔。孙四人，长孙为举人，次孙为生员。

【备考】

　　李氏一族与徐光启一家相类，都是曲折型的家族流动案例。这个案例比前一个案例更可以清楚看到，在传统中国，各种料想不到的事变是如何地造成大家族家产的没落。在发生这些事变时，常常可以看到家中雇工或贪婪的族人侵占寡妇财产的事。

案例 9：李颙（天启七年至康熙四十四年，1627—1705）[1]

李颙，陕西盩厔县人。李家长期贫穷寒素，李颙除自己父亲外，不识任何先人。他们家什么土地也没有，只靠父亲当军官的收入维持生计。李颙 8 岁时进村里的村塾，从师发蒙，但他的《大

1　吴怀清，《关中三李先生年谱》，卷 1-4。

学》、《中庸》等基本典籍还是母舅教的。崇祯十五年(1642),父亲为李自成的军队所杀,李颙与母亲东移西徙,流离失所,直至崇祯十六年(1643)秋天,总算找到一所草厦定居。在其后的几年之内,他们经常处于饥饿边缘。在母亲充分支持下,他坚定地拒绝到县衙充门役吏维持家计。他曾有机缘免费学习阴阳风水与占星术,但当他走到社学门口,听到琅琅诵书声,有感而却步返回,矢志不计任何代价坚定地继续学业。由于家境非常贫困,缴不起学费,李颙无法上学,就取出过去读过的《大学》、《中庸》来复习,接着读《论语》与《孟子》,逢人就问字正句,尽其所能地学习。

陕西为棉花产地,纺棉纱织布是一普遍的农村产业,李颙的母亲受雇为纺纱女工。由于纺纱微薄的收入不足以购买需要的食物,他们常常在米里掺杂糠秕、野蔬,而且往往是并日而食,两三天才得一日之食,非天天得食。李颙每天都得去捡拾薪柴、采摘野菜及可食用的药草,但他仍手不释卷,从不放弃读书。崇祯十七年(1644),李颙的友人送给他两本字典,*随读随查,识字渐广,对增加语汇帮助很大。由于他少年时营养极度不良,脸上常有菜色,村人给他取了个小名"李菜"。

正确地说,李颙坚毅的决心使他克服一切困难,成为学者,其知名度渐为当地地方官吏知悉。顺治三年(1646)以后,一些地方

---

* 【译注3】:《三李年谱》(卷1,页4a)的原文为:"贻以《海篇》";《海篇》应该是一本字典,非本书原来所云:"two dictionaries"(两本字典)应该改为"one dictionary"。《海篇》可能就是《新校经史海篇直音》,这本中国历史上第一部超过5万字的字典,成书于南、北宋之际,收录55,665个字。

官有时会送礼物。不过,家庭的经济状况并没有改变,仍然一贫如洗。母亲因为生病无法纺织,虽然不知道李颙何时成婚,但是很可能是因母亲的病与家中人手不足而不得不结婚。顺治五年(1648),知县审编里书,雇请李颙做文书工作,以得到的工资养家。顺治七年(1650),李颙已是当地人尽皆知的坚毅非凡的穷学者,富裕且有教养的人家遂愿将藏书供他翻阅,从此他博览群书,其经、史、文学的造诣快速精进。

李颙在1650年代顺治后期的生活方式没有什么变化,为供给生活所需,而不得不佃种里人之田,却又逢旱灾而没有收成。他那越来越大的学者名望,和坚毅不拔的心志,赢得官员与有功名之士的赞赏。有些官员来到他破旧的小屋拜访,从自己的薪俸中拿出钱来补助他,他的名声自此远播。江苏大儒顾炎武因此于康熙二年(1663)十月,长途跋涉,前来拜访。康熙四年(1665)末,*当他的母亲去世时,许多当地及邻县的官员、举子和庶民都前来吊唁,而丧葬费用也由许多赞赏他的人士赞助。丧礼结束后,知县购置土地10亩,要李颙收下,让他的孩子耕种,资以度日。

赏识他的这位知县在康熙六年(1667)任满升官,离职时,李颙打破不到官署的惯例,送他直到出了县境。这是他人生的里程碑,从此他的活动不再限于家乡而开始他长程的全国之旅,在1670年代初的康熙初期,到了文化高度发展的长江下游地区。所到之处,当地的官员及士人都要求他公开讲学。虽然李颙从未获得任何功

---

* 【译注4】:本书原来误作1655(顺治十二年),今依《三李年谱》(卷1,页20b–21b)改正。

名,康熙十八年(1679),陕西省当局还是强迫他参加康熙皇帝为全
国知名文士举办的"博学鸿词"恩科的特别考试。李颙衷心自认是
明朝遗民,断然拒绝应试。康熙四十二年(1703),一项极大的殊荣
降临,当时康熙皇帝巡幸山西、陕西,*坚持要召见他。李颙已76
岁,对他而言,宁死也不愿在异族征服者面前屈膝。因此,李颙派
长子代替他赴山西,向皇帝进呈文学,是赞赏他的友人为他刊刻的
哲学著作。后来康熙皇帝颁赠意为"操守志向高尚纯洁"的御书
"操志高洁"四字匾额。

【备考】

　　李颙的坚毅虽然是特例,但在这个案例中,显示儒家的价值
观已深入贫苦的人民之间。虽然李颙没有取得任何功名,但是
李氏一家已登上社会的阶梯是值得关注的。他的两个儿子与一
个外甥都有功名,长子为拔贡生,具有担任低阶官职的资格。一
些和李颙相同的明朝遗民,终其一身拒绝当清朝的官,但对于子
孙,则持相当现实的态度,并不坚持他们以自身为榜样继续做明
朝遗民。

案例 10:山西省介休范氏 [1]

　　范氏,自明初以来便定居在山西省介休县。七代以后,族人开

---

* 　【译注5】:本书原来作康熙皇帝巡幸"Shansi"(山西),要召见李颙。其实康熙皇帝
先到山西,再到陕西,要在陕西接见李颙。因此,"Shansi"宜改为"Shensi"。

1 　这个复杂的案例系根据以下史料:汪由敦,《松泉诗文集》,卷22,页5a—9a,《散文
集》;《介休县志》,卷5,《选举》;李桓,《国朝耆献类征》,卷284,页35a—37b,《范毓
馪传》;傅衣凌,《明清时代商人及商业资本》,第6章。

始从事边境商贸,从此成为富豪。能干的商人范光斗(字肖山)被顺治帝(1644—1661在位)召至北京,委托他与内、外蒙古的蒙古人贸易,并赐予他察哈尔的主要交易中心张家口的地产。他从此成为内务府的指定商人,负责为内务府购入毛皮是其众多业务之一。由于他的儿子身体不好,家业最后交到三个孙子中最长的范毓馪手上。

继承了祖父的财富与对蒙古诸部的知识,范毓馪的名气响彻万里长城以北。当清廷与侵入外蒙古的厄鲁特蒙古准噶尔部首领噶尔丹处于战争状态时,范毓馪负责将粮食送至西北边境,他的专精知识与细心的准备使运费节省约三分之二。康熙六十年至雍正十年(1721—1732)之间,他负责监督运送百万石以上的粮饷,因此在雍正七年(1729)被授予太仆寺卿(正三品)及二品顶戴。

像范氏这样典型享受独占特权的富商,经营商贸必须承担相当大的风险。雍正九年(1731),西北的战局暂时失去控制,粮食和骆驼及其他驮运动物的损失极大,但几个月内战争发展的结果对清朝有利,原来预定运往远方新疆的大量粮饷受命转运到较近的地点。因此,总运费得以节省。但由于苦力的搬运薪水早已预支,他不能免于自己填补这262万两的损失。乾隆三年(1738),当范毓馪还在分期偿还欠政府的债时,乾隆皇帝命他为朝廷采购乌苏里江流域人参及采购日本铜。尽管朝廷已给他的债务打了很大的折扣,但这一年他仍欠政府114万两。范氏原本在康熙三十八年(1699)已从事铜贸易这个副业,这次的采购日本铜更标志着铜贸易的复兴。

范氏家族专注的铜贸易，无疑地可弥补部分他们在雍正九年至十年（1731—1732）的损失，但他们的家产却始终没能完全恢复。因为在嘉庆二年（1797），范氏家族，更正确地说是范毓馪的子孙，已无法再保有经营首都顺天府盐业的特权。

至于这个富商家族的社会流动形态，值得一提的是范毓馪的两个兄弟取得官员身份的途径，一由捐纳，一由武举出身。其中范毓馪虽以武举身份取得下级军官的初任资格，但他顺利地进入仕途可能还是靠捐纳。无论如何，康熙五十七年（1718），在对厄鲁特蒙古的军事行动中，范毓馪并没有建立战功，而是协助运送军需物资。康熙六十一年（1722），他能升为参将（相当于中校），也是靠捐献金钱，最终范毓馪升到总兵（相当于准将，正二品）。他屡次表示愿意自己出钱补给驮兽和军需物资，却都遭朝廷拒绝。* 乾隆皇帝看不起他，认为他不过是一个谨慎无能之人。最终范毓馪被迫于乾隆十一年（1746）致仕，十六年（1751）去世。

范毓馪，这个商人和家庭的支柱，有四个儿子，其中两人在乾隆三年（1738）取得举人资格，一人为乾隆十一年（1746）副榜（备取的举人），** 幺儿则于乾隆十三年（1748）进士及第。除幺儿因进士

---

* 【译注6】：李桓，《国朝耆献类征初编》，卷284，《范毓馪》，页37a 云："（乾隆）十年奏：'臣家居山右，今圣驾巡幸五台，臣侄清注备进羊千只、马十匹，以供赏赉之需；交臣代奏。'上却之。"则范毓馪并非屡次表示愿意自己出钱补给驮兽和军需物资，而是在乾隆皇帝到五台山时，他们要呈献羊马供乾隆皇帝"赏赉之需"，被皇帝拒绝。次年，乾隆皇帝就"以毓馪人既平常，年亦衰老"，令他"以原品休致"。

** 【译注7】：会试或乡试取士，除正榜外另取若干名，列为副榜。始于元至正八年。明永乐中会试有副榜，给下第举人做官的机会。嘉靖中有乡试副榜，名在副榜者准做贡生，称为副贡。清只限乡试有副榜，可入国子监肄业。

身份得以获任翰林院编修外,其他三个儿子似乎都至少以部分的捐纳才能进入仕途,并靠捐纳加快他们的升迁。范毓馪的第二个弟弟范毓馪是兄弟中最不知名的,从他的父祖所获追封的荣衔来看,他出任的中阶官职肯定是靠捐纳得来的。范毓馪的一个儿子捐买了个通判(正五品),与他做道员的堂兄弟在乾隆二十二年(1757)从陕甘总督取得运送军需物资的政府合同。另一个儿子则从事铜贸易。任总兵的范毓馪有六个儿子,长子以恩荫入仕,官至知府。其他五子均靠捐纳而为正选或候补官员。

必须注意的是范氏从父祖以来即定居的介休县,在《介休县志·选举》中,登载的范氏家族成员有三人,一位是乾隆三十九年(1774)的举人;一位是乾隆四十二年(1777)的举人,官至某县县令;另一位是道光十四年(1834)进士,官至某州的知州。与范氏族谱中较早的案例相同,他们都在京城顺天府参加乡试合格,据此可确认他们都是范毓馪或他兄弟的子孙。因为范氏自范毓馪的祖父那一代以来,受朝廷之命主贸易事,指定为内务府商人,受赐张家口地产为世业,并入籍于京城直隶省。在《介休县志》中还记载一些姓范的举人与进士,也许与范毓馪他们家没有亲戚关系。

范毓馪的传记是根据军机大臣汪由敦撰写的范毓馪墓表所载,范氏家族的全盛时期,在直隶、湖北、广州、安南的商务,多所置办,并活跃于内、外蒙古、东北、日本。可是就在家族中的官员及有功名的数量越来越占优势的当下,导致其成功的财富也跟着向稀薄化迈进。似乎不是偶然的巧合,自从嘉庆二年(1797)范氏家族失去直隶贩盐商的权利之后,《介休县志》中能找到并确认是范氏一族的官员与高功名已经很少了。

【备考】

这个极其富裕的政府承包商家族,其社会流动形态,与两淮盐商(案例 12、13)及广东公行商人(案例 18)等其他商人巨子集团的情形大都是符合的。

案例 11:江西省高安朱氏 [1]

江西中部高安朱氏家族之中最杰出的人物是朱轼(1665—1736),他在雍正三年至乾隆元年(1725—1736)担任宰相(文华殿大学士)。几世纪以来,朱氏家族都相当富裕。朱轼的十世祖(第一代)是永乐十三年(1415)进士,在南京刑部担任相当于一等书记官的郎中。再经三代之后,朱氏一族达到成功与繁荣的顶端,被形容为"科甲蝉联,家门赫奕"。但是,朱轼的七世祖(第四代)朱迁,一位典型深思熟虑的儒者,为使子孙不受到已成功富裕的亲戚腐败的影响,把他自己这一房迁居到乡间。三代后,在 17 世纪初叶的明末,朱轼的曾祖父朱理学厌倦科举考试,跟随高安府当地的著名理学家研读理学,慷慨捐输救济当地发生的饥荒。到这个时候,朱氏家族已经相当富裕。

朱轼的祖父是两兄弟中的弟弟,是个生员,投考乡试运气不

---

[1] 朱轼,《朱文端公集·附录》,这是由他的子孙根据他的回忆编纂而成的传记。【译者按】:《朱文端公集》中并无其子孙所写之传记,但年谱开头有一篇六世族孙朱龄写的朱轼传记。

佳,几番尝试都落第。本来不算强健的身体,经此打击就更为虚弱,在相当年轻时便亡故。留下朱轼的祖母与两个年幼的儿子,孤儿寡母完全没有防备力量,来对付那些觊觎家产的贪婪族人。

朱轼的祖母感觉到两个儿子的生命会受威胁,两害相权取其轻,决定放弃财产。虽然失去田产,但经那些贪婪的族人狡猾地设计,田产虽已去而税仍存,纳税之后,他们家已一贫如洗。因此,朱轼的父辈在非常艰苦的环境中成长。他的父亲是个生员,靠着教书挣得微薄薪水度日。几年内,朱轼的三个弟弟很快地一个接一个相继出生,但是他们家很穷,请不起奶妈。朱轼在康熙二十六年(1687)考上生员之后,必须“砚耕”来协助父亲维持家计。康熙三十二年(1693),谷物严重歉收,斗米百钱,家中曾连续三天没饭吃,差一点就有饿死的危险。在这么困难的时刻,为准备该年乡试费用,朱轼的父亲想尽办法筹钱,使他能参加这一年的乡试,结果他考了第一名。*

次年,朱轼赴京城应会试,这次没太大困难,因为他身为举人,享有由地方庄库支付适当旅费的权利。通过会试及殿试后,他被授予翰林院庶吉士的职位。他的仕途顺畅,以其能力超强、居官廉洁与刚正不阿,而官至文华殿大学士。

---

* 【译注8】:据江庆柏,《清朝进士题名录》(北京:中华书局,2007),页243,朱轼是康熙三十三年(1694)三甲九十名进士,该科会试举行之前一年举行乡试。因此,朱轼考乡试应该是康熙三十二年(1693),而不是本书原来所写的1691年(康熙三十年)。而大饥荒之年也是康熙三十二年,而不是本书原来所写的1691年。今据《朱文端公年谱》,页5a-5b改正。

【备考】

在此有四件事值得注意：第一，朱轼的七世祖决心迁离成功而富裕的族人的背后原因，证实我们在第四章提到的其中一个主题，即人的环境是一个成功家族处于长期向下流动的显要因素。第二，这是寡妇与孤儿受贪婪族人欺负的众多案例之一，虽然某些人也能像朱轼一样，意志坚定地追求学问，终获成功，但是也有许多人无法克服残酷的经济打击。第三，甚至一个像朱轼及其父出身旧官员家族的生员，实际上也可能会生活在极困苦的环境中。第四，作为上升社会地位漫长程序中的踏板，生员的身份虽是必要的，但其关键性却不如举人身份，这是很明确的。

案例 12：扬州江氏 [1]

江氏家族最早知名的祖先江国茂，是生于明末的徽州歙县的生员。他预期改朝换代是致富的黄金时机，于是放弃读书，到扬州经营盐业。虽然他壮志未酬就先过世，但是江氏家族的确在他的儿子江演在世时富裕起来，江演成为盐商中的总商。由于江氏家族的曲意逢迎，一位亲王因此投桃报李，江演的两个儿子在他的推荐下，一个继承其总商的位子，另一个做了知府。江氏的第四代产生一大群显赫的文人、艺术家、收藏家、鉴赏家与官员，其中最出名的是江春，他是诗人，也是 18 世纪后半乾隆后期大放异彩的总商。

---

[1]　以下引用：何炳棣《扬州盐商：十八世纪中国商业资本的研究》，以及《满汉文武官生名次录》（1798 年版）、钱泳《履园丛话》等相关资料。

　　江春曾经数次报效,捐输乾隆时期的军事战役,因而被皇帝钦赏布政使(从二品)秩衔,恩幸之隆,空前未有。* 江春虽是个商人,他的诗在当代极获盛名。他的其他嗜好还有射箭及斗蟋蟀,蟋蟀是养在仿宋的沉泥盆里的。他建了座名为"康山园"的园林,乾隆四十五年(1780),乾隆皇帝曾巡幸于此。江春"雅好交游文人,四方词人墨客必招致其家,家有大厅可容百人,奇才之士,座中常满,亦一时之盛"。他曾在乾隆下江南时六次出面接驾,二度代表两淮盐商进呈皇太后寿诞贺表,后来又受邀参加乾隆皇帝在乾清宫举办的千叟宴。但是,江春在乾隆三十六年(1771)由于花费及报效捐输过于庞大,家道消乏,资金运转不灵。皇帝有感于江春过去的功劳,从内务府广储司银库拿出 30 万两帑银,以利率 10% 的条件借贷给他,以资营运。江春晚年无子嗣,年收入仅 1.6 万两,较过去的收入少了许多。乾隆五十八年(1793)江春过世,在皇帝指示下,他那盛名一时的园林,由两淮商人以 5 万两买下,作为公产,所得款项 5 万两赏给他那爱好诗文的养子江振鸿作为营运资本。

　　虽然江氏家族实际的规模并不明确,但据一本著名的扬州导览书《扬州画舫录》所载,江春的堂兄弟及其儿辈中有 15 人是诗人、艺术家及鉴赏家。才分高的堂弟江昉是著名的词人和画家,另一个堂弟江兰自从取得贡生资格后,就以捐纳取得官职,后来在河南巡抚任内,因行政疏失,被罚俸 5 万两。为重获皇帝的恩宠,江兰后来两度捐输 3 万两赈济水灾及兴建公共工程。江兰于嘉庆十

***

* 　【译注 9】:后来乾隆皇帝还授予江春正一品光禄大夫衔。

四年(1809)过世。嘉庆三年(1798),其子江宁 16 岁时,透过恩荫与捐纳成为候补员外郎。[1] 江兰另有一侄,大概在江宁之后不久,也捐了同样官职。江春的另一个堂弟江恂后来官至芜湖道,由于他没有较高的功名,这个官应该也是捐纳来的。[2] 江恂工诗画,收藏金石书画,甲于江南。江恂子江德量(乾隆十六或十七年至五十八年,1751 或 1752—1793),乾隆四十五年(1780)庚子科殿试榜眼一甲二名进士,官至御史。[*]他好金石,拜家藏所赐,尽阅两汉以上石刻,故其隶书卓然成家,是全国知名的书法家。扬州导览书《扬州画舫录》列举的其他江氏族人,不是诗人就是鉴赏家。

值得注意的,江春这一房不是江氏家族中唯一最终失去财富的。无论如何,一个家族即使再富有,也经不起像巡抚江兰的例子那样,终其一生他家那房就报效了 11 万两,这对其经济资源一定会造成不利的影响,而且还会因子孙捐纳买官,培养各种花钱的嗜好及奢华的生活,进一步受到损害。一位江兰侄儿的朋友,长江下游流域的画家钱泳形容江兰全盛期的园林,其美丽豪华,几可与江春的康山园争胜,他曾受邀到这里与江兰把酒言欢,听俗称黄莺的黄鹂轻啼。钱泳悲伤地证实:"未三十年,侍郎、员外叔侄相继殂

1　《满汉文武官生名次录》,《员外郎》条。

2　钱泳,《履园丛话》,卷 20,页 7b。

*　【译注 10】:据《扬州画舫录》卷 12 及江庆柏《清朝进士题名录》页 62,江德量是乾隆四十五年(1780)庚子恩科榜眼一甲二名进士,本书原来误作 1779(乾隆四十四年),今改正。

谢,此园遂属之他人。余每过其门,不胜惘惘。"[1]

【备考】

建议读者把这一经典案例与第四章关于向下流动总结的讨论一起读。

案例 13:安徽省歙县曹氏[2]

这一家族最早成名的官员是曹文埴,他的祖父曹世昌是河南的盐商。曹世昌的长子曹景廷是个生员,次子曹景宸,也就是曹文埴之父曾说:"(对其家庭来说)一儒一贾,自当分任其责。"由于哥哥已是个生员,曹景宸就决心要做个全职的盐商。

了解到河南是一个商业机会有限的地区,曹景宸就把事业移到扬州,这个位于长江与大运河汇流处的两淮盐政总部。由于他的机灵经营,几年之内累积了一笔相当可观的财富,他的父亲曹世昌因此能安心地退隐歙县。虽然在全盛时期家道已很富裕,但是他还是坚信家族的分工政策。曹景宸教导长子在扬州学做盐商,交托次子在家乡歙县管理家产,把所有的认真读书机会留给有才气的幼子曹文埴。由于这个家族的分工政策,曹文埴在与长江下游著名学者交往之后,于乾隆二十五年(1760)25 岁时,进士及第,荣获殿试传胪二甲一名。50 岁时,官至户部尚书。

---

[1] 钱泳,《履园丛话》,卷 20,页 7b。

[2] 由于这是个典型案例,我取自我之前发表的关于盐商的论文。由于我进一步阅读,发现这一家族相关的新材料,借此机会补充曹氏家族历史的一些空白。

如同他的父亲一般,甚至在曹文埴仕途最成功的时候,他就把长子送到扬州去跟他的堂弟学做盐商,次子曹振镛则带在身边。利用在北京和长江下游研读文学的良好机会,曹振镛在乾隆四十六年(1781)26 岁时进士及第(【译者按】:二甲五名),最后在道光十一年(1831)爬升至仕途顶峰。* 在将近四分之一世纪的时间里,他实际上是朝廷大臣中最受信赖和权势最高的一位,其政治外观保守,但廉直恭谨,守正不阿。

曹文埴在父亲的《行状》中,陈述乾隆四十一年(1776)时男性家族成员的情况,表列如下:

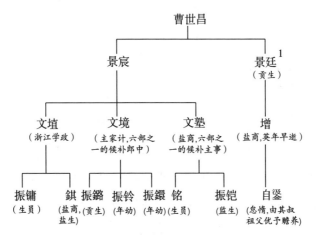

【译者按】:曹氏世系表,长者在右,原书将长兄鎮置于左,今改正。承审查人指正,谨此致谢。

---

* 【译注 11】:曹振镛官至体仁阁大学士,加太子太师、军机大臣。

1 有关曹景宸的姓名和科第身份,在我论盐商的论文中失载或不完整,见于《徽州府志》,卷 12,页 2b。

【备考】

　　徽州歙县曹氏家族连续三代出了高官：一位户部尚书曹文埴（雍正十三年至嘉庆三年，1735—1798）、一位有权势的大学士曹振镛（乾隆二十年至道光十五年，1755—1835）及一位通政使（正三品）曹恩澍（嘉庆三年至咸丰四年，1798—1854），可当作基于家族分工为现实策略而取得成功的经典案例。

　　实际上，这种家族分工的政策，在明清时代是相当普遍的。[1]在曹氏家族的记录中，也对这相当普遍的事，透露另一个值得注意的情况，就是这个家族在富裕之后，家族中科举不成功的分子就会捐纳生员、贡生、监生或官员的身份，以提高个人声望。曹振镛死后，他们家的情况不明，我们只知道他的一个儿子曹恩滢因皇帝特别恩赐取得举人资格，透过恩荫进入仕途，最终官至正三品。[2]曹振镛的长兄曹镱虽是盐商，但后来将家藏的名画与法书编了一本有解题的目录，名为《石鼓砚斋所藏书画录》。这透露一个事实：他们家几代的人都追求这一昂贵的嗜好。19世纪的曹氏家族缺乏科举上的成功，其原因可能一部分在于道光十一年（1831）两淮盐政的彻底改革，使曹氏家族不再能从两淮盐业继续取得财富。

1　在汪道昆《太函集》及《太函副墨》中可以找到许多类似的案例。汪道昆是徽州商人子弟，对他而言，家族分工是极为普遍的事情，这从以下事例可以证明。位于浙江中心的浦江郑氏家族，至少从明初以来，便以同居共爨闻名全国，明太祖并曾因此屡次旌表其门。在其所订家训中规定，男子如到21岁，其业无所就者，就要令习治家理财，投入生产的职业，以使聪敏的子弟能专心读书。《郑氏家规》论《读书》。【译者按】：商务印书馆《丛书集成》初编本《郑氏规范》，页13。

2　见本书第4章第4节有关内容。

案例 14：汪辉祖（雍正八年至嘉庆十二年，1730—1807）[1]

汪辉祖，浙江省绍兴府萧山县人。这个地方虽然农业发达，文风鼎盛，但因为人口稠密形成的压力，迫使许多人必须离乡背井去经商，更多的人去做官员的师爷幕友。汪氏的几代祖先都是商人，其中有些客死在偏远的贵州、云南一带。汪辉祖的父亲因经商而小有积蓄，为原来并不大富厚的祖业置田百馀亩。雍正八年（1730），汪辉祖出生的那一年，他的父亲援例捐纳一个下级官职，任县监狱典吏一职。汪辉祖的叔父沉迷赌博，由于当时尚未分家，大宗族产很快就典当掉了。

早年发生的这一幕，在汪辉祖心中留下难以磨灭的印象。乾隆五年（1740），当全家人要移居广东谋生的那一天，汪辉祖的父亲问他说："儿知吾此行何为者？"他不知如何回答，父亲说道："不及此时图生理，儿将无以为活。"于是汪辉祖哭泣，父亲亦泣。收泪之后，其父立即杂举经书，命汪辉祖背诵。过了一会，父亲又问："儿以读书何所求？"汪辉祖答道："求做官。"其父认为汪辉祖的想法"误矣"！做官只是读书中一事，若逢运气当做官，但要做好官。读书的真正目的是做好人。汪辉祖 34 年的仕宦生涯中，担任过江苏与浙江 16 名官员的私人幕友，就是以诚实、正直及同情关心贫民

---

[1] 根据汪辉祖三本著作：《病榻梦痕录》、《梦痕馀录》及《双节堂庸训》，收录于汪辉祖的著作集《汪龙庄先生遗书》。

作为指导原则。*

　　乾隆六年(1741)，汪辉祖的父亲去世，** 汪辉祖与母亲及他因感激也称为母亲的父亲的侧室，生活窘困。[1] 当三人从广东回到家乡萧山时，剩下的田产不到 20 亩。为支持汪辉祖，二位母亲昼夜不休息地纺绩为生，过着极其节俭的生活，一年到头他们都只能穿同样一件薄衫。所幸汪辉祖与父亲在河南、广东生活的 6 年之中，使他研读了基本的经书，邻村的塾师怜其孤儿寡母，让他上学不必缴学费。其他年长的老师也常劝勉他："若不勉学，不能成立，若母无出头日矣。"乾隆十一年(1746)，汪辉祖 16 岁，考上生员。次年，开始教村童读书，束脩每年 12 缗，从中取出 3 缗馈送帮他批改文章的当地名师。乾隆十七年(1752)，汪辉祖第三次乡试落榜，当时外舅正在上海附近的松江府金山县署做县令，于是他就跟着去金山入幕，做师爷，每月薪俸 3 两银子而已。

　　虽然师爷的薪水不高，但这份工作使汪辉祖在乾隆二十年(1755)之后成为刑名之学的法律专家，特别是刑事案件。正因为他法律专家的名声越来越高，薪水也随之水涨船高，乾隆三十一年

---

* 　【译注 12】：据《清汪辉祖先生自定年谱》(一名《病榻梦痕录》)(台北：商务印书馆《新编中国名人年谱集成》，1980)，卷上，页 3b-4b，这段父子对话发生在乾隆五年(1740)，而不是本书原来所记的 1741 年(乾隆六年)。

** 【译注 13】：据《病榻梦痕录》，卷上，页 4b，汪辉祖的父亲卒于乾隆五年十二月十五日，西历为 1741 年 2 月 1 日。

[1]　实际上，汪辉祖的父亲有妻妾各一人。但由于这二位女性工作在一起，生活在一起，守寡期间生活极为艰辛，因此，汪辉祖对她俩抱以同等的敬意与感情，而均称为"母"，这在传统中国是极为少见的。汪氏祖堂堂号"双节堂"，意即"二位贞节女性之堂"。

（1766），台湾府知府更打算以年薪 1,600 两的高薪聘请他，*当时这个行业一般较好的行情才三四百两。可是汪辉祖却遵从母命，辞谢这个高薪的工作。就在这一年，他考中举人，这是多年来与文人学者交游及利用闲暇读书的结果。乾隆四十年（1775），汪辉祖进士及第（【译者按】：二甲二十八名），但他并没有立即脱离其原来的事业形式。只有在乾隆五十二年至五十六年（1787—1791）之间，汪辉祖做他自己的官，出任湖南省宁远县知县，政绩卓著。在他担任师爷的漫长生涯中，汪辉祖得以保持其美名与成功的秘诀，是他经常坚持要雇主待之以尊严，并经常固守他所相信的正直原则。为此，他从不与一个官员相处太久，宁可为地方官员工作，而不为高官工作。他的 16 位雇主中，官位最高的只是道台。

乾隆五十七年（1792），汪辉祖永远退隐家乡，经营家业，编纂二十四史相关传纪索引（《二十四史同姓名录》），撰写回忆录（《病榻梦痕录》）和教导子孙的家训，并且撰著《学治臆说》与《佐治药言》两本著名的地方官指南，立刻就被誉为这一类书籍中的佼佼者，并在他晚年及死后，曾几度再版。

汪辉祖的妻妾共育五子，妻生三子，住在萧山城内读书；妾生二子，住在乡下耕种自家的田地。他赎回当年家贫典质的祖父原有的田 10 馀亩，再以其积蓄买入 70 亩土地，以其中 40 亩为累世祭

---

* 【译注 14】：据《病榻梦痕录》，卷上，页 32a，汪辉祖很受绍兴府知府邹应元赏识，乾隆三十一年十二月，邹应元由杭州府知府转调为台湾府知府，"以岁脩一千六百两聘余"。本书原来记此事为 1768 年（乾隆三十三年），似乎有误，今据汪自订年谱《病榻梦痕录》改正。

田。结果五子中每一子只分得数亩。* 妻所生子中,二子取得高阶功名而成为官员,其中一子(继坊)是乾隆五十一年(1786)举人,官至某直隶州州同;另一子(继培)为嘉庆十年(1805)进士(【译者按】:三甲三十六名),官吏部主事。

【备考】

当追求自己的目标时,汪辉祖很实际,以做师爷幕友的工作维持生计,这是"笔耕"传统形态的变调。在此,同样地,早年的心理挑战,在最后成功上扮演了重要的角色。从汪辉祖的父亲与案例 6 徐氏兄弟的父亲的身上,我们得知佐杂(低阶的及不入流的佐杂官员)实际上都是相当寒素环境中人。我们得牢记在心的是:本书第三章中的主要统计表中,C 类进士相当显著部分的人是出身佐杂家庭的。

案例 15:章铨(乾隆四年至道光元年,1739—1821)[1]

浙江省湖州府归安县南浔镇的章氏家族数代寒微,甚至连族谱都没有。章铨是章氏家族第一位成功者,他 7 岁开始读书,那时父亲正在遥远的云南一个地方官那里当师爷,不久由于章铨的

---

* 【译注15】:据《病榻梦痕录》,卷下,页 55b,汪辉祖是乾隆五十七年(1792)闰四月初八日回到家乡萧山的,不是乾隆五十八年(1793)。又据卷下,页 58a-58b 云:"余不幸少孤,先人遗田十数亩,典质至再,幸得归原。佐幕数十年,增田七十亩,以四十亩为累世祭产,五男所受数亩而已。"则汪家原有祖产为十数亩,非本书原来所说的 20 馀亩;五子各分到的田只有数亩,非本书原来所说的十亩。

1 《章府君行述》,章铨之子所作。

祖母年老体弱，父亲回乡。章铨 10 岁时，母亲意外亡故，弥留之际，她把独子唤至床边，握他的手，哭泣着说："我没有什么话要说，除了要你努力读书，求取功名。"自此章铨决心完成母亲的遗愿。

章铨在 10 岁时，已能每日学习与记诵经书百行以上，毋论寒冬或酷暑，他都手不释卷。章铨如此努力与聪颖，使他能在 12 岁时，就进入地方上的安定书院就学。由于家境贫困，他不但请不起家教，而且也买不起书。他晚上用功，白天到当地的书店去看书，为求深造，有时也向邻居及友人借书来抄。当附近的私塾授课时，他就请求他们让他旁听。有些当地人士认为章铨既然家庭如此贫困，建议他辍学去工作，实际地维持生计，但他仍坚持信念，加倍努力。

18 岁那年，章铨考上生员，24 岁成为廪生。27 岁参加一项特考，成为拔贡生。已经 80 岁的祖母听到这个消息，执着他的手夸赞他："你祖父为得个生员徒然辛劳，这下总算有了补偿。"后来章铨在乾隆三十五年（1770）通过乡试，并于次年进士及第（【译者按】：三甲四十九名），选授翰林院学士。

章铨在北京 6 年及担任户部员外郎之后，将家人接到北京。当他的父亲到达北京时深有所感地说："我们章家衰落百馀年之后，你是第一个起自无名的人。你获得翰林院见习资格，并获封赠父祖的恩典，是做梦也没想到的。"章铨后来官至广东粮储道，并曾署理布政使。

【备考】

　　这是心理挑战为成功的重要因素之另外一个例子，同时也显示儒家价值观已渗透至妇女之间。

案例 16：刘承绪（乾隆后期至嘉庆年间，18 世纪末 19 世纪初）[1]

　　刘承绪，驻防广州的汉军正白旗人。[*]年幼丧父，由守寡的祖母与母亲靠着刺绣女红给食维生。等到长大时，能通满文与汉文及骑射。乾隆五十二年（1787），刘承绪以骁骑营马兵的马甲身份随征台湾。胜利归来，因足伤辞退军务。将军同情他，以他的弟弟充补，刘氏一家的生计才得以维持。

　　数年后，刘承绪足疾痊愈，有人劝他重新加入军伍，他以自己的军伍员缺已为其弟所占而婉拒。他开始专力于货殖，在许多地方来回做买卖，营什一之利。小有积蓄之后，他雇请贫困的亲友，扩张事业，不到 10 年，刘家便饶裕了起来。

　　刘承绪的家境一旦富裕起来，就开始购买名画及书，与文士往还交际。有一次他陪着儿子去北京赶考乡试，在北上途中，顺便游览多处名胜古迹。晚年，更常与文友雅会，特爱歌咏元人杂剧。

　　刘承绪有 7 个儿子，全部都是生员，年长的二子继续经营家

1　《驻粤八旗志》，卷 22，页 13b–15b，《人物·懿行·刘承绪》。
*　【译注 16】：本书原来作 Bordered White Banner（镶白旗），今据《驻粤八旗志》，卷 22，页 13b，《人物·懿行·刘承绪》改正。

业,以便让弟弟们能专心举业。在他 20 几个孙子中,有 4 人成为
举人。

【备考】

这一事例之意义在于它不仅是曲折型初期流动的特例,同
时也显示儒家价值已渗透到寒素的旗人。

案例 17:湖南省安化陶氏 [1]

湖南省安化县陶氏家族中最著名的成员是陶澍(乾隆四十四
年至道光十九年,1779—1839),官至江苏与安徽的两江总督,以改
革两淮盐政闻名。

陶氏几代都住在陶家溪村,在那里拥有大片土地。陶澍的高
祖父在陶村内外拥有十餘庄的土地,他慷慨解囊捐助当地的公益
事业,包括捐赠八艘渡船。但他的两个儿子都没能考上生员,陶澍
的曾祖父是次子,他好读书,建馆延师,礼意殷挚,束脩外,月必有
所馈遗。他负责管理家业,每往巡视佃舍,总是带着四五个孙辈及
十餘名奴仆骑马尾随,这样的大阵仗在乡下地方是很令人难忘的
景象。他还好周济贫乏,慷慨捐输地方公益事业,照顾贫穷族人,
收养族中流落者,恩礼一如家人,而且对佃户与奴仆亦善待有加。
他有五个儿子,陶澍的祖父排行第三,生而沉毅,寡言笑。他的俏

1　陶澍,《陶文毅公全集》,卷 47。全集中的这一卷完全着重以种种传记及墓志铭形
　　式,记录陶氏家族的历史。须注意的是一些记载关于陶澍年轻时的清末文献,往往
　　夸张他们家族贫困的情况,例如黄钧宰,《金壶七墨》,卷 5,页 9a。

大财产使他成为恶邻及狡猾亲戚的目标,为保护自身的安全,陶澍的祖父,每出门必随身携带武器以自卫,或与强壮奴仆一起出门。除种植外,他有时也在种茶的湖南家乡与长江中游的主要港口汉口间经营茶叶贸易。由于经常捐献地方公益及追求历史、占星术、天文学的嗜好,使他的财产因而枯竭。他未满 50 岁就去世,寡妻也是慷慨而好客成性之人。她如此慷慨好客,以至于为巧狡的年轻族人所欺骗。她过世时 86 岁,膝下有子 6 人,孙 19 人,曾孙 36 人,玄孙 22 人。

这位老太太死后,家产就由各房分析,经过了几个世代的挥霍,加以子孙繁衍,各房各支所能分到的家产已相当少了。1780 年代后期,也就是乾隆后期,稻谷连年歉收,使分产后的各房更加贫困。就在这个时候,陶澍的父亲虽已于乾隆四十二年(1777)考上生员,也被迫去当塾师,以教书维持家计。在乾隆五十二年(1787),因连岁歉收,陶家甚至数日断炊,母亲带着长子陶澍上山采野菜藜藿佐食。*虽然当地士人敬重陶澍的父亲,尊他为读书人,但他始终乡试不第,终其一生,只是个塾师,在诸县之间流浪。由于教书,不论到哪里,食宿都由主人供应,势必不能带着两个孩子同去。因此,他只好带着长子陶澍同行,而将幼子陶潜留在家中耕种田地。在父亲不断的督导之下,陶澍于嘉庆五年(1800)取中乡试,二年后成进士(【译者按】:二甲五十三名),授翰林

---

* 【译注 17】:歉收更为严重,遂有陶家母子上山采藜藿之事。1797 年是丁巳年,1787 年是丁未年。由于《行述》以干支纪年,叙述陶家采藜藿于丁未年下,可能何先生错记为丁巳年,换成西历为 1797 年,因此而误。译文依《行述》修正。

院庶吉士。得知陶澍科考成功的好消息时，父亲以手拍床有声曰："吾愿遂矣！"然而，他来不及见到儿子成为高官与政治家就亡故了。

陶潘的命运不如长兄，由于陶氏一族凋零，迫使他废学，与贫困的堂兄们为伍，拿起长镵短镢，朝出暮归，以农耕为业。直到18岁时，陶潘才放下镵镢，发愤读书。直到陶澍嘉庆五年（1800）中举时，他才有机会受教于父亲。虽然在嘉庆十四年（1809）考入县学成为生员，但由于学业起步太晚，终未能更上一层楼。当获知弟弟考上县学时，陶澍从北京寄了一封信来，附上一首诗，最后两行是："能持门户应怜尔，毕竟诗书不误人。"陶潘也回了一首诗：

谁无兄与弟，两地共心知。

诗书不予误，会面待异时。

然而，这个"会面待异时"却从未实现。因为三年之后，陶潘以31岁英年早逝。就如陶澍所回忆的，陶潘为人质直寡言，肫诚无伪，勤劳节俭，粗衣粝食，纷华无所悦。但独好酒，每欲尽数十斗，好似心中有难言之戚。

【备考】

陶氏一族社会流动形态的主要特征，与其他几个案例相似，除了这一案例更明确显示均分家产的习惯，家族成员的倍增，是一个非常有力的促成经济平均的力量。陶澍成功了，但弟弟却是家族分工政策的牺牲者。

案例 18:广州梁氏 [1]

　　梁氏家族财富源自十三公行之一的天宝行,创始人为梁经国(乾隆二十六年至道光十七年,1761—1837)。西方商人一般称他为天宝经官。父亲在广州附近黄埔村做塾师,由于家贫,学生又多,父亲无法细心督导他的学业。乾隆三十二年(1767),梁经国的父亲去世,他只有 7 岁,母子女 4 人,零丁孤苦,无一垄之植以为生。平常除了靠着纺织维持家计之外,在他还很年幼的时候便开始做小贩,往来黄埔与广州之间,甚至有时晚上也常常帮忙纺织。年稍长,他就外出当雇工维生,虽然完全没有财产,但靠着天生不畏艰难的个性,他给自己取了一个小名"天保"(从文字上来说,就是上天保佑的意思)。这个名字后来成为他所设立公司的名字,具有"保佑"意味的"保",换成同音而具有"宝物"意味的"宝"字。[2]

　　关于他年轻时辛苦奋斗的事迹,我们所知不多,但早年创业时期的艰难是多数中国富商的典型特征,梁经国也是勤奋、诚实、忠诚和值得信赖的。他在冯氏洋行从伙伴(学徒)做起,辛勤努力工作了几年,得到冯氏的信任,做到司事(经理)。其后冯氏远赴外洋,将行务托他代管 10 馀年,经营得当,颇有盈馀,冯氏很感谢他。在这段时间,梁经国尺累寸积,累积相当的营运资金,终于嘉庆十

---

[1]　这一案例由以下资料整理而来:《原任顺天府尹后补四品京堂梁公家传》;广州知名学者陈澧《原任顺天府尹梁公墓表》(这一珍贵的墓志铭集收藏于哥伦比亚大学);梁经国以后的梁氏历史,见梁庆桂《式洪堂遗稿》(其孙梁方仲教授补充 1931 年以后记事)。此为梁嘉彬教授欣然提供,并参考梁嘉彬《广东十三行考》后整理而成。

[2]　天宝行的命名缘由,系梁嘉彬教授赐知。

三年（1808）创立天宝行。在富裕之后，他连续捐输报效政府，终于获得捐官所能捐到的最高官衔"道台"（正四品）。由于梁氏家族过去从来没有人得过功名，因此他不惜慷慨捐献给族产及族里的义学，并常常扶助贫苦的亲戚及当地人民。

道光二十一年（1841）刊印追悼梁经国的行述证实，他有 4 个儿子，其中有 3 个长大成人。次子梁纶枢（乾隆五十五年至光绪三年，1790—1877）于嘉庆十四年（1809）成为生员，在嘉庆十五年至道光十七年（1810—1837）之间，连续 14 次乡试都没有考中，乃于道光七年（1827）援例捐得县学候选训导。但由于父亲年事已高，需要他继承天宝行的事业。梁纶枢广为西方人所知的名字是"经官"（【译者按】：应该是 Kingqua Ⅱ，即经官二世）。他在道光八年（1828）捐输河南工费银 9.5 万两，十二年（1832）又捐输广东海疆经费银 2 万两，因此，获得授予盐运使衔（正三品）。虽然我们知道在他 87 岁去世之前，玄孙已经诞生，但他大部分子孙的情况我们并不清楚。

梁纶枢的幼弟梁同新（嘉庆五年至咸丰十年，1800—1860）的举业相当成功，18 岁中举，在数次会试失败后，捐纳内阁中书（正七品）。道光十六年（1836），终于在第 10 次的会试中考取进士（二甲十一名），*授翰林院庶吉士，散馆授翰林院编修，历充国史馆协修、纂修和总纂。在担任几省学政及乡试考官之后，晋升为顺天府尹

---

* 【译注 18】：梁同新进士及第年代，本书原来作 1846 年（道光二十六年），但道光二十六年没举行会试，据《道光十六年丙申恩科会试录》，梁同新取中赐进士出身第二甲十一名。今据以改正。

（正三品），后来被参奏祖护属吏，降为四品京堂候补。

由于梁同新举业成功，同时也因为他的孩子都带在身边，生活在一起，远离其他族人，所以，他的子孙是梁氏家族各房之中，出官员、举人、进士和读书人最多的一房。他的 4 个儿子中，最有名的是次子梁肇煌（道光七年至光绪十二年，1827—1886），咸丰三年（1853）的进士（【译者按】：二甲四十七名），后来官至江宁布政使。梁同新的长子梁肇璟捐纳盐运副使（从四品）。年纪最小的四子梁肇晋是同治十三年（1874）进士（【译者按】：二甲五十七名），英年早逝于礼部主事任上。*

关于梁氏家族后代的资料，只有梁肇煌这一房相当丰富，其他房的后代，虽也出过两个举人，但留下来的资料并不多。梁肇煌的 11 个儿子中，有 4 个早殇。剩下的 7 个长大成人的儿子中，只有 1 个没得到生员以上的功名。其他的儿子中，举人 2 名，1 位官至内阁中书（正六品），另 1 位为候补同知（正五品）；其他 4 人都靠捐纳为官。幼子留学美国，获哥伦比亚大学文学士学位。在梁肇煌的家传编撰完成时，他的孙子中已有 3 人成年，而且都捐纳为官。在家传中，排行第二的曾孙为梁方仲，本名梁嘉官，清华大学毕业，是前中研院社会科学研究所的支柱，明代财政史权威，现为广州中山大学教授。排行第三的梁嘉彬，也是清华大学毕业，并取得东京帝国大学史学科修业证明，也是著名的《广东十三行考》作者，现任台

---

* 【译注 19】：梁肇璟，本书原来作梁肇煋。又四子梁肇晋为同治十三年（1862）进士，本书原来作梁肇晋为梁同新最小的第三子，其实梁同新的第三子肇淦早殇，梁肇晋为第四子。今皆据梁寿曾撰《番禺黄埔梁氏家谱》（光绪二十四年〔1898〕刊本）改正。

湾东海大学历史学系教授。*

【备考】

经过六代，至少一个世纪以上，从家族财富的肇创者以来，梁氏家族甚至最成功一房的成员，都依靠特殊的技术或知识维生。这一社会流动的类型与其他富商家族是一致的。梁经国可说是"从赤贫到巨富"的标准案例。

案例 19：彭玉麟（嘉庆二十一年至光绪十六年，1816—1890）及其父[1]

湖南省南部衡阳县彭氏一族最著名的人物彭玉麟，是以粉碎太平军舰队攻击知名的水师提督，也是清末最正直的高级官员之一。他的祖先几代都是佃农，父亲彭鹤皋年轻时，曾短暂读书，但没有取得任何功名。彭鹤皋的伯叔父与堂兄弟对于他想读书这件事啧有烦言，相当不谅解，因为家里需要所有用得上的人手帮忙种

---

* 【译注 20】：梁方仲（1908-1970），是著名的历史学家和经济学家，其经典著作《一条鞭法》被翻译成多国文字，公认是此领域最高成就。《明代粮长制度》《中国历代户口、田地、田赋统计》等书，至今仍是全世界相关研究领域的翘楚。参见汤明檖、黄启臣，《梁方仲传略》，《梁方仲经济史论文集》（北京：中华书局，1989）及刘志伟、陈春声，《天留迂腐遗方大，路失因循复倘艰——梁方仲先生的中国社会经济史研究》，《梁方仲文集·中国经济史讲稿》（北京：中华书局，2008）。梁嘉彬（1910-1995），1928 年秋天，由南开中学考入清华大学史学系，"专心从事十三行之研究"。1934 年赴日本东京帝国大学留学，七七事变后回国。1937 年出版《广东十三行考》，年仅 27 岁。到台湾后任东海大学、政治大学、辅仁大学、文化大学教授。1971 年，东京大学补授梁嘉彬文学博士学位。参见王尔敏，《广东十三行权威史家梁嘉彬》，《传记文学》，第 89 卷第 3 期（2006 年 9 月）。

1　俞樾，《春在堂随笔》，卷 2，页 3b；卷 6，页 7b-8b。王闿运，《湘绮楼文集》，卷 7、卷 8。

田,维持家计。在县试、府试相继失败后,更加强了反对的声浪。他的父亲虽然同情他,但为害怕招致族人的激愤,也不许他继续读书。

在除夕的晚餐之后,族中一位有名望的伯叔送给彭鹤皋一个锄头说:"诘朝元旦大利之日,宜发锄一试也。"他只好遵从。当年春夏,每日沾体涂足以服农事,在田里工作,没有一句怨言或厌倦。秋收之后,请求伯叔父准许他到著名的度假区衡山进香。衡阳距衡山约 30 哩,由于每年秋天,许多农民都会来进香,于是准他前往,他带了 300 文前去。几天之后,寄了一封信回家,说明这一年来他遵从父亲及长辈的命令,放弃读书,从事农耕,但农作违背自己的意志,亦力有未逮;他决心离开家,除非他成功得到功名,否则将永远不会回来。并寄回剩下的 200 文钱,恳请双亲就当作没有这个不孝的儿了。

彭鹤皋辗转流浪到江苏省镇江府,在此卖自己写的卷轴为生,当地文士见他的字颇端好,知道他的故事,怜其穷途,便招他入当地的书院肄业。几年后,他被推荐去漕船教童子读书,并随船到京师,考取供事(不入流的胥吏),累积功劳后,终于升为安徽省某县的巡检(知县属官,从九品),至此时他才结婚。他的妻子是该知县师爷的 35 岁女儿。彭玉麟和他的弟弟都生在安徽,彭玉麟 16 岁时,全家返回衡阳,隔年他的父亲就在那里去世。

受惠于父亲一辈子的积蓄,彭玉麟他们家这一房能有薄产数亩,每年可收租谷 40 石。一些贪婪的族人艳羡这笔财产,甚至想做出不利于彭玉麟兄弟的事。有一次,他的弟弟去市场买盐,在路上被一个族父丢入河里。虽然被邻人救起，但他母亲知道这个地方不能再住了，该把孩子送走，以避免危害孩子生命的阴谋事件再度发生，于是送彭玉麟到书院读书，弟弟则送到城里市肆做商贾的学徒。

彭玉麟的母亲终究还是抵挡不了贪婪的亲戚，结果失去大部分的财产。这就使得彭氏兄弟必须尽力工作以维生计。偶然间，彭玉麟写的字被一个官员注意到，而暂时教导他，在几年之内，彭玉麟考取了生员。咸丰初年（1850年代初），彭玉麟为环境所迫，到当铺做伙计。咸丰三年（1853），太平军势力严重地威胁清朝之后，彭玉麟加入领导对抗太平军的曾国藩新组织的水军。后来他成为著名的水军提督，廉直的官员，官至兵部尚书。

彭玉麟的弟弟不愿做学徒，从市肆逃出来，不通音问20馀年，终于在彭玉麟成名后才访求得之。他最初到浙江，后来入四川，成为富裕的盐商。

【备考】

彭玉麟这个案例是太平军动乱期间众多由寒素起家成名的几十个案例之一。所有像这样非以举业而成功的事例，有一部分列在表24，但未在本书第三章的进士统计中显现出来。此外，彭玉麟父亲的佃农身份是应特别注意的事实。

案例20：陶模（道光十五年至光绪二十八年，1835—1902）[1]

陶家住在今嘉兴县一部分的清代浙江秀水县，几个世代都不

1　《陶勤肃公行述》，系陶模死后其子陶葆廉所著传略。

曾出过任何有功名的人。虽然陶模最终官至陕甘总督,但是陶家原是个典型的无产的贫困小家族。由于祖父早逝,迫使陶模父亲和唯一的叔叔读蒙学时便辍学而从商。在从江苏北部返回浙江时,总会买些基本经书给族人乡党。陶模5岁时,在江苏北部工作的父亲因中暑而突然病故。当时他的叔叔还没有子嗣,也因为太过贫穷,没娶妾帮他生孩子的财力,于是依照习惯由陶模兼祧,同时成为父亲与叔叔的继承人。在叔叔的扶养下,他8岁开始读书。贫穷的他,年纪还小就习惯于体力劳动,叔叔希望他能专心读书,却请不起家庭老师。不论是朋友还是亲戚,都劝他的叔叔送他出去当学徒学做生意,但遭陶模拒绝。陶模不但努力读书,也尽力工作帮助家计。每天早上,他拿着母亲所织的绢布到市场去卖,买回家中所需的米、盐和日用品;中午过后及夜晚,和织布的母亲共用烛光,在旁读书。咸丰六年(1856),陶模21岁时,成为生员。这时他才开始有机会与地方读书人交往,改善他写时文的风格。[*]

咸丰十年(1860),太平军抢掠嘉兴,陶模与叔叔都被俘,他们小而破败的家遭烧毁。他们被迫做了4个月的苦力,等到陶模与叔叔设法逃回家中时,母亲与妻子都已亡故。乡里的秩序部分恢复后,陶模开始在村塾教书,同时照顾两个幼小的儿子。同治二年(1863)他再婚,仍不得不在家从事种种的体力工作。他的长子回

---

[*]　【译注21】:据陶葆廉、陶葆霖述,《皇清诰授光禄大夫赠太子少保予谥勤肃兵部尚书兼都察院右都御史两广总督显考方之府君行述》,《中华历史人物别传集》,第60册(北京:线装书局,2003),页2a,陶模于"咸丰六年丙辰补县学生",非本书原来所说的1855(咸丰五年),今据《陶勤肃公行述》改正。

想起来,直至同治六年(1867)中举之前,陶模每天早晨都去市场卖丝绢布,并提一桶河水回家。当日常杂务全部做完后,他还要带长子到他教书的村塾读书。同治七年(1868)他考上进士(【译者按】:二甲四十七名),次年,他才有能力正式迁葬十几位祖先。

陶模以西北边疆甘肃的地方官起家,这些地方曾因回乱而残破。他的能力与清廉受到著名军人及政治家左宗棠的赏识,逐步升迁至陕甘总督。

【备考】

这份记载代表着许多人的生活,在奋斗初期,为维持生计,得把读书与各种卑下的工作合在一起,这是大部分的情况。特别要注意的是:陶模成为生员后,仍然得继续从事这些卑微的工作。

案例21:胡传(道光二十一年至光绪二十一年,1841—1895)[1]

胡传是胡适博士的父亲。胡家住在徽州六县中最贫困的绩溪县,数代以来,从事茶叶贸易。胡家从胡传的曾祖父时开始在上海附近的川沙厅城内开茶铺,生意显然做得很好,照徽州富裕小商人的惯例,他也取得国子监生的身份。胡传的祖父过世得很早,次子也就是胡传的父亲出生仅14天就去世了,胡家似乎因此受到相当的挫折。由于这时候胡传的曾祖父年事已高,事业委托不得其人,

---

1　胡传,《钝夫年谱》(依编年记载,系自传未刊稿本),由其子胡适博士慷慨提供。此外,参考胡适博士口述的自叙传(哥伦比亚大学口述历史文献计划未完原稿)。

家道急遽衰落。

　　胡传的父亲不到 20 岁便继承家业,他拼命工作,过着质朴的生活,事业因此渐渐回复起来。每年春天,他都回家乡买春茶到江苏去卖。他的长兄大部分时间在读书,但偶尔也帮忙他做生意及记账。他忙于自己的生计,没有时间教胡传这个侄子或其他家族中的孩子读书。* 因此,胡传在胡氏家塾才读了两年书,只读了篇幅很短的儒家基本读物《孝经》及简短的《唐诗三百首》,10 岁的时候仍未读《四书》。

　　胡传身躯修长雄伟,13 岁看起来已如成人,能供奔走,助力作。父亲希望他跟着去上海习服贾,但业儒的伯父则认为胡传材质较诸子侄为优,应该让他继续读书。当被问其所志时,胡传很诚实地说:读书固佳,然家有事,有义务出来帮助。但他也怕出来工作屡次间断课业,将来恐怕会无所成。无论如何,到了咸丰七年(1857),胡传 16 岁,随父亲到川沙厅,进入一个当地士人经营的私塾就读。在那里认识老师的诗人朋友,包括两个布商、一个盐捕快,这样的交友充分反映了社会身份的流动性。此后数年,他一方面准备生员考试,一方面也几次随父亲回安徽南部山区买茶叶,运到他家在川沙的茶铺。

　　咸丰十一年至同治元年(1861—1862)的两年是重大灾难与危

---

*　【译注 22】:《钝夫年谱》(页 6)云:"先伯父虽业儒,而转筹握算,而与先父计懋迁,日不暇给,又司族中大宗祠事,而在家塾课钝夫兄弟之时甚少。"则胡传的伯父虽是读书人,却未如本书原来所言只是偶尔帮家里做生意,反而是"转筹握算",管理财务,终日忙着与胡传的父亲合作商贸,因此,才没时间教孩子们念书。

机的时期,太平军不止一次抢掠绩溪。胡氏家族在这动乱中受害很大,但胡传的这一房,家庭成员达 20 人以上,而且大部分是妇孺,却都存活下来了,战争中唯一的牺牲者是胡传的原配。由于太平军侵入浙江西北部与安徽南部,原有的贸易路线阻断,必须另觅新的路线。胡氏家人很快就发现安徽南部的屯溪已成为暂时的贸易中心,于是胡传业儒的伯父与一个族兄及两个表叔各出银 50 两作为共同资金,在屯溪赁房作铺,贩卖杂货。胡传负责采运货物,弟弟则帮族兄、表叔他们三人顾店铺为坐贾(笔者注:这是精明而刻苦的徽州商人迫于生存,在商业世界中采取的权宜手段)。

同治四年(1865),太平军乱事平定后一年,胡传补上生员。此后 11 年,他花了极多时间与精力协助地方重建、寻找失散的族人,重建宗祠。从同治七年到十年(1868—1871)之间,由于能进入上海龙门书院读书,有了扩展知识眼界的机会,深受以穷理致知和躬行实践为主的宋代程朱理学的影响。同治、光绪年间(1870 年代),他对中国边疆地理产生了强烈的兴趣。

在投入处理宗族事务多年之后,胡传向从商的堂兄弟借来 100 银元。拿着当时担任督办边防的三品官吴大澂(道光十五年至光绪二十八年,1835—1902)的介绍信,前往东三省。吴大澂是徽州盐商的子孙,后来以金石家与书法家著名。胡传明讲他不是为求一官半职而来,来此是为能有机会考察东三省北部边疆。他的地理学知识与用心的诚恳感动吴大澂,光绪八年(1882)起聘他为师爷。吴大澂也向皇帝极力推荐,主张朝廷急需像胡传这样的专才。因此,胡传连续在东北、河南、海南、台湾等地任官,在台湾任台东直隶州知州(正五品)兼统台东镇海后军各营屯及办理台南盐务。光绪二十一年(1895),日本攻破中国在台湾的最后防线前数日,可能由于脚气病的缘故,他病逝于上海。*

对于胡传的四个弟弟中,我们所知不多,只知道他的二弟官至安徽北部阜阳县训导,其他人可能终身经商。

【备考】

太平军时期及后太平军时期,显然有许多生员加入军队或成为官员的私人幕友,后来这些人都做了官。在这两种情况下,他们做下层官员,不是靠功名的优势,而是靠雇请他的官员之推荐。这也可以参照案例24张謇的事例。

案例22:邹弢(咸丰至光绪年间,19世纪后半)[1]

以下是邹弢的回忆:"余家素务农,至大父始读书,而因贫复贾。严君亦试数次,仍弃之。迨遭兵燹,家难频仍,堂上皆以显扬

---

* 【译注23】:据胡适《四十自述》说:光绪二十一年七月初三日,他父亲因脚气病死于厦门。《钝夫年谱》在结尾载录胡传于六月二十日写给两个儿子的亲笔遗嘱说:"今朝廷已弃台湾,诏臣民内渡,予守后山,地僻而远,闻命独迟,不得早自拔,台民变,后山饷源断,路梗文报不通,又陷于绝地,将死矣!嗟呼,往昔之所历,自以为必死而卒得免于死;今者之所遇,义可以无死,而或不能免于死,要之皆命也。汝(【译者按】:胡适的二哥绍之)从予于此,将来能免与否,亦命也。书此付汝知之,勿为无益之忧惧也。"但胡传之死,另有一说。当时刘永福希望胡传留下,帮他维持;但胡传以身患脚气病为由,希望刘永福放行。刘永福依据与台湾绅民所订血盟:"若背盟,天地必诛,神明不佑。"光绪二十一年七月初三(1895年8月23日)将胡传斩首。相关讨论见唐德刚,《胡适父亲铁花先生无头疑案》,《传记文学》,第48卷第1期(1986年1月);石原皋,《胡适父亲之死》,《传记文学》,第49卷第3期(1986年9月);戚其章,《胡适父亲胡传之死及其他》,《安徽史学》1987年第4期。

1 邹弢,《三借庐笔谈》,卷11,页2a-3a。

相勖。余年十六,以境寒,几去读,大父力持之。至十八岁始来苏从师……越二年,以正月四日应府试,时家无担石,告贷皆不允,大父身中仅储钱七文,徒步率余来城,向陆养和戴菊人假资斧。明年五月应县试。——先大母已构病,报捷至家,大喜,因少愈。""弟富祥亦甚孝友,幼岁即知艰难,习贾苏州……尝谓太夫人曰:'儿他日之得修俸当盛,供菽水以分兄劳。'"由于牺牲自己,辛勤工作,"因劳致病","天不永年",他的弟弟很年轻便过世了。*

【备考】

此为另一个阻碍流动的案例。这是从 1870 年代的同治、光绪年间邹弢一系列的笔记中摘录出来的。从笔记的同治十年(1871)与光绪元年(1875)的两篇序文,我们知道他当时在上海教家馆。**

案例 23:叶澄衷(道光二十年至光绪二十五年,1840—1899)[1]

叶家几代都是宁波附近镇海县的贫农,叶澄衷(成忠)后来成

---

* 【译注 24】:本书原来将引文上下相连,但据《三借庐笔谈》原文,"因少愈"之前引自《读书之难》,其后引自《吹𣸪录节略》。因此,译文将"因少愈"与"弟富祥"相连之文断开。又本书原来将"Because of hard work and self-abnegation, he died young(因劳致病,天不永年)"纳入引文,列于"以分兄劳"之后,然据原文,"因劳致病"在"习贾苏州"之后,则"Because of hard work and self-abnegation, he died young(因劳致病,天不永年)"是《三借庐笔谈》原来作者引《吹𣸪录节略》,用自己的文字述事,不宜列入引文。今改正。

** 【译注 25】:本书引用的《三借庐笔谈》,是 CTPCTK《笔记小说大观》本,据其原文两篇序言,一篇是潘钟瑞在光绪七年(1881)写的,另一篇是葛其龙在光绪十一年(1885)写的。本书所记似乎有误。

[1] 叶澄衷的纪念专辑名为《叶公澄衷哀荣录》,和数十笔类似的文集与讣告,典藏于哥伦比亚大学东亚图书馆。

为上海的富商与实业家。叶澄衷的父亲过世时，他才 5 岁，两个兄弟与两个姊妹年纪都还很小，母亲靠着一间残破的小屋与 8 亩（约一英亩）的祭田，白天带着孩子们一起去田里工作，晚上则纺纱织布。靠着竭尽全力的劳动，一家人勉强维持生计。叶澄衷 8 岁时上过村塾，但只读了不到 6 个月便辍学。迫于贫穷，叶澄衷必须与母亲、哥哥一起去耕田。10 岁时，他到附近菜籽油坊当学徒，年薪只有铜钱一串（1,000 文）及柴薪一担，母亲这么做的原因只是希望减省家庭伙食开销。叶澄衷无法忍受雇主妻子的虐待，三年后辞掉工作。由于家中经济没有办法多养活一口人，一个家庭世交老友怜惜他，承诺带他去上海。但由于他家贫困，连两天一夜的旅费所需的 2,000 文钱都凑不出来，母亲不得不将还未收成的稻谷典当帮他筹措旅费。那个时候，他才 13 岁。

　　这位家庭老友让叶澄衷在法国租界的杂货铺当学徒。咸丰年间（1850 年代），上海的地位已凌驾广州之上，成为首屈一指的商埠。每天天刚亮，他便在黄浦江上摇着店主的舢板，到外国船聚集的黄浦去贩卖食品杂货。下午及晚上还要负责包括打扫厕所在内的各种苦差事。由于店主不太勤奋，这个店的未来堪虞。因此，三年后，叶澄衷离开雇主，但靠一己之力继续与西洋人做生意。慢慢地学会西方商业的经营模式，同时也学会洋泾浜英文。不久，他就在虹口开了一家自己的小店，后来搬到江边。

　　虽然刚开始店铺的规模很小，但由于叶澄衷的勤勉、好脾气及商业才能，生意越来越好。早在咸丰年间，他已经聘请一位英国教师在晚上教雇员英文，他和雇员也学商事法与关税规则。他的事业扩张得很快,他过世之前,他开的公司商号,上海有 6 家,汉口有 2 家,九江、芜湖、镇江、芝罘、天津、营口、宁波、温州各有 1 家,从事机械及机械零件、铁及钢铁制品的进出口贸易。他的纪念文集虽未清楚记载这些商业细节,但还是提到他的公司与汉阳钢铁厂、南北洋舰队及几个省的机器制造局都有契约关系。光绪后期(1890 年代),他在上海与汉口设立纱厂及火柴厂,从商业转向工业经营,成为中国当代首要的实业家。他的这些分公司都由操守经得起考验的员工来负责。

叶澄衷富裕之后,慷慨捐输救济饥馑、地方公益及慈善事业,由于叶氏宗族在浙江是个贫困的宗族,他建了第一座祠堂,并捐献田 400 多亩作为祭田。在他死前不久,为扶助老人与贫困者的生活,他进一步捐给宗族共同基金 2 万银元。另外,也为宗族青年的教育设立宗族义塾。他在上海从事的许多慈善事业中,最重要的是他花了 10 多万银元建的一所学校。同时,他又拿出 2 万银元存入钱庄生息,用以支付老员工家属的年金,以达到"联同人而恤孤嫠"的目的。

叶澄衷先是捐了国子监生的身份,后来逐级捐至通判与道台。他有七子七女,光绪二十五年(1899)他过世时,除两个儿子年纪尚幼外,其他五个儿子都捐了个候补府同知或直隶州州同。长子的简略传记附在纪念文集《叶公澄衷哀荣录》后,有理由相信叶家的家产似乎没能长久延续。在父亲死后二年,年仅 33 岁的长子也过世,这个被描写为个性温和的青年早逝之前,开始为他耽于"声色犬马"赎罪,而落实父亲筹画的慈善事业活动。

【备考】

　　这一事例提供关于贫困的年轻人最后累积财富过程的记载，比案例 18 更为详细。虽然叶澄衷早年的贫困可能是特例，但也可以作为 1840 年代中国开商埠后许多其他宁波地区富进取心的商人、实业家、金融家的代表，他们在商业世界超过了徽州帮。

案例 24：张謇（咸丰三年至民国十六年，1853—1927）[1]

　　张謇是位在长江北岸的江苏南通人，南通在近代是栽培棉花与纺织兴盛的地方。张家几代以来都是相当于英国 Yeoman 的自耕农，在自己不太大的土地上耕作，有时也雇佣短工来帮助耕种。这样的家族在传统中国农村的经济地位属于中等，按照张謇的说法"不愁衣食"。

　　嘉庆元年（1796），张謇的曾祖父过世，家产分给三个儿子，其中最小的儿子就是张謇的祖父，当时才 7 岁。他的两个哥哥都搬出去，二哥更因游手好闲败光了家产，不曾再回到故乡。张謇的祖父小时候，与寡母相依为命。15 岁母亲突然亡故之前，他都在村塾读书。后来由于不怀好意的亲戚引诱他赌博，家产尽失。地方上有个后来也从事一点农耕的小瓷货商可怜他，把他收为赘婿。他没有忘记青少年时期的教训，而成长为一个勤勉俭约的人。在存下一点自己的钱财后，搬离了岳父家。

―――――――――――

[1]　散见于张謇《啬翁自订年谱》及张孝若《南通张季直先生传记》。

虽然在其后几年，他把以前损失的钱大半赚了回来，但他很不情愿地让三子中的次子，也就是张謇的父亲读书。在张謇的父亲多次恳求及村里一个塾师的支持下，终于同意他半天读书，半天耕田。也就因为如此，张謇的父亲勉强读完儒家的初级经典，终其一生只是一个自耕农。

张謇有三个哥哥，父亲在他们很小的时候就送他们四兄弟去学校读书，有证据显示只有小儿子张謇被准许全天读书，因为他很早就被认为是个聪明有前途的孩子。张謇 4 岁开始在父亲监督下读书，*尽管他年纪小小，冬天那几个月的夜晚也必须在没有暖气的房间里用功读书。他后来回忆，母亲有时在夜晚监督他读书的时候，还暗自啜泣，这是因为母亲对他的期望很大。长大一点之后，家境好了些，可付得起学费，便送他到村塾念书。同治三年（1864）夏天，父亲命令 11 岁的他与兄弟们去锄棉田草，他颇以为苦，便更加倍努力读书，因为他相信这是可以免于劳动的正当理由。5 年后，他补上生员。

必须顺便指出的，当地与法律的惯例，凡出身三世无隶名学官为生员家庭者，名为冷籍，其子弟若要应试，必须先取得学官及廪膳生的保证书，才能参加县试。张謇得到没有经验的父亲同意，被一个不怀好意的村塾教师欺骗，冒名注籍到邻县考试。于是整整 3 年，他暴露在保证人及其同谋的勒索之下，为贿赂他们及地方政府的胥吏，张家共花费银 1,000 两以上，其中大部分是靠借贷而来

---

* 【译注 26】：据《蔷翁自订年谱》（卷上，页 2a）云："（咸丰）六年丙辰，四岁……冬，先君始教识千字文。"则四岁开始监督他读书的是父亲，不是本书所说的母亲。

的。最后，张謇决定向省学政自首，学政同情他的情况，他的资格并未撤销。由于这个事件和因张謇祖父过世而分配财产的结果，使张謇需要去找份工作，当一个官员的私人幕友。他利用闲暇的时间读书，通过入学考试，进到一个私立书院念书。他把微薄的薪资寄回家去还债。1875 年初（【译者按】：同治十三年十二月二十一日），张謇和一个富裕地主的女儿结婚。

在几次乡试失败之后，光绪二年（1876），张謇由南京担任河工物资的雇主介绍给地位重要的赞助者吴长庆将军。张謇当吴长庆的幕友，月俸银 20 两。张謇仍利用馀暇继续读书，终于使他能通过光绪五年（1879）的特考，获得优贡生资格（文学秀异的贡生）。后来他随着吴将军先到华北，后到朝鲜，在平定光绪八年（1882）汉城宫廷政变中扮演重要角色。为此，吴长庆将军赏给他银 1,000 两。光绪十一年（1885），当他在北京获得举人时，他已经因能干和精于朝鲜事务而广为人知了。后来，他成为皇帝的老师、总理大臣翁同龢的门生。乡试及第之后的 9 年间，张謇辗转从事幕友工作，当时他已获得候补县学教授的任官资格。

光绪二十年（1894），张謇因殿试第一考上状元而知名全国。其后更成为家乡南通产业资本家的先驱，并继续在重要的政策上给高级官员建议，也曾短暂在民国初年的政府内阁中工作（【译者按】：先后出任实业总长和工商总长兼农林总长）。在他的族人中，只有叔叔的一个儿子做过地方官，他的独子，也是张謇传记作者张孝若曾短期在美国读书，可惜英年早逝。

【备考】

这一案例的价值在于：准确地描述张謇从事"笔耕"及幕友工作赚取薪资之前，作为自耕农家族的社会、经济地位。

案例 25：安徽省绩溪王氏[1]

引起社会史学者特别注意的王氏宗谱，其编纂者王维城，官至安徽省政府建设厅厅长，是这个贫寒家族里最早做官的人。

王氏家族在几代之间，都在胡适博士老家绩溪县的庙子山村当佃农。在太平军起事前，村里的农田如果不是全部也是大部分归曹家所有，曹氏夸称家中至少出过一个举人。

王维城的父亲王邦庆（道光二十三年至民国十八年，1843—1929）11 岁时离开故乡，去宣城县当竹器店的学徒。当时他家是个 30 人的大家庭，大部分是佃农，难得有足够的食物吃。咸丰十一年至同治元年（1861—1862）太平军入侵的大难中，家中其他人全都亡故。战争带来广泛的破坏及地方人口的剧降，致使劳动力严重不足，土地价格大幅下跌。1860 年代末至 1870 年代初的同光之际，工资很高，但田价很低，农地一亩价格还不到 1,000 文钱，而在太平军乱事以前一亩田要八九两，有时更高达 10 两以上。王邦庆在略有积蓄之后结婚，最大的儿子十几岁就开始帮助耕田，于是家运渐渐向上。

王邦庆的五个儿子中，同治六年（1867）出生的长子，是个特别

1　王维城编纂，《绩溪庙子山王氏谱》，这份有异乎寻常重要性的族谱，现藏于哈佛燕京学社图书馆。

好的农夫，可以在日出前耕完一亩土地。虽然只读过 4 年书，却能为家计账。光绪年间（1875—1908）后半期，由于在土地买卖过程中被恶劣的村人所骗，王家损失 80 多两。这一事件让长子相信必须让他的弟弟有机会读书，因为家里没人受过教育，这个家无法保护自己不受地方上坏人的欺骗。

王邦庆的三子（光绪四年至民国十六年，1878—1927）在上海亲戚家的茶铺里当学徒，他逐步升至掌柜，后来自立门户，开了一家自己的店。生意最好的时候，店铺年营业额高达一万银元。主要由于他的财务支持，弟弟王维城才能读书，并成为生员。光绪三十一年（1905）废除科举之后，王维城从相当于现代学院的安徽省高等学堂毕业，后来在安徽省政府工作。

这一家人小小的成功的主要原因是他们的分工策略，哥哥们仍然当农夫，三弟开始经商，所有机会留给五弟，让他去读书（四弟早逝）。王家族谱中最重要的事是王维城当上生员那一天，就在那天晚上，长兄忙不迭地跑了 3 英里（约 5 公里）路，到已出嫁的姊姊家，气喘吁吁结结巴巴地报喜："维、维、维城县试第一。"他和姊姊随即写信给在上海当茶商的弟弟，告诉他这个好消息。隔天，长兄在回家的途中，遇到几年前在土地买卖中骗他与父亲的男子，当这个坏人平身低头地说了些祝福的话时，王维城的长兄凝视他好几分钟，然后用带着骄傲和讽刺口吻说："谢谢施主。"

【备考】

这一事例是笔者所知关于佃农家庭向上社会流动的案例中

最详细和最特别的记载。太平军战争之后,在凋敝的长江下游流域这种特别的氛围中,许多佃农因此变成了自耕农与小地主。[1] 一般来说,一个家庭经济地位的改善,会显示于社会学术地位的改善,许多相似的事例可能没记录下来。这种情况是比较晚近才发生的,而且定期修族谱的风气,到民国时期已经没落。全国生活水平持续下降,人口压力不断增加,是太平军动乱之后的经济模式,但长江下游流域似乎是个例外。

必须一提的是,如同上述一些事例所具体显示出来的,明清时代许多生员不管他们的环境如何低下而卑微,这个生员功名的取得对于真正贫寒的人而言,的确具有提高社会地位的效果。但生员作为一个身份群体,其背后的社会现实过于复杂。如果要把他们完全抽象的一般化,以生员归属于所谓"下层绅士阶级",似乎是不可能,也站不住脚的。

案例 26:周藩(光绪年间至民国初年,19 世纪末至 20 世纪初) [2]

以下为江苏无锡最后一位廪生周藩的回忆:

"余家自先高祖是斋公始筑宅于大成巷,薄有田产。先曾祖镐庭公谨守先业,生子六……分产后……不足以自给。然皆读书应试,又皆累试不售,兄弟相戒,勿令后人读书应试。故先父兄弟辈

1　对于太平军之后,长江下游流域经济力的运作及其对地主和佃户的影响之详细讨论,见拙著 Studies on the Population of China, 1368-1953, P221-222,238-246,275-276.

2　蒋士栋等编,《锡金游庠同人自述汇刊·乙未岁案》,页 1a-1b,《周藩自述》。

十一人皆年十三四即习贾,无读书应试者。余兄弟辈亦十一人,除余一人外亦皆习贾,无读书应试者。先父独受先姑丈顾仲苏之怂恿,令余读书……而余应试十馀年仅得游庠食饩,四赴秋闱,三荐未售……累年应试所费极巨,家无藏书,余性嗜书,每试必购书归。父设布肆,年逾花甲仅有一子,尽量供给余用……父生余晚,只望余为秀才,既为秀才,父愿已足,只许余在家授徒。"

【备考】

光绪三十一年(1905)科举制度废止后,周藩开始学习日语。清末民初,受雇于军队做通译,这是另一极少数可找到的社会流动受阻的案例。

案例 27:齐白石(1863—1957) [1]

闻名世界的画家齐白石父母的祖先都是出身寒素的湖南湘潭农村老百姓,世世代代没有出过任何有功名的人。男人在有限的土地上耕作,女人在家纺织,有时也到田里耕作。齐白石小时候身体不好,却看得出有不凡的天分。当地贫苦人家到了冬天,从森林里捡拾松针来烧,勉强维持一个房间的温暖。当他还是 3 岁儿童时,稍识点字的祖父,用铁钳子在松柴灰堆上写些简单的字来教他认字。到 7 岁时,以这种的方法一天已可以学几十个字。祖母因

---

[1] 胡适、黎锦熙、邓广铭,《齐白石年谱》。这一编年传记系根据这位著名画家本身的回忆录及其他著作整理而成。湘潭名族黎氏与齐白石一家是老朋友故交,由于胡适博士积极的搜集,加上黎教授的日记中对齐白石个人的回忆,使这部传记读起来饶富趣味。

为家族没有能力送他去学校读书而感到难过。为了让孙子能够去附近的学校读书,她卖了4石谷,买了几本书和必备的文房四宝,而这个学校的老师则让他免费入学。但他早年的学校生涯只维持了一年,部分原因是他体弱多病,但主要还是由于他们家需要人手帮忙。7岁的齐白石必须每天去捡柴火供给家里烧用。他把《论语》挂在水牛角上,设法在捡拾柴火及放牛时还可以继续读书。祖母曾对他说:"可惜你生下的时候,走错了人家!"

同治十三年(1874),祖父过世,留下的财产只值铜钱6万文钱,全都用来办丧事。* 此时,齐白石已有两个弟弟,家庭规模于是扩大,这使得他需要在11岁时离开家去学做木匠。性好画画的他,白天学习木匠手艺,晚上则画画。他唯一买得起的画本是廉价翻刻的绘画入门书《芥子园画谱》。15岁时,开始进入奇巧的雕花匠作。19岁时,与7年前许婚,来齐家做童养媳,帮忙家务,共同生活的陈氏圆房,结成正式夫妻。

此后数年,齐白石精巧的雕花为地方显要宗族所喜爱,从此开始与地方的精英阶层往来,而能接触地方人士的藏书和较好的绘画手本。光绪十五年(1889),齐白石为当地精英圈所接纳,这个圈子里,包括几个宗族的成员和地方知名学者、诗人、艺术家。这个新结交的人际网络圈子,扩展了他的知性与艺术眼界,引领他进一步发展篆刻艺术,他的这项手艺与雕花同等出色。10年后,他被湖南知名学者王闿运收为弟子,王闿运自己原来是个小商人之子。

---

* 【译注27】:本书原作祖母过世,但据《白石老人自传》(北京:人民美术出版社,1962),页18,是年过世的是祖父,今改正。

齐白石并非王闿运的弟子中唯一贫苦出身的,像他这样的弟子还有一个佛教和尚、一个铁匠、一个做竹笼的工匠和一个放牧水牛的牧童。

　　齐白石在他的回忆里很少提到他这些年的经济状况,但有理由可以相信他的经济状况逐渐改善。因为在光绪二十六年(1900),齐家在花砦的一块地上盖了栋新房子,全家搬过去住。光绪二十八年(1902)以来,他开始在国内各地旅行。这新得到的闲暇,使他得以深研经典,特别沉潜于诗词,他的作品展现相当不拘常规的自由特性、幽默和讽刺的风格,这是他早年在松叶燃起的炉火边读唐诗所打下的基础。宣统三年(1911),他 48 岁时,他的老师王闿运与曾任军机大臣和协办大学士的瞿鸿机(道光三十年至民国七年,1850—1918)邀他参加宴饮赋诗。为逃避内战,民国六年(1917)起他定居北京,此后这位画家的经历就不需详述了。

【备考】

　　宣统三年(1911),齐白石被湖南首要学者及前军机大臣邀请参加宴饮赋诗的事实,并不令人惊奇,因为他当时已是一位地位蒸蒸日上的画家。奇怪的是当他还是个木匠时,就为地方精英集团接纳的这一事实。齐白石早期的生活与王闿运几个弟子的社会出身,提供我们一个关于弹性的身份概念及流动性的身份制度很好的例子。

引用书目

中文原始资料*

主要统计资料(各类之内依年代顺序排列)

且有进士祖先资料的进士题名录善本的馆藏地之缩写如下:

NP——国立北平图书馆(【译者按】:今中国国家图书馆)

NC——"国立中央图书馆"(【译者按】:今台北"国家图书馆")

LC——美国国会图书馆

LCM——美国国会图书馆缩微胶片

AC——"中央研究院"

进士名册

《洪武四年进士登科录》(《艺海珠尘》版),1371年。

《永乐十年进士登科录》(NP、LCM),1412年。

《天顺元年进士登科录》(NC),1457年。

《成化五年进士登科录》(NP、LCM),1469年。

《成化八年进士登科录》(NP、LCM),1472年。

---

* 【译者按】:本书目之排列次序及格式悉依原书。

《弘治九年进士登科录》(NC),1496 年。

《弘治十八年进士登科录》(NC),1505 年。

《正德十六年进士登科录》(NC),1521 年。

《嘉靖十四年进士登科录》(NP、LCM),1535 年。

《嘉靖十七年进士登科录》(NP、LCM),1538 年。

《嘉靖二十三年进士登科录》(NC、LC),1544 年。

《嘉靖癸丑科进士同年便览录》(NC),1553 年(【译者按】:本书原
　　文误作"癸巳",实为"癸丑",今改正)。

《嘉靖四十一年进士登科录》(NC、LC),1562 年。

《隆庆二年进士登科录》(NP、LCM),1568 年。

《万历八年进士登科录》(NC),1580 年。

《万历十四年丙戌会试录》(NC),1586 年。

《万历三十八年庚戌科序齿录》(NP、LCM),1610 年。

《顺治九年壬辰科进士三代履历》(NP),1652 年。

《顺治十二年乙未科进士三代履历》(NP),1655 年。

《顺治十五年戊戌科进士三代履历》(NP),1658 年。

《顺治十六年己亥科会试进士三代履历》(NP),1659 年。

《顺治十八年辛丑科会试四百名进士三代履历便览》(NP),1661 年。

《康熙十二年癸丑科会试进士三代履历便览》(NP),1673 年。

《康熙二十一年壬戌科同年序齿录》(NP),1682 年。

《康熙二十四年乙丑科三代进士履历》(NP),1685 年。

《康熙四十二年癸未科三代进士履历》(NC),1703 年。

《道光二年壬午同年齿录》,1822 年。

《道光九年己丑科会试同年齿录》,1829 年。

《道光十三年癸巳科会试同年齿录》,1833 年。

《道光十五年乙未科会试同年齿录》,1835 年。

《道光二十四年甲辰科会试同年齿录》,1844 年。

《咸丰九年己未科会试同年齿录》,1859 年。

《咸丰十年庚申恩科会试同年齿录》,1860 年。

《同治四年乙丑科会试同年齿录》,1865 年。

《同治七年戊辰科会试同年齿录》,1868 年。

《同治十年辛未科会试同年齿录》,1871 年。

《同治十三年甲戌科会试同年齿录》,1874 年。

《光绪二年丙子恩科会试同年齿录》,1876 年。

《光绪三年丁丑科会试同年齿录》,1877 年。

《光绪六年庚辰科会试同年齿录》,1880 年。

《光绪九年癸未科会试同年齿录》,1883 年。

《光绪十二年丙戌科会试同年齿录》,1886 年。

《光绪十五年己丑科会试同年齿录》,1889 年。

《光绪十六年庚寅恩科会试同年齿录》,1890 年。

《光绪十八年壬辰科会试同年齿录》,1892 年。

《光绪二十一年乙未科会试同年齿录》,1895 年。

《光绪二十四年戊戌科会试同年齿录》,1898 年。

《光绪三十年甲辰恩科会试同年齿录》,1904 年。

注:上列 48 种题名录用于表 9。

举人·贡生名册

《嘉庆九年甲子科直省乡试同年齿录》,1804 年。

《丁卯(嘉庆十二年)乡试齿录》,1807 年[备注:原题无年期表记,
美国国会图书馆误认为乾隆十二年(1747)]。

《戊辰科(嘉庆十三年)乡试题名齿录》,1808 年。

《嘉庆丙子科(二十一年)各省乡试同年齿录》,1816 年。

《道光辛巳(元年)各省同年全录》,1821 年。

《道光戊子科(八年)直省同年录》,1828 年。

《道光辛卯科(十一年)各直省同年录》,1831 年。

《道光壬辰科(十二年)直省乡试同年齿录》,1832 年。

《道光甲午科(十四年)直省同年录》,1834 年。

《道光乙未(十五年)恩科直省同年录》,1835 年。

《道光癸卯科(二十三年)直省同年全录》,1843 年。

《道光甲辰(二十四年)恩科直省同年录》,1844 年。

《道光己酉科(二十九年)各省选拔明经通谱》,1849 年。

《咸丰乙卯科(五年)直省乡试同年齿录》,1855 年。

《同治九年庚午科直省乡试同年齿录》,1870 年。

《光绪己卯科(五年)直省同年齿录》,1879 年。

《光绪乙酉科(十一年)各直省选拔明经通谱》,1885 年。

《光绪丁酉科(二十三年)各直省选拔同年明经通谱》,1897 年。

《光绪丙午科(三十二年)优贡同年齿录》,1906 年。

《宣统庚戌科(二年)举贡考职同年齿录》,1910 年。

注:上列 20 种题名录用于表 11。

统计有用的生员名册

《静庠题名录》,1933 年编。

《国朝虞阳科名录》(最新版,1904 年之后刊行)。

《通庠题名录》,1933 年编。

注:上列 3 种题名录用于表 15。

18 世纪题名录补遗

《乾隆壬申科(十七年)福建乡试同年齿录》,1752 年。

《乾隆己酉科(五十四年)各省选拔同年齿录》,1789 年。

《乾隆甲寅(五十九年)恩科顺天乡试同年齿录》,1794 年。

《嘉庆五年庚申恩科顺天乡试同年齿录》,1800 年。

注:上述 4 种题名录见表 12。

其他参考用的题名录

《建文二年殿试登科录》(NP、LCM),1400 年。

《万历壬辰科(二十年)进士履历便览》(NC),1592 年。

《崇祯十二年山西乡试序齿录》(NC),1639 年。

中文原始资料补遗

进士名册

《成化十一年进士登科录》(NP),1475 年。

《嘉靖三十八年进士登科录》(AC),1559 年。

《万历五年进士登科录》(AC),1577 年。

《万历十一年癸未科会试录》(AC),1583 年。

《万历二十九年辛丑科进士履历便览》(AC),1601 年。

《顺治六年己丑科会试四百名进士三代履历便览》(NP),1649 年。

《康熙十五年丙辰科会试二百九名进士三代履历便览》(NP),
　　1676 年。

《嘉庆七年壬戌科会试齿录》(NP),1802 年。

《咸丰六年丙辰科会试同年齿录》(NP),1856 年。

举人·贡生名册

《雍正十二、十三年寅卯拔贡同年序齿录》(NP),1734—1735 年。

《乾隆三年戊午科顺天乡试录》(NP),1738 年。

《乾隆四十八年癸卯科江南同年齿录》(NP),1783 年。

其他资料

查继佐,《罪惟录》,《四部丛刊》版。

张謇,《啬翁自订年谱》,1925 年版。

章铨,《章府君行述》(Columbia)。

张瀚,《奚囊蠹馀》,《武林先哲遗书》版。

张瀚,《松窗梦语》,《武林先哲遗书》版。

张萱,《西园闻见录》,原序于天启七年(1627);哈佛燕京学社,民国
　　二十九年(1940)排印。

章潢,《图书编》,天启版。

张宏道、张凝道,《皇明三元考》,明末刊。

张廷玉,《澄怀园语》,《啸园丛书》版。

张英,《恒产琐言》,《笃素堂文集》,光绪二十三年(1897)版。

张英,《聪训斋语》,《啸园丛书》版。

《常州府志》,万历四十六年(1618)版及乾隆五十九年(1794)版,

光绪十三年（1887）翻刻。

《长芦盐法志》，雍正四年（1726）版及嘉庆十年（1805）版。

《常德府志》，嘉庆十八年（1813）版。

赵翼，《陔馀丛考》，《赵瓯北全集》版。

赵翼，《廿二史札记》，世界书局版。

赵翼，《檐曝杂记》，《赵瓯北全集》版。

赵官，《后湖志》，原序于嘉靖十年（1531）；天启元年（1621）修订版。

《浙江同官录》，光绪十二年（1886）版。

陈其元，《庸闲斋笔记》，序于同治十三年（1874）；《清代笔记丛刊》版。

陈宏谋，《全滇义学汇记》，乾隆三年（1738）版。

陈康祺，《郎潜纪闻》，《清代笔记大观》版。

陈懋仁，《泉南杂志》，《丛书集成》版。

陈廷敬，《午桥文编》，康熙四十七年（1708）版。

郑方坤，《本朝名家诗钞小传》，民国八年（1919）版。

《郑氏家规》，正德元年（1506）版。

《吉安府志》，光绪二年（1876）版。

《绩溪庙子山王氏谱》，民国二十四年（1935）版。

《即墨县志》，同治十二年（1873）版。

《嵇氏宗谱》，光绪三十三年（1907）版。

《吉水县志》，光绪元年（1875）版。

《嘉兴府志》，万历三十八年（1610）版及光绪四年（1878）版。

《嘉善入泮题名录》,光绪三十四年(1908)版。

《江南通志》,乾隆元年(1736)版。

《江宁县志》,万历二十五年(1597)版。

《江苏同官录》,光绪六年(1880)版。

焦竑,《国朝献征录》,万历四十四年(1616)版。

《介休县志》,民国十三年(1924)版。

钱泳,《履园丛话》,序于道光十五年(1835);《清代笔记丛刊》版。

《锦江书院纪略》,同治十年(1871)版。

《金华献征录》,雍正十年(1732)版。

《今古奇观》,亚东书局版。

《清朝文献通考》,商务印书馆版。

《清画家诗史》,民国十九年(1930)版。

《清史列传》,民国十七年(1928)版。

朱孔彰,《中兴将帅别传》,《四部备要》版。

朱国桢,《皇明开国臣传》,明末刊。

朱轼,《朱文端公集》,同治十二年(1873)版。

《驻粤八旗志》,序于光绪五年(1879);光绪十年(1884)以后刊行。

祝允明,《野记》,《丛书集成》版。

褚人获,《坚瓠集》,序于康熙三十四年(1695);《清代笔记丛刊》版。

瞿祐,《居家必备》,杭州书坊版。明刊本,未注年月。

《泉州府志》,乾隆二十八年(1763)版。

《爵秩全览》,乾隆二十九年(1764),道光二十年(1840),同治十年
　　(1871),光绪二十一年(1895)。

《中州同官录》,道光二十七年(1847)版及光绪十九年(1893)版。

《汾阳县志》,光绪八年(1882)版。

冯应京,《皇明经世实用编》,万历三十二年(1604)版。

《福州府志》,万历四十一年(1613)版及乾隆十九年(1754)版。

《福建通志》,道光二十九年(1849)版,同治六年(1867)修订,及民国十一年(1922)版。

《海宁渤海陈氏宗谱》,光绪八年(1882)版。

《韩非子》,《四部备要》版。

《杭州府志》,光绪五年(1879)与民国八年(1919)编纂,民国十二年(1923)版。

何乔远,《闽书》,崇祯二年(1629)版。

何乔远,《名山藏》,崇祯九年(1636)版。

《合肥县志》,嘉庆八年(1803)版。

何良俊,《四友斋丛说》,序于万历七年(1579);北京,1958年重刊。

何良俊,《四友斋丛说摘抄》,《丛书集成》版。

《河朔书院志》,道光十九年(1839)版。

《河东盐法志》,雍正五年(1727)版。

《河东盐法备览》,乾隆五十四年(1789)版。

《锡金游庠录》,光绪四年(1878)以后刊行。

《锡金游庠同人自述汇刊》,民国十九年(1930)版。

谢肇淛,《五杂俎》,日本宽政七年(1795)和刻本。

《咸丰元年恩荫同年齿录》,咸丰元年(1851)版。

《新城县志》,康熙三十二年(1693)版及民国二十二年(1933)版。

《新城王氏家乘》,未注年月,大约刊行于 17 世纪末的康熙中期。

《信江书院志》,同治六年(1867)版。

《新化学田志》,光绪二十二年(1896)版。

《新会县志》,道光二十年(1840)版。

《醒世恒言》,生活书店版。

徐锡麟,《熙朝新语》,序于道光十二年(1832);《清代笔记丛刊》版。

徐咸,《西园杂记》,《丛书集成》版。

徐学聚,《国朝典汇》,崇祯九年(1636)版。

徐学谟,《世庙识馀录》,著者之孙序于万历三十六年(1608)。

徐珂(编),《清稗类钞》,商务印书馆版。

徐光启,《徐文定公集》,上海,民国二十二年(1933)版。

许国,《许文穆公集》,民国十二年(1923)版。

《续文献通考》,商务印书馆版。

《宣城县志》,光绪十四年(1888)版。

《学政全书》,乾隆五十八年(1793)版及嘉庆十七年(1812)版。

薛福成,《庸盦笔记》,《清代笔记丛刊》版。

《荀子》,《四部丛刊》版。

《湖州府志》,同治十三年(1874)版。

胡传,《钝夫年谱》,未刊稿本。

《胡氏宗谱》,光绪六年(1880)版。

《皖江同官录》,同治十年(1871)版。

桓宽,《盐铁论》,《四部备要》版。

黄钧宰,《金壶七墨》,《清代笔记丛刊》版。

黄溥，《闲中今古录摘抄》，《纪录汇编》版。

皇甫，《皇明藩府政令》，明末稿本。

黄省曾，《吴风录》，《百陵学山》版。

黄宗羲，《明儒学案》，《四部备要》版。

黄宗羲，《宋元学案》，《四部备要》版。

黄瑜，《双槐岁钞》，弘治八年(1495)版。

《徽州府志》，道光七年(1827)版。

《湖南通志》，光绪十三年(1887)版。

《湖北通志》，宣统三年(1911)版，商务印书馆翻刻本。

《仪真县志》，隆庆元年(1567)版。

阮葵生，《茶馀客话》，《清代笔记丛刊》版。

《瑞州府志》，崇祯元年(1628)版。

葛守礼，《葛端肃公集》，嘉庆七年(1802)翻刻本。

《江西通志》，光绪七年(1881)版。

《科场条例》，乾隆五十五年(1790)版。

《古今图书集成》，中华书局翻刻本。

《姑苏志》，正德元年(1506)版。

顾炎武，《日知录集释》，《四部备要》版。

顾炎武，《亭林文集》，《亭林遗书十种》版。

顾炎武，《天下郡国利病书》，商务印书馆版。

《官场现形记》，亚东书局版。

《关中同官录》，光绪二十年(1894)版。

《管子》，《四部丛刊》版。

《广州府志》，光绪五年（1879）版。

《光绪荫生同年齿录》，光绪三十年（1904）版。

归有光，《震川先生集》，《丛书集成》版。

龚自珍，《定盦文集》，《四部备要》版。

孔广陶，《岳雪楼书画录》，光绪十八年（1892）版。

《国朝湖州府科第表》，光绪三十年（1904）以后刊行。

《国朝史料拾零》，1933年"满洲国"版。

《国朝苏州府长元吴三邑科第谱》，光绪三十二年（1906）版。

郭鎜，《皇明太学志》，序于嘉靖三十六年（1557）；明末修订版。

过庭训，《国朝京省份郡人物考》，天启元年至五年（1621—1625）版。

《国子监志》，道光十二年（1832）版。

《国子监则例》，道光四年（1824）版。

《国语》，《四部备要》版。

《兰溪县志》，光绪十四年（1888）年版。

李周望，《国朝历科题名碑录初集》，乾隆十一年（1746）版，据康熙
　　五十九年（1720）原版增补。

李翊，《戒庵漫笔》，《常州先哲遗书》版。

李桓，《国朝耆献类征》，光绪六年（1880）版。

《礼部则例》，乾隆四十九年（1784）版及道光二十四年（1844）版。

李绍文，《皇明世说新语》，万历三十四年（1606）版。

李斗，《扬州画舫录》，乾隆六十年（1795）版及北京，1960年排
　　印版。

李宗昉，《黔记》，《丛书集成》版。

李因笃,《受祺堂文集》,道光十年至十三年(1830—1833)版。

《两浙盐法志》,嘉庆六年(1801)版。

梁庆桂,《式洪堂遗稿》,民国二十年(1931)版。

《两淮盐法志》,乾隆十三年(1748)版及嘉庆十一年(1806)版。

刘凤,《续吴先贤赞》,《纪录汇编》版。

刘劭,《人物志》,《四部备要》版。

罗思举,《罗壮勇公年谱》,光绪三十四年(1908)版。

《乐亭遵道书院志》,光绪二年(1876)版。

陆楫,《蒹葭堂杂著摘抄》,《丛书集成》版。

《庐江郡何氏大同宗谱》,民国十年(1921)版。

《庐陵县志》,宣统三年(1911)版。

陆容,《金台纪闻摘抄》,《纪录汇编》版。

陆容,《菽园杂记摘抄》,《纪录汇编》版。

陆容,《玉堂漫笔摘抄》,《纪录汇编》版。

《论语注疏》,《四部备要》版。

《龙江船厂志》,《玄览堂丛书》版。

《龙湖书院志》,清末刊本,未注年月。

马其昶,《桐城耆旧传》,序于光绪十二年(1886);宣统三年(1911)
　　刊行。

马端临,《文献通考》,商务印书馆版。

《满汉文武官生名次录》,嘉庆三年(1798)版(只有前半;美国国会
　　图书馆藏)。

《孟子注疏》,《四部备要》版。

缪荃孙,《云自在龛随笔》,北京,1958 年翻刻版。

《沔阳州志》,光绪二十年(1894)版。

《闽中会馆志》,民国三十一年(1942)版。

《明熹宗实录》,参照《明实录》。

《明宣宗实录》,参照《明实录》。

《明会要》,光绪十三年(1887)翻刻版及北京,1956 年排印版。

《明史》,《四部备要》版。

《明实录》,江苏省国学图书馆景印本。

《明世宗实录》,参照《明实录》。

《明太祖实录》,参照《明实录》。

《明道书院志》,光绪二十年(1894)版。

《明英宗实录》,参见《明实录》。

《南昌府志》,同治十二年(1873)版。

《南海县志》,同治十一年(1872)版。

《南浔志》,民国十一年(1922)版。

《宁乡云山书院志》,同治十三年(1874)版。

《宁波府志》,雍正八年(1730)至乾隆六年(1741)版,道光二十六
    年(1846)翻刻。

钮琇,《觚剩》,序于康熙三十九年(1700);《清代笔记丛刊》版。

《八旗通志》,乾隆元年(1736)版。

班固,《汉书》,《四部备要》版。

潘世恩,《思补老人手订年谱》,不注年月,清代刊本。

《番禺县志》,同治十年(1871)版。

《宝晋书院志》,光绪六年(1880)版。

《宝庆会馆志》,光绪二十九年(1903)版。

《保定府志》,万历三十五年(1607)版。

彭蕴章,《归朴盦丛稿》,《彭文敬公全集》,最后序于同治七年
　　(1868)。

《平湖采芹录》,民国四年(1915)版。

《百泉书院志》,嘉靖十二年(1533)版。

《白鹿洞书院志》,嘉靖四年(1525)版及康熙十二年(1673)版。

蒲松龄,《醒世姻缘》,广益书局版。

《陕甘味经书院志》,光绪二十年(1894)版。

《山东通志》,宣统三年(1911)版,商务印书馆翻刻本。

《山东同官录》,咸丰九年(1859)版。

《山东盐法志》,雍正三年(1725)版及嘉庆十三年(1808)版。

《商城县志》,嘉庆八年(1803)版。

《商子》,《四部备要》版。

《绍兴府志》,万历十四年(1586)版及乾隆五十七年(1792)版。

《邵阳县志》,光绪元年(1875)版。

《邵阳魏府君事略》,未注年月,魏源之子撰(Columbia)。

《歙县会馆录》,道光十四年(1834)版。

沈德符,《万历野获编》,序于万历三十五年(1607);北京,1958年
　　排印版;另一较早版《野获编》及《野获编补遗》,同治九年
　　(1870)版。

沈垚,《落帆楼文集》,刘氏嘉业堂版。

《陕西通志》,雍正十三年(1735)版。

《陕西通志稿》,民国二十三年(1934)版。

《石渠宝笈》,民国七年(1918)刊行。

《石渠宝笈续编》,民国七年(1918)刊行。

《石渠宝笈三编》,民国七年(1918)刊行。

《顺德县志》,咸丰四年(1854)版。

《顺天府志》,光绪十一年(1885)版。

《四川盐法志》,光绪九年(1883)版。

《四会县志》,光绪二十二年(1896)版。

司马迁,《史记》,《四部备要》版。

《苏州府志》,同治元年(1862)版。

孙承泽,《春明梦馀录》,古香斋袖珍版。

孙诒让,《墨子间诂》,北京,1954年排印版。

《松江府志》,嘉庆二十四年(1819)及光绪九年(1883)版。

《宋史》,《四部备要》版。

《大清会典事例》,嘉庆二十三年(1818)版及光绪二十五年(1899)版。

《大诰》,洪武十八年(1385)版。

《大明会典》,弘治十五年(1502)版及万历十五年(1587)版。

《大明一统志》,嘉靖三十八年(1559)版。

《太原府志》,万历四十年(1612)版。

《唐会要》,殿版。

陶澍,《陶文毅公全集》,道光十九年(1839)以后刊行。

《道光元年恩荫同年录》,道光元年(1821)。

《陶勤肃公行述》,光绪二十九年（1903）（Columbia）。

《荻溪章氏家乘》,光绪二十年（1894）版。

田汝成,《阿寄传》,《说郛》,卷165。

曹文埴,《石鼓砚斋文钞》,嘉庆五年（1800）版。

邹弢,《三借庐笔谈》,序于同治十年（1871）及光绪元年（1875）；
　　《清代笔记丛刊》版。

《宗人府则例》,嘉庆十七年（1812）版及道光二十年（1840）版。

杜佑,《通典》,商务印书馆版。

《东坡书院志略》,道光二十九年（1849）版。

《桐城张氏宗谱》,光绪十六年（1890）版。

《同治元年恩荫同年齿录》,同治元年（1862）。

王圻,《王侍御类稿》,序于万历十二年（1585）；泰昌元年（1620）版。

王家相,《清秘述闻续》,光绪二十五年（1889）版。

王之垣、王象晋,《大槐王氏念祖约言世记》,序于万历二十九年
　　（1601）,但可能刊行于十七世纪中叶。

王充,《论衡》,《四部备要》版。

汪辉祖,《病榻梦痕录》,《汪龙庄先生遗书》所收,民国十五年
　　（1826）版。

汪辉祖,《梦痕馀录》,《汪龙庄先生遗书》,民国十五年（1826）版。

汪辉祖,《双节堂庸训》,《汪龙庄先生遗书》,民国十五年（1826）版。

王闿运,《湘绮楼文集》,光绪二十六年（1900）版。

王闿运,《王湘绮先生全集》,民国十二年（1923）版。

王世贞,《凤洲杂编》,《纪录汇编》版。

王世贞,《弇州山人四部稿》,万历五年(1577)版。

王世贞,《弇州史料》,正集及续集,万历四十二年(1614)版。

王士祯,《池北偶谈》,序于康熙三十年(1691);《清代笔记丛刊》版。

王士祯,《居易录谈》,《丛书集成》版。

王士祯,《香祖笔记》,《清代笔记丛刊》版。

王守仁,《阳明全书》,《四部备要》版。

王恕,《王端毅公奏议》,嘉靖十三年(1534)版。

汪道昆,《太函集》,万历十九年(1591)版。

汪道昆,《太函副墨》,崇祯六年(1633)版。

王定保,《唐摭言》,上海,1957年重排版。

汪琬,《说铃》,《啸园丛书》版,顺治十六年(1659)版。

汪由敦,《松泉诗文集》,乾隆四十三年(1778)版。

温纯,《温恭毅公文集》,《温氏丛书》版。

文天祥,《文山先生全集》,《四部丛刊》版。

《武进阳湖县合志》,光绪五年(1879)版。

吴敬梓,《儒林外史》,亚东书局版。

《无锡金匮县志》,光绪九年(1883)版。

《吴县志》,崇祯十五年(1642)版。

吴怀清,《关中三李先生年谱》,民国十七年(1928)版。

吴德旋,《初月楼闻见录》,未注年月,19世纪著作,《清代笔记丛刊》版。

杨继盛,《杨忠愍公集》,康熙十二年(1673)版。

杨仪,《明良记》,《丛书集成》版。

杨士聪,《玉堂荟记》,刘氏嘉业堂版。

叶昌炽,《藏书纪事诗》,上海,1958 年排印本。

怀德堂排印,《叶公澄衷哀荣录》,光绪二十八年(1902)(Columbia)。

叶廷琯,《瓯波渔话》,《清代笔记丛刊》版。

叶子奇,《草木子》,嘉靖八年(1529)版。

严辰,《桐溪达叟自订年谱》,清末刊,未注出版年月。

《盐政志》,嘉靖八年(1529)版。

余继登,《典故纪闻》,《丛书集成》版。

俞汝楫,《礼部志稿》,《四库珍本初集》版。

《岳麓书院志》,康熙二十六年(1687)版,同治七年(1868)翻刻。

俞樾,《春在堂随笔》,《清代笔记丛刊》版。

《原任顺天府尹后补四品京堂梁公家传》,陈澧(Columbia)。

《原任顺天府尹梁公墓表》,陈澧(Columbia)。

袁采,《袁氏世范》,《知不足斋丛书》版。

《元统元年进士登科录》,《宋元科举三录》所收,元统元年(1333)
　　版,民国十二年(1923)翻刻。

中文、日文近人研究论著

青山定雄,《五代宋に於ける江西の新興官僚》,《和田博士還曆紀
　　念東洋史論叢》,东京,1951 年。

张孝若,《南通张季直先生传记》,上海,民国十九年(1930)。

张耀翔,《清代进士之地理的分布》,《心理》,第 4 卷第 1 期,民国十

五年(1926)3 月。

赵铁寒,《宋代的太学》,《大陆杂志》,第 7 卷第 4—5 期,1953 年。

赵铁寒,《宋代的州学》,《大陆杂志》,第 7 卷第 10—11 期,1953 年。

陈懋恒,《明代倭寇考略》,《燕京学报》,专刊第 6 号,民国二十三年
　　(1934)。

陈寅恪,《唐代政治史略论稿》,重庆,民国三十一年(1942)。

贾景德,《秀才举人进士》,香港,民国三十五年(1946)。

钱穆,《国史大纲》,2 册,上海,民国二十九年(1940)。

朱君毅,《中国历代人物之地理分布》,上海,民国二十一年(1932)。

朱士嘉,《中国地方志综录》,上海,1958 年。

瞿同祖,《中国法律与中国社会》,上海,民国三十六年(1947)。

瞿同祖,《中国封建社会》,上海,民国二十六年(1937)。

全汉昇,《唐宋帝国与运河》,上海,民国三十五年(1946)。

全汉昇,《北宋汴梁的输出入贸易》,《中央研究院历史语言研究所
　　集刊》,第 8 本第 2 分,民国二十八年(1939)。

全汉升,《宋代官吏之私营商业》,《中央研究院历史语言研究所集
　　刊》,第 7 本第 2 分,民国二十五年(1936)。

《中国资本主义萌芽问题讨论集》,2 册,北京,1957 年。

《中国印本书籍展览目录》,北京,1952 年。

房兆楹、杜联喆,《增校清朝进士题名碑录》,《哈佛燕京学社引得特
　　刊》之 5,民国三十年(1941)。

方豪,《中西交通史》,5 册,台北,1955 年。

方豪,《徐光启》,重庆,民国三十三年(1944)。

方豪，《宋史》，2 册，台北，民国三十三年（1944）。

傅衣凌，《明清时代商人及商业资本》，北京，1956 年。

藤井宏，《新安商人の研究》，《東洋學報》，第 36 卷 1—4 号。

藤井宏，《明代塩商の一考察》，《史學雜誌》，第 54 编 5—7 号（1943）。

何维凝，《明代的盐户》，《中国社会经济史集刊》，第 7 卷第 2 期，民国三十五年（1946）。

何佑森，《两宋学风之地理分布》，《新亚学报》，第 1 卷第 1 期，1955 年 8 月。

何佑森，《元代学术之地理分布》，《新亚学报》，第 1 卷第 2 期，1956 年 2 月。

何佑森，《元代书院之地理分布》，《新亚学报》，第 2 卷第 1 期，1956 年 8 月。

萧公权，《中国政治思想史》，2 册，上海，民国三十五年（1946）。

谢国桢，《近代书院学校制度变迁考》，《张菊生先生七十生日纪念论文集》，上海，民国二十六年（1937）。

许大龄，《清代捐纳制度》，《燕京学报》专刊，第 22 号，民国三十六年（1947）。

胡适、黎锦熙、邓广铭，《齐白石年谱》，上海，民国三十八年（1949）。

加藤繁，《支那經濟史考證》，2 卷，东洋文库，1953 年。

《国会图书馆藏中国善本书录》，2 册，Washington, D. C., 1957 年。

《"国立中央图书馆"善本书目》，3 册，台北，1957 年。

《国立北平图书馆善本书目》，北平，民国二十二年（1933）。

《国立北平图书馆善本书目乙编》,北平,民国二十四年(1935)。

桑原隲藏,《蒲寿庚考》(原题《蒲寿庚の事迹》中译本),上海,
　　1954年。

劳榦,《汉代察举制度考》,《中央研究院历史语言研究所集刊》,第
　　17本,民国三十七年(1948)。

雷海宗,《中国文化与中国的兵》,上海,民国二十九年(1940)。

雷海宗,《春秋时代政治与社会》,《社会科学》,第4卷第1期,民国
　　三十六年(1947)10月。

黎光明,《嘉靖御倭江浙主客军考》,《燕京学报》专刊,第4号,民国
　　二十二年(1933)。

李书华,《印刷发明的时期问题(上)(下)》,《大陆杂志》,第12卷
　　第5—6期,1958年。

梁嘉彬,《广东十三行考》,上海,民国二十六年(1937)。

梁方仲,《明代国际贸易与银的输出入》,《中国社会经济史集刊》,
　　第6卷第2期,民国二十八年(1939)。

梁方仲,《明代的民兵》,《中国社会经济史集刊》,第5卷第2期,民
　　国二十六年(1937)。

刘伯骥,《广东书院制度沿革》,上海,民国二十六年(1937)。

罗尔纲,《湘军新志》,上海,民国二十八年(1939)。

吕思勉,《秦汉史》,2卷,上海,民国三十六年(1947)。

孟森,《己未词科录外录》,《张菊生先生七十生日纪念论文集》,上
　　海,民国二十六年(1937)。

蒙思明,《元代社会阶级制度》,《燕京学报》专刊,第16号,民国二

十七年（1938）。

潘光旦，《明清两代嘉兴的望族》，上海，民国三十六年（1947）。

潘光旦、费孝通，《科举与社会流动》，《社会科学》，第 4 卷第 1 期，
民国三十六年（1947 年 10 月）。

商衍鎏，《清代科举考试述录》，北京，1958 年。

盛朗西，《中国书院制度》，上海，民国二十三年（1934）。

清水盛光，《中國族产制度考》，东京，1949 年。

孙国栋，《唐宋之际社会门第之消融》，《新亚学报》，第 4 卷第 1 期，
1959 年 8 月。

宋晞，《宋代富商入仕的途径》，《大陆杂志》，第 4 卷第 11 期，
1952 年。

唐长孺，《魏晋南北朝史论丛》，北京，1955 年。

唐长孺，《魏晋南北朝史论丛续编》，北京，1959 年。

汤象龙，《道光朝捐监统计》，《社会科学杂志》，第 2 卷第 4 期（1931
年 12 月）。

丁福保，《佛学大词典》，上海，民国十四年（1925）。

岑仲勉，《隋唐史》，上海，1957 年。【译者按】：出版社应为北京，高
等教育出版社。

《同乡组织之研究》，重庆，民国三十二年（1943）。

王崇武，《明代商屯组织》，《禹贡》，第 5 卷第 12 期（1936 年 8 月）。

王伊同，《五朝门第》，金陵大学中国文化研究所，成都，民国三十二
年（1943）。

王毓铨，《明代的军户》，《历史研究》，1959 年第 8 期。

吴景超,《西汉社会阶级制度》,《清华学报》,第 9 卷第 1 期(1935 年 10 月)。

吴晗,《朱元璋传》,上海,1949 年。

吴晗,《明代的军兵》,《中国社会经济史集刊》,第 5 卷第 2 期 (1937)。

杨联陞,《科举时代的赴考旅费问题》,《清华学报》,新第 2 卷第 2 期(1961 年 6 月)。

杨筠如,《九品中正与六朝门阀》,上海,民国十九年(1930)。

严耕望,《唐人读书山林寺院之风尚》,《"中央研究院"历史语言研 究所集刊》,第 30 本下册(1960)。

容肇祖,《李贽年谱》,北京,1957 年。

西文论著

Barber, Bernard. *Social Stratification, a Comparative Analysis of Structure and Process.* New York, 1956.

Barber, Elinor. *The Bourgeoisie in 18th-Century France.* Princeton, 1955.

Bendix, Reinhard. *Higher Civil Servants in American Society, a Study of the Social Origins, the Careers, and Power-Position of Higher Federal Administration.* Boulder, Colorado, 1949.

Bottomore, Thomas B. "La Mobilité Sociale dans la Haute administration Française," *Cahiers Internationaux Sociologie* XIII (September, 1952).

——"Higher Civil Service in France," Transactions of the Second

World Congress of Sociology, 1954.

Carter, Thomas F. *The Invention of Printing in China and Its Spread Westward*. Rev. by L. Carrington Goodrich(富善或富路德). New York, 1955.

Chang Chung-li(张仲礼). *The Chinese Gentry*, *Studies in Their Role in Nineteenth-Century Chinese Society*. Seattle, 1955.

Ch'ü T'ung-tsu(瞿同祖). "Chinese Class Structure and Its Ideology," in J. K. Fairbank, ed., *Chinese Thought and Institutions*. Chicago, 1957.

Dibble, Vernon K., and Ping-ti Ho(何炳棣). "The Comparative Study of Social Mobility (Debate)," *Comparative Studies in Society and History* Ⅲ(No.3, April, 1961).

Dubs, Homer H.(德效骞), tr. *The Works of Hsuntze*《荀子》. London, 1928.

——*History of the Former Han Dynasty*, Vol. Ⅱ. Baltimore, 1944.

Duyvendak, J.J.L.(戴闻达), tr. *The Book of Lord Shang*《商君书》, *a Classic of the Chinese School of Law*. London, 1928.

Feng, Yu-lan(冯友兰). *A History of Chinese Philosophy*. Vol. Ⅰ, Peiping, 1937; Vol. Ⅱ, Princeton, 1954.

Forke, Alfred(佛尔克), tr. *Lun-heng*《论衡》. 2 vols. Leipzig, 1907.

Geiger, Theodor. "A Historical Study of the Origins and Structure of the Danish Intelligentsia," *British Journal of Sociology* Ⅰ(No. 3, September, 1950).

Goodrich, L. C.(富善或富路德). "The World's Greatest Book," *Pacific Affairs* Ⅶ(No. 1, March, 1934).

Ho, Ping-ti(何炳棣). "The Salt Merchants of Yang-chou(扬州)：A Study of Commercial Capitalism in Eighteenth-Century China," *Harvard Journal of Asiatic Studies* XⅦ(Nos. 1—2, June, 1954).

——"Early-Ripening Rice in Chinese History," *Economic History Review* 2d series, IX(No 2, December, 1956).

——"The Examination System and Social Mobility in China, 1368—1911," in *Proceedings of the 1959 Annual Spring Meeting of the American Ethnological Society*.

——"Aspects of Social Mobility in China, 1368—1911," *Comparative Studies in Society and History* Ⅰ(No. 4, June, 1959).

——*Studies on the Population of China, 1368—1953*. Cambridge, Massachusetts, 1959.

Hu, Hsien-chin(胡先缙). *The Common Descent Group in China and Its Functions*. New York, 1948.

Hu Shih（胡适）. *Oral Autobiography*. Incomplete manuscript. Oral History Project, East Asian Institute, Columbia University.

Hucker, Charles O.（贺凯）. "The Tung-lin（东林）Movement of the Late-Ming Period," in J.K. Fairbank, ed., *Chinese Thought and Institutions*. Chicago, 1957.

Hummel, Arthur W.（恒慕义）. *Eminent Chinese of the Ch'ing Period*. 《清代名人传略》2 vols. Washington, D.C., 1943—1944.

Jenkins, Hester, and D. Caradog Jones. "Social Class of Cambridge University Alumni of the 18th and 19th Centuries," *British Journal of Sociology* I（No. 2，June，1950）.

Kelsall，R. K. "The Social Origin of Higher Civil Servants in Great Britain，Now and in the Past，"*Transactions of the Second World Congress of Sociology*，1954.

——*Higher Civil Servants in Britain，from* 1871 *to the Present Day*. London，1955.

Kracke，Edward A.（柯睿格）. "Family vs. Merit in Chinese Civil Service Examinations under the Empire，" *Harvard Journal of Asiatic Studies* X（No. 2，September，1947）.

——*Civil Service in Early Sung China*. Cambridge，Massachusetts，1953.

Legge，James（理雅各），tr. *The Chinese Classics*，Vol. 2，*The Works of Mencius*《孟子》. Hong Kong，1861.

Liao，W. K.（廖文魁），tr. *The Complete Works of Han Fei-tzu*《韩非子》，*a Classic of Chinese Legalism*. London，1939.

Lipset，Seymour M，and Reinhard Bendix. "Ideological Equalitarianism and Social Mobility in the United States，"*Transactions of the Second World Congress of Sociology*，1954.

——*Social Mobility in Industrial Society*. Berkeley，1959.

Liu，Hui-chen（Wang）（刘王惠箴）. *The Traditional Chinese Clan Rules*. New York，1959.

Liu，James T.C.（刘子健）. "An Early Sung Reformer：Fan Chung-yen（范仲淹），" in J. K. Fairbank，ed.，*Chinese Thought and Institutions*. Chicago，1957.

Marsh, Robert M. "Mandarin and Executive: Elite Mobility in Chinese and American Societies," Unpublished doctoral dissertation, Columbia University, 1959.

Mathew, David.*The Social Structure of Caroline England*. Oxford, 1948.

Maverick, L. A., ed.*Economic Dialogues in Ancient China, Selections from the Kuan-tzu*. New York, 1954.

Mei, Yi-pao（梅贻宝）, tr. *The Ethical and Political Works of Motse* 《墨子》. London, 1932.

Namier, Sir Lewis B.*The Structure of Politics at the Accession of George* Ⅲ. London, 1957.

Porter, John. "The Economic Elite and the Social Structure in Canada,"*Canadian Journal of Economics and Political Science* XXⅢ(No. 3, August, 1957).

——"Higher Public Servants and the Bureaucratic Elite in Canada," *Canadian Journal of Economics and Political Science* XXIV(No. 4, November, 1958).

Pulleyblank, E. G.(蒲立本). *The Background of the Rebellion of An Lu-shan*(安禄山). Vol. 1, Oxford, 1955.

——"The Origins and Nature of Chattel Slavery in China," *Journal of Economic and Social History of the Orient* I(part 2, April, 1958).

Swann, Nancy Lee（孙念礼）. "Seven Intimate Library Owners," *Harvard Journal of Asiatic Studies* I(1936).

——*Food and Money in Ancient China*. Princeton, 1949.

Tawney, R.H. "The Rise of the Gentry, 1558—1640," *Economic History Review XI*(*No.* 1, 1941).

Thrupp, Sylvia L. "Hierarchy, Illusion and Social Mobility: A Comment on Ping-ti Ho,'Aspects of Social Mobility in China, 1368—1911' ", *Comparative Studies in Society and History* Ⅱ(No. 1, October, 1959).

Twitchett, Denis C.(杜希德). "The Fan Clan's Charitable Estate(范氏义庄), 1050—1760," in David S. Nivison (倪德卫) and Arthur F. Wright (芮沃寿), eds., *Confucianism in Action*. Stanford, California, 1959.

Watson, Burton (华兹生), tr. *Records of the Grand Historian of China*, *Translated from the Shih chi*(《史记》)*of Ssu-ma Ch'ien* (司马迁). Vol. Ⅱ, *The Age of Emperor Wu, 140 to circa 100 B. C.* New York, 1960.

Wittfogel, Karl A.(魏复古). *New Light on Chinese Society*. New York, 1938.

——"Public Office in the Liao Dynasty (辽朝) and the Chinese Examination System," *Harvard Journal of Asiatic Studies* Ⅹ (June, 1947).

——*Oriental Despotism*. New Haven, 1957.

——and Feng Chia-sheng(冯家昇). *History of Chinese Society—Liao* (辽), 907—1125. Philadelphia, 1949.

Wu, K. T.(吴光清). "Ming Printing and Printers," *Harvard Journal of Asiatic Studies* Ⅶ(1942—1943).

译注与按语引用书目

史籍与史料汇编

史籍

(周)荀况著,(唐)杨倞注,《荀子》,收入《四部丛刊初编》,集部,第312—317 册,上海:商务印书馆据上海涵芬楼藏黎氏景宋刊本影印,1919。

(周)商鞅撰,严可均校,《商君书》,上海:国学整理社,1935。

(周)管仲撰,(唐)房玄龄注,《管子》,收入《四部丛刊初编》,第344—347 册,上海:商务印书馆据上海涵芬楼借常熟瞿氏铁琴铜剑楼藏宋刊本影印,1919。

(周)墨翟撰,(清)毕沅校注,《墨子》,收入《丛书集成》,初编,第576 册,上海:商务印书馆,1939。

(周)韩非撰,《韩非子》,收入《四部备要》,子部,第 1386—1389 册,上海:中华书局聚珍仿宋版排印本,1936。

(汉)司马迁撰,顾颉刚等点校,《史记》,北京:中华书局,1959。

(汉)班固撰,(唐)颜师古注,《汉书》,北京:中华书局,1962。

（吴）韦昭注，《国语》，收入《四部备要》，史部，第 1118—1123 册，上海：中华书局聚珍仿宋版排印本，1936。

（宋）文天祥，《文山先生全集》，收入《四部丛刊初编》，集部，第 1137—1146 册，上海：商务印书馆据乌程许氏影明刊本影印，1929。

（宋）王应麟著，（清）贺兴思注，《三字经注解备要》，台北：万有善书，1973。

（宋）宋真宗赵恒，《励学篇》，见（清）郑志鸿《常语寻源》，收入蒋致远编，《中国方言谚语全集》（台北：宗青图书公司，1985），第 21 册。又见于《诗词名句网》http://www.shicimingju.com/baidu/list/1111528.html。

（宋）倪思，《经鉏堂杂志》，收入《四库全书存目丛书》，子部，第 83 册，台南：庄严文化出版社，据南京图书馆藏明万历二十八年（1600）潘大复刻本影印，1995。

（元）脱脱等，《宋史》，北京：中华书局，1977。

（明）尹畊，《塞语》，台北：艺文印书馆，1966。

（明）王世贞，《弇山堂别集》，台北：学生书局《中国史学丛书》据“国立中央图书馆”藏本明万历刻本影印。

（明）王世贞，《弇州山人四部稿》，台北：伟文图书公司据明万历间（1573—1620）世经堂刊本影印，1976。

（明）王圻，《王侍御类稿》，收入《四库全书存目丛书》，集部，第 140 册，台南：庄严文化出版社据原北平图书馆藏明万历四十八年（1620）王思义刻本影印，1995。

（明）王圻，《续文献通考》，台北：文海出版社据明万历刊本影印，1979。

（明）王栋，《一庵王先生遗集》，收入《四库全书存目丛书》，子部儒家类，第 10 册，台南：庄严文化出版社据南京图书馆藏明万历三十九年（1611）钞本影印，1995。

（明）申时行等修，《大明会典》，收入《续修四库全书》，史部政书类，第 789—792 册，上海：上海古籍出版社据明万历内府刻本影印，1997。

（明）朱元璋，《御制大诰》，收入《续修四库全书》，史部政书类第 862 册，上海：上海古籍出版社据清华大学图书馆藏明洪武八年序内府刻本影印，2002。

（明）何良俊，《四友斋丛说》，收入《元明史料笔记丛刊》，北京：中华书局据明万历刻足本校释，1959。

（明）何乔远，《名山藏》，台北：成文出版社据明崇祯十三年刊本影印，1971。

（明）何乔远，《闽书》，收入《四库全书存目丛书》，史部，第 204—207 册，台南：庄严文化出版社据福建省图书馆藏明崇祯刻本影印，1996。

（明）余继登，《典故纪闻》，收入《丛书集成》，初编，第 2814—2817 册，上海：商务印书馆据畿辅丛书本排印，1936。

（明）李东阳等，《大明会典》，收入《景印文渊阁四库全书》，第 617—618 册，台北：商务印书馆影印弘治十五年（1502）版本，1983。

（明）李昭祥，《龙江船厂志》，收入《续修四库全书》，史部，第878册，上海：上海古籍出版社据上海辞书出版社图书馆藏民国三十六年国立中央图书馆影印玄览堂丛书续集本影印，1997。

（明）李绍文，《皇明世说新语》，收入《四库全书存目丛书》，子部，第244册，台南：庄严文化出版社据中国科学院图书馆藏明万历刻本影印，1995。

（明）沈德符，《万历野获编》，北京：中华书局，1959。

（明）周玄晖，《泾林续记》，收入《丛书集成》，初编，第2954册，上海：商务印书馆，1939。

（明）周忱，《双崖文集》，收入《四库未收书辑刊》，第6辑，第30册，北京：北京出版社据清光绪四年（1878）山前崇恩堂刻本影印，1997。

（明）抱瓮老人，《今古奇观》，上海：亚东图书馆，1949。

（明）俞汝楫，《礼部志稿》，收入《四库全书珍本》，初集，第667—720册，上海：商务印书馆，1934—1935。

（明）俞宪辑，《皇明进士登科考》，台北：中研院傅斯年图书馆藏据明嘉靖年间增补本影印。

（明）徐咸，《西园杂记》，收入《丛书集成》，初编，第2913—2914册，上海：商务印书馆，1937。

（明）徐学聚，《国朝典汇》，台北：学生书局，1965。

（明）祝允明，《野记》，收入《丛书集成简编》，第719册，台北：商务印书馆，1966。

（明）张卤校刊，《皇明制书》，台北：成文出版社据明万历年间刻本影印,1969。

(明)陆容,《菽园杂记摘抄》,收入《纪录汇编》,第62—64册,台北:商务印书馆据上海涵芬楼明万历刻本影印,1969。

(明)陶澍,《陶文毅公全集》,收入《续修四库全书》,集部别集类,第1502—1504册,上海:上海古籍出版社据清道光二十年(1840)两淮淮北士民刻本影印,1995。

(明)焦竑,《国朝献征录》,台北:学生书局,1965。

(明)冯梦龙编,顾学颉校注,《醒世恒言》,香港:中华书局,1980。

(明)黄佐,《南雍志》,台北:中研院傅斯年图书馆藏江苏省立国学图书馆据明刊本影印,1931。

(明)黄瑜,《双槐岁钞》,收入《四库全书存目丛书》,子部,第239册,台南:庄严文化出版社据北京图书馆藏明嘉靖三十八年(1559)陆延枝刻本影印,1995。

(明)杨继盛,《杨忠愍公集》,收入《丛书集成》,续编,文学类,第145册,台北:新文丰出版公司据知服斋丛书本排印,1989。

(明)温纯,《温恭毅公文集》,台北:"国家图书馆"藏明崇祯己卯(十二年,1639)西京温氏家刊本。

(明)叶子奇,《草木子》,台北:"国家图书馆"藏万历八年(1580)刊钞补本。

(明)葛守礼,《葛端肃公集》,收入《四库全书存目丛书》,集部,第93册,台南:庄严文化出版社据明万历刻本影印,1997。

(明)褚人获,《坚瓠馀集》,收入《笔记小说大观》,二十三编,第8—10册,台北:新兴书局据清康熙乙亥年(1695)序刊本影印,1985。

(明)刘凤,《续吴先贤赞》,收入《纪录汇编》,第 34—37 册,台北:
　　商务印书馆据上海涵芬楼明万历刻本影印,1969。

(明)谢肇淛,《五杂俎》,收入《续修四库全书》,第 1130 册,上海:
　　上海古籍出版社据明万历四十四年(1616)潘膺祉如韦馆刻本
　　影印,1997。

(唐)王定保,《唐摭言》,收入《笔记小说大观》,二十编,第 1 册,台
　　北:新兴书局,1990。

(清)王士禛,《池北偶谈》,收入《笔记小说大观》,二编,第 8 册,台
　　北:新兴书局,1978。

(清)王士禛,《居易录》,收入《笔记小说大观》,十五编,第 8—9
　　册,台北:新兴书局,1988。

(清)王士禛,《香祖笔记》,收入《笔记小说大观》,二十八编,第 5
　　册,台北:新兴书局,1979。

(清)王元钟辑,《国朝虞阳科名录》,清晖书屋道光三十年(1850)
　　刊,咸丰光绪间(1851—1908)增修,光绪三十年(1904)印本。

(清)王弘,《山志》,收入《续修四库全书》,子部杂家类,第 1136
　　册,上海:上海古籍出版社据复旦大学图书馆藏清初刻本影
　　印,1997。

(清)王定安纂,《光绪两淮盐法志》,收入《续修四库全书》,史部政
　　书类,第 842—845 册,上海:上海古籍出版社据清光绪三十一
　　年(1905)刻本影印,1997。

(清)王崇炳,《金华献征录》,收入《续修四库全书》,史部传记类,

第 547 册,上海:上海古籍出版社据清雍正十年(1732)刻本影印,1997。

(清)王闿运,《王湘绮先生全集》,台北:中研院傅斯年图书馆藏民国十二年(1923)长沙刊本。

(清)吉纶纂,《新修山东盐法志》,台北:"国家图书馆"藏清嘉庆十二年(1807)刊本。

(清)朱孔彰,《中兴将帅别传》,收入《近代中国史料丛刊》,第 12 辑,第 112 册,台北:文海出版社,1967。

(清)朱轼,《朱文端公集》,收入《清代诗文集汇编》,第 214 册,上海:上海古籍出版社据清康熙六十年山西刘镇初刻乾隆二年江西吴学濂续刻本影印,2010。

(清)朱瀚辑,《朱文端公年谱》,收入《北京图书馆藏珍本年谱丛刊》,第 89 册,北京:北京图书馆出版社据清光绪年间刻本影印,1998。

(清)吴敬梓撰,汪原放标点,《儒林外史》,上海:业东图书馆,1920。

(清)吴德旋,《初月楼闻见录》,收入《丛书集成》,三编,文学类,第 76 册,台北:新文丰出版公司据笔记小说大观本影印,1997。

(清)吴怀清,《关中三李先生年谱》(又名《三李年谱》),台北:中研院傅斯年图书馆藏民国戊辰(十七)年(1928)北平默存斋刊本。

(清)李斗,《扬州画舫录》,北京:中华书局据清乾隆乙卯(1795)年自然盦初刻本为底本点校,1960。

(清)李周望辑,《国朝历科题名碑录初集》,收入《北京图书馆古籍

珍本丛刊》,集部总集,第 116 册,北京:书目文献出版社据清
雍正刻本影印,1998。

(清)李桓,《国朝耆献类征初编》,台北:明文书局,1985。

(清)李调元,《制义科琐记》,收入《丛书集成》,初编,第 897 册,上
海:商务印书馆,1936。

(清)沈垚,《落帆楼文集》,刘氏嘉业堂校刊本,1918。

(清)汪辉祖,《清汪辉祖先生自定年谱》(一名《病榻梦痕录》),收
入《新编中国名人年谱集成》,台北:商务印书馆,1980。

(清)阮葵生,《茶馀客话》,收入《续修四库全书》,子部杂家类,第
1138 册,上海:上海古籍出版社据清光绪十四年(1888)铅印本
影印,1997。

(清)长善纂,《驻粤八旗志》,台北:文海出版社据光绪五年刊本影
印,1999。

(清)佶山纂,《嘉庆两淮盐法志》,台北:中研院傅斯年图书馆藏清
嘉庆十一年(1806)刊本。

(清)信天翁,《丁酉北闱大狱纪略》,收入《痛史》,第 3 种,第 3 册,
上海:商务印书馆,1913。

(清)查继佐,《罪惟录》,收入《四部丛刊》,三编,史部,16 号,上海:
商务印书馆据上海涵芬楼影印吴兴刘氏嘉业堂藏手稿本影
印,1936。

(清)胡传,《钝夫年谱》,收入《北京大学图书馆馆藏稿本丛书》,第
9 册,天津:天津古籍出版社,1987。

(清)徐珂,《清稗类钞》,上海:商务印书馆,1917。

（清）徐锡麟，《熙朝新语》，收入《四库全书存目丛书》，子部，第
　　1178 册，上海：上海古籍出版社据清嘉庆二十三年（1818）刻本
　　影印，1997。

（清）昆冈等，《大清会典事例》，北京：中华书局据光绪二十五年
　　（1899）石印本影印，1991。

（清）张廷玉等撰，郑天挺点校，《明史》，北京：中华书局，1974。

（清）张謇，《啬翁自订年谱》，收入《北京图书馆藏珍本年谱丛刊》，
　　第 183 册，北京：北京图书馆出版社据民国十四年（1925）铅印
　　本影印，1998。

（清）陈其元，《庸闲斋笔记》，收入《续修四库全书》，子部，第 1142
　　册，上海：上海古籍出版社据华东师范大学图书馆藏清同治十
　　三年刻本影印，1997。

（清）钮琇，《觚剩续编》，收入《四库全书存目丛书》，子部，第 250
　　册，台南：庄严文化出版社据私藏清康熙三十九年（1700）临野
　　堂刻本影印，1995。

（清）黄宗羲，《明儒学案》，收入《四部备要》，子部，第 1589—1602
　　册，上海：中华书局，1936。

（清）叶昌炽，《藏书纪事诗》，上海：上海古籍出版社，1989。

（清）邹弢，《三借庐笔谈》，收入《笔记小说大观》，二十八编，第 10
　　册，台北：新兴书局，1988。

（清）赵尔巽等撰，启功等点校，《清史稿》，北京：中华书局，
　　1976—1977。

（清）赵翼，《廿二史札记》，上海：世界书局，1947。

（清）赵翼,《陔馀丛考》,台北:世界书局,1970。

（清）潘世恩,《思补老人自订年谱》,收入《北京图书馆藏珍本年谱丛刊》,第 133 册,北京:北京图书馆出版社据清咸丰五年（1855）刻本影印,1998。

（清）蒋兆奎,《河东盐法备览》,收入《四库未收书辑刊》,第 1 辑,第 24 册,北京:北京出版社据清乾隆五十五年（1790）刻本影印,1997。

（清）郑方坤,《本朝名家诗钞小传》,台北:"国家图书馆"藏民国八年（1919）上海扫叶山房石印本。

（清）噶尔泰纂,《雍正长芦盐法志》,收入《稀见明清经济史料丛刊》,第 1—3 册,北京:国家图书馆出版社据清雍正刻本影印,2009。

（清）钱泳,《履园丛话》,收入《笔记小说大观》,二编,第 5 册,台北:新兴书局,1988。

（清）龙文彬,《明会要》,北京:中华书局,1956。

（清）谢开宠纂,《康熙两淮盐法志》,台北:学生书局据康熙本（1662—1722）影印,1966。

（清）归有光,《震川先生集》,收入《丛书集成》,三编,文学类,第 50 册,台北:新文丰出版公司据归震川先生全集本影印,1997。

（清）顾炎武著,（清）黄汝成集释,《日知录集释》,收入《四部备要》,子部,第 1621—1632 册,上海:中华书局据原刻本校刊,1936。

（清）顾鸿辑,《通庠题名录》,同治三年（1864）刊,光绪补刊;又有崔灵骥、张宝琛续辑,民国二十年(1931)石印本。

(清)龚自珍,《定盦文集》,收入《四部丛刊》,初编,集部,第1895—
　　1897册,上海:商务印书馆据同治刊本影印,1929。

《天一阁藏明代科举录选刊·登科录》,杭州:天一阁博物馆影印出
　　版,2006年。

《天一阁藏明代科举录选刊·会试录》,杭州:天一阁博物馆影印出
　　版,2007年。

《天一阁藏明代科举录选刊·乡试录》,杭州:天一阁博物馆影印出
　　版,2010年。

《古今图书集成》,台北:鼎文书局,1977。

《正德姑苏志》,收入《北京图书馆古籍珍本丛刊》,史部地理类,第
　　26—27册,北京:书目文献出版社据明正德刻嘉靖续修本影
　　印,1998。

《光绪四会县志》,收入《中国方志丛书》,华南地方广东省,第58
　　号,台北:成文出版社据民国十四年重印光绪二十二年(1896)
　　刻本影印,1968。

《明太祖实录》,台北:中研院历史语言研究所据国立北平图书馆藏
　　红格钞本缩微胶片影印校勘,1966。

《明世宗实录》,台北:中研院历史语言研究所据国立北平图书馆藏
　　红格钞本缩微胶片影印校勘,1966。

《明宣宗实录》,台北:中研院历史语言研究所据国立北平图书馆藏
　　红格钞本缩微胶片影印校勘,1966。

《明英宗实录》,台北:中研院历史语言研究所据国立北平图书馆藏

红格钞本缩微胶片影印校勘,1966。

《明神宗实录》,台北:中研院历史语言研究所据国立北平图书馆藏
红格钞本缩微胶片影印校勘,1966。

《宣统湖北通志》,武昌:湖北省长公署,1921。

《皇明诏令》,台北:成文出版社据明嘉靖二十七年(1549)浙江布政
使司校刊本影印,1967。

《乾隆吉安府志》,收入《中国方志丛书》,华中地方江西省,第769
号,台北:成文出版社据清乾隆四十一年(1776)刊本影
印,1989。

《乾隆绍兴府志》,收入《中国方志丛书》,华中地方浙江省,第221
号,台北:成文出版社据清乾隆五十七年(1792)刊本影
印,1975。

《清世祖实录》,台北:华文书局,1969。

《清高宗实录》,台北:华文书局,1969。

《钦定科场条例》,收入《近代中国史料丛刊》,三编,第48辑,第
471—480册,台北:文海出版社,1989。

《万历三十八年进士登科录》,台北:中研院傅斯年图书馆藏明万历
三十八年(1610)刊本。

《万历三十五年进士登科录》,收入《中国科举录汇编》,第9册,北
京:全国图书馆文献缩微复制中心据明万历刻本影印,2010。

《万历江宁县志》,台北:故宫博物院据明万历戊戌(二十六)年
(1598)刊本摄制,1997。

《万历福州府志》,收入《日本藏中国罕见地方志丛刊》,第2册,北

京：书目文献出版社据日本内阁文库藏明万历二十四年刻本
影印，1990。

《道光十六年丙申恩科会试录》，道光十六年刻本。

《道光徽州府志》，收入《中国方志丛书》，华中地方安徽省，第 235
号，台北：成文出版社据清道光七年（1827）刊本影印，1975。

《嘉靖癸丑科进士同年便览录》，台北：“国家图书馆”藏影钞明嘉靖
庚申（三十九）年（1560）衢州刊本。

《嘉靖癸丑科进士同年便览录》，收入《中国科举录汇编》，第 6 册，
北京：全国图书馆文献缩微复制中心据明万历刻本影
印，2010。

崔灵骥等原辑，《静庠题名录》，成廷宷续辑；成荣仲等增辑，光绪三
十二年（1906）刊本。

张茂炯编，《清盐法志》，台北：“国家图书馆”藏民国九年（1920）北
京财政部盐务署石印本。

梁寿曾，《番禺黄埔梁氏家谱》，光绪二十四年（1900）刊本。

黄健彰，《明太祖实录校勘记》，台北：中研院历史语言研究
所，1966。

史料汇编（依作者姓氏笔画排序）

《中华历史人物别传集》，北京：线装书局，2003。

《“国立中央图书馆”善本书目录》，台北，“国立中央图书
馆”，1986。

《新编中国名人年谱集成》，台北：商务印书馆，1980。

中国第一历史档案馆编，《康熙朝汉文朱批奏折汇编》，北京：档案

出版社,1984—1985。

北京籍古轩图书数位技术有限公司制作,《中国数字方志库》,网址:http://www.wenjinguan.com/。

朱保炯、谢沛霖,《明清进士题名碑录索引》,上海:上海古籍出版社,1979。

江庆柏,《清朝进士题名录》,北京:中华书局,2007。

房兆楹、杜联喆编,《增校清朝进士题名碑录附引得》,北京:哈佛燕京引得社,1941。

中研院历史语言所制作,《中国大陆各省地方志书目查询系统》,网址:http://webgis.sinica.edu.tw/place/。

杨学为、刘芃主编,《中国考试史文献集成》(第6卷),北京:高等教育出版社,2003。

学生书局编辑部辑,《明代登科录汇编》,台北:学生书局,1969。

潘荣胜主编,《明清进士录》,北京:中华书局,2006。

顾廷龙主编,《清代朱卷集成》,台北:成文出版社有限公司,1992。

中文论著

专书(依作者姓氏笔画排序)

中国科学院北京天文台主编,《中国地方志联合目录》,北京:中华书局,1985。

方豪,《宋史》,台北:"中华文化出版事业委员会",1954。

毛汉光,《两晋南北朝士族政治之研究》,台北:"中国学术著作奖助委员会",1966。

卡特(Thomas F. Carter)著,刘麟译,《中国印刷源流史》,长沙:商务印书馆,1938。

卡特(Thomas F. Carter)著,吴泽炎译,《中国印刷术的发明和它的西传》,北京:商务印书馆,1957。

卡特(Thomas F. Carter)著,胡志伟译,《中国印刷术的发明及其西传》,台北:商务印书馆,1968。

朱士嘉,《中国地方志综录》,上海:商务印书馆,1958。

何炳棣著,葛剑雄译,《明初以降人口及其相关问题 1368—1953》,北京:中华书局,2017。

何炳棣,《读史阅世六十年》,台北:允晨文化实业公司,2004;香港:商务印书馆,2004;桂林:广西师范大学出版社,2005。

汪维真,《明代乡试解额制度研究》,北京:社会科学文献出版社,2009。

胡适,《四十自述》,上海:业东图书馆,1939。

徐泓,《明代的盐法》,台湾大学历史学研究所博士论文,1978。

徐泓,《清代两淮盐场的研究》,台北:嘉新文化基金会,1972。

秦国经,《明清档案学》,北京:学苑出版社,2005。

商衍鎏,《清代科举考试述录》,北京:三联书店,1958。

商衍鎏著,商志醰校,《清代科举考试述录》,天津:百花文艺出版社,2004。

张仲礼(Chung-li Chang)著,李荣昌译,《中国绅士——关于其在 19 世纪中国社会中作用的研究》,上海:上海社会科学院出版社,1991。

张杰,《清代科举家族》,北京:社会科学文献出版社,2003。

梁嘉彬,《广东十三行考》,广州:广东人民出版社,1999。

清水盛光著,宋念慈译,《中国族产制度考》,台北:"中华文化出版
　　事业委员会",1956。

许倬云(Cho-yun Hsu),《心路历程》,台北:文星书店,1964。

许倬云著,邹水杰译,《中国古代社会史论:春秋战国时期的社会流
　　动》,桂林:广西师范大学出版社,2006。

郭培贵,《明史选举志考论》,沈阳:沈阳出版社,2005。

郭培贵,《明代科举史事编年考证》,北京:科学出版社,2008。

廖英舜,《明代官籍进士研究》,台北:东吴大学历史学系硕士论
　　文,2010。

齐白石,《白石老人自传》,北京:人民美术出版社,1962。

刘伯骥,《广东书院制度沿革》,上海:商务印书馆,1939。

刘海峰,《科举学导论》,武汉:华中师范大学出版社,2005。

郑若玲,《科举、高考与社会之关系研究》,武汉:华中师范大学出版
　　社,2007。

萧启庆,《元代的族群文化与科举》,台北:联经出版公司,2008。

赖惠敏,《天潢贵胄:清皇族的阶层结构与经济生活》,台北:中研院
　　近史所,2009。

赖惠敏,《清代皇权与世家》,北京:北京大学出版社,2010。

钱茂伟,《国家、科举与社会——以明代为中心的考察》,北京:北京
　　图书馆出版社,2004。

缪世鸿编,《中国东南地区人才问题国际研讨会论文集》,杭州:浙

江大学出版社,1993。

魏复古(Karl A. Wittfogel)著,徐式谷等译,《东方专制主义——对于集权力量的比较研究》,北京:中国社会科学出版社,1989。

关文斌,《文明初曙:近代天津盐商与社会》,天津:天津人民出版社,1999。

窦季良编著,《同乡组织之研究》,上海:正中书局,1943。

龚笃清,《明代科举图鉴》,长沙:岳麓书社,2007。

期刊与专书论文(依作者姓氏笔画排序)

毛晓阳,《〈明清进士题名碑录索引〉进士籍贯刊误述论》,《中国文化研究》,2005 年第 3 期。

毛晓阳、金苏,《论〈国朝历科题名碑录初集〉的刻版与印本》,《福建农林大学学报(哲学社会科学版)》,第 10 卷第 3 期(2007)。

王凯旋,《明代分卷制述论》,《合肥学院学报》,2005 年第 2 期。

王尔敏,《广东十三行权威史家梁嘉彬》,《传记文学》,第 89 卷第 3 期(2006)。

加藤繁著,吴杰译,《论唐宋时代的商业组织"行"并及清代的会馆》,《中国经济史考证》,北京:商务印书馆,1959。

史文,《我国现存方志的收藏与分布》,《上海志鉴》,1989 年第 6 期。

石原皋,《胡适父亲之死》,《传记文学》,第 49 卷第 3 期(1986)。

何佑森,《两宋学风之地理分布》,《新亚学报》,第 1 卷第 1 期(1955)。

何炳棣著,王振忠译,《科举和社会流动的地域差异》,《历史地理》,
　　第 11 辑(1993)。

何炳棣著,巫仁恕译,《扬州盐商:十八世纪中国商业资本的研究》,
　　《中国社会经济史研究》,1999 年第 2 期。

吴建华,《科举制下进士的社会结构和社会流动》,《苏州大学学
　　报》,1994 年第 1 期。

吴景超,《西汉社会阶级制度》,《清华学报》,第 1 卷第 9 期(1935)。

吴晗,《明代的军兵》,《中国社会经济史集刊》,第 5 卷第 2 期
　　(1937)。

李世愉,《论清代书院与科举之关系》,《北京联合大学学报(人文社
　　会科学版)》,第 9 卷第 3 期(2011)。

李弘祺,《中国科举制度的历史意义及解释——从艾尔曼(Benjamin
　　Elman)对明清考试制度的研究谈起》,《台大历史学报》,第 32
　　期(2003)。

李书华,《印刷发明的时期问题(上)(下)》,《大陆杂志》,第 12 卷
　　第 5、6 期(1958)。

李济贤,《唐宋以来战乱对北方社会的影响——明初"南北榜"历史
　　原因初探》,《史学集刊》,1991 年第 1 期。

沈登苗,《明清全国进士与人才的时空分布及其相互关系》,《中国
　　文化研究》,1999 年第 4 期。

沈登苗,《明代双籍进士的分布、流向与明代移民史》,《历史地理》,
　　第 20 辑(2004)。

沈登苗,《也谈明代前期科举社会的流动率——对何炳棣研究结论

的思考》,《社会科学论坛(学术评论卷)》,2006 年第 9 期。

沈登苗,《就明代进士祖上的生员身份与何炳棣再商榷——以天一
　　阁藏明代进士登科录为中心》,《中国社会历史评论》,第 12 卷
　　(2011)。

汪桂海,《大本堂考》,《文献》,2001 年第 2 期。

汪维真,《明朝景泰年间乡试解额调整史实钩沉》,《史学月刊》,
　　2005 年第 10 期。

宗韵、吴宣德,《科举与社会分层之相互关系——以明代为中心的
　　考察》,《人文杂志》,2007 年第 6 期。

林丽月,《科场竞争与天下之"公"——明代科场区域配额问题的一
　　些考察》,《台湾师范大学历史学报》,第 20 期(1992)。

范金民、夏维中,《明清江南进士数量、地域分布及其特色分析》,
　　《南京大学学报》,1997 年第 2 期。

范金民、夏维中,《明代江南进士研究之一:人数众多的原因分析》,
　　《历史档案》,1997 年第 4 期。

唐长孺,《晋代北境各族"变乱"的性质及五胡政权在中国的统治》,
　　《魏晋南北朝史论丛》,北京:三联书店,1955。

唐德刚,《胡适父亲铁花先生无头疑案》,《传记文学》,第 48 卷第 1
　　期(1986)。

徐泓,《清代两淮的场商》,《史原》,创刊号(1970)。

徐泓,《明代前期的食盐运销制度》,《台湾大学文史哲学报》,第 23
　　期(1974)。

徐泓,《明代前期的食盐生产组织》,《台湾大学文史哲学报》,第 24

期(1975)。

徐泓,《明代后期盐业生产组织与生产形态的变迁》,《沈刚伯先生八秩荣庆论文集》,台北:联经出版公司,1976。

徐泓,《明代中期食盐运销制度的变迁》,《台大历史学系学报》,第2期(1975)。又收入陈国栋、罗彤华主编,《台湾学者中国史研究论丛·经济脉动》,北京:中国大百科全书出版社,2005。

徐泓,《明北京行部考》,《汉学研究》,第2卷第2期(1984)。

马怀云,《〈明清进士题名碑录索引〉订正》,《河南大学学报》,2004年第6期。

戚其章,《胡适父亲胡传之死及其他》,《安徽史学》,1987年第4期。

曹国庆,《明代江西科第世家的崛起及其在地方上的作用——以铅山费氏为例》,《中国文化研究》,1999年第4期(冬之卷)。

许倬云,《介绍何著〈明清社会史论〉》,《大陆杂志》,第26卷第9期(1963年5月)。

许敏,《明代商人户籍问题初探》,《中国史研究》,1998年第3期。

郭培贵,《〈明清进士题名碑录索引〉纠误一则》,《史学月刊》,1997年第1期。

郭培贵,《20世纪以来明代科举研究述评》,《中国文化研究》,2004年第3期(秋之卷)。

陈小锦,《科举家族的考试情结——评张杰〈清代科举家族〉》,《中国图书评论》,2006年第6期。

陈文石,《清代的笔帖式》,《食货月刊》,复第4卷第3期(1974)。

陈长文,《〈明清进士题名碑录索引〉校误》,《开封教育学院学报》,
　　2001 年第 2 期。

陈长文,《明代进士登科录的文献价值及其局限性》,《甘肃社会科
　　学》,2006 年第 6 期。

陈长文,《明代进士登科录的版式、结构及体例》,《西南交通大学学
　　报(社会科学版)》,第 8 卷第 5 期(2007)。

陈长文,《简评明代进士同年录》,《延安大学学报(社会科学版)》,
　　第 29 卷第 4 期(2007)。

陈长文,《明代进士登科录的流通与庋藏》,《文献》季刊,2008 年第
　　2 期。

陈长文,《现存明代进士登科录版本及庋藏情况一览表》,《明代科
　　举文献研究》,济南:山东大学出版社,2008。

陈国栋,《清代前期粤海关监督的派遣》,《史原》,第 10 期(1980)。

陈诗启,《明代工匠制度》,《中国资本主义萌芽问题讨论集》(上),
　　北京:三联书店,1957。

劳榦,《汉代察举制度考》,《"中央研究院"历史语言研究所集刊》,
　　第 17 本(1948)。

汤明檖、黄启臣,《梁方仲传略》,《梁方仲经济史论文集》,北京:中
　　华书局,1989。

贺凯(Charles O. Hucker)著,张永堂译,《明末的东林运动》,《中国
　　思想与制度论集》,台北:联经出版公司,1976。

靳润成,《从南北榜到南北卷——试论明代的科举取士制度》,《天
　　津师范学院学报》,1982 年第 3 期。

刘上琼,《清代科举经费的管理制度研究》,《教育与考试》,2010 年
　　第 3 期。

刘子健(James T. C. Liu)著,刘纫尼译,《宋初改革家:范仲淹》,《中
　　国思想与制度论集》,台北:联经出版公司,1976。

刘志伟、陈春声,《天留迁腐遗方大,路失因循复倘艰——梁方仲先
　　生的中国社会经济史研究》,《梁方仲文集·中国经济史讲
　　稿》,北京:中华书局,2008。

刘希伟,《清代科举考试中的"商籍"考论》,《清史研究》,2010 年第
　　3 期。

刘海峰,《科举取才中的南北地域之争》,《中国历史地理论丛》,
　　1997 年第 1 期。

刘海峰,《"科举学"——21 世纪的显学》,《厦门大学学报(哲社
　　版)》,1998 年第 4 期。

刘高葆,《社会流动与明清社会史研究:读〈中华帝国晋升的阶梯:
　　社会流动方面,1368—1911〉》,《中山大学研究生学刊(社会科
　　学版)》,1994 年第 1 期。

潘光旦、费孝通,《科举与社会流动》,清华大学《社会科学》,第 4 卷
　　第 1 期(1947)。

萧启庆,《元代科举与菁英流动:以元统元年进士为中心》,《内北国
　　而外中国:蒙元史研究》,上册,北京:中华书局,2007。

檀上宽著,王霜媚译,《明代南北卷的思想背景——克服地域性的
　　理论》,《思与言》,第 27 卷第 1 期(1989)。

韩明士(Robert P. Hymes)著,曹国庆、邓虹编译,《社会变动性与科

举考试》，《江西社会科学》，1989 年第 6 期。

魏复古（Karl A. Wittfogel）等著，苏国良等译，《中国辽代社会史（907—1125）总述》，收入郑钦仁、李明仁编译，《征服王朝论文集》，台北：稻乡出版社，1999。

严耕望，《唐人读书山林寺院之风尚》，《"中央研究院"历史语言研究所集刊》，第 30 本（1959）。

龚延明，《明洪武十八年进士发覆兼质疑〈明清进士题名碑录索引〉》，《浙江大学学报（人文社科版）》，2007 年第 3 期。

西文论著

专书（依作者姓氏字母排序）

Amiot, Jean J. M.（钱德明）. *Memoires concernant l'Histoire, les Sciences, les Arts, les Moeurs, les Usages, etc. des Chinois, Par les Missionnaires de Pekin. Tome sixième*（《北京传教士关于中国历史、科学、艺术、风俗、习惯录》，第 6 卷），Paris：Nyon l'Aine，1776—1789.

Choe, Yong-ho（崔永浩）. *The Civil Examinations and the Social Structure in Early Yi Dynasty Korea, 1392—1600.* Seoul：Korean Research Center, 1987.

Elman, Benjamin A.（艾尔曼）. *A Cultural History of Civil Examinations in Late Imperial China.* Berkeley, CA：University of California Press, 2000.

Ho, Ping-ti（何炳棣）. *Studies on the Population of China, 1368—1953.*

Cambridge, Massachusetts：Harvard University Press，1959.

Hsu, Cho-yun(许倬云). *Ancient China in Transition：An Analysis of Social Mobility，722—222B. C.*(《先秦社会史论》). Stanford：Stanford University Press，1962.

Hu, H. C. (胡先缙). *The Common Descent Group in China and Its Function.* New York：Viking Fund；Johnson Reprint Corporation，1948.

Hymes, Robert P.(韩明士). *Statesmen and Gentlemen：The Elite of Fu-chou，Chiang-hsi，in Northern and Southern Sung.* London：Cambridge University Press，1986.

Marsh, Robert Mortimer. *The Mandarins：The Circulation of Elites in China，1600—1900.* Glencoe, Ill.：Free Press，1961.

Martignetti, Aldo(Trad. di). *La Cina：il sistema sociale，1368—1911.* Torino：Unione tipografico-editrice torinese，1974.

Martin, William A. P.(丁韪良). *Hanlin Papers：or，Essays on the Intellectual Life of the Chinese.* London：Trubner & Co.，1880.

期刊与专书论文(依作者姓氏字母排序)

Elman, Benjamin A.(艾尔曼). "Social and Cultural Reproduction via Civil Service Examinations in Late Imperial China," *The Journal of Asian Studies* 50：1(Febuary 1991).

Goodrich, L. C.(富善，又名富路德). "China's Greatest Book," *Pacific Affairs* 7：1(March，1934).

Hartwell, Robert M.(郝若贝). "Demographic, Political and Social Transformations of China，750—1550," *Harvard Journal of*

Asiatic Studies 17:2(April 1982).

Hsu, Francis L.K.(许烺光). "Social Mobility in China," *American Sociological Review* 14: 6(December 1949).

Ho, Ping-ti(何炳棣). "The Salt Merchants of Yang-chou: A Study of Commercial Capitalism in Eighteenth-century China," *Harvard Journal of Asiatic Studies* 17:1—2(June, 1954).

Hucker, Charles O.(贺凯). "The Tung-lin Movement of the Late Ming Period," In J. K. Fairbank, ed., *Chinese Thought and Institutions*. Chicago: University of Chicago Press, 1957.

Lipset, S.M. and Reinhard Bendix, "Ideological Equalitarianism and Social Mobility in the United States," *Transactions of the Second World Congress of Sociology*, 1954.

Liu, James T. C (刘子健). "An Early Sung Reformer: Fan Chung-yen, "in J. K. Fairbank(费正清), ed., *Chinese Thought and Institutions*. Chicago: University of Chicago Press, 1957.

Kracke, Edward A. Jr.(柯睿格). "Family versus Merit in the Chinese Civil Service Examinations during the Empire," *Harvard Journal of Asiatic Studies* 10:2(1947).

Tawney, Richard Henry(托尼). "The Rise of the Gentry, 1558—1640," *Economic History Review* 11:1(1941).

Wu, K. T.(吴光清). "Ming Printing and Printer," *Harvard Journal of Asiatic Studies* 12: 3(February, 1943).

日文论著与韩文论著

专书(依作者姓氏笔画排序)

何炳棣著,寺田隆信、千种真一译,《科举と近世中国社会立身出世の階梯》,东京:平凡社,1993。

何炳棣著,曹永禄译,《科举制度의社會史的研究》,서울:东国大出版部,1987。

周藤吉之,《中国土地制度史研究》,东京:东京大学出版会,1980。

清水盛光,《中國族産制度考》,东京:岩波书店,1949。

期刊与专书论文(依作者姓氏笔画排序)

于志嘉,《明代軍戶の社會地位について——科举と任官においこ》,《東洋學報》第71卷3、4号(1991)。

檀上宽,《明代科舉改革背景——南北卷の創設たぁじつて》,《東方學報》,第58卷(1986)。